colección **biografías y documentos**

Para nuestro amigo y socio

10-2-03

Para el amigo Tery Nielsen, con afecto

Ultramar Sur

Juan Salinas
Carlos De Nápoli

Ultramar Sur

*La fuga en submarinos de más
de 50 jerarcas nazis a la Argentina*

Grupo Editorial Norma
*Buenos Aires, Barcelona, Bogotá, Caracas, Guatemala, Lima, México,
Panamá, Quito, San José, San Juan, San Salvador, Santiago*

```
940.545  Salinas, Juan
SAL      Ultramar sur / Juan Salinas y Carlos De Nápoli.
         - 1ª ed. - Buenos Aires:
         Grupo Editorial Norma, 2002.
         448 p.; 23 x 16 cm. - (Biografías y documentos)
         ISBN 987-545-075-8

         I. De Nápoli, Carlos II. Título - 1. Alemania -
         Operaciones navales
```

©2002. De esta edición:
Grupo Editorial Norma
San José 831 (C1076AAQ) Buenos Aires
República Argentina
Empresa adherida a la Cámara Argentina del Libro
Diseño de tapa: Magali Canale

Impreso en Argentina
Printed in Argentina

Primera edición: octubre de 2002
Primera reimpresión: noviembre de 2002

CC: 20643
ISBN: 987-545-075-8
Prohibida la reproducción total o parcial por
cualquier medio sin permiso escrito de la editorial

Hecho el depósito que marca la ley 11.723
Libro de edición argentina

Índice

13

Primera parte
Los últimos días del *Führerbunker*

63

Segunda parte
Guerra en el mar

209

Tercera parte
Ultramar Sur

437

Apéndice

444
Bibliografía

A los 336 marinos del *Bahía* –incluidos los cuatro últimos norteamericanos víctimas de los nazis– cuyos asesinatos son negados por motivos inconfesables.

A la memoria del capitán José Luis D'Andrea Mohr, que dio el ejemplo.

Al capitán de la Marina de Brasil Roberto Gomes Cándido, que intuyó qué había pasado y por qué.

A Macarena e Iñaki, que iluminan el nuevo siglo.

El manantial de rumores no se ha agotado. Estos rumores se basan en un radiograma del Servicio de Informaciones Navales de la *Kriegsmarine,* encontrado después de la guerra, que Bormann había enviado a su ayudante Hummel el 22 de abril de 1945: "Estoy de acuerdo con el propuesto traslado a *Übersee Süd*" (literalmente, Ultramar Sur)...

Simon Wiesenthal, *Justicia, no venganza*

...el público espera explicaciones de ficción barata..., *se non vero, é ben trovato*. (...) Se conoce el destino de la totalidad de los 1.171 submarinos (alemanes) puestos en servicio antes de mayo de 1945. Dos y solamente dos se dirigieron a la Argentina (...) es imposible probar que algún otro submarino nazi haya arribado sobre las costas argentinas. Una hipótesis tal es ciertamente improbable.

Ronald Newton, informe final de la CEANA –Comisión de Esclarecimiento de las Actividades Nazis en la Argentina–, 1988

...juzgo válidas todas las hipótesis y cotejos formulados con base en documentación bastante sólida y fiel.

Contralmirante Lúcio Torres Dias, único oficial superviviente del hundimiento del crucero *Bahía*, en referencia a dicha catástrofe. Respuesta a Carlos De Nápoli, junio de 2002

Desgraciadamente no estaba dotado de una memoria feliz.

Teniente de fragata de la *Kriegsmarine* –capitán de fragata para la Armada Argentina– Heinz Schäffer, *El secreto del U-977*

Primera parte

Los últimos días del *Führerbunker*

Ante el incontenible avance soviético, a fines de 1944 Hitler se vio obligado a abandonar la Guarida del Lobo, su cuartel general en Prusia Oriental, un complejo compuesto por ocho *bunkers* de cemento rodeados por varios edificios de madera, oculto en medio del bosque de Görliz, cerca del pueblo de Rastenburg.

Allí el pasado 20 de julio el coronel Claus Schenk Graf von Stauffenberg, un aristócrata mutilado en África, había intentado asesinarlo con una bomba e iniciar un golpe de Estado.

Aunque no ofrecía las comodidades del Berghof –su hogar de Berchtesgaden–, ni siquiera las del Nido de Águilas, su refugio inexpugnable tallado en la cercana Montaña de la Sal –*Obersalzberg*–, Hitler se había encariñado con esa "cruza de monasterio y campo de concentración".[1]

Ya fuera porque en sus juveniles tiempos de clandestinidad se había hecho llamar *Herr Wolff* –Señor Lobo– y lo consideraba su cubil; porque creyera que haber sobrevivido a aquel atentado era un signo auspicioso o porque tuviera plena conciencia de que era el símbolo de un *Reich* que se había atrevido a librar una guerra en dos frentes, la necesidad de dejar la Guarida del Lobo lo sumió en hondas cavilaciones.

Durante el lúgubre viaje en tren que emprendió el 20 de noviembre, Hitler ordenó tapiar las ventanas del vagón para no ver la destrucción que se extendía a su paso. Fue entonces cuando admitió por primera vez ante quienes se habían convertido en los únicos e íntimos colaboradores

---

1 Así definió al complejo con vitriólico humor el general Alfred Jodl, último jefe del Estado Mayor alemán, poco antes de que lo ahorcasen en Nuremberg.

que consultaba a diario –el secretario del partido Martin Bormann y el ministro de Propaganda y Movilización Total, Josef Goebbels–, que Alemania tal vez perdería la guerra.

Para entonces hacía ya varios meses que la inteligencia norteamericana poseía informes precisos y concordantes que sostenían que Hitler planeaba huir a la Argentina. El autor de esos documentos era D. M. Ladd, un calificado agente de contrainteligencia. Como especialista del FBI en contraespionaje, había sido el principal interrogador de los agentes desembarcados de submarinos alemanes en territorio estadounidense.

El 4 de septiembre de 1944 Ladd había enviado al veterano director del FBI, John Edgar Hoover, un informe titulado "Posible vuelo de Hitler a la Argentina". Tras recordar que "muchos observadores políticos" de Buenos Aires coincidían en creer que "Hitler y sus secuaces" buscarían refugio en la Argentina, donde "una gran colonia alemana" podría esconderlos, mencionaba como posible escondite una estancia regenteada por el Conde de Luxburg, encargado de las relaciones públicas del espionaje alemán desde la Primera Guerra Mundial.[2]

El mensaje de Ladd también decía que aquellas acusaciones eran tan persistentes y de vieja data que tiempo atrás se había iniciado "una investigación coordinada por el FBI a través del mundo" que arriesgaba "fechas, horas y rumbos" tentativos de aquel plan, y que había sido "derivada a otras agencias gubernamentales" para que recabaran información complementaria. En efecto, la OSS –*Office of Strategic Services*–, a partir de la cual en 1947 se conformaría la CIA, estaba poniendo en marcha un programa denominado *Safehaven* –Puerto seguro– con el objetivo –según definían sus manuales– de "seguir el movimiento de fondos alemanes y personas físicas escondidas en países europeos y de otros continentes".

---

2 D. M. Ladd, uno de los principales colaboradores de Hoover, había sido el principal interrogador de los agentes desembarcados de submarinos alemanes en el curso de la "Operación Pastorius", y se convertiría luego nada menos que en el jefe de inteligencia del buró y en uno de los principales impulsores de la histeria anticomunista conocida como *maccarthysmo*: en 1947 dictaminó que la pretensión de los jugadores negros de ser admitidos en la liga nacional de béisbol era parte de un complot comunista y seguidamente –convencido de que se trataba de una nueva y ultrasecreta arma de la Unión Soviética– se embarcó en el estudio de los ovnis –con forma de platillos verdes– recurrentemente avistados en el desierto de Nuevo México.

Tras aquellos circunloquios, Ladd destacó el pertinaz silencio del gobierno argentino ante las reiteradas "acusaciones de que el país serviría de punto terminal para Hitler después de un vuelo sin parada de 7.376 millas desde Berlín a Buenos Aires en un avión construido especialmente para ello, o como pasajero en un largo viaje en submarino".

Ajeno a estos movimientos, y tan pronto como se recuperó de una operación de pólipos en la garganta, Hitler se consagró a preparar su último contraataque, con el que esperaba revertir el curso de la guerra. Lo hizo primero desde Berlín, y a partir del 10 de diciembre desde el cuartel occidental de Adlerhosrt, cerca de Ziegenberg.

Era su última oportunidad militar. Hitler se había propuesto recuperar el puerto belga de Amberes, para lo cual lanzaría su ofensiva en la llanura de las Ardenas, donde el I Ejército de los Estados Unidos defendía un frente de 160 kilómetros.

Para evitar que Gran Bretaña enviara refuerzos ordenó lanzar sobre Londres misiles V-1, cada uno de los cuales portaba una tonelada de explosivos. La oleada de "bombas voladoras" cobró alrededor de 6.000 vidas e hirió a 40.000 personas. Con los británicos transitoriamente inmovilizados, el inicio de la ofensiva fue un éxito. Pero a pesar de que el VI Ejército *Panzer SS* y la *Wehrmacht* –Fuerzas Armadas– tomaron en apenas cinco días 25.000 prisioneros y pusieron fuera de combate 375 tanques *Sherman*, la *Luftwaffe* –la Fuerza Aérea alemana– perdió 227 de los 1.040 aviones que puso en juego, más de la mitad por fuego antiaéreo propio. La falta de notificación de aquellos vuelos a la artillería fue un error garrafal de coordinación.

A principios de enero el general de cinco estrellas Dwigth Eisenhower inició la contraofensiva. Y a mitad de mes quebró las fuerzas alemanas, poniéndolas en desbandada. Tres días más tarde el Ejército Rojo retomó su avance. La suerte del Tercer *Reich* estaba echada.

Un castillo de papel

Hitler se encontró ante una disyuntiva: organizar su última resistencia en Berlín o en Obersalzberg. Por lo pronto regresó a Berlín y se instaló en el *bunker* de la Cancillería, construcción que después de la guerra adquiriría rango mítico.

El *Führerbunker* había sido diseñado para proteger a sus ocupantes de ataques aéreos. Y aunque estaba preparado para soportar el impacto directo de los proyectiles más potentes, cualquier defensa contra un ataque terrestre sería doblegada en minutos: los sitiadores sólo necesitarían volar la torre de ventilación o aprovecharla para difundir gases en el interior. Las salidas de emergencia, si bien preveían algunas posibilidades defensivas, estaban pensadas para una fuga –una de ellas llegaba hasta el Río Havel a través de los túneles del metro– y eran vulnerables a un ataque de infantería.

Durante el juicio de Nuremberg el ex ministro nazi de la Producción, Armas y Municiones, Albert Speer, se refirió explícitamente al tema. El muy competente arquitecto, un hombre cuyo vínculo con Hitler era tan añejo y emotivamente estrecho que algunos estudiosos se atreven a calificarlo de naturaleza homosexual, aseguró que había fantaseado con la idea de eliminar a su *Führer* a fin de ahorrarle sufrimientos inútiles al pueblo alemán. Concluyó que la manera más sencilla sería arrojar una granada de gas venenoso por el tubo de ventilación –que estaba a ras del piso–. Dijo más: que cuando decidió perpetrar el atentado se encontró con que habían construido en ese lugar una torre de cemento de unos tres metros de altura. El episodio fue reflejado por el documental que recogió las incidencias más importantes del proceso.[3]

Probablemente Speer jamás haya abrigado verdaderas intenciones de asesinar a Hitler, pero en lo que respecta a su descripción del lugar no mintió: inspecciones *in situ* realizadas por funcionarios de la República Democrática Alemana y de la Unión Soviética en los '80, cuando el *Führerbunker* fue desenterrado y expuesto a la luz, permitieron comprobar que si se hubieran arrojado granadas por esa torre, habrían caído directamente en los aposentos reservados al *Führer*.

Al día siguiente de que Hitler se instalara en el *bunker* de la Cancillería los soviéticos ocuparon Varsovia, y en Budapest liberaron a 80.000 judíos. La ofensiva del Ejército Rojo entraba en su última etapa. Consciente de que casi todo estaba perdido y cifrando sus escasas esperanzas en las negociaciones secretas entabladas con los aliados anglosajones, Hitler comenzó a dictarle a Bormann un texto político el 4 de febrero. Al atacar a la Unión Soviética con el objetivo de "reventar

---

3 *El juicio de Nuremberg. ¿Vencedores o vencidos?* (1961), de Stanley Kramer, con Spencer Tracy, Burt Lancaster, Richard Widmark, Montgomery Clift, Maximillian Schell, Judy Garland, Marlene Dietrich y William Shatner en los papeles protagónicos. Una bella nota de José Pablo Feinmann sobre esta película puede leerse en *Página/12* del 14 de agosto de 1999 o en *ar.geocities.com /veaylea2000/feinmann/laculpa_delos_pueblos14-8-99*

el absceso comunista, abrigué la esperanza de suscitar una reacción hacia el buen sentido de parte de los occidentales. Les proporcionaba la ocasión, sin participar en ella (la guerra), de contribuir a una obra de salubridad, dejándonos a nosotros solos el cuidado de desintoxicar Occidente", explicó.

Inglaterra bien podía haberse consagrado "por entero a la salud de su Imperio". Si esto hubiera ocurrido, "Alemania, con su retaguardia muy bien resguardada, podía arrojarse por completo a consumar lo que constituía su tarea esencial, la meta de mi vida y la razón de ser del nacional-socialismo: el aniquilamiento del bolchevismo".

En ese caso habría obtenido, y acaso todavía podría lograr "la conquista de grandes espacios al este, los que debían asegurar el porvenir del pueblo alemán". Porque era, subrayó, "hacia el este, siempre hacia el este, hacia donde hemos de canalizar los desbordes de nuestra natalidad" pues "tal es la dirección indicada por la naturaleza para la expansión de los germanos" porque "la dureza del clima que encuentran en esos lugares, les da a los nuestros la posibilidad de conservar sus cualidades de hombres duros".

Sin embargo, tras reparar en la amarga realidad, Hitler sostuvo que "Inglaterra no ha dirigido su propia guerra, ha hecho la guerra que le impusieron sus implacables aliados". Aun así, y a pesar de reconocer que "nos hallamos en el último cuarto de hora", abrigaba una pequeña esperanza: "Tenemos frente a nosotros una coalición disparatada, reunida por el odio y los celos. (...) Una coalición no constituye una realidad estable. Una coalición no existe más que por la voluntad de algunos hombres. Que desaparezca un Churchill de repente, ¡y todo puede cambiar! (...) Todavía podemos apoderarnos de la victoria de un golpe. (...) Ojalá se nos conceda el tiempo indispensable para esa acción...".

El *Führer* hizo un alto en sus regurgitaciones para plantear, el 18 de febrero, a quien pronto nombraría su sucesor, el delgado y enjuto gran almirante de la *Kriegsmarine* –la marina de guerra– Karl Dönitz, su intención de denunciar la Convención de Ginebra sobre prisioneros de guerra suscripta en 1929. Sabía que, particularmente respecto de los soviéticos, la había violado a tal extremo que millones de prisioneros habían sido asesinados o habían muerto de hambre. Quería, por lo tanto, ensayar una defensa histórica de su decisión. Dönitz debía sopesar, con carácter urgente, las ventajas o desventajas de dar ese paso. Al día siguiente, en presencia del general Alfred Jodl y de un representante del ministro de Relaciones Exteriores Joachim Ribbentrop, Dönitz le respondió que "las desventajas superan a las ventajas: lo mejor es hacer lo que sea necesario sin hacer ruido y salvando la cara frente al extranjero". Dicho de otro modo: si se violaba la Convención, lo mejor era hacerlo en silencio y negarlo.

Reunión cumbre

A fines de febrero el ominoso polvo de la derrota tiznaba todos los rincones de la aterida y exhausta Berlín. En el hospital de la *Luftwaffe*, junto al Zoo, el coronel Hans Rudel convalecía de la amputación de su pierna derecha. El delgado y rubio militar, que acababa de cumplir 29 años, era el as de la aviación alemana. El *Führer* había creado para él una condecoración especial, la Cruz de Hierro con Hojas de Roble, oro, diamantes y espadas. La medalla recompensaba sus 2.530 misiones exitosas piloteando los frágiles cazas *Stuka*, en las cuales había destruido cerca de medio millar de tanques enemigos, para no mencionar el hundimiento del acorazado soviético *Marata*, de 23.000 toneladas. Aquella hazaña, que tuvo como escenario la Bahía de Kronsdat, era recordada con nostalgia pues cuando se produjo, en 1941, el curso de la guerra favorecía nítidamente a Alemania.

De la fidelidad de Rudel y de su adhesión inquebrantable a la doctrina nazi no había duda. El hombre al que años después los nostálgicos del Tercer *Reich* proclamarían *Führer* –el mismo que se radicaría en la ciudad argentina de Córdoba y que sería frecuentemente recibido por Juan Domingo Perón, tanto durante su largo exilio como en 1973, al iniciar su último y breve gobierno–, había sido antes de la guerra, entre 1933 y 1938, piloto del trimotor *Junker 52* que utilizaba el *Führer*, quien le tenía una confianza casi ciega. Para Hitler, podría decirse, Rudel era un fetiche.

En aquella habitación iluminada tenuemente por el pálido sol invernal, el convaleciente recibió la visita del general Robert Ritter von Greim, jefe del VI Escuadrón con sede en Munich, quien llegó en compañía de una pareja despareja: la menuda comandante Hanna Reitsch y el corpulento coronel austríaco de comandos Otto Skorzeny.

Hanna Reitsch, primera piloto de la fuerza y veterana de cien combates, era tanto o más famosa que Rudel, a quien incluso aventajaba porque piloteaba la última joya de la *Luftwaffe*: los nuevos *Messerschmitdt* (Me-262) cuyos primeros ejemplares habían entrado en servicio hacía pocos meses, con desesperante retraso a causa de la obcecación de Hitler por convertirlos en bombarderos cuando habían sido concebidos como cazas. Reitsch también era piloto de pruebas del *Fieseler* (Fi103-RI), una versión tripulada de la bomba voladora V-1, reconversión que había sido impulsada por Skorzeny.

En cuanto a éste, eximio paracaidista y jefe de espías, célebre por haber liberado a Benito Mussolini de la cárcel aliada en los Abruzzos, a casi 2.000 metros de altura, había protagonizado otras acciones sorprendentes por su audacia, muchas de ellas al frente de comandos que operaban detrás de las líneas enemigas hablando inglés y vestidos con uniformes estadounidenses. Su última proeza: el secuestro, en octubre último, del hijo del regente de Hungría, a quien sustrajo de su palacio de Budapest envuelto en una alfombra ante las narices de los guardias.

Según las memorias de Rudel y de Reitsch la conversación giró en torno a la posibilidad técnica de aterrizar un helicóptero en el techo de ese mismo nosocomio en condiciones de extrema oscuridad. El hospital de la *Luftwaffe* se encontraba en el interior de una de las seis torres de concreto que constituían la defensa antiaérea del centro de Berlín: gigantescos cubos de cemento armado de 5.000 metros cuadrados de base y 40 metros de altura, en cuyos techos se apostaba la artillería antiaérea. El helicóptero elegido era, naturalmente, un *Focke Achgelis Drache* (Fa 223/S) con capacidad para transportar 900 kilos de carga o 9 personas adultas.

Hanna Reitsch tenía sobrada experiencia en el pilotaje de este tipo de máquinas: ya en 1939 había hecho exhibiciones en el centro de la ciudad –e incluso en estadios cerrados– con un autogiro, el antecesor de cuño ibérico de helicópteros como el Fa 223/S, con el cual hacía pocas semanas Greim le había ordenado ejercitarse.

Un diálogo crucial

En su entretenido libro *La vida secreta de Hitler*, el británico Gleen B. Infield, veterano piloto de la RAF –*Royal Air Force*–, afirma que el *Führer* planeaba escapar de Berlín en helicóptero. El italiano Patrick Burnside, autor de *El escape de Hitler*, sostiene que, al fracasar ese plan, logró abandonar Berlín en un avión que lo transportó hasta Noruega; que continuó su fuga en un submarino hasta la Patagonia, y que vivió en distintas localidades de esa región hasta su fallecimiento, a fines de los '50. Burnside destaca que según el acta de la reunión celebrada el 23 de marzo en el *Führerbunker* se registró un muy sugestivo diálogo entre Hitler y los generales Wilhelm Burgdorf, ayudante jefe de la *Wehrmacht* y Nicolaus von Below, oficial de enlace de la *Luftwaffe* y sobreviviente del atentado explosivo de von Stauffenberg.

BURGDORF –El ministro Goebbels solicita autorización para convertir en pista el Eje Este-Oeste para huir. Sería necesario quitar las farolas de la calle y ensancharlo a cada lado al atravesar el *Tiergarten*.

HITLER –Sí, puede hacerlo, pero no creo que sea necesario ensancharlo.

BURGDORF –¿Puedo dar al ministro Goebbels el consentimiento?

HITLER –Sí, pero no veo el motivo del ensanchamiento. No vamos a aterrizar un *Goliat*...

BELOW –Si los Ju-52 van a aterrizar en la oscuridad, las farolas van a causar problemas...

HITLER –Está bien. Puede quitarlas.

El "Eje Este-Oeste" era el ancho y corto bulevar *Unter den Linden* –Avenida de los Tilos–, único "aeropuerto" accesible desde el *bunker*. Mencionado en innumerables poemas y canciones, escenario hoy de frenéticas *raves*, el bulevar estaba a pocas cuadras de la Cancillería, y a diferencia de otras arterias céntricas se mantenía prácticamente intacto.

Infield señala que, en efecto, durante la primera semana de abril Hitler ordenó que se completaran los preparativos para ejecutar la Operación Serrallo, es decir la evacuación de la mayor parte del personal de la Cancillería hacia Berchtesgaden. Y que entre esos preparativos ordenó a su piloto personal, Hans Baur, retirar las farolas de la Avenida de los Tilos. "En total, Baur disponía de diez aviones para la evacuación, algunos de los cuales se encontraban en un hangar subterráneo de Templehof y otros en Gatow, aeropuertos que todavía podían usarse", puntualiza Burnside.

Martin Bormann, que para entonces se había convertido en la sombra de Hitler, tomó nota de otros dichos del *Führer* de importante significado. El 2 de abril –escribió– Hitler reconoció la inminente derrota de Alemania y predijo que "sólo quedarán en el mundo dos grandes potencias capaces de enfrentarse una a la otra: los Estados Unidos y la Rusia soviética. (...) Las leyes de la historia y de la geografía impulsarán a estos oponentes a una prueba de fuerza, ya sea militar o en los campos de la economía o la ideología. (...) Ambas potencias descubrirán más temprano o más tarde que necesitan el apoyo de la única gran nación superviviente de Europa: el pueblo alemán", vaticinó.

Negociaciones autorizadas

Hitler recibió el miércoles 18 de abril a su paisano austríaco, el general Ernst Kaltenbrunner, coordinador de la RSHA –*Reichssicherheitsauptamt*, Oficina Central para la Seguridad del *Reich*– y al teniente general SS Karl Wolff, responsable de la seguridad y la policía en Italia. Ambos eran nazis fanáticos.

Como lugarteniente del *Reichführer* Henrich Himmler, jefe máximo de la RSHA y de las temidas SS –*Schutzstaffel*, Sección de Protección del partido– y coordinador de todos los servicios secretos del *Reich*, Wolff había ayudado a planificar los campos de exterminio e incluso –como se probaría en el juicio de Nuremberg– había felicitado al responsable de las SS expresándole su "alegría porque 5.000 miembros del 'Pueblo Elegido' van a Treblinka cada día". Experto en la "guerra sucia" de retaguardia, Wolff era, además, el sostén de la república títere que Mussolini presidía en Saló, y quien había dado órdenes tajantes de interrogar bajo tortura y luego fusilar a cualquier sospechoso de partisano.

La reunión se había fijado luego de que Wolff admitiera abiertamente ante Himmler y Kaltenbrunner sus contactos con Allen Welsh Dulles, jefe de la OSS en Europa. Dulles –que se haría célebre como jefe de la CIA al impulsar el exitoso golpe financiado por las compañías petroleras que en 1954 entronizó al Sha Rezha Palevi en Irán– reportaba directamente a Washington.

Al escuchar las palabras de Wolff, Himmler permaneció impertérrito, pero Kaltenbrunner admitiría que dudó entre felicitarlo o fusilarlo... Quizás porque temía que Wolff pusiera en evidencia sus propios contactos con Dulles. Kaltenbrunner debe haber farfullado algo, o bien su fiero rostro cuajado de cicatrices habrá delatado sus emociones encontradas, lo cierto es que Wolff, suelto de cuerpo, propuso zanjar el asunto ante el *Führer*.

Kaltenbrunner aceptó. Durante la reunión Wolff recordó las instrucciones que Hitler le había impartido en febrero para que intentara abrir canales de negociación con el enemigo: "Lo conseguí, y a través de Dulles estoy preparando conversaciones con Churchill y Truman", anunció, ufano.

Hitler no sólo no se lo reprochó, sino que tratándolo cariñosamente de *Wolffchen* –lobito– lo instó a apurar las negociaciones. El nombre clave de Wolff para la OSS era *Critic* y llamaba *Genesis* a la línea directa entre su cuartel general en Roma y el de Dulles en Berna.

Estas tratativas alumbrarían la vasta operación bautizada *Sunrise* –Amanecer– por la OSS y *Crossword* –Palabras Cruzadas– por el *Intelligentze Service*, cuya mera existencia sería negada contra toda evidencia por los Estados Unidos y Gran Bretaña durante más de cuatro décadas, y que básicamente consistió en el traspaso a esos países del potencial humano y tecnológico del Tercer *Reich*, en el marco de una alianza implícita contra la Unión Soviética.

Cumpleaños

Hans Rudel llegó al *Führerbunker* el jueves 19 por la tarde. El comienzo del viernes lo encontró junto a Hitler y un reducido grupo de íntimos alzando copas de champagne en el brindis por el quincuagésimo sexto cumpleaños del *Führer*.

Cuando Hitler se despertó, como era su costumbre, cerca del mediodía, comprendió que no tenía absolutamente nada que festejar. Presidió una reunión conjunta del gabinete y el Estado Mayor de la *Wehrmacht* mientras la artillería soviética "celebraba" la efeméride cañoneando por primera vez el centro de Berlín desde los arrabales del este. Entre los silbidos y estruendos de las bombas se confirmó en la reunión que el Ejército norteamericano había cruzado el Elba y ocupado Nuremberg; que el Ejército Rojo avanzaba por el sur, remontando el Danubio, y que por el oeste lo hacían las tropas británicas.

La angustia cerraba las gargantas. El nerviosismo era tal, recordaría la secretaria privada de Hitler, Traudl Jünge, que para entonces prácticamente todos se atrevían a fumar en presencia del *Führer* a pesar de que sabían que aborrecía el tabaco.

Entonces Hitler hizo algo que nadie imaginaba: teatralmente anunció que renunciaba a la jefatura militar y a la conducción de la guerra. Acto seguido, sin esperar a que su azorado auditorio recobrara el aliento, ordenó dividir el *Reich* en dos: el del norte, al mando del gran almirante Dönitz, y el del sur, a cargo del mariscal Albert Kesselring. Consecuentemente ordenó que se dividiera el Estado Mayor de la *Wehrmacht*: uno para el norte, con sede en el puerto de Plön, y otro en el sur, en Berchtesgaden.

Cuando recuperaron el habla, los participantes de la reunión encabezados por el mariscal Wilhem Keitel, jefe del OKW –Alto Mando Militar– de la *Wehrmacht*, le rogaron a coro que abandonara Berlín rumbo a Berchtesgaden. Era una idea sensata, pues el Nido de Águilas cavado en la montaña era infinitamente más seguro que el *Führerbunker*[4]. Pero Hitler, enfurecido, les gritó: "¿Cómo puedo dirigir los movimientos de la tropa en la batalla decisiva si estoy pensando en ponerme a salvo? El destino decidirá si tengo que morir en Berlín o si puedo encontrar un refugio a último momento". Y para acallar cualquier atisbo de protesta, remató: "Decidiré más tarde lo que debo hacer".

El gran mariscal Hermann Göring –que en los últimos tiempos se había entregado decididamente al alcohol y a la comida para matar sus penas–, sucesor legal de Hitler en caso de que éste muriera o fuera capturado por los aliados, partió esa misma noche hacia las montañas bávaras, lugar al que dos meses antes, previsoramente, había enviado a su familia. *Fat boy* –como lo denominaba en clave la OSS– se retiró sin reunirse a solas con Hitler y sin que éste lo despidiera.

Después se marchó Dönitz, quien debía hacerse cargo del mando en el norte y proseguir la lucha..., y las negociaciones. "El hecho de que Hitler le hubiese otorgado poderes plenipotenciarios para emitir en la zona norte las órdenes importantes para el Estado y el partido, además de para la *Wehrmacht*, era una muestra de la gran estima en que le tenía por haberlo apoyado incondicionalmente en la decisión de luchar hasta el fin, y por la esperanza de una continuación de la guerra submarina", puntualiza el historiador Ian Kershaw en su monumental biografía de Hitler. También sin una despedida formal se marchó el arquitecto Speer hacia Hamburgo, sede de su cartera.

Supuestamente un día más tarde, el sábado 21 por la noche, Hitler habría muerto "a raíz de la explosión de una máquina infernal" mientras se encontraba en sus aposentos rodeado de varios colaboradores,

---

[4] El Nido de Águilas tenía fama de ser prácticamente inaccesible; su entrada estaba protegida por enormes puertas de bronce macizo, disponía de un sofisticado sistema para impedir que penetraran gases y bombardearlo desde el aire era, sino imposible, extremadamente dificultoso.

según un fuerte rumor extendido por París, del que daría detallada cuenta la agencia *United Press*.[5]

Ese sábado se inició una diáspora que pronto alcanzó la categoría de estampida. Durante los tres días siguientes una veintena de vuelos partieron desde los aeródromos de Gatow y Staaken, trasladando a Berchtesgaden a la mayor parte del personal. "Vehículos atestados de bolsas y maletas salían entre el estruendo de la artillería, que recordaba lo cerca que estaba el Ejército Rojo. Coches corrían en medio de la noche hacia donde esperaban los aviones, atravesando muros de humo que brotaban de edificios en llamas, entre ruinas sombrías y ancianos del *Volksturm* que levantaban barricadas", describe Kershaw.

A partir de ese día la permanencia de Hitler en el *Führerbunker* es un acto de fe, cuyo "texto sagrado" no es otro que el testimonio de sus fanáticos acólitos, que juran haberlo acompañado hasta la hora de su muerte.

Una defensa de viejos, niños y extranjeros

El *Volksturm*, un cuerpo que reunía veteranos de la Primera Guerra y adolescentes, creado en octubre de 1944 con la única consigna de "aguantar" –*starre verteidigung*–, era la principal defensa de Berlín. Además participaban en ella veteranos extranjeros –franceses, españoles, letones, rumanos, etc.– de la campaña a Rusia. Ninguna unidad importante de la *Wehrmacht* permanecía acantonada en la capital del *Reich*.

Durante la mañana del domingo 22 el centro de la ciudad tronaba bajo el fuego de la artillería soviética. Hitler pidió que lo comunicaran con el jefe de Operaciones del Estado Mayor de la *Luftwaffe*, el general Karl Koller, quien le confirmó que los obuses estaban cayendo cerca del *bunker*. El *Führer* pidió información sobre el número de aviones propios al sur de la ciudad, pero la interrupción de la conferencia telefónica lo dejó sin respuesta. Cuando por fin las líneas se restablecieron, inquirió a Koller por qué el día anterior los aviones con base en los alrededores de Praga no habían actuado. Koller respondió que esa

---

5 Las versiones, todas diferentes, eran incontables. Un despacho de *United Press* fechado en Londres el 2 de mayo que reproducía una noticia del *News Chronicle*, publicado por *La Prensa* al día siguiente, decía que para "círculos bien informados de París" Hitler y varios de sus colaboradores habían muerto el 21 de abril por la noche al producirse "una formidable explosión" en el "departamento privado" del *Führer*, situado en "la casamata B-X" del "cuartel general subterráneo del *Tiergarten*".

base sufría permanente fuego aliado, imposibilitando el despegue de los aviones. "¡Habría que ahorcar de inmediato a todos los jefes de la *Luftwaffe*!", aulló Hitler, recordaría el aviador.

El *Führer* jugó sus últimas bazas militares al ordenar un contraataque de los *Panzers* del general SS Felix Steiner, a quien se le habían asignado como refuerzo un conjunto de fuerzas heterogéneas, entre ellas tropas que sólo contaban con armamento liviano, enviadas de apuro por la *Luftwaffe* y –en cantidades homeopáticas– por la *Kriegsmarine*. "¡Todo comandante que retenga fuerzas será ejecutado en el plazo de cinco horas! ¡Usted garantiza con su cabeza que se despliegue hasta el último hombre!", le gritó Hitler a Koller. Después, agregó, el *Führer* se puso en contacto con Steiner a quien advirtió que tenía absolutamente prohibido retroceder hacia el oeste, y que los oficiales que lo hicieran debían ser fusilados en el acto: "¡Berlín y su vida dependen del estricto cumplimiento de esta orden!", dijo Koller que lo escuchó gritar.

Hitler también ordenó el inmediato repliegue de las tropas apostadas a 100 kilómetros al sur de la capital, como refuerzo para las unidades que ya combatían en los suburbios de Berlín contra los tanques soviéticos.

Tenía que ganar tiempo.

Catarsis

En la sesión informativa de la tarde del domingo 22 Hitler se enteró de que las tropas del mariscal soviético Giorgi Zucov no sólo estaban cerrando el cerco sobre la ciudad por el sur, sino que también habían penetrado en los arrabales del norte. Esto lo sacó de quicio. Explotó y les gritó mentirosos y traidores a sus generales. Según el relato de Kershaw, ordenó que se retiraran todos de la sala, excepto el mariscal Keitel y los generales Jodl, Hans Krebs –que había reemplazado a Heinz Guderian como jefe del Estado Mayor del Ejército– y Wilhelm Burgdorf, a quienes siguió increpando durante media hora más. Y en su catarsis dijo palabras que quedaron retumbando en los oídos de los presentes: "La guerra está perdida".

"Hitler representó una escena que asustó e hipnotizó a todos los que la presenciaron. Empezó a resollar, la cabeza se le sacudió como si tuviese un ataque y recorrió de un lado a otro, a zancadas, el cuarto de conferencias, mientras gritaba, desvariaba y agitaba frenéticamente el brazo derecho, escena que duró varios minutos. De pronto se detuvo, dejó caer la mandíbula, abrió la boca y puso la mirada en un punto lejano. Pasaron varios minutos antes de que volviera a moverse, y cuando lo hizo salió sin dirigirle la palabra a nadie", describe Infield.

Mientras se informaba al cuartel del OKW en Zossen y al Berchtesgaden que el *Führer* había sufrido una crisis de nervios, Hitler departía relajadamente con Goebbels, y luego sucesivamente con Jodl, su secretaria Traudl Jünge, su dietista –el *Führer* era vegetariano– y la mujer de Bormann. Las tres mujeres dijeron que se encontraba sereno.

Según Infield, con su pataleta histérica Hitler pretendía averiguar "en quiénes podía confiar y en quiénes no" y lo hizo porque tenía "un plan secreto" que "muy pronto esperaba poner en práctica". A su secretaria y a su dietista les ofreció –en presencia de Eva Braun y de la mujer de Bormann, que es quien lo contó– marcharse en un avión que despegaría en una hora hacia el sur.

"Todo está perdido. Ya no hay ninguna esperanza", les dijo. Sin embargo las mujeres le rogaron permanecer con él hasta el fin.

Luz verde

Hitler atendió a continuación llamadas telefónicas de Himmler y Dönitz, pero se desconoce el contenido de esas conversaciones. Mientras Hitler les impartía instrucciones telefónicas, Goebbels ordenó que dos *Mercedes Benz* trasladaran al *bunker* a su mujer, Magda, y a los seis hijos del matrimonio. Todos llevaban nombres que comenzaban con "hache" en homenaje a Hitler: Helga (12), Hilde (11), Helmuth (10), Holde (8), Hedde (6) y Heidi (4). Luego ordenó que se telegrafiara a Dönitz, a Himmler y al alto mando de la *Luftwaffe* para que alistaran la mayor cantidad posible de hombres y los enviaran a Berlín para participar en la defensa de la capital, que llamó grandilocuentemente la "batalla alemana del destino".

Ante las súplicas de Keitel, Hitler lo autorizó a partir hacia el oeste con la misión de entrevistar al general Walther Wenck y apurar su repliegue hacia el sur de la ciudad para intentar detener a la vanguardia soviética. Este pedido merece un comentario: al frente de un ejército de reclutas, Wenck debía resistir el avance estadounidense en el Elba. Pero lo cierto es que una vez tomada la región industrial del Ruhr, centro carbonífero y siderúrgico de Alemania, las tropas norteamericanas no habían intentado avanzar hacia el oeste. Desde mediados de marzo ese frente no registraba combates.

Hitler estaba tan tranquilo que se ocupó personalmente de que Keitel comiera antes de partir. Mientras, Bormann le cursó a su ayudante, el doctor Helmut Hummel, un radiograma en el que le informaba: "Estoy de acuerdo con el propuesto traslado a *Übersse Süd*", literalmente, Ultramar Sur. Ya sea porque creyera sinceramente que Dinamarca "sería el refugio de las poblaciones alemanas del oeste, desplazadas por el avance de las tropas soviéticas", como cree la historiadora Marlis Steinert, o porque lo pensaba como una escala en su plan de huida, Hitler ordenó que la *Luftwaffe* mantuviera a cualquier precio un corredor libre entre Berlín y la frontera danesa.

No hay duda de que el lunes 23 por la mañana, mientras se quemaban papeles y documentos de las cajas fuertes del *bunker*, "Hitler había recuperado la compostura", puntualiza Kershaw. Se lo veía sereno cuando despidió al Estado Mayor del Sur, que partió hacia Munich en quince ruidosos *Junkers 52*. Como el general Krebs, Hitler estimaba que aún era posible retrasar la caída de la capital otros cuatro días.

Göring cae en desgracia

Desde Berchtesgaden, ansioso por negociar los términos de rendición con los aliados angloamericanos –creía que así salvaría su cabeza–, Göring telegrafió al *bunker* solicitando instrucciones sobre si debía asumir el mando. "Mi *Führer*: Dada su decisión de permanecer en su puesto en la fortaleza de Berlín, ¿aprueba que tome yo inmediatamente en mis manos la dirección total del *Reich*, disponiendo de plenos poderes en el interior y en el exterior, como su delegado, de acuerdo con su decreto del 29 de junio de 1941? Si no me llega ninguna respuesta hasta las 10 de esta noche consideraré que ha perdido usted su libertad de acción y que están dadas las condiciones fijadas en su decreto, y actuaré de la mejor manera en interés de nuestra patria y de nuestro pueblo. Conoce los sentimientos que experimento por usted en esta hora, la más grave de mi vida. Me faltan las palabras para expresarlos. Que Dios lo proteja y lo ayude. Su leal Hermann Göring."

Bormann se puso furioso. Rogó a Hitler que ordenara su inmediata ejecución. El *Führer*, que parecía ausente, no llegó a tanto. Pero instigado por Bormann y Goebbels ordenó destituirlo de todos sus cargos. Esa tarde Bormann respondió al telegrama del ya ex *Reichsmarschall* acusándolo de traición, y envió otro telegrama a las SS ordenando que lo detuvieran. También esa tarde y desde el *bunker* Eva Braun le escribió a su hermana Gretel: "Aún hay posibilidades, sin embargo es obvio que no podemos permitir que nos capturen vivos".

Visita misteriosa

Anochecía cuando llegó inesperadamente el ministro Speer. Había intentado viajar en automóvil desde Hamburgo, pero tuvo que desistir porque los soviéticos controlaban la carretera. Realizó entonces un azaroso vuelo de diez horas, primero hasta el aeropuerto de Reichlin, en Mecklenburg, y de allí hasta el de Gatow, al oeste de Berlín, donde logró abordar una avioneta *Fieseler Storch* que realizó un arriesgado aterrizaje en la céntrica *Unter den Linden*.

Por lo general, y tal como lo había hecho esta avioneta, los aterrizajes se hacían por la Puerta de Brandeburgo y los decolajes iniciaban su carreteo en la Columna de la Victoria. Hacía más de un mes que, por decisión de Hitler, se habían retirado las farolas de la avenida, lo que permitía operar a aviones de mayor amplitud, como el Ju-52.

Los motivos del azaroso viaje de Speer no son claros. Kershaw cree que se arriesgó en aquel vuelo "absolutamente innecesario y peligroso" con el único y sentimental propósito de despedirse del *Führer*. Según Burnside, en cambio, el viaje estaba relacionado con los preparativos de la huida en ciernes.

El propio Speer escribió que cuando estuvieron a solas Hitler le manifestó que Göring podía continuar negociando la rendición. "Una persona vale tanto como otra: total, la guerra ya está perdida", dijo que le dijo. El último encuentro, agregó, duró diez minutos.

Es curioso que el prolífico Speer dedicara tan pocas palabras a la última reunión. Apenas comentó que Hitler estaba en plena posesión de sus facultades mentales y que se trató de una despedida casi anodina, sin dramatismo. Hitler le pidió su opinión sobre si debía permanecer en Berlín o marchar hacia Berchtesgaden, y como Speer respondió que creía más prudente su permanencia en el *bunker*, cambió abruptamente de tema y adoptó "inmediatamente aquel tono de oficina detrás del cual podía esconder cualquier cosa".

Hitler "me habló de Dönitz, preguntándome qué pensaba de su capacidad". Speer dice que experimentó en ese momento "la neta sensación de que no hacía alusión a Dönitz casualmente" y que él le expresó su opinión, muy favorable al gran almirante. Hitler se disponía a nombrar a Dönitz su sucesor, pero Speer no comenta nada al respecto. En cambio escribió, sin más precisiones, que Hitler le expresó en ese último encuentro, como quien comenta una banalidad, sin ningún énfasis, su decisión de suicidarse.

Por la madrugada, luego de reunirse a solas con Eva Braun y de beber juntos una botella de *Möet Chandon* acompañada de masas y dulces, Speer estrechó la mano de Hitler y se marchó del *bunker*, todo indica que portando un mensaje para Dönitz.

Un hidroavión

¿Qué misión había encomendado Hitler a su íntimo amigo? *La Segunda Guerra Mundial* de la editorial *Time Life* destaca en el volumen "Victoria en Europa" que antes de encontrarse con Dönitz, Speer se dirigió al Ministerio de la Producción, en Hamburgo, donde se reunió con el general de la *Luftwaffe* Werner Baumbach, jefe de la *Luft Transportestaffel*, la flota aérea del gobierno. Y agrega que Baumbach, "un hombre alto, rubio, apuesto, con el aspecto de una foto de propaganda del nazi arquetípico" que tras la guerra se radicaría en la Argentina –donde moriría al precipitarse en el Río de la Plata el avión que piloteaba–, tenía dispuesto "un hidroavión en el norte de Noruega, cargado con provisiones para seis meses". Se supone que esa nave estaba preparada para "volar hasta Groenlandia" donde Speer y Baumbach pensaban refugiarse. Pero lo cierto es que, llegada la hora de la verdad, ambos viajaron a Plön y se pusieron a disposición de Dönitz.

La toma de Berlín por los soviéticos se inició formalmente el martes 24. Rusos y mongoles habían avanzado hasta las estaciones del metro Anhalt y Potsdam, pero no consiguieron interrumpir las comunicaciones entre el *bunker* y las exhaustas tropas del 56° Cuerpo de Tanques, que al mando del general Helmuth Weidling –a quien Hitler había hecho el presente griego de nombrarlo comandante militar de la ciudad– acababan de llegar a Berlín luego de replegarse desde el Oder.

Al día siguiente las tropas soviéticas y norteamericanas se encontraron en el Mulde, cortando a las fuerzas defensoras en dos. Al enterarse de que entre los comandantes rusos y norteamericanos habían surgido divergencias, Hitler exclamó eufórico: "¡Cada día, cada hora que pasa puede estallar una guerra entre los bolcheviques y los anglosajones!".

Llegan los pilotos

Para entonces Hitler había convocado al *Führerbunker* a los ases de la *Luftwaffe*: Greim, Rudel y Hanna Reitsch. La mañana del jueves 26 el general y la piloto se presentaron en el aeropuerto de Reichlin. Según Infield pretendían volar hacia Berlín en "el único autogiro disponible" –al parecer en referencia a uno de los ya descriptos Fa 223/S– pero se encontraron con la infausta novedad de que "había sido dañado ese mismo día por el ametrallamiento de cazas norteamericanos".

Greim y Reitsch no se dieron por vencidos, y al atardecer consiguieron despegar hacia Gatow en un *Focke Wulf* (Fw 190A-8/U1), un biplaza de entrenamiento pilotoeado por un sargento al que en sus memorias Reitsch sólo nombra, sugestivamente, como "sargento B". Muchos años después, en 1972, la revista *Domenica del Corriere* identificaría al piloto como el sargento Jürgen Bosser. Según Burnside, Bosser se radicó hasta su muerte en la provincia argentina de Río Negro.

Menuda como una niña, Hanna, que llevaba su Cruz de Hierro sobre una tricota negra de cuello alto, logró acomodarse en el exiguo espacio entre los asientos del pequeño avión. Aquél fue un vuelo tan breve como letal y se inició en medio de una impresionante escolta de "decenas" de ruidosos cazas. "No podía recordar haber visto tantas máquinas juntas en el cielo en los últimos meses", escribió Reitsch. Siete de aquellos cazas fueron abatidos por los aliados, pero el biplaza pudo eludir los ataques y llegar a Gatow.

Allí abordaron un lento y solitario *Fieseler Storch* (Fi 156-D1). Lo piloteó el general Greim, que cruzó a baja altura el Río Havel y enfiló hacia el Estadio Olímpico. A la altura del estadio pasaron planeando sobre tropas soviéticas que les dispararon con armas livianas. Uno de los proyectiles hirió a Greim en el pie derecho, pero Reitsch tomó el mando y logró aterrizar en el Eje Este-Oeste, el bulevar *Unter den Linden*, cerca de la puerta de Brandeburgo. Lo hizo en el exacto momento en que el avión se quedaba sin combustible. Allí mismo requisaron a punta de pistola un automóvil con el que llegaron a la Cancillería. Tras relatar la entrada de Greim en el *bunker* "cojeando laboriosamente", Kershaw pretende que el general "aún no sabía por qué estaba allí".

Este comentario contraría el sentido común. ¿Por qué creer que Greim y Reitsch atravesaron semejantes peligros sólo para despedirse del *Führer*? Hitler los había citado –a ellos dos y a Rudel– con dos días de antelación. Rudel, ya con una pierna ortopédica, voló desde el frente checo hacia Berlín en un *Heinkel 111*, pero ante el intenso cañoneo soviético tuvo que desviarse hasta Reichlin, a unos 30 kilómetros de la capital. Desde allí telefoneó al *bunker* para transmitir a Greim una grata novedad: luego de atravesar indemne el fuego graneado de las baterías soviéticas, un Ju-52 acababa de aterrizar en la *Unter den Linden*.

"Como milagro, cayó la noticia de que un Ju-52 había aterrizado en el Eje. Rudel llamó por esa razón desde Reichlin", recordaría Hanna Reitsch con parquedad.

Manicomio

Tan pronto se encontró con los recién llegados, Hitler ascendió a Greim a mariscal de campo y jefe de la *Luftwaffe* en reemplazo de Göring. Después los tres "ingresaron en el estudio del *Führer* y tuvieron una larga conversación secreta", narra Infield. A su término tanto Greim como Reitsch, relata Kershaw, "estaban entusiasmados" porque Hitler los había convencido de que "no todo estaba perdido".

El autor de *Hitler* también dice que el general Koller telefoneó al *bunker* para ponerse a las órdenes de Greim. "No hay que perder la fe. Todo acabará bien. El encuentro con el *Führer* y su fortaleza me han infundido un vigor nuevo y extraordinario. Esto es como la fuente de la juventud", recordaría Koller que le dijo Greim. Koller quedó estupefacto. Era tanta la euforia de Greim que por un momento, relató, creyó haber llamado a "un manicomio".

Para entonces se combatía cuerpo a cuerpo, casa por casa y bocacalle por bocacalle a poco más de 500 metros de la Cancillería. Y la defensa de los aledaños del *bunker* estaba en manos de un puñado de extranjeros de las *Waffen SS* –daneses, franceses de la División Carlomagno y españoles de la División Azul–, chicos imberbes de las Juventudes Hitlerianas y viejos veteranos de la Primera Guerra entremezclados en el *Volksturm*. La fuerza más sólida era un grupo de seiscientos adolescentes que intentaba impedir el paso de los blindados soviéticos por el puente de Wansee, munidos de granadas. La mayoría perdería la vida en el empeño, muchos, aplastados por los tanques.

El optimismo de Greim habría parecido demencial al nazi más fanático, y no sólo por lo que sucedía en el mundo exterior: según algunos testigos, el viernes 27 Hitler erraba por los pasadizos subterráneos que interconectaban los diferentes *bunkers* en estado casi hipnótico, mientras proyectiles de artillería impactaban en los jardines de la Cancillería. El Ejército Rojo había desatado su segunda gran ofensiva.

Himmler y Fegelein

Heinz Lorenz, su nuevo vocero[6], devolvió a Hitler a la realidad al informarle que un despacho de *Reuters* leído por la BBC y confirmado por *Radio Estocolmo*, aseguraba que desde hacía tiempo Himmler venía negociando con los aliados la capitulación del *Reich*. Hitler montó en cólera y buscó rápidamente al SS Hermann Fegelein –virtualmente su cuñado, pues se había casado recientemente con Gretel, hermana de Eva Braun– quien fungía de enlace con Himmler. Estaban sus cosas, pero no él.

Según la historia oficial, la revisión de los papeles de Fegelein permitió certificar los contactos del *Reichführer* Himmler con el conde Folke Bernadotte, vicepresidente de la Cruz Roja de Suecia y pariente cercano del rey de Inglaterra. Con el pretexto de negociar la entrega de prisioneros de nacionalidad noruega y danesa, Himmler se había reunido con Folke Bernadotte tres veces: el 19 de febrero y el 2 de abril en el hospital militar de Hohenlychen, cerca de Berlín, y la noche del 23 de abril en el consulado de Suecia en Lübeck, donde había acudido en compañía del general SS Walter Schellenberg, jefe del SD –*Sicherheitsdienst*, Servicio de Seguridad e Información del partido nazi–.

A esta última cita también asistió Norbert Masur, representante del Consejo Judío Mundial. Ante este testigo, Himmler propuso a Folke Bernadotte la capitulación inmediata de la *Wehrmacht* a los anglosajones, aunque aclaró que no capitularía ante los soviéticos. Dicho de otro modo, la propuesta implicaba que británicos y norteamericanos rompieran su acuerdo con los soviéticos, según el cual no se aceptaría otra rendición que no fuera incondicional y en ambos frentes a la vez. Bernadotte quiso saber qué actitud asumiría Hitler, quien se había transformado en el gran obstáculo para cualquier acuerdo. Himmler dijo que Hitler se encontraba "tan enfermo que quizás ya estuviera muerto y cuanto más, sólo podría vivir dos días". Y Schellenberg agregó que

---

[6] Proveniente de la agencia estatal de información DNB –*Deutsches Nachrichtenbüro*–, había reemplazado en marzo a Otto Dietrich.

Hitler había sufrido "un derrame cerebral y que Himmler, por lo tanto, se hallaba en condición de ejercer plena autoridad".[7]

A la espera de una respuesta Himmler se abocó, con la colaboración del mariscal Keitel, a diseñar en los papeles un descabellado gobierno post-hitleriano. En su insensatez, creía que él mismo podría presidirlo.

La noticia de estas tratativas llegó a la agencia *Reuters*, cuyas teletipos la difundieron a primeras horas del sábado 28. Según la historia oficial esa misma noche una comisión de miembros de la *Gestapo* –*Geheime Staatpolizei*, Policía Secreta del Estado– más los mayores SS Johann Rattenhuber y Otto Günsche –el rubio y alto secretario privado de Hitler– encontraron a Fegelein en su departamento de la Bleibtreustrasse. Günsche relataría que Fegelein estaba ebrio, vestido de civil y con una amiga, y que sobre la cama deshecha había maletas, y en ellas el suficiente dinero como para intentar una fuga de Alemania. Cuando le informaron que estaba detenido, Fegelein llamó al *bunker* y logró comunicarse con Eva Braun, con quien tenía una buena relación. Le rogó que intercediera. Pero a pesar de las palabras tranquilizadoras de su cuñada, Fegelein, dijo Günsche, fue conducido al *bunker* y encerrado en una habitación a disposición de Hitler.

También esa misma noche Himmler negó telefónicamente a Dönitz que hubiera hecho gestión alguna tendiente a una capitulación. Sin embargo, Bormann telegrafió a Karl-Jesko Otto von Puttkamer, el oficial de enlace de Hitler con el OKM –*Oberkommando der Marine*, Alto Mando de la Marina–. Puttkamer había sido enviado al Nido de Águilas de Obersalzberg a destruir misteriosos documentos que no debían caer en manos del enemigo, al parecer referidos a operaciones secretas en curso. En el mensaje Bormann se quejaba de que "en lugar de enviar rápidamente las tropas que deberían liberarnos, los que ostentan autoridad guardan silencio. La lealtad ha dejado paso a la traición. Nosotros seguimos aquí. La Cancillería del *Reich* ya es un montón de ruinas".

---

7 Los pormenores de dicha reunión fueron revelados a la prensa por el secretario –interino– de Estado norteamericano Joseph C. Grew el 2 de mayo en Washington DC. La información se la había transmitido Bernadotte al ministro de Relaciones Exteriores de Suecia y éste de inmediato a los embajadores de los Estados Unidos y Gran Bretaña. Los dichos de Himmler y Schellenberg, aclaró Grew, provenían textualmente del telegrama con que el primero, Herschel Johnson, puso al tanto al presidente Truman. Ver despacho de *United Press* reproducido por *La Prensa* el 3 de mayo.

La historia oficial asegura que por la mañana, plenamente confirmado el ofrecimiento de Himmler a Folke Bernadotte, un Hitler que sólo atinaba a balbucear que se trataba de "la traición más vergonzosa de la historia de la humanidad", tras reunirse con Bormann y Goebbels, demandó la presencia de Fegelein. Lo cubrió de insultos, lo degradó, y por fin le ordenó al jefe de la *Gestapo*, Heinrich Müller, que lo fusilara en los jardines.

Sin poner en duda ni la orden ni la ejecución, Infield se refiere al "extraño caso" Fegelein. Señala que Hitler habría ordenado su muerte a pesar de los insistentes ruegos de Eva Braun, quien le había recordado que su hermana esperaba un hijo del condenado. Tras destacar que nunca se explicó de modo satisfactorio cómo Fegelein pensaba escapar "mientras estaba acostado con una rubia", señala que "informaciones posteriores indican que existían motivos muy distintos para que Hitler lo quisiera muerto", puesto que Fegelein habría descubierto que el *bunker* ocultaba un doble de Hitler, secreto que habría compartido con su amante en esa última noche de juerga, sexo y alcohol.

Burnside argumenta que lo único comprobable es que desde que salieron a los jardines de la Cancillería no volvió a verse ni a Fegelein ni a su supuesto verdugo, *Gestapo* Müller, ni vivos ni muertos. Por cierto, antes de esfumarse, Müller destruyó el archivo que registraba sus huellas dactilares e hizo colocar en una tumba que contenía huesos de dos mujeres y un niño, una lápida que rezaba: "A nuestro querido padre Heinrich Müller. Nacido 28-4-1899, muerto en Berlín en mayo de 1945".

Burnside considera dudoso que Hitler haya tomado la decisión de fusilar a Fegelein en un conciliábulo con Goebbels y Bormann, según sostiene la historia oficial, pues, como lo afirma Albert Zoller en *Douze ans auprés d'Hitler*, Fegelein no sólo era íntimo de Bormann, era "su único amigo". Además, insiste, esa misma noche Eva Braun escribió a su hermana Gretel, pero la carta no hace referencia alguna, no ya al fusilamiento, sino tampoco a la detención del marido.

Los sucesos del 29 de abril son tan confusos que algunas fuentes sospechan incluso que Hitler abandonó el *Führerbunker* ese mismo día.

Dos aviones

La misma noche en que estalló de furia al conocer el inconsulto ofrecimiento de Himmler al conde Folke Bernadotte, Hitler dijo a Hanna Reitsch que confiaba en ganar al menos otras 24 horas antes de que todo se desplomara. La piloto sostuvo que, además del Ju-52 una avioneta *Arado 96* había logrado aterrizar en el Eje y estaba lista para despegar. Reitsch se marchó del *bunker* con Greim la noche del domingo 29 en esta avioneta, al parecer piloteada por el mismo sargento Bosser que los había traído. Y recordó que al despedirse de la esposa de Goebbels, Magda la abrazó y le suplicó llorando que "intentáramos lo imposible para lograr una salvación". "La responsabilidad moral dependía de Greim", añadió, misteriosa.

De estas palabras surge la hipótesis de que los Goebbels todavía conservaban alguna esperanza de huir con sus hijos en el Ju-52. Esta conjetura se robustece porque Magda, escribió Reitsch, le entregó dos cartas: una suya y otra de su marido para Harald, el hijo mayor de Magda, producto de un matrimonio anterior: "Yo solamente sé que saldremos con gloria y honor, vivos o muertos", le decía a su hijastro el ministro de Propaganda y Movilización Total.

El Ju-52 era el modelo de avión que Hitler utilizaba habitualmente. Con poco peso, podía despegar tras un breve carreteo de 200 metros, y a los 300 alcanzar una altura de 15 metros. Pero el mariscal Greim –herido en el pie derecho– se negó a intentarlo, argumentando que no tenían la menor posibilidad de eludir el fuego soviético.

Así las cosas, según el relato de Reitsch, fue conducida en un blindado, junto a Greim, hacia la Puerta de Brandeburgo, donde se encontraba el *Arado*. Una ametralladora soviética dañó a la tanqueta, por lo cual debieron recorrer la última parte del breve trayecto a pie. Pero a pesar de estos contratiempos lograron despegar rumbo al norte. Si consiguieron hacerlo sin ser abatidos fue porque decenas de Me-262, el orgullo de la *Luftwaffe*, se batían en el cielo con los cazas enemigos, impidiéndoles atacar la frágil avioneta, que de otro modo hubiera sido una presa fácil.

La mayoría de los Me-262 se encontraban en ese momento volando sobre los cielos de Berlín con la misión de mantener abierto un corredor hacia el norte, hacia la península de Jutlandia, hacia Dinamarca. Para eso se habían concentrado recientemente en la Jagdverband 44 con base en Salzburgo-Maxglam, que pasaba así de una dotación de 25 reactores a una de casi un centenar. El general Adolf Galland –uno de los muchos oficiales superiores de la *Luftwaffe* que habrían de radicarse en la Argentina bajo la protección de Perón– había recibido el 29 de abril "la orden expresa desde el *Führerbunker* de cubrir, con todos sus

Me-262, Berlín y el Nordraum, el espacio aéreo hacia Dinamarca", puntualiza Burnside, que también señala que esa orden fue emitida "después del casamiento de Hitler".

Testamentos

Porque para entonces, según la historia oficial, Hitler acababa de casarse. Las dudas se suscitan porque aunque se supone que Reitsch y Greim se marcharon del *bunker* el domingo 29 –e incluso en una oportunidad Reitsch dijo que habían partido el lunes 30–, las memorias de la piloto, sorprendentemente, no registran el menor comentario sobre el fasto, que habría tenido lugar a última hora del 28.

Al anochecer de ese sábado, narra Infield, Eva Braun recibió una nota de agradecimiento de un joven ordenanza de las *Waffen SS*, Hermann Grossman. Dos días antes ella había intercedido para que Hitler lo autorizara a casarse, e incluso lo convenció de asistir a la boda. "Cuando recibió la nota de agradecimiento, Eva se encontró con Hitler y, emocionada, se la leyó: 'Ahora, si muero en combate, moriré dichoso porque se me permitió casarme con mi amada y el *Führer* me felicitó en persona', había escrito el ordenanza. Hitler no dijo una palabra; sólo miró a Eva mientras ella se llevaba la nota al pecho y murmuraba: 'Soy tan feliz por ellos'. Eva volvió a su silla, al otro lado de la habitación, pero Jünge (la secretaria del *Führer*) vio que Hitler se ponía de pie de repente y se dirigía a ella. Se inclinó y le susurró algo al oído y Eva pareció sacudida por sus palabras. Hitler sonrió, movió la cabeza para tranquilizarla, y salió. Eva, sonriendo ampliamente, fue hacia Jünge y le dijo: 'Esta noche usted llorará'."

Al parecer Hitler había decidido casarse. Poco antes, durante una pausa del bombardeo soviético, recordaría Jünge, Eva se había atrevido a salir a los jardines de la Cancillería. Allí admiró la estatua ilesa de una sílfide. Al volver a los sótanos se la pidió como regalo a Adolf, quien le respondió con indignación que la estatua era propiedad del Estado, es decir, del pueblo alemán.

El matrimonio habría sido el modo que encontró Hitler para reconciliarse con Eva. Tras prometerle que se casarían en pocas horas, Hitler comenzó a dictar a *fräulein* Jünge sus testamentos, político y privado. El primero es una reiteración de panfletos escritos en años anteriores. Apenas se destacan sus expresiones de resentimiento respecto de Himmler y los generales: "Ojalá forme parte alguna vez del honor de los oficiales del Ejército alemán, como ya sucede con los de nuestra Marina, el que rendir una región o una ciudad es imposible, y puedan dar testimonio de su fidelidad al deber hasta la muerte"; menciones a su inminente fin: "he decidido, pues, permanecer en Berlín y darme muerte voluntariamente", y a la que fue, con mucho, la mayor de las varias obsesiones que signaron su vida: "Sobre todo encomiendo (...) la cuidadosa observancia de las leyes de la raza y la resistencia implacable a la judería internacional, eterno veneno de las naciones".

Las cláusulas prácticas reservaron la mayor sorpresa, incluso para los moradores del *bunker*: Hitler nombró a Dönitz su sucesor, aunque no le concedió el título de *Führer* sino el de presidente del *Reich*, cargo que había caído en desuso desde la muerte del mariscal von Hindenburg en 1934. Por cierto, un día antes de la muerte de Hindenburg la investidura de presidente del *Reich* y de canciller se fundieron en la persona de Hitler. Si nombró a Dönitz *sólo* presidente del *Reich*, resulta obvio que Hitler se reservó la condición de *Führer*.

Además, nombró a Dönitz jefe supremo de la *Wehrmacht* y ministro de Guerra, convalidó el ascenso de Greim a jefe de la *Luftwaffe*, y depuso formalmente de todas sus funciones y expulsó del partido a "los traidores" Himmler y Göring. También nombró canciller a Goebbels y concedió títulos, a esa altura puramente honoríficos, a Bormann y otros fieles.

En cuanto al testamento privado, Hitler ya había dictado otros, el último de ellos hacía muy poco tiempo. El nuevo incluía la refulgente novedad de anunciar su intención de casarse con Eva Braun, que por entonces tenía 33 años, a quien describió como "la mujer que después de muchos años de leal amistad, vino por su propia voluntad a esta ciudad casi totalmente sitiada para compartir mi destino".

La boda

A última hora de la noche, entonces, dice la historia oficial, Hitler se casó con una Eva radiante de felicidad. El *Führer* dispuso que asistieran a la ceremonia sólo ocho personas, entre ellas Goebbels y Bormann, que oficiaron como testigos; el general Krebs, y la esposa del ministro de Propaganda y Movilización Total. La boda fue celebrada, al parecer, en la Sala de Mapas, donde Goebbels convocó al *guamtsleiter* –juez de paz– Walter Wagner, quien en épocas mejores dirigía el Registro Civil de Berlín.

Eva llevaba el vestido favorito de Hitler, negro de seda con breteles rosa, zapatos de gamuza negros, collar de perlas y reloj de platino con brillantes en lugar de números. Según la versión oficial la ceremonia terminó poco después de medianoche y Wagner, tras notar que en el acta de matrimonio faltaba la fecha y consultar su reloj, escribió "domingo 29", es decir la del día que acababa de iniciarse, tras lo cual salió del *bunker* y se esfumó para siempre.

Quien observa las reproducciones del acta de casamiento se encuentra con una mancha de tinta en el lugar de la fecha. Si la ceremonia se realizó, tal como parece, no puede decirse con seguridad cuándo. Lo único seguro es que debió realizarse sin flores. Jünge enfatizó en *Blins Spot-Hitler's Secretary*, la larga entrevista filmada por André Héller y Othmar Schmiderer, que Hitler aborrecía verlas cortadas. Créase o no, decía que estaban muertas y que a él le gustaba la vida.

Después del casamiento se sirvió una cena en la que se bebió champagne, y los recién casados bailaron una pieza interpretada por un acordeón. Aproximadamente dos horas después de la medianoche Hitler se excusó y se reunió en privado con su secretaria, con quien habría corregido los testamentos. Antes del amanecer, con el permiso de Hitler, el general von Below salió del *bunker*. Se supone que debía encontrarse con el mariscal Keitel, a quien Hitler le remitía una carta. Below diría luego que no logró reunirse con Keitel y que decidió destruir esa carta, por miedo. Según lo poco que podía recordar, Hitler repetía en ella sus alabanzas a la Marina, cargaba el fracaso de la *Luftwaffe* exclusivamente sobre los hombros de Göring, estigmatizaba al Estado Mayor del Ejército por desleal y traidor, y marcaba, como objetivo estratégico supremo, seguir luchando para conseguir territorios en el este.

A media mañana de ese domingo, mientras Hitler aún dormía, las tropas soviéticas ocuparon el Zoo. Poco después un león y una cebra se paseaban por el *Reichstag* –el Parlamento–. Eva, que lucía de buen humor al levantarse, pidió que la llamaran *Frau* –señora–.

Hacia las 16, sigue diciendo la versión oficial, Hitler anunció que, salvo que ocurriera un milagro, él y su mujer se suicidarían. Ordenó a su médico que distribuyera ampollas de cianuro entre los aterrados huéspedes del *Führerbunker*, y que probara la efectividad del veneno en su amada perra Blondi.

Tras recibir un cable de *Reuters* que informaba que Benito Mussolini y su amante Clara Petacci, detenidos por los partisanos cuando intentaban escapar a Suiza, habían sido sumariamente juzgados, fusilados, y sus cadáveres colgados cabeza abajo en una plaza de Milán, Hitler insistió en que no caería en manos de sus enemigos, ni vivo ni muerto.

Hans Baur, su piloto personal, le habría rogado entonces por última vez que escapara hacia la Argentina o hacia Japón, recordándole que tenía preparado un avión para intentar el despegue. Pero Hitler rehusó la oferta. Según Burnside el avión no era el Ju-52, sino un moderno *Junkers* de 6 motores (Ju-390 V2) que alcanzaba una velocidad crucero de 500 kilómetros por hora y 9.700 de autonomía, aparato con el que Hitler había estado a punto de bombardear Nueva York.[8] Burnside añade que el *Führer* rechazó la propuesta del angustiado Baur porque tenía otro plan, muy madurado, y que no contemplaba a sus pilotos habituales, que a fin de no despertar sospechas debían necesariamente permanecer en Berlín.

A las 22 el general Weidling informó al *bunker* que sus tropas raleaban y, peor aún, que las municiones se estaban agotando. Calculó que podrían resistir apenas 24 horas más. Rogó al *Führer* que le permitiera intentar abrir una brecha entre los sitiadores soviéticos para facilitar una huida. Hitler le respondió que si bien autorizaría la salida de pequeños grupos –lo habría hecho por escrito– jamás toleraría una capitulación. Y habría agregado: "No tengo ninguna intención de dejarme capturar por los soviéticos, que me exhibirían como una pieza de museo".

A las 3.15 de la madrugada del martes 30 Bormann envió un mensaje a Dönitz que terminaba así: "El *Führer* le ordena que proceda de inmediato y sin compasión con los traidores. PS: El *Führer* está vivo y dirige la defensa de Berlín".

La ceremonia del adiós

Burnside insiste en que las instrucciones de Hitler que Speer, Greim y Reitsch le habrían transmitido a Dönitz –ya ungido comandante supremo de la *Wehrmacht*– incluían la de mantener toda la actividad aérea posible sobre Berlín y el norte de Alemania, hasta la frontera

---

[8] En enero un Ju-390 había alcanzado en secreto las cercanías de la Gran Manzana y regresó sin contratiempos tras un vuelo de 32 horas sin escalas.

con Dinamarca. Al parecer es una información que conoce de primera mano desde niño porque uno de los pilotos afectados fue su padre. Ése habría sido el origen de su interés en la artificiosa historia oficial sobre la muerte de Hitler.

Que continúa así: por la mañana, muy temprano para su costumbre, Hitler se levantó, se afeitó y se vistió con una camisa verde y un uniforme negro nuevo, sobre el que colocó su Cruz de Hierro de Segunda Clase y su medalla a los heridos en la guerra de 1914-1918, condecoraciones por las que sentía intenso afecto. Aproximadamente a las 10 le pidió a su mayordomo y jefe de personal de servicio del *bunker*, el mayor SS Heinz Linge –quien por lo general lo despertaba pasado el mediodía– que averiguara las últimas noticias. Linge se puso en contacto con el comandante militar del *bunker*, el general Mohnke quien informó que, a un alto precio, los soviéticos habían sido contenidos prácticamente en las mismas posiciones que ocupaban al caer la noche. Al menos por ese día seguirían respirando.

Ya casi no quedaba oxígeno: el *Reich* se había reducido a unas 100 hectáreas de escombros. En un ambiente fúnebre, a mediodía, se reunieron los generales Krebs –ex agregado militar en Moscú, que como hablaba ruso se encargaba de parlamentar con los sitiadores–, Burgdorf, Mohnke y Weidling. Del encuentro también participaron Bormann y Goebbels. Propusieron sacar a Hitler del *bunker* en el único blindado que quedaba, protegido por el fuego de doscientos adolescentes de las Juventudes Hitlerianas. Pero el *Führer* se negó a intentarlo.

La historia oficial asegura que, en cambio, ordenó a su secretario privado, mayor SS Günsche, que consiguiera 200 litros de nafta. "Deberá comprobar que los preparativos han sido hechos de manera satisfactoria y que todo ocurra como yo he ordenado", le habría dicho. El mayor SS Erich Heinz Kempka –su chofer y encargado del parque automotor–, el mayor Linge –mayordomo– y el comandante Baur habrían ayudado a Günsche a aspirar con mangueras el combustible de los tanques de los automotores que encontraron, hasta reunir unos 170 litros en 9 bidones. Al menos, muchos años después, Kempka, Linge y Günsche terminarían coincidiendo en que así habían ocurrido las cosas.

Eva Braun se había puesto un traje azul con lunares blancos, medias grises y zapatos italianos. Su esposo la acompañó al comedor, en el piso superior, pero imprevistamente desistió de almorzar con Eva y se retiró a su despacho. Poco después, alrededor de las 14.30, cambió de opinión y comió spaghettis con salsa de tomates junto a sus secretarias y su cocinera vegetariana, con quienes conversó animadamente de trivialidades.

Luego se habría despedido de Linge y de Baur. Al piloto le habría regalado el retrato de su ídolo, Federico II de Prusia, El Grande, y pedido que se encargara del epitafio de su tumba, que rezaría el siguiente sarcasmo: "Fue víctima de sus generales".

Tras una nueva ronda de despedidas, ya pasadas las 15, y tras un último encuentro de Eva Braun con Jünge y Magda Goebbels –continúa la historia oficial– Hitler y esposa se retiraron a sus aposentos. En ese momento Goebbels ordenó "despejar el área", en referencia tanto al *bunker* subterráneo como a los jardines, por lo que todos los guardias y centinelas abandonaron el lugar. Sólo permanecían en el *Führerbunker* altos oficiales y el personal imprescindible. El fornido Günsche se apostó en la puerta del estudio de Hitler, antesala de su despacho, con la consigna de garantizar que nadie molestara a su jefe. Günsche recordaría que entonces se hizo un silencio casi total, sólo perturbado por el zumbido del motor de la ventilación.

Los aposentos de Hitler estaban a 15 metros bajo tierra. A la izquierda del salón de espera ante el cual montaba guardia Günsche se encontraba la sala de situación donde el *Führer* se reunía habitualmente con los jefes militares. Del otro lado del corredor, de 2,70 metros de ancho por 6 de largo, había 3 habitaciones, originariamente destinadas a vivienda de los médicos, consultorio y botiquín. Y al final del breve corredor, frente a las dependencias de Hitler, una escalera circular de 13 escalones conducía a la parte superior, que constaba de 4 ambientes para cocina y despensas, 4 dormitorios para invitados y 2 cuartos utilizados como depósito.

Inesperadamente, Magda Goebbels se acercó a Günsche con el gesto crispado. Nadie sabe qué se dijeron, pero la historia oficial afirma que Goebbels, Bormann y el general Krebs los escucharon gritar. Según el relato del fornido Günsche –aquellos tres supuestos testigos jamás testimoniaron–, Magda se empeñaba en ver a Hitler, pero a causa de su negativa a franquearle el paso, forcejearon. Günsche dice que ante la ciega determinación de la mujer cedió y le permitió pasar al estudio. Él mismo, dijo, golpeó la puerta del despacho del *Führer*.

Cuando la puerta se abrió "Günsche entró en la habitación, captando el último retazo directo de la vida de Hitler. Dijo que Hitler se hallaba de pie frente al retrato de Federico II (el mismo que se supone le había regalado previamente a Baur) y junto a su mesa de despacho", describió Peré Bonnín en *Los últimos días de Hitler*. "Günsche dijo que no vio a Eva Braun y que supuso que se encontraría en el baño, pues oyó funcionar la cisterna". Hitler, recordó Günsche, lo miró sorprendido y un instante después le preguntó: "¿Qué quiere?".

"Respondí que *Frau* Goebbels deseaba hablarle urgentemente. Aparentemente irritado, pasó por delante de mí y se dirigió a ella, que estaba en la antecámara."

Günsche concluyó su relato así: "Llorando, Magda Goebbels apeló a Hitler por última vez. 'Mi *Führer*, ¿realmente no hay otra solución?', murmuró. Hitler la miró triste a los ojos. 'No', le dijo. Y volvió a cerrar la puerta, esta vez para siempre".

La interpretación usual de esta escena dice que *Frau* Goebbels rogó al *Führer* –por quien tenía devoción– que no se suicidara. Sin embargo, y aun aceptando que esa conversación se produjo tal como la recordó Günsche, Magda Goebbels tal vez pidió por sus hijos que, ajenos al drama cuya sombra comenzaba a apoderarse del *bunker*, almorzaban tardíamente en el piso superior en compañía de *Fraülein* Jünge. Es lo que cree Burnside: que de acuerdo con el plan original Hitler pensaba fugarse en compañía de Eva Braun, Bormann, los Goebbels y sus hijos en un helicóptero que fue averiado antes de que pudiera volar hacia Berlín. De modo que cuando el sábado 28 el "plan secreto de evasión debía haber entrado en su fase final", en el *bunker* estalló una crisis.

Aunque hasta entonces la flota gubernamental a cargo del general Baumbach disponía de tres Fa 223 *Drache*, "un aparato de doble aspa que podía llevar un grupo de nueve comandos", el único "operativo para volar fue averiado por los rusos" en Reichlin "y los dos restantes fueron encontrados por los angloamericanos después de la caída de Berlín", sostiene Burnside.

La imposibilidad de escapar en helicóptero obligó a la alternativa de intentarlo en el Ju-52 pero –explica Burnside– también esta posibilidad se frustró por la negativa de Greim. Las esperanzas de los Goebbels en torcer esta negativa darían sentido a la frase de Hanna Reitsch: "la responsabilidad moral dependía de Greim".

El último mariscal-jefe de los restos de la *Luftwaffe* habría argumentado que el trimotor era muy ruidoso y necesariamente alertaría a los soviéticos, y que con tanta carga era imposible elevarlo sobre la

Puerta de Brandeburgo, lo que ya resultaba difícil con el avión vacío. Pero aun si por milagro lo consiguiera, el Ju-52 rozaría lentamente las copas de los árboles y recibiría el fuego graneado de los fusiles rusos, para no hablar de sus cañones antiaéreos. Acertarle y derribarlo sería un juego de niños, habría dicho.

Entre la espada y la pared, afirma Burnside, Hitler habría tomado la decisión de salvarse solo. O, mejor dicho, con su mujer. El investigador italiano sostiene que la pareja no sólo no se suicidó, sino que inició un peculiar viaje de bodas. Más una luna de hiel que de miel. Porque el Tercer *Reich* se había derrumbado para siempre.

Cae el telón

La historia oficial sobre la muerte de Hitler comenzó a escribirse a las 22.20 del miércoles 1 de mayo 1945, cuando, lacónico, el gran almirante Dönitz anunció por la radio oficial alemana "la muerte heroica" del *Führer*. También informó que él asumía la presidencia del *Reich*. Un comunicado de la *Wehrmacht* añadió que Hitler había muerto combatiendo "a la cabeza de los heroicos defensores de la capital del *Reich* (...) contra la barbarie bolchevique".

A tan escuetos mensajes la agencia soviética *Tass* respondió con un despacho donde afirmaba que la noticia no era más que "una treta fascista" que buscaba "dar al *Führer* los medios para abandonar la escena y retirarse detrás de bastidores".

Voceros de la Cancillería británica declararon que la versión sobre "la muerte heroica de Hitler durante la defensa de Berlín" no era más que "una tontería", y el circunspecto *The New York Times* tituló: "Hitler muerto en la Cancillería, dicen los nazis".

El telegrama remitido por Goebbels a Dönitz, recibido en Plön a las 15.18 del 1 de mayo decía: "El *Führer* murió ayer a las 15.30 horas. Testamento 29 de abril lo designa a usted presidente del *Reich*; al ministro del *Reich*, doctor Goebbels, Canciller del *Reich*; al ministro del *Reich*, (Arthur) Seyss-Inquiart, ministro de Relaciones Exteriores. Por orden del *Führer*, el testamento le ha sido enviado desde Berlín a usted, al mariscal de campo (Ferdinand) Schörner, y para su conservación y publicación. El *Reichsleiter* Bormann piensa ir a verlo hoy para informarle de la situación. El momento y la forma del anuncio a la prensa y a las tropas quedan en sus manos. Confirme el recibo".

Es decir que, según Goebbels, Hitler había muerto el 30 de abril, no el 29. Kershaw arriesga que el telegrama debió enviarse con retraso, porque Goebbels y Bormann intentaron una rendición ante los asediadores soviéticos sin consultar a Dönitz, y que tras casi 24 horas de dilación lo enviaron con la fecha original. Quizás sea así, pero lo cierto es que en tren de suposiciones, el sorprendente telegrama en el que Goebbels –que según la historia oficial ya había decidido eliminar a su progenie y suicidarse, tarea que se asegura acometió tan pronto cayó la noche– se refiere a sí mismo en tercera persona –lo que pone en duda que haya sido su redactor– parece un mensaje en clave. *Führer gestern 15.30 verschieden. Testament vom 29.4...*, comenzaba. ¿Por qué no sospechar que hiciera referencia a la Operación Ultramar Sur y, por ejemplo, a los submarinos U-530 y U-294?

Los Estados Unidos e Inglaterra solicitaron reservadamente que la Unión Soviética confirmara el deceso de Hitler, pero las tropas rusas que ocuparon el *bunker* de la Cancillería no encontraron el cadáver.

Por cierto, no hallaron tampoco los objetos de valor de Hitler o de Eva Braun –relojes, joyas–, aunque es razonable pensar que esos bienes podrían haber sido tomados como *souvenirs* por los asistentes del *Führer*, o como trofeos por las tropas soviéticas. Tampoco apareció el arma con la cual Hitler se habría disparado. Lo único que quedaba era un sofá empapado de sangre.

Así las cosas, el negociador norteamericano del futuro *status* de Berlín, Harry Hopkins, dijo que el 26 de mayo Stalin le confesó que creía que Hitler se había escapado, y que en un nuevo encuentro el 6 de junio, le insistió: "Estoy convencido de que Hitler está vivo". Muchos testimonios coinciden en que por entonces el líder soviético creía que Hitler y su mujer se refugiaban en la zona de Berlín ocupada por los británicos, y que éstos los protegían.

El general Berzarin, jefe militar soviético de Berlín, arriesgó que Hitler "se esconde en Europa, probablemente en España". El 15 de junio, cuando lo interrogaron por los dichos de los jefes militares soviéticos, el general Eisenhower admitió sus dudas sobre el suicidio.

Variaciones de una escena

¿Qué había sucedido? Erich Kempka había sido capturado por los aliados occidentales, mientras Günsche y Linge estaban en manos de los soviéticos. Las confesiones de unos y otros no se conocían, de manera que los problemas, las contradicciones y las mentiras comenzaron a evidenciarse, sobre todo, cuando cruzaron los testimonios.

Kempka, que desconocía los dichos de sus camaradas, declaró ante sus captores anglosajones el 20 de mayo. El mayor SS dijo que Hitler y Eva Braun se habían suicidado durante las primeras horas del 13 de abril. También aseguró que el *Führer* se había disparado con su pistola *Walther*, y que él mismo, junto a los mayores Günsche y Linge habían retirado los cuerpos fuera del *bunker* y los habían cremado, acto al que también habían asistido Martin Bormann y dos edecanes.

Más tarde, apremiado por los testimonios coincidentes acerca de que el 13 de abril y aún muchos días después Hitler lucía de lo más saludable, Kempka se rectificó y dijo que el suicidio había sucedido dos días después del casamiento del *Führer*, es decir, el 30 de abril. En esa ocasión también admitió que del supuesto cadáver de Hitler sólo había visto los zapatos y parte de los pantalones, ya que una sábana cubría el cuerpo.

Para entonces sus interrogadores ya sabían que Linge le había dicho a los soviéticos que Hitler se había disparado en la sien izquierda, y que habían retirado su cuerpo del *bunker* envuelto en una frazada. Ante nuevas preguntas, Kempka recordó súbitamente que lo que cubría el cuerpo de Hitler era, en efecto, una frazada y no una sábana.

Los soviéticos también hicieron saber que Günsche, jefe de la custodia personal del *Führer*, afirmaba que Hitler se había disparado en la sien derecha, y que él mismo había sacado el cadáver de Eva Braun, aunque reconoció que no logró ver su rostro, cubierto por el cabello. Ambos cuerpos –dijo– fueron reducidos a cenizas y enterrados a un metro escaso de la entrada del *bunker*, aprovechando el cráter que había dejado la caída de un obús, tapado luego con una apisonadora.

Burnside apunta que en un radio de 30 metros de la entrada del *bunker* no se detectaron vestigios de cráteres producidos por impacto de obuses, aunque sí una zanja en "L" de 60 centímetros de ancho, cavada con vistas a erigir un muro de protección de la puerta, como lo confirmaba el hallazgo de una hormigonera en el lugar. Y añade que en esa zanja, efectivamente, se encontraron dos cuerpos semiquemados de un hombre y una mujer que, según todo indica, pertenecían a Joseph y Magda Goebbels.

En cuanto a los testimonios de Kempka, Günsche y Linge, los descalifica por corresponder a "miembros de la *Leibstandarte SS Adolf Hitler*, un cuerpo de élite nacido como guardia pretoriana, que luego pasó a constituir una división de *Waffen SS*, la *Adolf Hitler*, la única cuyo estandarte jamás fue encontrado". Los tres supuestos testigos –enfatiza– servían personalmente al *Führer* desde antes del inicio de la guerra y eran de su absoluta confianza.

Según la historia oficial Hitler se suicidó pasadas las 15.30 del lunes junto a su flamante esposa, y fue Linge quien tomó la iniciativa de entrar a la habitación después de que se escuchara un estampido de arma de fuego y de esperar unos 10 minutos, durante los cuales –dijo– no se escuchó más que el silencio.

Linge dijo que ingresó cautelosamente al pequeño estudio acompañado por Bormann, y que se encontró con los cuerpos de Adolf y Eva Hitler, sentados juntos en el pequeño sofá. Ella, desplomada a la izquierda del *Führer*, puntualizó. De sus cuerpos emanaba un intenso aroma a almendras amargas, el olor característico del ácido prúsico –cianuro–. La cabeza de Hitler colgaba inerte; de un agujero en su sien derecha goteaba sangre, y a sus pies vio su pistola *Walther* 7,65 enchapada en oro.

El relato que ofrece Kershaw en su frondosa obra se basa en la historia oficial elaborada originariamente por el mayor de inteligencia británico Hugh R. Trevor-Roper, publicada con el título *Hitlers Letzte Tage –Los últimos días de Hitler–*, relato que se articula sobre el testimonio de Kempka, completado mucho después con los dichos de Linge y Günsche. Con apoyo en las mismas fuentes, Infield describe la escena con algunas variantes y concluye de modo curioso: "Hitler se hallaba derrumbado en un extremo del diván azul y blanco; la sangre le corría por la cara a consecuencia de la bala de su pistola *Walther* 7,65, disparada después de tragar el veneno. En el otro extremo del sofá, Eva se reclinaba como dormida. Tenía junto a sí su pequeña pistola, que no había sido disparada. Hitler estaba muerto... ¿O no?".

Las dudas surgen naturalmente: quienes dieron fe del suicidio eran tres SS fanáticos, y sus versiones acabaron coincidiendo sólo al cabo de muchos años, en un relato único que llamamos historia oficial. Según ésta, los tres SS acarrearon los cuerpos al exterior subiendo los 48 escalones que conducían a la superficie. Sin embargo, los cadáveres no habían sido envueltos en sábanas ni mantas, como habían dicho, sino, como terminó por reconocer Kempka, en sendas alfombras.[9]

Según la versión unificada de los tres SS, el cabello tapaba las facciones de la supuesta Eva Braun. Kempka admitió no sólo que en ningún momento había visto el rostro de Hitler, sino también que apenas había logrado observar sus zapatos y la parte inferior del pantalón. El presunto cadáver de Hitler llevaba el pie derecho doblado hacia adentro, una posición que –comentó– Hitler solía adoptar durante sus largos viajes en automóvil. Se trataría de una rigidez notable para un cadáver aún tibio.

Por otra parte, como señala Kershaw, "cuando las llamas consumieron los cadáveres (...) ni uno solo de sus seguidores más cercanos fue testigo". La falta absoluta de testimonios confiables y de pruebas hace que la hipótesis del suicidio y cremación posterior de los cuerpos de Hitler y su esposa sea, antes que ninguna otra cosa, y como ya se adelantó, un acto de fe.

Para apuntalar la historia de la cremación hubo que recurrir a otros SS. Por ejemplo a Erich Mansfeld, quien admitió que le habían ordenado despejar la salida el *bunker*, pero agregó que a pesar de encontrarse casi a 100 metros de la entrada había visto cómo, junto a la torre de guardia del estudio del *Führer*, dos cuerpos eran pasto de las llamas. Burnside señala que desde el lugar en que se encontraba Mansfeld, las copas de los frondosos árboles del jardín impiden por completo la visión de la entrada del *bunker*, y que de cualquier modo, desde esa distancia es imposible distinguir fisonomías.

Uno de sus compañeros, Hermann Karnau, dijo que la cremación tuvo lugar a las 18, y que luego él y Mansfeld encontraron los cadáveres carbonizados, encogidos e irreconocibles, y que uno se convirtió en cenizas tan pronto lo tocó con el pie. Al evaluar este testimonio Kershaw puntualiza que Karnau dio "versiones contradictorias en distintos momentos, como muchos otros testigos del *bunker*".

Günsche y Linge, bajo tortura en la prisión moscovita de Lubianka, terminaron por reconocer que si declararon que Hitler se había suicidado había sido con el único propósito de encubrir su fuga; y

---

9 El motivo de la resistencia de los tres mayores SS a admitir que los cuerpos de Hitler y su mujer habían sido transportados envueltos en alfombras parece obvio: poco antes un comando dirigido por Skorzeny había secuestrado al príncipe heredero al trono húngaro, sacándolo del palacio real de Budapest dentro de una alfombra.

que aunque no sabían dónde se encontraba, por algunas frases escuchadas en el *bunker* conjeturaban que podría estar en España o en la Argentina.

Hipótesis inquietantes

La batalla por el *Reichstag* finalizó el último día de abril en la Königsplatz. Según Burnside, aterrizar y despegar del Eje Este-Oeste de la Avenida de los Tilos seguía siendo posible por la tarde, y las probabilidades de éxito eran sensiblemente mayores por la noche, cuando las tropas soviéticas descansaban. Destaca que Hanna Reitsch fechó su salida del *bunker* el domingo 29 de abril; que dijo que partió junto a Greim en un *Arado* piloteado por "el sargento B." y que sus últimas, sibilinas, palabras publicadas en 1979, poco antes de fallecer, fueron: "Varias leyendas se tejerán en torno a mi vuelo. ¿No podría, tal vez, haber escondido a Hitler en algún lugar?".

Disconforme con esa hipótesis –en la que, destaca Infield, creyeron "los interrogadores norteamericanos, que acusaron a Reitsch de planear y ejecutar la fuga de Hitler de la ciudad"–, Burnside arriesga que minutos más tarde de que comenzara a arder la hoguera en la que hipotéticamente se consumían los cadáveres del matrimonio Hitler, a las 16.15, un nuevo Ju-52 aterrizó en el centro de Berlín para cargar combustible. Y que mientras esperaban que esa tarea se completara, sus dos tripulantes, un ingeniero y un artillero, vieron al mismísimo *Führer* delante de un avión a reacción, un *Arado*, que de acuerdo con su descripción, podía ser o bien del modelo 234 B, de dos turbinas, o del nuevo tipo C: un excepcional bombardero táctico de cuatro turbinas.

Burnside afirma que los tripulantes del Ju-52 vieron a Hitler rodeado por un grupo de altos jerarcas con los que, por espacio de unos quince minutos, discutió, gesticulando con vehemencia. Y conjetura que debía estar comunicándoles su decisión de huir con Eva Braun. Esta escena –insiste– fue narrada en el *Diario Ilustrado* de Santiago de Chile del 14 de enero de 1948, y objeto de un editorial aparecido dos días más tarde en el semanario chileno *Zig Zag*.

En todo caso, con pleno conocimiento de los aviones de la *Luftwaffe*, Burnside puntualiza que, en sus dos versiones, los *Arado* eran idóneos para intentar un escape, pues a diferencia de los demás aviones "a chorro" de la época, podían posarse en pistas accidentadas gracias a su sólido tren de aterrizaje y porque su carreteo para el despegue era muy corto si no llevaban su carga de explosivos.

Ambos aviones –ilustra– tenían una gran cabina para los pilotos, espacio suficiente para dos personas en su amplio compartimiento de carga, y una autonomía de 1.400 kilómetros en la versión B, y de 1.650 en la C, con una velocidad de entre 700 y 800 kilómetros por hora a alturas de entre 10.000 y 11.000 metros. Se trata de prestaciones similares a las que ofrecen los actuales *jets* ejecutivos, que los volvían inalcanzables para los cazas aliados.

Claro que si el general Kurt von Bredow había escrito a fines de marzo que en el *bunker* apenas si se conseguía combustible como para llenar un encendedor, no se entiende cómo el *Arado* en que llegaron von Greim y Reitsch logró despegar, ni cómo una caravana de automóviles pudo salir después de la supuesta quema de los cadáveres de Hitler y Eva Braun hacia Flensburg, donde Dönitz había instalado su efímero gobierno. Cualquier investigación sobre este crucial asunto no sólo no disipa, sino que incrementa las dudas: según la historia oficial, los bidones vacíos que encontraron los soviéticos cerca de la entrada del *Führerbunker* eran parte de los utilizados para reunir el combustible necesario para la cremación. Sin embargo, averiguaciones realizadas *in situ* en los años '80 por uno de los autores, indican que dichos recipientes se encontraban allí desde que las obras de fortificación de la entrada del *bunker* fueran abandonadas.

Como ya se explicó, el *bunker* se construyó en previsión de ataques aéreos, no de ataques terrestres. De modo que cuando las tropas soviéticas comenzaron a acosar Berlín, se resolvió erigir una improvisada muralla de defensa, de la que sólo se habían cavado los cimientos. Uno de los albañiles a los que el general Burgdorf encomendó la obra recordó que aunque había abundancia de hierro y madera –que se obtenía de las casas destruidas por los bombardeos–, carecían de cemento. Habían conseguido aproximadamente 200 litros de combustible, que conservaban en bidones, para hacer funcionar la mezcladora. Como el cemento no aparecía y el asedio soviético se volvía más y más acuciante, los obreros abandonaron la obra pero se llevaron el carburante. Los epígrafes de las fotos publicadas aseguraban que aquellos bidones habían sido utilizados para cremar los cuerpos de Hitler y Eva Braun, dijo el anciano ex albañil, pero no era verdad porque esos recipientes estaban vacíos, razón por la cual los obreros no se los habían llevado.

Destacó que en esas fotos se observan claramente las maderas que pensaban utilizar para levantar el encofrado. Y como podía apreciarse, no estaban rotas ni quemadas, tal como habría sucedido si el lugar hubiese sido bombardeado de tal manera que hubiera pulverizado los cadáveres, tal como postulan algunos historiadores.

Apenas la tomaron prisionera, los interrogadores norteamericanos de la OSS acusaron a Hanna Reitsch de haber facilitado la huida de Hitler. Reitsch se jactó de no contradecirse, repitiendo una y otra vez que había salido del *bunker* y de Berlín la noche del domingo 29 de abril. Pero en una serie de notas que publicó años después en *News Chronicle*, afirmó que von Greim y ella abandonaron el lugar en la madrugada del 30 de abril, es decir, apenas medio día antes del supuesto suicidio de Hitler y esposa. Burnside cree que el vuelo bien pudo partir al anochecer de ese lunes, o, mejor aún, por la noche, cuando no sólo los lobos sino también todos los gatos son pardos. Así, un denso misterio sigue envolviendo el despegue del último avión que decoló del Eje Este-Oeste: el *Arado 26* que sacó del infierno a Greim y a Reitsch.

Suicidios excepcionales

Al llegar la medianoche del lunes 30, luego de establecer por radio una tregua con la avanzada de los sitiadores al mando del general Vassily Chuikov, el general Krebs se reunió para parlamentar con el comandante soviético a quien le comunicó que Hitler había muerto.

Krebs recién regresó al *Führerbunker* a las 13 horas del martes 1 de mayo, fecha cara a la ideología proletaria, en la que Stalin esperaba obtener la rendición incondicional de Alemania. Al ingresar al *bunker*, Krebs no encontró ni a Hitler, ni a Eva, ni a sus cadáveres. El lugar estaba desolado. Casi no quedaba nadie, excepto los heridos imposibilitados de escapar. La débil resistencia de los ancianos y adolescentes del *Volksturm* había cesado, y la ciudad estaba a merced del pillaje de los vencedores.

Aquéllos a quienes Krebs había dejado ilesos unas horas antes, no sólo no se habían suicidado sino que habían huido, en un desesperado intento de burlar el cerco de los vencedores, propósito que, por cierto, muy pocos consiguieron. Deprimido, tal vez sintiéndose usado, horas después Krebs se suicidó. Cuando los soviéticos llegaron al *Führerbunker*, los únicos cadáveres de jerarcas nazis que encontraron con inequívocos signos de suicidio fueron el suyo y el de Burgdorf.

El inicio de la tregua fue el momento ideal para la fuga. Los más decididos salieron a las 22. Su plan era simple: seguir los túneles previstos para la huida hasta los del metro y emerger algo más al norte, en la estación Frierichstrasse, a pocos metros del Río Spree. En ese punto aún se resistía el embate soviético. Intentarían cruzar el río y dirigirse hacia el noroeste hasta atravesar las líneas rusas. Si lo lograban, cada uno quedaría librado a su suerte.

Los primeros grupos consiguieron cruzar el río por el puente peatonal paralelo al de Weidendammer. Los que llegaron después se toparon con una barrera antitanques recién instalada por los soviéticos, que les dispararon, obligándolos a retroceder.

Bormann, el jefe de las Juventudes Hitlerianas Arthur Axmann y el cirujano del *Führer*, Ludwig Stumpfegger, entre otros de los que salieron a las 23, retrocedieron hasta encontrar una pequeña formación de blindados alemanes que pugnaba por abrirse paso a través del puente desde el sur. Pero cuando el tanque que lideraba el conjunto fue alcanzado y se detuvo entre humo y toses de motor, desistieron.

Bormann y Stumpfegger decidieron cruzar Invalidienstrasse hacia el oeste. Axmann fue hacia el este, pero se cruzó con una patrulla rusa y retrocedió en busca de sus compañeros. Más tarde diría que los encontró detrás del puente que cruza las vías férreas: tendidos boca arriba, muertos, aunque sin heridas visibles.

Axmann logró salir de Berlín y refugiarse en las montañas bávaras, donde fue capturado seis meses más tarde. Fue entonces cuando dijo que había reconocido los cadáveres de Bormann y Stumpfegger. Como los cuerpos del secretario general del partido nazi y del cirujano no habían sido identificados, nadie le creyó. De hecho, Bormann fue –el único– condenado a la horca en ausencia en el juicio de Nuremberg.

Entre las cien personas que quedaban en los *bunkers* interconectados –el *Führerbunker* y el que servía de morada al personal de servicio–, aproximadamente un tercio murió cuando intentaba salir de la ciudad, otro tercio cayó en manos de los soviéticos, y el restante logró salir de Berlín hacia el oeste. De éstos, la inmensa mayoría resultó detenida más temprano que tarde por las fuerzas angloamericanas. Fuera de Krebs, Burgdorf y algún otro, quienes aún permanecían sanos en los *bunkers* intentaron burlar el cerco soviético, lo que descarta una decisión colectiva de suicidarse.

¿Por qué los Goebbels esperaron todo un día después del pretendido suicidio de Hitler para sacrificar a su progenie y luego quitarse la vida? Es posible que hayan aguardado hasta tener la absoluta certeza de que la huida en el Ju-52 era imposible. Numerosos testimonios coinciden en que ambos creían en las temerarias afirmaciones de la propaganda que emitía Joseph –autor del célebre apotegma "miente, miente, que algo quedará"–, entre ellas, y especialmente, que los soviéticos mataban sistemáticamente a los hijos de los jerarcas nazis capturados, tal como habían hecho con los hijos del zar.

Fiasco

A las 7 de la mañana del 2 de mayo el general Weidling, responsable de la defensa de Berlín, se dirigió resueltamente al puesto de mando del general Chuikov a fin de rendir la ciudad y detener la carnicería. Ya habían muerto más de 300.000 vecinos y defensores, y las tropas asiáticas y mongoles, que constituían la vanguardia –o carne de cañón– del Ejército Rojo, se habían entregado al saqueo y la violación de las blondas alemanas que no hubieron tomado la precaución de marcharse hacia el oeste. Weidling firmó rápidamente la capitulación y emitió a sus hombres un último mensaje: el juramento de lealtad personal a Hitler ya no los obligaba. Y, por cierto, no les comunicó que Hitler hubiera muerto luchando; les transmitió un mensaje mucho más oscuro y que rezumaba decepción: "El lunes, el *Führer*, al que todos juramos lealtad, nos dejó en la estacada".

Al describir estos hechos, el vasto *Diccionario enciclopédico de la guerra* redactado bajo la dirección del general español López Muñiz, profesor principal de la Escuela Superior del Ejército franquista, los despacha en tres breves oraciones. "El 2 de mayo el general Weidling confirmó la petición de rendición incondicional, terminando la batalla. Hitler, que había establecido su puesto de mando en Berlín, desapareció en los últimos días. Parece ser que se suicidó el 1 de mayo".

Pasaron más de dos semanas antes de que Skorzeny, uno de los fugitivos más buscados, cayera en manos de los norteamericanos. Con el correr de los años, terminaría por asesorar y entrenar un cuerpo de élite del Ejército norteamericano –de protagonismo en Vietnam–, los "boinas verdes", cuyos oficiales asesoran hoy a las tropas de élite de la Policía Federal Argentina.

Skorzeny –que fue juzgado y absuelto en Nuremberg, visitó luego la Argentina y que a fines de 1948 se radicó en España– gustaba recordar en su hogar madrileño –en el que exhibía una foto autógrafa de Juan Perón– que sus captores le preguntaban insistentemente dónde había ocultado a Hitler. "Si me hubiera ido con Hitler, no habría regresado a Alemania para entregarme prisionero", dice que les respondía. Se jactaba de haberlos convencido. Supo que lo había hecho, fanfarroneó, "cuando uno de ellos exclamó: 'Hitler no habría renunciado a tener a su lado al hombre que liberó a Mussolini'".

Cuando le preguntaron cómo habría sacado a Hitler de Berlín, Skorzeny entrecerró los ojos y dijo lacónico: "Con un hidroavión que se posara escasos minutos sobre el Río Havel". Por cierto, uno de los pasadizos comunicaba la Cancillería con el túnel del metro, que a su vez cruzaba el río. Sería por lo tanto interesante saber con certeza el destino del hidroavión –y las provisiones– que el general Baumbach tenía reservado en Noruega para intentar un escape.

Si Hitler hubiera huido de Berlín en hidroavión, habría un piloto claramente sospechoso, un especialista que se encontraba en Noruega. Se trata del capitán de corbeta Rolf Thomsen, que por entonces estaba por cumplir 30 años. Egresado en 1936, fue transferido en octubre de 1938 a la *Luftwaffe* para especializarse como aviador naval. Durante más de tres años se desempeñó en distintos escuadrones, incluido el *Kampfgeschwader 26*, único de la fuerza dotado con hidroaviones torpederos, donde se convirtió en un eximio piloto de los excelentes *Heinkel HE 115*, un bimotor con capacidad para 6 ó 7 personas que podía despegar en escasos 200 metros en cualquier espejo de agua e incluso desde la nieve.

En abril de 1943 Thomsen regresó a la *Kriegsmarine* para hacer el curso de comandante de *U-Bootes* –*Unterseeboots*, submarinos–. A fines de enero de 1944 tomó el mando del U-1202, un submarino de la clase VII-C perteneciente a la 8ª Flotilla con base en Danzig con el que realizó dos patrullas al Atlántico Norte. Según los registros de la *Kriegsmarine*, Thomsen hundió siete barcos grandes en esas patrullas, pero al término de la guerra se descubrió que todos los hundimientos, salvo uno, eran una impostura.

Cuando en enero de 1945 la 8ª Flotilla se disolvió y los *U-Bootes* que la componían abandonaron Danzig para sumarse a la 11ª Flotilla con base en el puerto noruego de Bergen, Dönitz le concedió la Cruz de Hierro de Primera Clase, en reconocimiento de aquellos hundimientos apócrifos. Y eso no fue todo: el 29 de abril –en instantes en que se supone que Hitler se preparaba para suicidarse y el gran almirante para reemplazarlo– Dönitz le concedió la Gran Cruz de Caballero con Hojas de Roble. ¿En mérito a qué? Nadie lo sabe.

Tampoco se sabe si Thomsen recibió la condecoración ese mismo día o los siguientes. En cualquier caso, la obtuvo durante las últimas horas de la guerra. Se conserva una foto de la ceremonia realizada en Bergen: Thomsen luce sus dos condecoraciones, a la diestra de quienes se las impusieron en nombre de Dönitz: el capitán de navío Hans Rudolf Rösing –jefe de operaciones de submarinos en áreas especiales, como el Ártico, el Mediterráneo, el Mar Negro... y los mares del sur– y el jefe de la 11ª Flotilla, el famoso capitán de fragata Heinrich Lehmann-Willenbrock, quien en febrero de 1942 había hundido en una sola patrulla 7 buques por un total de 49.490 toneladas.[10] Detrás, incomprensiblemente, un oficial sonríe de oreja a oreja.

Thomsen celebró el 6 de mayo su trigésimo cumpleaños en Bergen. Cuatro días después, junto a Lehmann-Willenbrock, fueron tomados prisioneros por los británicos, quienes los interrogaron durante ocho meses y un año, respectivamente.

Tan pronto recuperó la libertad Lehmann-Willenbrock se abocó a reflotar barcos hundidos en el Rhin.[11] Con el dinero presuntamente obtenido con esa actividad hizo construir un velero que bautizó *Magellan*[12]

---

10 Lehmann-Willenbrock, (1911-1986) hundió 25 buques por 183.223 toneladas. Recibió la Gran Cruz de Caballero y las Hojas de Roble en 1941. *Wolf Packs* lo presenta así: "Descendiente de una familia de granjeros, pelirrojo, el joven Heinrich Lehmann-Willenbrock obtuvo su primer contacto con el entrenamiento militar en un orfanato de las afueras de Berlín. Apodado *Recke*, palabra que significa 'guerrero valiente', se convirtió en un consumado marino". Las andanzas de Lehmann-Willenbrock en el U-61 fueron el motivo central de *Das Boote*, un *best-seller* escrito por Lothar Günther Buchheim. En el filme homónimo de Wolfang Petersen, con Jürgen Prochnov, se describe el ambiente claustrofóbico de la guerra submarina. En 1959, al mando del carguero *Inga Bastian*, Lehmann-Willenbrock rescató a 57 sobrevivientes del incendio del buque brasileño *Comandante Lyra*. A partir de 1961 fue comandante de un buque de investigación nuclear, el *Otto Hahn*. En los '70 recibió la Cruz Federal al Mérito y durante muchos años fue presidente de la asociación de ex tripulantes de submarinos con sede en Bremen, que actualmente lleva su nombre.

11 En sociedad con otro veterano de los mares del sur y formador de comandantes de *U-Bootes*, el capitán de navío Karl-Friedrich Merten.

12 Por Fernando de Magallanes, navegante portugués al servicio de España que en 1520, tras invernar cinco meses en el Golfo de San Julián, descubrió el estrecho austral que

y emprendió con él un viaje supuestamente recreativo en compañía de dos ex camaradas rumbo a Buenos Aires, donde participó de una gran regata.

Un silencio de veinte años

¿Qué encontraron los rusos al tomar el *Führerbunker*? Un despacho de *Reuters* fechado el 5 de julio de 1945 en Berlín decía que "un oficial del Estado Mayor del mariscal Zucov", luego de recorrer las dependencias del *Führerbunker* con el corresponsal de la agencia británica, le confió que "no hemos encontrado ni trazas de algún cuerpo que se parezca al de Eva Braun" y comentaba que "estamos tan convencidos de que el cuerpo hallado no es el de Hitler que se ordenó a los expertos que volvieran a enterrarlo en el jardín".

Desde entonces el poder soviético se hundió en un mutismo que duró veinte años. El velo comenzó a descorrerse recién en 1965, cuando el mariscal Chuikov, jefe de las tropas que habían ocupado el *Führerbunker*, publicó un libro de memorias. "Afirmo que cuando los soldados del VIII Ejército de la Guardia entraron en el patio de la Cancillería del *Reich*, en la mañana del 2 de mayo de 1945, vieron una alfombra humeante en la que se encontraba el cadáver calcinado de Hitler", decía allí.

Quien había sido jefe del grupo de inteligencia del Ejército Rojo específicamente encargado de dar con el paradero de Hitler y sus lugartenientes, el para entonces teniente coronel retirado Ivan Klimenko, otorgó una entrevista a la agencia de noticias *Novosti* en la que se refirió al libro de Chuikov. Klimenko no dijo que el viejo mariscal fuera un majadero. Dijo, simplemente, que el hallazgo se había producido, en verdad, dos días más tarde, el 4 de mayo. "De la tierra asomaban un par de piernas desnudas y el extremo de una manta gris. Cavamos, y muy pronto pudimos sacar de ese lugar los cadáveres chamuscados de un hombre y una mujer semidesnuda", relató Klimenko. En ese momento creía que el cadáver de Hitler estaba siendo exhibido en el interior del *bunker* pero –como pronto se averiguaría– ese cuerpo pertenecía a un cocinero de la antigua Cancillería, groseramente caracterizado

---

une el Atlántico con el Pacífico. El nombre elegido por Lehmann-Willenbrock no puede ser más sugestivo, ya que antes de llegar a la Patagonia Magallanes hizo escala en las Islas de Cabo Verde, al igual que el convoy de *U-Bootes* de la Operación Ultramar Sur que dirigió –en su primera etapa– desde Bergen.

como el *Führer*: lucía el mismo jopo y bigotitos. Una foto visiblemente retocada del cadáver del infortunado cocinero fue publicada en innumerables oportunidades como si fuera el del *Führer*. E incluso sigue publicándose.

Como pensaba que el cuerpo de Hitler ya había sido encontrado, Klimenko se despreocupó de la identidad de los cadáveres y ordenó que volvieran a enterrarlos en el mismo lugar, a fin de exhumarlos al día siguiente. Cuando así se hizo, y ante su sorpresa, "los guardias alemanes que hicimos venir para identificar los restos nos aseguraron que teníamos ante nuestros ojos los cadáveres de Hitler y de Eva Braun".

Poco tiempo después Lew Besymenski, un ex agente del GRU –servicio de inteligencia militar soviético–, redondeó la versión que sería oficial hasta el colapso de la Unión Soviética en 1989. Besymenski hizo pública un acta fechada el 5 de mayo de 1945, redactada y firmada por el teniente Alexei Alexandrovitch, del *Smersch –Smert Spionam* o Muerte a los Espías, el servicio de contraespionaje del GRU– y por dos soldados a sus órdenes en calidad de testigos. En dicho documento se da cuenta del hallazgo de dos cuerpos "semiconsumidos por el fuego, y resulta desde todo punto imposible su identificación sin datos complementarios". De la lectura del acta se desprende que Alexandrovitch ni siquiera consideró la posibilidad de que los cuerpos pertenecieran a Hitler y a su mujer.

Fue Besymenski, en un libro publicado en la década del '50 con el inequívoco título *La muerte de Hitler*, quien había establecido la siguiente secuencia: Klimenko y sus hombres llegaron al *Reichstag* el 2 de mayo con cuatro prisioneros, uno de los cuales señaló el lugar donde se descubrieron los cadáveres de Goebbels y su mujer. El 3 de mayo los soviéticos hallaron dentro del *bunker* los cadáveres del general Hans Krebs y de los seis hijos del matrimonio Goebbels, a quienes sus padres habrían ordenado envenenar. El 4 de mayo, en un cráter producido por una explosión en el jardín, y entre papeles quemados, vieron un par de piernas cubiertas por una manta gris que pertenecían a un cadáver masculino, y al tirar de ellas y de la manta se descubrió, además, el cuerpo de una mujer. Volvieron a enterrar los cadáveres en el mismo lugar hasta el día siguiente. Al desenterrarlos el 5 de mayo, encontraron debajo los cuerpos de dos perros –hallazgo que, por cierto, no menciona el acta de Alexandrovitch–.

Reconocimientos

Según Klimenko los cuerpos estaban parcialmente carbonizados y eran irreconocibles. El masculino –puntualizó– tenía un solo testículo, presentaba gravísimas fracturas, le faltaban las extremidades y parte del cráneo: "En la boca tenía fragmentos de una ampolla que, a juzgar por el olor a almendras amargas, había contenido cianuro". Y en cuanto al de la mujer, si bien conservaba todos sus miembros, estaba acribillado de metralla.

Poco después, al enseñarle estos cadáveres a un grupo de prisioneros alemanes para que los identificaran, uno de ellos dijo que el masculino pertenecía a Hitler.

El prisionero que hizo la identificación –puntualizó Besymenski– fue el vicealmirante Hans Erich Voss, oficial de enlace entre Hitler y su sucesor, Dönitz, cuyo "gobierno" seguía sesionando entonces en la base naval de Flensburg.[13]

Para Infield es evidente que "Los rusos no pudieron hallar el cadáver de Hitler ni el de su amante", y que lo ocultaron. "No querían perder prestigio, por lo que hubo considerables controversias entre las autoridades soviéticas en Moscú y Stalin", quien estaba convencido de que el general Chuikov quería "apaciguarlo con la declaración de que un cadáver que habían encontrado en la Cancillería era el de Hitler". Chuikov se había apresurado a difundir el reconocimiento del supuesto cadáver de Hitler, hecho por el vicealmirante Voss, lo que había indignado a Stalin, que creía que el lugarteniente de Dönitz actuaba en connivencia con los británicos.

Así las cosas, el 8 de junio, al conmemorarse un mes de la rendición formal del Tercer *Reich* en Berlín, el mariscal Zucov, jefe supremo de las tropas soviéticas que habían ocupado la ciudad, y el general Floyd Parks –quien pronto sería confirmado como jefe de la región berlinesa cuyo control se cedería a los Estados Unidos–, ofrecieron una rueda de prensa junto a otros jefes militares. Zucov reconoció allí que "nosotros no hemos encontrado el cuerpo de Hitler"; que por lo que sabía, Hitler había conseguido escapar en avión, y que por lo pronto sus servicios

---

[13] Voss aseguraba haber oído decir a Hitler: "Aunque pudiera salvarme, no lo haría. El capitán se hunde con su barco". Por cierto, durante sus últimos días en el *bunker*, Voss había escrito en su diario: "Hay algo aquí que es aplicable a todos: no queremos huir". No obstante, a la hora de la verdad escapó, pero lo pescaron.

de información habían "establecido de manera indiscutible" que, a escasas horas de su supuesto suicidio, un submarino alemán del tipo "gran crucero" se había hecho a la mar en Hamburgo, llevando a una mujer entre su tripulación.

Salida de Kiel

Un próspero empresario genovés, Renzo Zanasi, fue en su juventud oficial submarinista y llegó a recibir la Cruz de Hierro de manos de Dönitz. Se encontraba en Kiel los últimos días de abril de 1945 cuando vio "cómo todos los submarinos en condiciones de hacerlo" zarpaban hacia el Estrecho de Skagerrak, que separa Dinamarca de Suecia y Noruega. Lo recordaba bien, le dijo a Burnside, porque quiso marcharse con ellos, pero le explicaron que no quedaba una sola plaza libre.

Zanasi le contó a su compatriota Burnside que mucho después, en los años '50, conoció en Buenos Aires a Otto Nagel, un alemán que vivía en Quilmes, el ribereño barrio residencial al sur de la ciudad conocido internacionalmente por la cervecería que lleva su nombre.[14]

Celebrando su común condición de submarinistas con vino y en animada conversación, descubrieron que habían estado en Kiel en la misma época. Nagel recordó que había servido en la 8ª Flotilla con base en Danzig hasta la caída de ese puerto en manos de los soviéticos en enero de 1945, y que su *U-Boote* había zarpado de Kiel integrando un convoy de submarinos de las clases IX y XXI, y que eso había sucedido un día antes de que Dönitz anunciará por radio "la caída" de Hitler, es decir, el lunes 30 de abril. No cabe duda de que se trató de una partida de último momento, pues al día siguiente, martes 1 de mayo, la RAF bombardeó sistemáticamente el puerto de Kiel, que el miércoles quedó totalmente destruido.

Los dichos de Nagel y Zanasi sobre un convoy en el que abundaban submarinos de la clase XXI concuerdan con las informaciones disponibles. La 8ª Flotilla –de entrenamiento– contaba con muchos submarinos de la nueva clase: la totalidad de los treinta construidos en los astilleros

---

14 Y que en su origen pertenecía a una tribu de aguerridos indígenas tucumanos que los españoles vencieron y llevaron hasta esas riberas del Plata en el siglo XVII, encadenados a lo largo de miles de kilómetros.

F. Schichau GmbH de Danzig –la serie que va del U-3501 al U-3530, inclusive–. Cuando durante los últimos meses de la guerra esa flotilla fue absorbida por la 5ª de combate con base en Kiel, de la que ya formaban parte una docena de submarinos de ese tipo –la serie que va del U-4701 al U-4712, ensamblada y botada en los astilleros locales *F. Krupp Germaniawerft AGm*–, casi todos aquéllos pasaron al nuevo destino. Con lo cual la 5ª Flotilla pasó a disponer de aproximadamente cuarenta submarinos de la nueva clase.

La historia oficial asegura que ningún *U-Boote* de la clase XXI combatió ni cruzó el Atlántico, y que sólo había dos en condiciones de hacerlo. Esta última afirmación es una mentira interesada. El convoy que Zanasi vio partir de Kiel y en el que iba Nagel tenía como destino Noruega, y los mejores de esos submarinos, incluyendo como mínimo media docena del tipo XXI, se incorporó a la 11ª Flotilla de combate, con base en Bergen.

La flotilla ya contaba con siete submarinos de ese tipo –U-2502, U-2503, U-2506, U-2511, U-2513, U-2518 y U-3008–.[15] De este modo, a comienzos de mayo de 1945, un selecto grupo de *U-Bootes*, incluyendo una docena larga de submarinos de la clase XXI, se reunió en ese recoleto y hermoso puerto, entre escarpados fiordos, refugio en el que los antiguos vikingos se sentían a salvo de cualquier enemigo.

La mayor parte de los comandantes de *U-Bootes*, obedeciendo la orden general de Dönitz, hundió sus naves alrededor del 5 de mayo, fecha en la cual se materializó la rendición formal del gran almirante a los aliados anglosajones. Del resto, unos pocos fueron hundidos por los aliados en torno a esa fecha, otro tanto se rindió en puertos ingleses o noruegos, pero aún queda un remanente de submarinos sobre los que no hay información, ni siquiera indicios atendibles sobre su suerte.

Nagel le contó a Zanasi que el convoy abandonó Kiel navegando hacia el Mar del Norte y que más tarde atravesó el Atlántico rumbo al sur. En determinado punto el convoy se deshizo y sus integrantes se

---

15 Curiosamente, ninguno de estos submarinos fue hundido por su tripulación en cumplimiento de la orden general impartida a los comandantes de *U-Bootes* por el gran almirante Dönitz. Y a excepción del U-2503 –hundido por un ataque aéreo el 4 de mayo de 1945– los restantes cinco –al igual que el U-3017 de la 4ª Flotilla de entrenamiento con base en Stettin, también en condiciones de combatir– pasaron íntegros y sin daños a manos de los aliados anglosajones.

separaron. El submarino que él tripulaba navegó algunos días más en solitario, hasta que poco antes de que se cumplieran tres meses de travesía llegó a un puerto natural en medio de un paisaje desolado de la Patagonia argentina donde, además de la tripulación, desembarcaron "personas muy importantes".

Zanasi le dijo a Burnside que la historia que Nagel le estaba relatando le interesaba vivamente porque poco antes, en Valparaíso, había leído que Hitler y su mujer habían escapado en avión desde Berlín hasta el pueblo danés de Tonder –cerca de la frontera, una travesía de media hora en un avión a reacción– y que luego continuaron la huida en submarino. Aunque no podía precisar en qué periódico había leído aquella crónica, recordaba que decía que Hitler vivía en la Patagonia argentina. Cuando se lo comentó a Nagel –agregó– el alemán calló abruptamente y se negó a seguir hablando del tema.

Segunda parte

Guerra en el mar

Puerto seguro

La Gran Guerra europea sorprendió al crucero *Dresden* en el Caribe. Había llegado a México dos semanas antes para evacuar al depuesto presidente Victoriano Huerta y a un grupo de colonos alemanes adictos que como él huían del victorioso embate de las tropas de Pancho Villa.

Poco antes, 340.000 dólares remitidos por el *Kaiser* alemán a la cuenta abierta en un banco de Saint Louis por un misterioso traficante de armas, Félix Sommerfeld, habían pasado a las arcas de Villa.[16] Pero cuando el *Dresden* llevó a Huerta y a sus amigos alemanes desde Veracruz a Kingston, Jamaica, donde encontraron asilo, éste ya era un tirano conocido mundialmente por haber ordenado el asesinato del presidente constitucional Francisco Madero, y lo poco que se sabía de Sommerfeld era que había sido un buen amigo del muerto, al que le había vendido armas y municiones. En Kinsgton asumió el mando del *Dresden* el capitán Fritz Lüdecke con órdenes de regresar a su base de Kiel. Lüdecke designó segundo oficial a quien se había desempañado hasta entonces como segundo piloto, el teniente de navío Wilhem Canaris, apodado por los demás oficiales "El Observador" porque ningún detalle de la vida a bordo parecía escapar a su control.

---

[16] Como muestra insuperable de la labilidad de las alianzas políticas, el emperador Guillermo II ofreció a Villa el respaldo de Alemania si se atrevía a enfrentar a los Estados Unidos con el propósito de recuperar Texas y California. El 9 de marzo de 1916 las tropas de Villa ejecutaron un militarmente calamitoso ataque a Columbus. Fue la primera vez desde su independencia que la Unión sufría una agresión externa.

Canaris tenía ojos claros, grandes orejas, cejas tupidas y mirada de águila.[17] Su aspecto –escasa altura, tez mate, pelo negro– lo hacía parecer más latino que teutón. Como hablaba inglés y castellano, idioma que había practicado con avidez durante los cuatro días de estancia en México, solían tomarlo por español.

Luego de zarpar de Kingston, el *Dresden* echó anclas en la Isla de Santo Tomás, donde embarcó carbón y provisiones suficientes para cruzar el Atlántico. Fue allí donde lo sorprendió, a fines de julio, la orden de movilización general. Cuatro días después estalló la guerra en Europa y el OKM ordenó a Lüdecke que bordeara la costa atlántica hacia el sur, con la consigna de obstaculizar el tráfico marítimo de naves inglesas y francesas por el Estrecho de Magallanes y el Cabo de Hornos. Según las órdenes, el *Dresden* debía reunirse previamente en el Pacífico con la escuadra del este asiático al mando del almirante Maximilian Graf von Spee. Entre los buques al mando de von Spee se encontraba un crucero gemelo del *Dresden*: el *Emdem*. Gracias a sus nuevas turbinas, eran los buques más veloces de la *Kriegsmarine*.

Para llegar al Pacífico el *Dresden* necesitaba carbón. A fines de agosto y en pleno invierno austral, Lüdecke ordenó fondear en la Bahía de San Antonio, en el enorme Golfo de San Matías, al sur de la provincia de Buenos Aires. Sus hombres desembarcaron, recorrieron la costa y compraron algunos chivos a los escasos pobladores. Pero no consiguieron más que una cantidad insignificante de carbón. Así fue que el crucero zarpó nuevamente rumbo al sur, en procura de encontrar al *Baden*, un barco de reabastecimiento enviado por la *E-Dienst* –*Etappendienst*– la red creada en 1911 por la *Kriegsmarine* para garantizar el abastecimiento y la reparación de su flota en el extranjero e informar sobre el tráfico naval enemigo.

Tras varias citas fallidas en sucesivos puertos naturales, el encuentro se produjo el 11 de septiembre. El *Baden* iba acompañado por un buque chileno, el *Santa Isabel*, fletado desde Punta Arenas con provisiones. Fueron los marinos chilenos quienes dieron a Lüdecke y Canaris las cartas de navegación de los fiordos y canales del sur de Chile, que pronto les serían de enorme utilidad.

---

[17] Para más información sobre Canaris, ver Abshagen, Karl Heinz, *El almirante Canaris*.

Después de atravesar el Cabo de Hornos el *Dresden* siguió viaje hasta la Isla de Pascua, donde el 12 de octubre se reunió con la escuadra de Spee. Luego, el conjunto puso rumbo suroeste, hacia la costa central de Chile, donde en la rada Coronel había fondeado una escuadra británica al mando del almirante Cradock. Al atardecer del 1 de noviembre, Día de Todos los Santos, Spee logró situar su escuadra entre la costa y el lugar donde se encontraban los buques enemigos. Las siluetas de los buques ingleses se recortaban nítidas contra el rojo horizonte. Así, en el escaso tiempo que restaba hasta que cayera la noche, sus artilleros hundieron dos cruceros británicos, mataron al almirante Cradock y a otros 1.700 marinos británicos y obligaron a los demás buques de la *Royal Navy* a huir y procurar refugio en los fiordos.

La Batalla de Malvinas

Tras esa resonante victoria, la flota alemana llegó a Valparaíso donde reparó averías y se reaprovisionó. Continuó luego su periplo hacia el sur. Se aproximaba al Cabo de Hornos y al Atlántico, cuando desde la austral ciudad de Punta Arenas Lüdecke recibió informes de que la tripulación de un barco llegado a ese puerto desde las islas llamadas Falklands por los ingleses y Malvinas por franceses, españoles y argentinos –que las ocuparon sucesivamente antes que aquéllos– decía que la escuadra británica fondeada en Puerto Stanley había partido hacia Sudáfrica, por lo que las islas se hallaban desguarnecidas. Se trataba de una astuta trampa tendida por el Almirantazgo a instancias del joven ministro de Marina, Winston Churchill.

Enterado de los movimientos de Spee, Londres había ordenado el retiro de Puerto Stanley de la escuadra austral en medio de grandes aspavientos, mientras enviaba a la zona una flota mejor armada y cuyo tonelaje era cuatro veces superior al de la flota de Spee. La escuadra británica llegó a Puerto Stanley el 7 de diciembre, y al día siguiente recibió al desprevenido acorazado *Scharnhost*, buque insignia de Spee, con descargas de cuatro toneladas de acero que lo mandaron a pique. En la refriega murieron el capitán y 790 tripulantes, entre ellos dos de sus hijos. Seguidamente se desató una cacería en la que casi todos los buques alemanes resultaron hundidos. Sólo se salvaron el *Dresden* –que venía rezagado y puso proa a toda máquina hacia el Estrecho de Magallanes– y el buque-hospital *Seydliz*, que gracias a las instrucciones que le transmitió el *Dresden* pudo bordear la costa argentina hasta guarecerse en la Bahía de San Antonio.

La *Royal Navy* dejó escapar al *Seydliz* y se concentró en la persecución del *Dresden*, que el 12 de diciembre llegó a Punta Arenas. Lüdecke y Canaris se entrevistaron con el jefe del apostadero naval Magallanes, contralmirante Arturo Cuevas, y con su permiso recabaron la solidaridad de la colonia alemana y austríaca a fin de hacerse de provisiones. La navegación a marcha forzada había provocado desperfectos en las turbinas del crucero y era necesario repararlas. Lüdecke, guiado por un cazador de focas de origen alemán, Albert Pagels, ocultó al *Dresden* en el mejor escondite natural de un Chiloé continental repleto de ellos: el escabroso Fiordo Quintupeu, a unas 50 millas náuticas de Puerto Montt. Allí había escondido en 1578 su galeón *Golden Hind* el corsario sir Francis Drake, escapando de las naves españolas. Por fortuna para los fugitivos alemanes, sus perseguidores evidentemente apenas tenían una vaga idea acerca del escondrijo de su famoso compatriota.

Como oficial de enlace de la *E-Dienst* a bordo, Canaris movilizó a la numerosa colonia alemana, lo mismo que hizo del otro lado de la Patagonia, en San Antonio Oeste, la tripulación del *Seydliz*. San Antonio Oeste tenía entonces el doble de población que en la actualidad y sus dos almacenes de ramos generales pertenecían a sendos súbditos alemanes: Carlos Lahusen y Mauricio Braun. Así arropado, el *Seydliz* permaneció ajeno a la contienda un año y medio, período durante el cual sus tripulantes sobrevivieron gracias al trueque y al cuatrerismo, actividad que les permitió explorar minuciosamente las costas a caballo.

En cambio, el *Dresden* no tuvo tiempo más que para huir. Reparadas las averías y aprovechando que los cruceros británicos *Glascow* y *Bristol* habían anclado frente a Puerto Montt luego de rastrearlo infructuosamente a lo largo de 1.000 millas de costa, los eludió y se dirigió en desesperada búsqueda de carbón hacia la pequeña y paradisíaca Isla Juan Fernández, también conocida como de Robinson Crusoe por haber inspirado la famosa novela de Daniel Defoe. Llegó allí el 9 de marzo, no halló suficiente carbón, y se encontró paralizado.

Cinco días más tarde llegaron sus perseguidores. Sin perder tiempo cañonearon tanto al crucero como al puerto. Sin escapatoria, Lüdecke ordenó izar la bandera de parlamento y envió a Canaris a protestar ante el comandante del *Glascow*, pues el ataque violaba la neutralidad chilena. Como era de prever los ingleses lo ignoraron, pero mientras parlamentaban la tripulación del *Dresden* abrió las válvulas de anegamiento, se hizo a las chalupas y desembarcó en la playa, desde donde asistió al hundimiento del crucero entonando himnos patrióticos.

Tres días después los marinos alemanes fueron rescatados por dos buques de la marina chilena y conducidos a la base naval de Talcahuano, donde fueron agasajados. Luego, el gobierno chileno decidió internarlos en la cercana Isla Quiriquina, donde tanto sus cancerberos como la colonia alemana procuraron que su estancia fuera confortable.

El flechazo patagónico

Canaris escapó pocos meses después, con la complicidad de Jorge Becker, agente de la línea marítima alemana *Kosmos* en Talcahuano y aprovechando un permiso para trasladarse a tierra firme. Primero viajó disfrazado de "roto" hasta Osorno. Desde allí, y gracias al cónsul Carlos Wiederhold, cruzó la cordillera a caballo y atravesó en lancha el lago Nahuel Huapi hasta el entonces pequeño pueblo de San Carlos de Bariloche, donde se puso en contacto con un amigo de Wiederhold, Christian Lahusen.

Vinculado a la pequeña firma homónima –que a partir de 1921 iba a desarrollarse como exportadora de frutas, lanas, cueros, granos, pellets y tanino– Lahusen se había radicado en Bariloche hacía poco tiempo, pero ya estaba ganando mucho dinero como acopiador de lanas. Fue él quien consiguió hospedaje a Canaris en una estancia cercana, llamada *San Ramón*, propiedad de su mayor proveedor, el barón Luis von Bulow. Canaris pasó un mes allí y trabó relaciones con los Bulow y otros aristócratas vecinos, los Niebuhr. A mediados de noviembre recorrió a caballo y en carreta 150 kilómetros hasta Ingeniero Jacobacci, donde aún hoy termina el ferrocarril con cabecera en San Antonio Oeste. En tren llegó a San Antonio, donde hacían escala en sus recorridos por el litoral patagónico dos pequeños barcos de la compañía *Hamburgo-Sudamericana* –filial de la *Hamburg-Amerika Line*, cuyo representante local era Christian Lahusen–, el *Camarones* y el *Presidente Mitre,* que podrían llevarlo a Buenos Aires. Como el *Presidente Mitre* se retrasaba, Canaris aprovechó para reunirse, al otro lado de la bahía, con los tripulantes del *Seydliz*, que lo llevaron a recorrer la zona.

El *Presidente Mitre* jamás llegó. Había sido intempestivamente abordado en aguas argentinas por el crucero británico *Orama*, que lo condujo a Montevideo. Por fin, con quince días de atraso, Canaris pudo abordar el *Camarones* y llegar a la Reina del Plata desde donde se embarcó hacia Rotterdam en el buque holandés *Frisia* bajo la falsa identidad del ciudadano anglo-chileno Reed Rosas.

El *Frisia* estaba a punto de llegar a Rotterdam cuando la *Royal Navy* lo interceptó y lo condujo a Plymouth. Sin embargo, y a pesar de que los británicos sospechaban del pasaje, su castellano y sus documentos apócrifos parecen haber sido lo bastante convincentes como para que el disfraz de Canaris no fuera advertido. Pocos días después lo dejaron en libertad. Así, tras muchos avatares, el joven oficial llegó a Rotterdam desde donde viajó en tren hasta Hamburgo. Unos días después, ya repuesto, se presentó ante sus superiores en la base de Kiel. Llevaba consigo una carta de Bulow a un primo suyo del mismo apellido, un mayor que se desempeñaba en el III-B, una de las ramas de contraespionaje militar, dirigida por el misterioso teniente coronel Wilhelm Nicolai, el mismo que habría de favorecer el retorno a Rusia de Vladimir Lenin en un tren blindado alemán desde su exilio suizo con el único objetivo de provocarle dificultades al zar.

Canaris habló de la Patagonia con exaltación. Había quedado prendado no sólo de la accidentada costa chilena, que tanto se parecía a la noruega. También lo había fascinado el paisaje de la región de los grandes lagos, que le recordaba a los Alpes, aunque en una escala más vasta y, desde luego, infinitamente menos hollada por los humanos. En aquellas regiones –repetía Canaris– las ovejas eran muchísimo más numerosas que los hombres y, por cierto, entre éstos, y después de los aborígenes mapuches, los alemanes o hijos de alemanes eran mayoría. Su entusiasmo debió ser contagioso porque el mayor Bulow lo reclutó como miembro del servicio secreto.

El arma más eficaz del *Kaiser*

El III-B envió a Canaris a Madrid bajo la falsa identidad del chileno Rosas, donde Canaris se dedicó a monitorear el tráfico naval aliado y neutral, a organizar el aprovisionamiento clandestino de los sumergibles y naves de superficie alemanes y, sobre todo, a reclutar agentes capaces de cumplir estas tareas con eficacia y diligencia, es decir, a organizar la *E-Dienst*.

España era un país importante para Alemania, pues de sus minas de Río Tinto se extraía el volframio, material indispensable para endurecer el acero. Canaris organizó el envío del mineral a Alemania a bordo de sumergibles. Convocado a Berlín, Canaris fue detenido por los italianos en la frontera con Suiza. Sospechando que se trataba de un espía, los italianos decidieron entregarlo a Francia, pero Canaris logró escapar vistiendo una sotana. Regresó a Madrid, pero poco después su disfraz de anglo-chileno atrajo la atención del contraespionaje británico. Entonces se embarcó clandestinamente en Cartagena en el U-35, que lo condujo a la base austro-húngara de Pola, en el Adriático.

De regreso a Alemania se sumergió en el curso de submarinismo, y una vez que completó su entrenamiento, en la primavera de 1918, le asignaron el UB-128 que operaba desde la base austro-húngara de Cattaro. Según sus biógrafos, hundió tres mercantes enemigos en el Mediterráneo.

La atracción por la nueva arma submarina era enorme entre los oficiales de la *Kriegsmarine*. Creada en 1906, en 1914 un solo sumergible, el UB-99, hundió tres cruceros británicos en apenas una hora. En 1917 los *U-Bootes* enviaban a pique uno de cada cuatro cargueros que zarpaban de Inglaterra. Pero si ese año sepultaron en el fondo del océano alrededor de 3.000 buques, la implementación de convoyes protegidos hizo que al año siguiente apenas pudieran hundir 134.

El saldo fue de todos modos netamente favorable a la nueva arma. Alemania utilizó durante la guerra un total de 343 sumergibles que destruyeron barcos por 12.000.000 de toneladas, cifra que estuvo muy cerca de darle la victoria.[18] El costo fue elevado: 178 submarinos fueron hundidos o capturados por los aliados y 5.132 tripulantes perdieron la vida. El mayor héroe de los submarinistas alemanes fue el comandante Lothar von Arnauld de la Perière, que sumó 450.000 toneladas. Detrás se ubicó Walter Forstmann, con 380.000 toneladas. Dönitz fue el primer oficial de Forstmann en los inicios de la guerra.

Otros ex oficiales del *Dresden* fugados de la Isla Quiriquina y retornados a la patria, como el aristócrata Max Schmidt y el suboficial Alois Wolf se habían inscripto antes que Canaris en la Escuela de Submarinos. Schmidt fue sucesivamente comandante de los sumergibles UB-103 y UB-106 y al finalizar la guerra tenía el grado de capitán. En cuanto a Wolf, Burnside sostiene que se especializó en el empleo de submarinos para el traslado de materiales estratégicos.

---

18 Kraft, Helmut J., *Submarinos alemanes en Argentina*.

Así como los submarinos estuvieron a punto de decidir la guerra en favor de Alemania, también fueron decisivos en la entrada de los Estados Unidos en guerra, lo que resultó determinante para la derrota germana. En 1915 un sumergible alemán hundió al *Lusitania,* un buque británico de pasajeros, agresión que produjo un enorme escándalo. Entre los 1.198 muertos, 128 eran ciudadanos estadounidenses. A pesar de eso, el pueblo norteamericano siguió pronunciándose mayoritariamente por la neutralidad y en contra de intervenir en un conflicto al que, con propiedad, llamaba "la guerra europea". De hecho, el demócrata Woodrow Wilson ganó las elecciones presidenciales de 1916 con el lema "Paz sin victoria".

Sin embargo, una vez en el poder Wilson armó, al decir de Noam Chomsky, "la primera operación de propaganda gubernamental moderna". Porque más allá de su pública profesión de fe pacifista, Wilson había adquirido compromisos con los fabricantes de armas a espaldas de los votantes. Para conseguir el favor de la opinión popular, impulsó la creación de la "Comisión Creel" que en apenas seis meses consiguió, según Chomsky, "convertir a una población pacifista en una masa histérica y belicista que quería destruir todo lo alemán, despedazar a los alemanes y salvar al mundo".

Cuando ya la derrota de Alemania era inminente, al llegar el otoño boreal de 1918 Canaris se vio forzado a encabezar un azaroso regreso desde Cattaro a Alemania. Logró llegar a Kiel el 8 de octubre, al frente de ocho submarinos.

El *corset* de Versalles

Reunidos en Versalles en junio de 1919, los Estados Unidos, Gran Bretaña y Francia, impusieron a Alemania el pago de 24 millardos de libras esterlinas, a lo largo de treinta años, a modo de resarcimiento. El representante del tesoro británico en la cumbre, John Maynard Keynes, estimó que Alemania no estaba en condiciones de pagar más de 2 millardos, y tras intentar convencer en vano a los jefes de Estado de las potencias vencedoras sobre la inconveniencia de asfixiar a Alemania, abandonó la conferencia.

El Tratado de Versalles limitó el cuadro de oficiales de la *Kriegsmarine* a 1.500, y le prohibió, entre otras muchas cosas, construir acorazados y submarinos. A pesar de eso, una vez que se reincorporó a la jibarizada *Kriegsmarine,* Canaris se abocó a restablecer las bases del desarrollo de la futura arma submarina, al tiempo que participaba en la reorganización de los servicios secretos militares. En esta faceta oculta de sus actividades se dedicó especialmente al armado de redes de espías en Chile y la Argentina.

En Chile contó con la invalorable ayuda del ya mencionado capitán Schmidt, quien en 1920 emigró a ese país donde se casó con una muchacha que había conocido cuando estuvo internado. Durante veintiún años Schmidt se mantuvo en contacto telegráfico y radiofónico con Canaris, hasta que regresó a Alemania en 1941, en plena Segunda Guerra Mundial, tras un largo viaje a través del Pacífico y el Ártico con escala en Japón. Con el grado de capitán de corbeta pasó a desempeñarse entonces como experto en comunicaciones y criptografía.

Otro oficial que a pesar del estrecho cupo no tuvo inconvenientes para ser admitido en la nueva *Kriegsmarine*, fue Dönitz. Luego de comandar una flotilla de hidroaviones, integró la primera flotilla alemana de sumergibles al mando del almirante von Tirpiz como primer oficial del laureado Forstmann en el UB-39; más tarde fue comandante del UB-25 y por último del UB-68. Su sangre fría y agresividad hicieron que sus hombres lo apodaran "El León"; su sentido de la ecuanimidad y camaradería a bordo le granjearon el mote más cariñoso de "Tío Karl". Hacia el final de la guerra el UB-68 había sufrido fallas mecánicas que lo obligaron a emerger en medio de una docena de naves enemigas, por lo cual Dönitz y todos los tripulantes fueron tomados prisioneros e internados en Inglaterra.

Dönitz fue readmitido por la *Kriegsmarine* tan pronto como los británicos lo pusieron en libertad en julio de 1919. Para entonces ya había fracasado la revolución espartaquista liderada por Rosa Luxemburg y Karl Liebnicht, y ambos habían sido asesinados. Tras la derrota de la revolución se consolidó la República de Weimar, la primera experiencia democrático-burguesa del pueblo alemán, hegemonizada por la socialdemocracia.

A falta de submarinos, Dönitz fue nombrado por el OKM comandante de una modesta torpedera, surta en el puerto báltico de Swinemünde. Desde allí comenzó a apuntalar el empeño de Canaris por reconstruir clandestinamente una flota de sumergibles, esfuerzos que obtuvieron un primer logro de importancia cuando el gobierno destinó fondos secretos para crear en el extranjero empresas pantalla, que hicieron posible ir soslayando las prohibiciones del Tratado de Versalles. Buena parte de aquel dinero se canalizó hacia los Países Bajos, a la eufemísticamente llamada "Oficina Holandesa de Desarrollo Submarino": bajo este paraguas, ingenieros navales y oficiales de la *Kriegsmarine* diseñaron y construyeron sumergibles para su venta a terceros países. Antes de entregarlos, los sometían a viajes de prueba inusualmente largos y exhaustivos, de modo de que las tripulaciones alemanas adquirieran experiencia.

En 1923 se produjo la hiperinflación; Hitler encabezó un intento de golpe de Estado, el *putsch* de Münich, y Dönitz fue transferido en 1923 al Estado Mayor de Kiel en calidad de consultor en métodos de caza submarina y desarrollo de cargas de profundidad. Permaneció en ese destino tres años durante los cuales confraternizó con oficiales superiores como los ascendentes Erich Raeder y Canaris, con quienes compartía la aversión al comunismo y un profundo desprecio por el gobierno de Weimar, al que responsabilizaban por la hiperinflación de 1921-1922, fruto de una intensa puja social por determinar sobre qué sector recaía el pago de las agobiantes indemnizaciones fijadas en Versalles. Aunque en distinto grado, los tres simpatizaban con el encarcelado Hitler.

Por fin, en 1926 Dönitz fue designado jefe de la oficina secreta que desde Kiel debía planear la construcción en serie de sumergibles. Debido a la crisis mundial de 1929 y a sus terribles repercusiones, pasarían seis años hasta que esos planes, elaborados con lujo de detalles, fueran aprobados por el OKW.

Patricios, nazis, *tories*, obispos y grandes empresarios

La Argentina había consolidado su unidad nacional en el siglo XIX tras el exterminio de los aborígenes y la apropiación de sus tierras en régimen de latifundio. Durante las dos últimas décadas del siglo un aluvión de inmigrantes procedentes en su mayoría de Italia, pero también de Galicia y otras regiones de España, de Polonia y de Rusia, y en menor grado de la región sirio-libanesa del Imperio Otomano, llegó al país. Encontraron sus tierras fértiles ocupadas por terratenientes, por lo cual se abigarraron en las grandes urbes, en viejas casas señoriales subdivididas hasta el infinito, llamadas popularmente conventillos, o improvisaron grandes construcciones colectivas de chapa y madera.

Después de los fastos del Centenario celebrados por todo lo alto en 1910, los niños bien de la sociedad argentina autodenominados "patricios", algunos intelectuales y muchos clérigos integristas, militares, marinos y periodistas sentaron las bases del fascismo argentino, que una década más tarde haría el campo orégano para el desarrollo del nazismo vernáculo.

A los peculiares fascistas argentinos los aglutinaba no sólo el prejuicio racista frente a la oleada de inmigrantes que modificaba radicalmente la faz de la joven nación, sino también, y sobre todo, el temor a su ascenso social y el consiguiente propio desplazamiento. Su amalgama fue el temor a los extranjeros, a las ideas socialistas, anarquistas, sindicalistas y comunistas que portaban, acompañado de un rechazo clasista y racista por los criollos mestizos y morenos que les recordaban los rostros de los aborígenes exterminados, a quienes llamaban despreciativamente "indios", "tapes", "chinos".

Ese temor se convirtió en franco terror tan pronto se instituyó el voto universal y obligatorio y, en las primeras elecciones libres, celebradas en 1916, el caudillo radical Hipólito Yrigoyen, un oscuro ex comisario de policía, se consagró presidente de la República.

El gobierno popular de Yrigoyen no estuvo exento de contradicciones, algunas de ellas mayúsculas. En 1919, por caso, se produjo la "Semana Trágica": una huelga originada en los talleres metalúrgicos *Vasena* de Buenos Aires se extendió como una mancha de aceite y fue reprimida con ferocidad por las patronales, auxiliadas por los "crumiros" –pistoleros a sueldo– y las fuerzas policiales y militares con un saldo de varios centenares de muertos. En la matanza también participaron miembros de las familias adineradas que formaban la Liga Patriótica Argentina, a la que los huelguistas rebautizaron Liga Patriótica Asesina.

Su mentor fue un ex dirigente radical, Manuel Carlés, y su principal auspiciante la Armada, por lo que resultó lógico que su primer presidente fuera el almirante Manuel D. García, uno de sus dos secretarios el teniente de navío Pedro Etchepare, y que entre sus vocales descollara el veterano almirante Manuel Domecq García.

Tres años más tarde el Ejército fusiló en masa a los obreros rurales que sostenían una huelga general en la Patagonia en demanda de mejores condiciones de trabajo. Ese año, los militares simpatizantes del *fascio* y del incipiente nazismo crearon en el seno del Ejército la Logia San Martín. Uno de sus fundadores fue el coronel Basilio Pertiné, agregado militar en Berlín entre 1910 y 1918 –recibió la Cruz de Hierro y la Corona de Prusia–, donde observó de cerca el desarrollo de la Gran Guerra europea.

A su regreso Pertiné se reveló como un antirradical rabioso, organizó la logia y ofreció la presidencia al coronel Agustín P. Justo. El objetivo de los conjurados era diáfano: "hacer una guerra sin cuartel a la política de Hipólito Yrigoyen y separar de las filas a los militares simpatizantes de Yrigoyen" hasta provocar "un golpe de Estado que evitará el resurgimiento yrigoyenista".[19]

Formaron parte de la logia, además de Justo y Pertiné, el teniente coronel Pedro Ramírez, los mayores Juan Pistarini y Benjamín Menéndez y el capitán Arturo Rawson. Y aunque su accionar fue en gran medida neutralizado por los militares leales a Yrigoyen, la logia siguió activa y obtuvo su revancha al producirse el golpe militar fascista-clerical encabezado por el general José Evaristo Uriburu, que en septiembre de 1930 depuso a Yrigoyen.

Bajo la inspiración de Uriburu –apodado "Von Pepe"– y de otros altos jefes del Ejército se organizó la Legión Argentina, un grupo de choque que absorbió las Guardias Blancas paramilitares prohijadas por la Liga Patriótica. Una nueva organización copiada de los *freikorps* germanos fue creada por un decreto de Uriburu, quien ordenó que oficiales del Ejército instruyeran a sus miembros en el uso de armamento –uno de los instructores era el entonces capitán Juan Perón– tras lo cual se dedicaron a "reventar" actos socialistas a balazos, e incluso a asesinar a sus dirigentes.

También ese año se inauguró oficialmente la filial argentina del NSDAP –*Nationalsozialistische Deutsche Arberteipartei*, Partido Nacionalsocialista de los Trabajadores Alemanes–, la cuarta establecida en territorio americano luego de las de Paraguay –1929–, Estados Unidos –1930– y Brasil –1931–. Pero el hecho más importante fue, con todo, el afincamiento del capitalismo alemán en la Argentina a partir de la "revolución" de 1930. Tuvo un inapreciable agente en Carlos Meyer Pellegrini –sobrino del prócer liberal Carlos Pellegrini–, a quien el dictador Uriburu nombró interventor en la provincia de Buenos Aires. Desde ese cargo Meyer se convirtió en presidente de los directorios de

---

19 Ver Orona, Juan V., "La logia que conspiró contra Yrigoyen". Durante los años siguientes, cuando el poeta y escritor Leopoldo Lugones proclamó "la hora de la espada", ganaron la calle voceros del nacionalismo oligárquico como los periódicos *La Voz Nacional* y *La Nueva República*, y en 1929 fueron fundadas la Liga Republicana y la Legión de Mayo, réplica del *fascio* italiano.

la *Compañía Argentina de Electricidad*, la *Thyssen Lametal* y el *Banco Germánico de América del Sur* y favoreció el arribo de otras grandes empresas teutonas.

La perla de la Corona

Los militares nacionalistas que rodeaban a Uriburu habían abrevado en el ideario de extrema derecha del francés Charles Maurrás, de Benito Mussolini y de José Antonio Primo de Rivera, pero en el plano de "las efectividades conducentes", como decía el defenestrado Yrigoyen, eran poco más que unos perfectos inútiles. Y como tales cayeron cual fruta madura en manos de la oligarquía, por lo que pronto Uriburu fue reemplazado por el general Agustín P. Justo, el mismo que había presidido la Logia San Martín, y que inauguró el llamado "fraude patriótico". Aunque se lo consideraba probritánico, Justo nombró ministro de Guerra al germanófilo general Pertiné, miembro del directorio de la *Siemens-Schuckert*. La promiscuidad entre probritánicos y pronazis en momentos en que Hitler se aprestaba a tomar el poder, sería cuidadosamente ocultada por la historiografía liberal. Tal como definió Emilio Corbière, "la vieja oligarquía proinglesa tenía sus intereses en Londres y en la pampa húmeda, pero una gran parte de ella tenía también su corazón en el Tercer *Reich*".

A principios de 1933 desembarcó en Buenos Aires el embajador designado por Hitler, barón Edmund Freiherr von Thermann, un alto jefe de las SS que fue cálidamente recibido por los legionarios Marcelo Sánchez Sorondo y Juan Carlos "El Bebe" Goyeneche. Lo acompañaba un prominente miembro de la *Gestapo*, Karl Arnold, quien hizo de un café de la localidad de Florida el centro de sus actividades, del mismo modo que Hitler había utilizado en sus primeros tiempos de conspirador una cervecería de Munich.

En febrero de 1933 –justo cuando tras el incendio del *Reichstag* Hitler inició una feroz persecución de comunistas y consolidó su dictadura–, el jefe regional del NSDAP, Willi Köhn, un maestro que hasta entonces había vivido en Chile, se hizo cargo de la sección argentina del partido, a la que dio gran impulso: a principios de abril logró reunir a más de medio centenar de entidades alemanas en un acto en el que se cantó el himno hitleriano, *Horst Wessel*.

En mayo, el vicepresidente argentino Julio Roca (h) firmó en Londres el pacto Roca-Runciman por el cual, en la división internacional del trabajo, la Argentina quedó definida como proveedora de granos, cueros y carnes del Imperio Británico. Roca se jactó del acuerdo al declarar que su país era "la perla más preciosa de la Corona", palabras que explican suficientemente por qué Gran Bretaña iba a sostener hasta último momento la neutralidad argentina durante la conflagración mundial, cuyos negros contornos comenzaban a bosquejarse.

Uno de los miembros de la comitiva que había ido a prosternarse ante la Corona británica, el teniente primero Alberto de Oliveira Cézar, y sin manifestar contradicción alguna, encabezó en septiembre la marcha de tres mil legionarios uniformados por las calles de Buenos Aires, en homenaje al depuesto Uriburu. Al mes siguiente las organizaciones fascistas se fusionaron en la Guardia Argentina, cuya presidencia fue ofrecida al prestigioso poeta Leopoldo Lugones.

Un rey nazi

Que un número significativo de probritánicos argentinos simpatizara con el fascismo no era raro, porque también era fascista parte importante de la nobleza inglesa y de los *tories* –conservadores–, algunos de los cuales, como lord Rothermere, habían alentado a sir Oswald Mosley a fundar el partido fascista británico.

La promiscuidad entre Londres y el Tercer *Reich* llegó al paroxismo cuando en enero de 1936 Eduardo de Windsor fue coronado Eduardo VIII. Aunque debió renunciar al trono antes de que terminara el año, supuestamente a causa de su romance con una norteamericana divorciada y de aspecto andrógino, Wallis Simpson, en realidad –como acaba de demostrarlo la documentada obra de Martin Allen, *El rey traidor*– ambos tórtolos eran nazis fanáticos, de manera que la renuncia del efímero monarca fue una cuestión de Estado impulsada por el primer ministro Stanley Baldwin.

Eduardo VIII leyó su discurso de abdicación en el castillo de Windsor. Mientras tanto, frente al Palacio de Buckingham, en pleno centro de Londres, y frente a la Cámara de los Comunes, centenares de "camisas negras" del partido de Mosley vivaban con el brazo en alto al monarca renunciante y pedían la cabeza de Baldwin. Al día siguiente los fascistas se concentraron en Stepney. Allí, y ante tres mil partidarios vociferantes, Mosley exigió que la abdicación se sometiera a plebiscito. Al concluir el mitin sus seguidores rompieron vidrieras y ventanas, y se enfrentaron en trifulcas callejeras con militantes de la izquierda laborista y comunista. Tras la abdicación Eduardo viajó con su mujer a Venecia, donde fueron recibidos por Mussolini, y luego a la Pomerania, donde visitaron el cuartel general de una de las divisiones SS. Tras la gira, el ex monarca pasó a desempeñarse como oficial de enlace de la delegación militar británica en París. Según el texto de Allen, en ese carácter, inspeccionó los 1.500 kilómetros de defensas francesas sobre la frontera con Alemania y tomó notas detalladas, que luego traspasó a Charles Bedaux, un riquísimo hombre de negocios de simpatías nazis, quien a su vez las retransmitió a Berlín.

El papel del Vaticano

El *crack* de 1929 y la subsiguiente crisis mundial golpeó tanto a la Argentina como a Alemania. En la Argentina provocó el derrocamiento del presidente Yrigoyen, origen de la llamada "década infame" durante la cual la dictadura militar fue sucedida por gobiernos conservadores surgidos del más descarado fraude electoral, ambiente en que las redes nazis consiguieron enraizarse.

Las políticas implementadas en Alemania por el canciller Heinrich Brünning agravaron los efectos del *crack*. En julio de 1931 se desató una aguda crisis monetaria y bancaria, y en septiembre el gobierno analizó la posibilidad de abandonar el patrón oro, medida que ya había adoptado Inglaterra, pero Brunning, un hipermonetarista dispuesto a todo para alcanzar el equilibrio fiscal, se negó de plano agitando el fantasma de la hiperinflación de 1923.

El gobierno alemán ordenó en diciembre una reducción general de precios, una deflación por decreto. Pero la crisis estancó la producción industrial. Durante 1931 los salarios se redujeron en tres oportunidades y se impusieron nuevas gabelas, incluso a la soltería. Al año siguiente, en medio de una fuga de capitales, la mayor parte de los alemanes pasaba hambre, la tasa de delitos se había duplicado respecto de la del lustro anterior y la de suicidios se cuadruplicó en relación con el índice de los inicios de la República de Weimar.

A principios de 1933, la desocupación llegó al 40 por ciento, y las batallas callejeras entre nazis y comunistas eran cotidianas. Aun cuando una nación se hunde, aun en las peores situaciones, alguien saca provecho: fue durante esos años de aguda crisis que se produjo el vertiginoso ascenso de Hitler. El movimiento se inició en 1929, cuando de un día para otro Hitler comenzó a manejar grandes sumas de dinero e inició la construcción del Berghof, una residencia por entonces relativamente modesta en el paisaje alpino de Obersalzberg. Hasta entonces había sido poco más que un pelagatos. Nunca se explicó claramente el origen de sus fondos; se conjetura que Hitler había cerrado un acuerdo secreto con industriales poderosos. Aunque eso fuera cierto –y todo indica que lo es– aún resta responder por qué los dueños del capital se inclinaron, súbitamente, por un facineroso plebeyo.

A fines de mayo de 1944 un experto de la *US Army*, Harvey M. Berg, presentó a su comandante una tesis que lo sorprendió. Berg recordaría que de inmediato los servicios de inteligencia del Ejército guardaron su trabajo "bajo siete llaves", y también por qué: proponía que el origen de la prosperidad de Hitler debía buscarse en el fuerte apoyo brindado por el entonces nuncio papal en Berlín, monseñor Eugenio Pacelli, el mismo que durante la guerra iba a convertirse en el Papa Pío XII.

El ascenso de Hitler se produjo en etapas. En septiembre de 1930 el NSDAP logró superar la barrera del 18 por ciento de los sufragios, cifra que lo convirtió en la segunda fuerza electoral de Alemania. El historiador canadiense Robert Gellately, autor de *No sólo Hitler*, destaca que por entonces Alemania era el país menos antisemita del continente europeo, y que "los judíos de Alemania eran envidiados por los de Europa Central y del Este" con sobrados motivos, pues "durante los años de la República de Weimar habían tenido más oportunidades sociales para ejercer como jueces o académicos en Alemania que en los Estados Unidos".

Luego de las elecciones de noviembre de 1932, en las que el NSDAP perdió dos millones de votos, no pocos de ellos a manos del comunismo, el aristocrático ex canciller Franz von Papen tentó a Hitler con un golpe palaciego. Se trataba de provocar la caída del gobierno del general Kurt von Schleicher –a quien las SS iban a asesinar antes de que pasaran dos años, aprovechando la confusión de "la noche de los cuchillos largos"– y de convencer al presidente del *Reich*, el mariscal Paul von Hindenburg, para que nombrara canciller a Hitler y vicecanciller a von Papen. Efectivamente, von Hindenburg designó canciller a Hitler en enero, y así fue como el dinero de los grandes industriales comenzó a desbordar las arcas del partido. Sin embargo, y a pesar de la obvia ventaja respecto de los candidatos que rivalizaban desde el llano, el NSDAP ganó las elecciones de marzo por un margen muy estrecho, ya que el electorado se había polarizado entre quienes apoyaban el ascenso de

Hitler y quienes lo resistían: comunistas, socialdemócratas y sobre todo los católicos nucleados en el Partido de Centro, que resultó la segunda fuerza electoral con cuatro millones y medio de votos.

Para entonces, concluidos sus once años de labor en Alemania, monseñor Pacelli había pasado a desempeñarse como secretario de Estado del Vaticano. A pesar de su menguada representatividad, durante los primeros seis meses de gobierno Hitler no hizo buena letra. En absoluto: ordenó boicotear a los comerciantes judíos, hizo expulsar de sus empleos a docentes, abogados y médicos de ese origen y exigió la cesantía en las universidades de todos los alumnos y profesores con ancestros hebreos. A causa de estas persecuciones y del escarnio público de los católicos por parte de los "camisas pardas", el Papa Pío XI condenó "el paganismo anticristiano" de los nazis en su encíclica *Con ardiente preocupación*. Sin embargo, y como si nada hubiera sucedido, el 20 de julio de aquel año von Papen –en representación de Hitler– y monseñor Pacelli –en nombre del Papa– firmaron con toda solemnidad un concordato, el primero suscripto entre Alemania y el Papado desde la reforma luterana. El texto dejó estupefacta a la grey católica alemana, que se oponía a las nuevas leyes nazis de esterilización compulsiva de quienes padecieran cualquier enfermedad hereditaria, ante las cuales, por cierto, ni el Papa ni *Il Observatore Romano* habían hecho el menor comentario.

La fórmula para el juramento de los obispos alemanes dispuesta en el concordato incluía, además, un compromiso de fidelidad al *Reich*. Un acuerdo semejante sólo podía tener una lectura: el Vaticano extendía al *Führer* pagano el apoyo otorgado a Mussolini, considerándolo la barrera más eficaz para detener la expansión comunista. Erich Klausener, presidente de la Acción Católica, se negó a subordinarse al régimen, decisión que –como le sucedió al general von Schleicher– le costaría la vida a principios de julio de 1934, cuando esbirros nazis lo asesinaron aprovechando "la noche de los cuchillos largos", la sangrienta purga durante la cual las SS asesinaron a 83 rivales de las SA –*Sturmabteilung*, secciones de asalto del NSDAP–.

A pesar de la oposición de Klausener, en septiembre de 1933 el Vaticano ratificó el concordato, convalidando la obediencia a Hitler de cardenales y obispos, quienes se encargaron de disciplinar a los sacerdotes, que a su vez diluyeron las resistencias de la masa católica a la marea parda, rompiendo así el bloque opositor. De modo que cuando se celebraron las siguientes elecciones en noviembre, un Hitler que ya había lanzado una feroz represión contra comunistas, socialdemócratas y judíos, obtuvo el sorprendente 90 por ciento de los sufragios.

"Los nazis eran el partido de la depresión. El desempleo les daba votos. Eran un grupo marginal en los años '20 y sólo alcanzaron peso electoral en 1930 al deteriorarse las condiciones económicas. Conquistaron aún más bancas en el *Reichstag* en la primera elección de 1932, pero perdieron escaños en la segunda de ese mismo año, cuando parecía que la situación estaba mejorando", describen los economistas Barry Eichengreen y Peter Temin, quienes creen que el nazismo no hubiera alcanzado el poder si el gobierno alemán hubiese atinado a apartarse del patrón oro y a adoptar medidas económicas expansivas, semejantes a la que pronto implementaría en los Estados Unidos el presidente Franklin Delano Roosevelt.

Tan pronto los nazis fueron gobierno publicitaron ampliamente a través de la radio y el cinematógrafo la inauguración del primer *lager* o "campo de reeducación" en Dachau. La propaganda remarcaba que aquellas barracas de las afueras de Munich desbordaban de comunistas, espartaquistas, anarquistas y otros "rojos" enemigos del Estado, con el obvio propósito de acobardar a los adversarios del régimen. Sin embargo, estas flagrantes violaciones a los derechos humanos fueron indiferentes para la mayoría, tan pronto la tasa anual de crecimiento de la economía superó los dos dígitos en 1934, lo que dio inicio a un proceso de reducción del índice de desempleo, que en vísperas de la guerra era prácticamente igual a cero. No sólo la mayoría de los alemanes miró hacia otro lado: también monseñor Pacelli sufrió estrabismo ante la represión ejercida contra hebreos y opositores, y una vez convertido en el Papa Pío XII, con las matanzas perpetradas por las hordas hitlerianas.

El abuelo Bush

Otro importante *sponsor* y beneficiario del ascenso de Hitler fue el abuelo del actual presidente norteamericano, Prescott Bush. En *George Bush. The unauthorized biography*, Webster G. Tarpley y Anton Chaitkin afirman que "la fortuna de la familia del (actual) presidente (de los Estados Unidos) fue en gran medida resultado del proyecto de Hitler". Prescott Bush "desempeñó un papel central en financiar y armar a Adolf Hitler para la toma del poder en Alemania, financiar y gestionar las industrias de guerra nazis para la conquista de Europa y la guerra contra los Estados Unidos, y desarrollar las teorías genocidas y la propaganda racista nazi con los resultados conocidos". Para fundamentarlo, destacan que desde los años '20 hasta bien entrados los '40, el abuelo Bush fue socio y ejecutivo del *holding* BBH –*Brown Brothers Harriman*– y director de uno de sus componentes, el UBC –*Union Banking Corporation*–. El UBC, en sociedad con Bert Walker, controlaba otra unidad del *holding*, la naviera *Hamburg-Amerika Line* que "en muchos sentidos fue el pivote de todo el proyecto de Hitler". Otra subsidiaria del grupo BBH, la *Harriman International Co.*, firmó un acuerdo con Hitler en mayo de 1933 –cuando el *Führer* terminaba de consolidar su dictadura– que la convirtió en coordinadora de las exportaciones alemanas a los Estados Unidos.

El UBC –en cuyo directorio, además de Prescott Bush y Roland Harriman, figuraban tres ejecutivos alemanes: H. J. Kouwenhoven, Cornelis Lievense y Johann G. Groeniger– gestionaba las operaciones bancarias de Fritz Thyssen fuera de Alemania. Más aún, Kouwenhoven actuaba como apoderado de Thyssen en los Estados Unidos, quien en su libro *Yo pagué a Hitler* admitió haber financiado al movimiento nazi desde 1923, cuando invirtió 100.000 marcos oro en el frustrado *putsch* con el que Hitler intentó asaltar el poder.

En octubre de 1942, diez meses después de iniciar su participación en la guerra, el gobierno de los Estados Unidos, ante la evidencia de que el UBC transfería fondos de Alemania a Nueva York y viceversa, aplicó al banco la Ley de Comercio con el Enemigo. Sin embargo, la Casa Blanca no divulgó los detalles de la investigación sino el Senado, y después de terminada la guerra. Los agentes del FBI y del Tesoro estaban al tanto, casi desde sus inicios, de los estrechos vínculos entre el UBC y la *German Steel Trust* de Thyssen, gigantesco conglomerado industrial que proveyó al Tercer *Reich* el 50,8 por ciento de su consumo de hierro colado, del 41,4 por ciento de blindajes corrientes y el 36 por ciento de blindajes pesados; el 38,5 por ciento de láminas galvanizadas, el 45 por ciento de ductos y tuberías, el 22,1 por ciento de alambre y el 35 por ciento de explosivos, según reveló el informe del Senado.

El 28 de octubre de 1942 el gobierno estadounidense, aplicando aquella ley, incautó las acciones de dos firmas de fachada de los nazis, la *Holland-American Trading Corporation* y la *Seamless Steel Equipment Corporation*, ambas controladas por el UBC. Y el 17 de noviembre hizo lo propio con la *Silesian-American Corporation*, dirigida por Prescott Bush y su suegro George Walker. La orden de incautación precisó que la *Silesian* era "un *holding* estadounidense con subsidiarias alemanas y polacas que posee importantes y valiosas minas de carbón y de zinc en Silesia, Polonia y Alemania" y destacó que "desde septiembre de 1939 esas propiedades están en poder del gobierno alemán, que las gestiona, y sin duda han contribuido considerablemente al esfuerzo de guerra de ese país".

El abuelo Bush no era, desde luego, un caso excepcional entre los grandes empresarios estadounidenses. Henry Ford, autor del libelo *El judío internacional*, había sido condecorado en 1936 por un Hitler que, al borde de las lágrimas, lo había llamado "mi mentor y mi maestro". Y el aviador Charles Lindenbergh, uno de los personajes más populares de la época, era franco y abierto propagandista del régimen nazi.

El antisemitismo, por cierto, tampoco era ajeno al gobierno demócrata. Poco antes del estallido de la guerra el presidente Roosevelt nombró embajador en Londres a Joseph Kennedy "el padre mafioso del clan, conocido antisemita, desinhibido militante de la causa nazi, amigo personal de los capos nazis, negociante ávido para defender los intereses nazis, una vergüenza nacional", según lo describe enfáticamente Daniel Muchnik, autor de *Negocios son negocios. Los empresarios que financiaron a Hitler*.

Los grandes empresarios norteamericanos temían las protestas obreras y la movilización sindical bajo banderas rojas, y veían en Hitler al único dirigente mundial capaz de contener al comunismo. No sólo eso: admiraban la pujanza industrial de una Alemania que se rearmaba a toda velocidad. Porque a medida que la desocupación se reducía durante el sexenio del gobierno de Hitler hasta el estallido de la guerra, también se registró un proceso de enorme concentración económica. Para 1942, cuando la iniciativa de la guerra cambió de bando, el número de sociedades anónimas alemanas cuyo capital superaba los 50 millones de marcos se había reducido a 107, un dos por ciento del total. Y estas SA tenían un capital conjunto de 14.000 millones de marcos, casi la mitad –48,4 por ciento– del patrimonio total. Dicho de otro modo, el 2 por ciento de las sociedades controlaba prácticamente la mitad de los negocios.

En este período los grandes capitalistas industriales triplicaron el volumen de sus operaciones. Y la *Deutsche Waffen und Munitionsfabrik*

–Fábrica Alemana de Armas y Municiones– pasó de 2,6 millones de marcos en concepto de ingresos en 1932, a la friolera de 44,9 millones en 1939.

Cuando la guerra terminó, el presidente de la patronal alemana Gustav Krupp admitiría a sus interrogadores norteamericanos que "teníamos la impresión de que Hitler nos daría la posibilidad de un desarrollo sano, y por otra parte, lo hizo. (...) En esa lucha implacable por mantenerse a flote, por el pan y por el poder, necesitábamos ser dirigidos por una mano fuerte y dura, y la de Hitler lo era. Después de los años pasados bajo su gobierno, todos nos encontrábamos mucho más satisfechos: queríamos un sistema que funcionara bien y que nos diese la ocasión de trabajar tranquilamente". Y ante preguntas referidas a la mano de obra esclava y al exterminio masivo de judíos, Krupp se encogió de hombros y recordó el viejo refrán: "A caballo regalado no se le miran los dientes".

"Después de la guerra fueron condenados algunos de los jefes, casi todos militares, del hitlerismo. Pero no se tocó para nada, ni se investigaron las responsabilidades de los grandes capitalistas beneficiados por el régimen nazi y la guerra mundial", sintetiza Corbière.

E-Dienst y *Abwher*

La *Kriegsmarine* puso en funcionamiento la *E-Dienst*, sigilosamente, a fines de 1930, cuando los jefes del OKW decidieron romper las restricciones que el Tratado de Versalles les imponía en materia de efectivos y armamento. Su principal hipótesis de guerra era un nuevo enfrentamiento con Gran Bretaña, que seguía siendo, con mucho, la mayor potencia naval del orbe. Si dicha hipótesis se verificaba, la *E-Dienst* sería más necesaria aún que en el pasado. En rigor iba a ser imprescindible pues, con la derrota, Alemania había perdido sus escasas colonias.

La *E-Dienst* estableció paulatinamente sus bases en países que Canaris y los demás estrategas de Berlín consideraban que, si la guerra estallaba, serían aliados o neutrales. Buenos Aires fue uno de los ocho puertos elegidos, junto a Lisboa, Nueva York, San Francisco, Batavia, Valparaíso, Ciudad del Cabo y Shangai. Tiempo después, el 1 de enero de 1935, día en que cumplió 48 años, Canaris asumió oficialmente la jefatura de la *Abwher –Amt Auslaunds Nachrichten Und Abwher*, División de Informaciones del Exterior y de la Defensa– de manos de otro marino, Konrad Patzig, que la había conformado en 1932. Bajo su influjo, en 1938 el espionaje alemán se convertiría en una de las cinco ramas del OKW.

Excéntrico, melómano, siempre preocupado por la salud de sus dos perritos que gozaban de acceso irrestricto a su despacho decorado con un enorme planisferio –y, entre otras cosas, con una foto del Generalísimo Francisco Franco con una extensa dedicatoria y los tres célebres monos orientales que se tapan los ojos, los oídos y la boca invitando a no ver el mal, no escucharlo ni hablar con maledicencia–, el pequeño almirante consideraba la red internacional de espías la obra de su vida, un servicio forjado a su imagen y semejanza. Imagen que, dicho sea de paso, era casi invisible. Discípulo del misterioso coronel Nicolai, Canaris se mostraba en público tan poco como aquél, a tal punto que los servicios secretos aliados dudaron sobre su existencia física hasta bien entrada la Segunda Guerra.

Durante el primer año de nazismo, 1933, la *Kriegsmarine* comenzó a entrenar abiertamente tripulaciones de submarinos, lo que provocó una importante identificación entre el régimen y el arma subacuática. A diferencia de lo que sucedía con la flota de superficie, cuyos oficiales solían rehusar cortésmente el saludo con el brazo en alto, el régimen hizo lo posible por fomentar la identificación del nazismo con los "lobos grises" –como la prensa bautizó a los submarinistas–. Dönitz encontró allí una buena oportunidad para canalizar sus reclamos.

A comienzos de 1934 Hitler denunció las restricciones que el Tratado de Versalles imponía al rearme alemán, y como la reacción fue menor a la esperada –tras la enorme victoria psicológica que supuso la devolución de la región del Sarre a Alemania en un plebiscito organizado por la Sociedad de las Naciones–, Hermann Göring, el as de la aviación alemana, proclamó públicamente la existencia de la hasta entonces clandestina *Luftwaffe*. A partir de entonces se inició el reclutamiento de conscriptos para conformar un ejército de 36 divisiones.

Alemania llegó a un acuerdo con Londres el 17 de junio de 1935 por el cual podía armar una flota equivalente al 35 por ciento de la británica. Consiguió además que el porcentaje permitido para los submarinos ascendiera al 45 por ciento. El Almirantazgo cedió en este punto, pues los ancianos que lo conformaban no creían que los sumergibles, artefactos de los que la *Royal Navy* apenas poseía medio centenar, fueran demasiado útiles. Entre otros motivos, los desdeñaban porque desde 1918 contaban con un aparato capaz de localizarlos, el *Asdic –Allied*

Submarine Detection Investigation Committe–, que emitía un sonido e interpretaba los ecos que producía al rebotar contra objetos sumergidos, aparato al que los norteamericanos rebautizaron *sonar*. Como el tiempo se encargaría de demostrar, la subestimación del rearme alemán iba a costarles muy cara a los británicos.

Cuando se firmó el acuerdo bilateral, Dönitz disponía ya de suficientes piezas –fabricadas en Holanda, Finlandia y España– como para ensamblar diez submarinos pequeños–. Y el OKM encaraba la construcción de otros, más grandes, según el diseño de un modelo desarrollado por ingenieros alemanes en Finlandia, llamado *Vetehinen*.

"Es el día más feliz de mi vida", le dijo Hitler al almirante Raeder, tan pronto von Ribbentrop le informó desde Londres la firma del tratado, el mismo día –18 de junio– en que se conmemoraban los 120 años de la derrota de Napoleón en Waterloo. Hitler interpretó el acuerdo como señal de largada de una frenética carrera de construcción de cientos de navíos. Sin esperar un minuto, ese mismo día fue botado en los astilleros de Kiel el primer submarino de la posguerra, construido en secreto y bautizado diez días más tarde U-1. Desplazaba 254 toneladas y no servía para mucho más que para patrullar las aguas costeras, por lo cual apenas se construyó otro más del mismo tipo. En cambio los que lo siguieron, de la clase II, desplazaban 279 toneladas, y en su versión B llevaban 3 tubos lanzatorpedos –cargaban 6 proyectiles– en la proa, alcanzaban una velocidad máxima en superficie de 13 nudos y tenían un radio de autonomía de casi 3.000 kilómetros. Según Dönitz, eran "embarcaciones simples y logradas, aunque muy pequeñas".

Desarrollo de la flota

A fines de septiembre Dönitz fue nombrado por Raeder jefe de la flamante flota de *U-Bootes* que para entonces ascendía a diez unidades. "En cuerpo y alma soy una vez más un tripulante de submarinos", anotó exultante en su diario. Desde que Dönitz tomó el mando de los "Caballeros de las Profundidades", como gustaba a los comandantes de los *U-Bootes* que los llamasen, la construcción de los submarinos de la clase VII se intensificó. Y Dönitz se afanó en dotarlos de más y mejor armamento, de mayor velocidad y autonomía. Mientras procuraba persuadir al reticente almirante Raeder de que los *U-Bootes* eran armas ofensivas como jamás podrían serlo los buques de superficie, y que era un error grosero creer que su mayor utilidad fuera el transporte de materiales estratégicos, Dönitz sometió a las tripulaciones a duros entrenamientos –reducía a 600 metros la distancia de disparo de torpedos, contra los 3 kilómetros desde los que se ejercitaban anteriormente– y grabó en sus mentes la premisa "el submarino es esencialmente un arma de ataque".

El "Tío Karl" solía participar personalmente en los entrenamientos y ridiculizar frente a sus subordinados la supuesta infalibilidad del *sonar* con el argumento de que era incapaz de detectar a los *U-Bootes* en superficie, donde al fin y al cabo permanecían casi todo el tiempo. Dönitz anhelaba una numerosa flota de submarinos ágiles, pero el OKM seguía pensando en naves que, como en la Gran Guerra, navegaran, detectaran y atacaran a sus presas individualmente. De esta manera, planeaba construir enormes submarinos de 2.000 toneladas, como los que fabricaba Japón. La diplomática pero firme oposición de Dönitz a este rumbo, sumada a la carestía del hierro, paralizaron el plan a tal punto que si en 1936 habían construido veintiún *U-Bootes*, en 1937 sólo se logró botar uno.

Fiel a su estilo Hitler laudó personalmente el contencioso en 1938, cuando ordenó la construcción de una flota de superficie colosal. Tan grande, que de haber sido botada habría quemado más petróleo que todo el consumido por Alemania durante ese año. Tamaño desatino hizo que Dönitz se hundiera en el desánimo: consideraba imposible que Londres asistiera indiferente a la construcción de una flota semejante. Y, de estallar la guerra con Inglaterra, sería imprescindible contar al menos con trescientos submarinos de modo de garantizar que cien recorrieran permanentemente el Atlántico para estrangular la economía británica. Su cálculo era simple: dos tercios de la flota permanecerían fuera de combate, ya fuera en puerto, en dique seco, aprovisionándose, de regreso a casa o en camino al teatro de operaciones. Pero llegar a los anhelados trescientos *U-Bootes* era, lo sabía, al menos a corto plazo, una meta imposible.

Niebuhr

La actividad de la *E-Dienst* adquirió nuevo impulso desde que Hitler fue nombrado canciller en enero de 1937 y el capitán de navío Werner Stophasius fue puesto al frente de la red. Al término de la guerra Stophasius diría que su "mejor funcionamiento se consiguió en la Argentina, donde fue equipado un buen número de petroleros nodrizas".

Desde antes, el jefe de la *E-Dienst* en Buenos Aires era el capitán de fragata retirado Dietrich Niebuhr, directivo de la empresa *Coarico*, sociedad que representaba a las fábricas alemanas de armamento. Era además primo de Karl Niebuhr, director de dieciocho compañías que constituían el meollo de las inversiones alemanas en la Argentina. Había comenzado a desempeñarse oficiosamente como adjunto a la Embajada de Alemania en 1932 y poco después marchó a Berlín para cursar un intensivo programa de inteligencia en la *Kriegsmarine*. Luego, devuelto al servicio activo y como capitán de navío, pasó a la jefatura del Servicio de Informaciones Navales, cuya central funcionaba en la base de Kiel. Allí estrechó lazos con Canaris, un viejo amigo de su familia.

A fines de 1936, Niebuhr regresó a Buenos Aires como agregado naval, cargo que encubría la jefatura de la *E-Dienst* para el Cono Sur, incluyendo el sur de Brasil. La red tenía como principal teatro de operaciones los más de 5.000 kilómetros de línea costera pura de la Patagonia argentino-chilena, sin contar pequeñas ensenadas y fiordos: un frente increíblemente largo, comparable a la distancia que separa Irlanda de los Estados Unidos. A lo largo de esa costa prácticamente deshabitada había numerosas estancias y sucursales de la empresa *Lahusen*, que podían servirles de base.

Casi todos los miembros de la red eran ciudadanos alemanes, la mayor parte empleados en astilleros y compañías navieras que actuaban por sentimientos patrióticos, por lo cual sólo se les retribuían sus gastos. Excepcional fue el caso de dos hombres de ciudadanía argentina y muy buena posición económica, Rodolfo Hepe y Antonio Delfino. Este último participaba en la dirección de la naviera familiar *Antonio M. Delfino y Cía.*, filial de la *Hamburg-Amerika Line* y parte del conglomerado Thyssen.

Rojos contra azules, pardos y negros

A comienzos de 1936 Buenos Aires fue escenario de una gran agitación obrera –iniciada por una huelga de trabajadores de la construcción– y de su feroz represión. A mitad de año el comienzo de la Guerra Civil en España conmovió al país y partió aguas entre dos bandos irreconciliables: nacionales y republicanos, fascistas y antifascistas. Los residentes españoles y sus amigos argentinos de ambos bandos solían tomarse a golpes de puño y desatar verdaderas batallas campales en torno a la céntrica Avenida de Mayo. Las colectas públicas y masivas para auxiliar al gobierno constitucional, y la marcha de voluntarios para integrar las brigadas internacionales se sucedían, mientras las desembozadas actividades nazis llegaban a su apogeo gracias a la complicidad del gobernador conservador de la Provincia de Buenos Aires, Manuel Fresco, y de gran parte de la alta oficialidad del Ejército y la Armada. A tal punto que en 1937 un batallón de residentes alemanes, compuesto por compañías de infantería y caballería, desfiló con uniformes de la *Wehrmacht*, en medio de tambores, entre Banfield y Burzaco, dos localidades situadas al sur de la ciudad de Buenos Aires.

El periodista y militante comunista Ernesto Giudici denunció aquel desfile en el diario *Crítica*. Al año siguiente publicó su libro *Hitler conquista América*, que reproducía diez fotos del acto: "Los soldados y oficiales iban con uniformes y grandes estandartes con la cruz gamada. El 'Estado Mayor' alemán en Argentina actuaba en nombre del Estado Mayor del *Reich*. Al final se cantó el Himno de la Nueva Alemania: 'Hoy ya Alemania es nuestra/ mañana el mundo entero lo será'". Para Giudici era evidente que Alemania pretendía apoderarse de la mitad de Sudamérica, y en particular de la Patagonia, "regiones claramente delimitadas que estaban destinadas a la *Gross Deutschland*".

No estaba desencaminado. La prédica de Canaris no había sido en vano. Del interés alemán por la Patagonia dio prueba la visita del acorazado *Schelessien* a Puerto Madryn y Comodoro Rivadavia en enero de 1938. Su comandante, el capitán de navío Friedrich-Wilhelm Fleischer, un antiguo tripulante del *Dresden* que llegaría a almirante y jefe de la Flota del Mar Negro, ordenó que sus hombres inspeccionaran las costas en lanchas, y que confraternizaran con el personal de la petrolera *Astra* –de origen alemán–, radicada en Comodoro Rivadavia desde 1915.

Del mismo modo los visitantes recorrieron varias de las explotaciones de las firmas *Lahusen* e *Importadora y Exportadora de la Patagonia S.A.* La primera había sido fundada en 1906 cuando Christian Lahusen compró la representación de la naviera *Hamburgo-Sudamericana*, en la que el padre de Niebuhr era socio y que había comenzado a funcionar cuatro años antes. La segunda, propiedad de Mauricio Braun, poseía una flota de cabotaje que recorría las costas patagónicas de la Argentina y Chile. Faltaba poco para que la firma *Lahusen* fuera denunciada por el diario *Noticias Gráficas* como parte de la red nazi, a fines de marzo de 1939. A principios de julio el veterano diputado socialista Enrique Dickman formuló nuevas imputaciones en el Congreso.

Años más tarde la CIAA –Comisión de Investigación de las Actividades Antiargentinas– señalaría a Niebuhr como cerebro de una maniobra a través de la cual empresas alemanas radicadas en la Argentina pagaron "comisiones cuyos destinatarios no pudieron ser determinados" por un monto total de 127,4 millones de pesos de la época. Dichas "comisiones" se habían pagado para obtener del Ministerio de Guerra la adjudicación de construcciones militares en las seis regiones –cuerpos de Ejército– en las que se subdividía el país, y la provisión de la infraestructura necesaria para crear una fuerza aérea.

Tras la visita del *Schelessien* la marea parda se hizo incontenible: el 13 de marzo de 1938 se produjo el *Anshluss*, la anexión de Austria por Alemania. Para celebrarlo, el 10 de abril los nazis argentinos, en su mayoría uniformados, llenaron el estadio *Luna Park* y a la salida se enfrentaron en una batalla campal con militantes antifascistas concentrados en Plaza San Martín.

En septiembre Niebuhr recibió la orden de activar las redes de Brasil y la Argentina –los abundantes fondos los proporcionaba la Embajada alemana– y situar su puesto de mando en Río de Janeiro. Como Canaris le ordenó que acabara con las superposiciones entre la *E-Dienst* y la *Abwher*, Niebuhr puso al frente de la red argentina a Thilo Martens, un oficial retirado de la *Kriegsmarine* que se desempeñaba públicamente como representante del *North German Lloyd*. Y al frente de la red carioca nombró al agregado naval, capitán Herbert Bohny, secundado entre bambalinas por Rudolf Hans Stolz.

Martens –que se volvería millonario y que al término de la guerra no sería investigado por las autoridades argentinas– se abocó a adquirir grandes reservas de petróleo. Para septiembre de 1939, cuando estalló la guerra, la *E-Dienst* rioplatense era la estación que más marcos había invertido con ese fin, sólo detrás de México y por delante de Tenerife, puerto que sería vital para el reabastecimiento de los *U-Bootes* durante la guerra.

Mentiras verdaderas

El general Wilhelm von Faupel era embajador del *Reich* en Madrid y coordinaba las actividades del SD –*Sicherheitsdiens*, Servicio de Seguridad e Información del partido– en toda Hispanoamérica. En sus años mozos había sido instructor militar (1911-1914) y consejero del Ejército argentino (1921-1926), y seguía cultivando amistades entre los militares rioplatenses.

En su libro *Técnica de una traición* –cuyo subtítulo es "Juan Domingo Perón y Eva Duarte, agentes del nazismo en la Argentina"–, Silvano Santander, diputado radical antiyrigoyenista y ex miembro de la CIAA, publicó una carta que Niebuhr le habría escrito a Faupel el 7 de agosto, quejándose del "perjuicio que el traidor (Heindrich, o Enrique) Jürgues (alemán, anarquista, obrero gráfico y eximio falsificador) ocasiona a la reorientación e intensificación de la política sudamericana del gobierno del *Reich*". Las denuncias de Jürgues, le habría explicado a Faupel, habían sido el detonante para la promulgación del "decreto de prohibición de las organizaciones nacional-socialistas dictado por el presidente (Roberto) Ortiz" el 15 de mayo, medida que fue imitada por Uruguay y Bolivia. Tal prohibición era un éxito personal del tenaz diputado Dickman y de Jürgues, su principal informante. Aunque Dickman amplió sus denuncias ese mismo año en *La infiltración nazifascista en Argentina*, el libro fue prácticamente ignorado por los grandes diarios, y habrían de pasar otros dos años para que el Congreso, ante la comodísima e inocultable actividad de los espías nazis, creara la CIAA. Desde su prohibición, la actividad nazi proliferó como setas después de la lluvia en forma de instituciones deportivas, culturales y recreativas. La CIAA demostraría, entre otras muchas cosas, que el embajador Thermann había financiado generosamente a la agencia de noticias *Transocean*, al diario *El Pampero*, al periódico *La Mazorca* y otras publicaciones nacionalistas de menor tiraje.

Según la carta publicada por Santander, Niebuhr le explicaba a Faupel que el embajador Thermann había descalificado públicamente y ante la Cancillería argentina el testimonio de Jürgues, y que en ambas ocasiones había dicho que se trataba de un delincuente común con frondoso prontuario en Alemania. En consecuencia, le pedía que arbitrara los medios para que la *Gestapo* fraguara los antecedentes de Jürgues, de manera que coincidieran con las acusaciones del embajador.

Faltaban apenas tres semanas para la invasión a Polonia y el comienzo de la guerra. Niebuhr demostraba estar al tanto de la situación: "Deduzco de unas informaciones especiales del OKM que los grandes proyectos de nuestro *Führer* están madurando y que nos encontramos en vísperas de grandes acontecimientos militares. (...) La situación estratégica de la costa patagónica y fueguina se presta maravillosamente a la instalación de bases de aprovisionamiento para corsarios y submarinos. La puesta en ejecución de mis planes relativos a este asunto dependen de que consigamos disipar rápidamente el clima de desconfianza fomentado contra nosotros por el traidor Jürgues".

El uso del condicional deriva de que la mayoría de los historiadores considera que esa carta es apócrifa. Al publicarla, Santander afirmó que la instalación de aquellas bases se había concretado, y que sirvieron tanto para abastecer de combustible a los submarinos y corsarios alemanes como "para que después de la derrota nazi llegaran submarinos misteriosos, trayendo carga de personas y cuantiosos valores".

Aunque era un investigador de la actividad nazi infinitamente más serio que Santander, el judío Dickman sería ninguneado por la *intelligentzia* argentina desde que, lejos de oponerse a Perón, fue uno de los fundadores del PSRN –Partido Socialista de la Revolución Nacional– que apoyó su gobierno desde la izquierda.

Celebrado por quienes habían derrocado a Perón, el exaltado Santander fue el primero en echar a rodar la especie de una inverosímil colaboración de una veinteañera Eva Duarte con el espionaje alemán en fechas muy tempranas, a partir de 1941. Y lo hizo también con base en traducciones de cartas encontradas en Berlín por los aliados que, como aquélla, resultaron apócrifas.

El descrédito de Santander fue aprovechado por otros furiosos antiperonistas –como el almirante golpista, Isaac Francisco Rojas– para descartar sumariamente que hubieran llegado "personas y cuantiosos valores" a las playas argentinas, lo que equivale a deshacerse del niño junto con el agua sucia.

Como ya se verá, estas negativas no fueron más que una interesada cortina de humo. Por cierto, la instalación de bases en el litoral patagónico no era en absoluto necesaria ya que los alemanes contaban con las estancias de la firma *Lahusen* y con la petrolera *Astra* en el puerto de aguas profundas de Caleta Olivia, donde –como se jactaría el jefe de la *E-Dienst*, Stophasius– una importante cantidad de buques petroleros argentinos estaba en condiciones de servir de nodrizas para las naves alemanas.[20]

Infrahumanos

Desde la firma de un acuerdo de no agresión por los ministros de Relaciones Exteriores de Alemania y la Unión Soviética –von Ribbentrop y

---

20 Fuentes de la Armada dijeron a los autores que, según información reservada, durante la guerra al menos un *U-Boote* se reabasteció en Caleta Olivia.

Viacheslav Molotov– a principios de 1939, Hitler se sentía con las manos libres para someter a Polonia. A partir de ese momento, según reconoció hacia el fin de la guerra, tuvo claro que más temprano que tarde sería imprescindible atacar a la Unión Soviética. Polonia era simplemente una etapa en la expansión del *Reich*. Como no había sufrido mayores problemas políticos ni militares al anexar Austria y luego, en marzo, gran parte de Checoslovaquia, Hitler creía que podía procurarse impunemente un nuevo bocado. Con ese propósito reunió a sus generales el 22 de mayo en el Berghof, donde les informó su decisión, ordenándoles actualizar los planes para la invasión de Polonia, que el OKW tenía prevista recién para 1941.

Si bien hubo de escenificarse una supuesta agresión polaca a modo de pretexto, por entonces Hitler no se inmiscuía demasiado en los aspectos técnicos, por lo que dejó a Guderian y los restantes generales planificar la *Blitzkrieg* –guerra relámpago– y se concentró en impartir órdenes secretas al *Reichführer* Henrich Himmler, jefe de la RSHA –de la que dependían, entre otros cuerpos, la *Gestapo* y el SD– y de las SS. Luego de la disolución de las rivales SA tras "La noche de los cuchillos largos" como brazo militar del partido, las SS monopolizaron la administración del terror entre los adversarios del régimen. Hitler quería asegurarse de que la nación polaca fuera literalmente borrada del mapa, y así se lo explicó a Himmler. Para garantizar aquel objetivo era imprescindible exterminar a la nobleza y a los intelectuales polacos, de manera de reducir al pueblo llano a la condición de ilotas o infrahombres –*untermenschen*–. Estaba claro que el control territorial de Polonia suponía que más de tres millones de judíos polacos fueran eliminados, pero Hitler pensaba que ello debía hacerse paulatinamente y sin llamar la atención. De momento, la prioridad absoluta eran los militantes del partido comunista polaco.

Perfeccionando la táctica empleada en Checoslovaquia, a cada uno de los mandos de los cinco cuerpos o divisiones del Ejército invasor se les agregó un *Eisatzgruppen SS* compuesto de cinco *Eisatzkommando* de ciento cincuenta hombres. Así, unos 3.750 soldados de uniforme negro se dedicaron a lo que los nazis llamaron la "desratización" de Polonia. La faena acabó con la inmensa mayoría de los judíos –el 10 por ciento de la población– y gitanos, así como con dos millones de polacos católicos. Las SS actuaron bajo las órdenes del general SS Reihardt Heydrich, quien dependía directamente de Himmler. Creador del SD y supuesto "protector" de los territorios conquistados, Heydrich –rubio, de rasgados y glaciales ojos azules– cuya furia homicida guardaba directa relación con los fuertes rumores que le atribuían ancestros judíos, reclutó como verdugos voluntarios a una considerable cantidad de polacos tan o más judeófobos que los nazis alemanes.

La RAF ataca Kiel

La invasión se lanzó el 1 de septiembre de 1939. El gran almirante Erich Raeder, comandante en jefe de la *Kriegsmarine*, quedó azorado cuando, tras una tensa pausa de dos días, Gran Bretaña declaró la guerra a Alemania. El veterano marino había creído en el análisis de Hitler, según el cual Londres soportaría la invasión sin otra cosa que protestas. Pensaba que si Gran Bretaña se atrevía a declarar la guerra a Alemania, ello ocurriría bastante después, quizás años más tarde. Para la marina alemana la declaración de guerra fue una noticia brutal. Sencillamente, no estaba preparada para enfrentar a la *Royal Navy*. Frente a las trescientas cincuenta naves de superficie inglesas y francesas apenas contaba con medio centenar, y cinco veces menos destructores y lanchas torpederas. Carecía de aviones propios y de portaaviones, mientras la *Royal Navy* tenía seis. La *Kriegsmarine* revistaba sólo dos modernos "acorazados de bolsillo" que poco significaban ante los quince del Almirantazgo.

El jefe de la escuadra submarina, el comodoro Karl Dönitz, sostenía que "todas las grandes guerras se han decidido en los mares. Por lo tanto, quien domine el mar dominará el mundo". Imbuido de esta sucinta filosofía le había advertido a Raeder, en julio, que Alemania no estaba en condiciones de enfrentarse con los británicos en mar abierto. Y para que sus *U-Bootes* tuviesen alguna chance de cortar los suministros de Inglaterra, necesitaría al menos trescientos: casi seis veces más que los 57 con los que contaba.

La razón del adelantamiento de la fecha de la invasión a Polonia, que se revelaría después como una pésima decisión militar, está envuelta en brumas. Aficionado a los horóscopos, al parecer Hitler tomó la decisión solo, o mejor dicho en compañía de oráculos. Su idea de que Inglaterra soportaría la invasión de Polonia sin reaccionar también parece tener el mismo origen, pues contrariaba la lógica más elemental.

El Reino Unido basaba su economía imperial en la importación a bajo precio de materias primas de sus colonias, las reelaboraba y exportaba como mercancías, a veces a un precio mil veces superior. Esta cadena hacía imprescindible una enorme flota mercante y de buques de guerra cuya misión consistía básicamente en mantener el orden marítimo, y garantizar que las colonias se avinieran a vender a bajo precio y comprar a precios altos. En caso de estallar alguna revuelta, la *Royal Navy* se encargaba de transportar tropas para sofocarla o de bombardear los puertos díscolos. Ese orden, aun con altibajos, regía desde hacía más de tres siglos. Y resultaba evidente que para alterarlo era imprescindible contar con una flota de guerra capaz de enfrentarse con la británica.

Cuando Alemania invadió Polonia, Dönitz aguardó con nerviosismo la reacción británica en la base de Swinemünde, en Wilhelmshaven, sobre el Mar del Norte. Londres declaró la guerra un domingo, y el lunes por la tarde Kiel, la base más importante de la *Kriegsmarine*, fue atacada por una escuadra de 29 bombarderos de la *Royal Air Force*. Fue un ataque más aparatoso que efectivo: los proyectiles alcanzaron al acorazado de bolsillo *Admiral Scheer*, rebotaron en su cubierta y cayeron al mar, donde detonaron sin mayores consecuencias para la nave. Y si bien el crucero *Emdem* resultó seriamente dañado, ocurrió porque uno de los bombarderos ingleses se estrelló contra su costado. Por cierto, la RAF no la sacó barata: siete de sus aviones fueron derribados.

La guerra encontró a Dönitz con un pequeño equipo de colaboradores, que necesitó ampliar de apuro. El 19 de septiembre presentó el equipo ampliado junto a quien sería su lugarteniente hasta el fin de la guerra, el entonces capitán de corbeta Eberhardt Godt. Lo bautizó BdU –Buró de Submarinos– y nombró *admiralstabsoffizier* al capitán Victor Oehrn. El BdU estaba subdividido en dos departamentos, el BdU-Op –Comando Táctico–, encargado de las operaciones en el Atlántico, el Mar del Norte y el Índico –para otros teatros de operaciones como el Mediterráneo, el Ártico, el Báltico y el Mar Negro iban a crearse comandos especiales– y el BdU-Org, que se encargaba de la organización interna y del entrenamiento de las tripulaciones.

Aquél fue un día de euforia para Dönitz, pues el U-29 al mando del capitán Otto Schuhart torpedeó y hundió al acorazado británico *HMS Courageous*, de casi 22.500 toneladas. Fue un golpe resonante porque después del bombardeo de la base de Kiel las hostilidades habían entrado en una *impasse*. La RAF se limitaba a lanzar sobre las ciudades alemanas octavillas que procuraban convencer a la población de que Hitler la llevaría por la calle de la amargura. Los alemanes aprovecharon la inesperada tregua para consolidar su tiránico dominio en las llanuras polacas.

Como algunos generales del Ejército, el almirante Canaris se sorprendió por el bestial proceder de las SS, lanzadas a una orgía de destrucción. A una semana de iniciada la *blitzkrieg*, se quejó por escrito al comandante en jefe de las fuerzas alemanas en Polonia, general Karl Heinrich von Stülpnagel. Consideraba perjudicial para la causa que Himmler se jactara públicamente de "hacer fusilar diariamente a doscientos polacos".

Genocidio

Heydrich comenzaba a ser conocido como "Arcángel de la Muerte". No en vano: para desmoralizar a los resistentes, el virrey del *Reichsführer* ordenó detener a 518 de los 690 religiosos de la diócesis de Hulm-Pelplin, e hizo fusilar inmediatamente a 214. Mientras, la *Gestapo* hacía cundir el terror en la retaguardia aplicando a los detenidos rutinariamente el *sonderhandlung* –tratamiento especial–, es decir, ejecutarlos durante supuestos intentos de evasión, procedimiento también conocido como "Ley de fugas".

El 27 de septiembre y tras una serie de fusilamientos masivos de profesores universitarios, Heydrich informaba a Himmler: "En los territorios que hemos ocupado, la élite polaca ha sido reducida aproximadamente al 3 por ciento". Con todo, Himmler debía considerar que el número de polacos asesinados era exiguo, pues al recibir la nota ya había enviado a Katowice un comando suplementario de SS encabezado por Udon von Woyrsch.

A mediados de octubre Hitler expuso al mariscal Wilhelm Keitel, jefe del OKW, su plan para obtener el completo sometimiento de los polacos. Consistía esencialmente en reducir su nivel de vida a lo indispensable, para que no murieran de hambre. Para entonces las masacres habían alcanzado tal magnitud que el teniente general Johannes Blaskowitz solicitó al *Führer* que prohibiera las ejecuciones sumarias porque atentaban contra el orden y la disciplina de las tropas que las llevaban a cabo. Y el general Hans Frank –viejo camarada de Hitler durante la Primera Guerra, a quien aquél había nombrado gobernador general de Varsovia–, pidió a Martin Bormann –jefe de gabinete y virtual secretario privado de Rudolf Hess, segundo y apoderado del *Führer*–, que transmitiera a Hitler su opinión en el mismo sentido: "Si quisiera colocar un cartel cada vez que siete polacos son fusilados, los bosques de Polonia no alcanzarían para fabricar el papel necesario", sintetizó. Finalmente, por presión de Canaris el OKM solicitó formalmente "la inmediata disolución de las formaciones negras y la destitución de los jefes SS para que termine una situación que deshonra al pueblo alemán".

Hitler se pasó estas protestas por la entrepierna. Respondió a los jefes de la *Wehrmacht* que como el combate pretendía "limpiar al Gran *Reich* de la canalla judía y polaca" de modo de "evitar que una nueva inteligencia polaca pueda acceder al poder (...) no puede verse trabado por nociones de legalidad o ilegalidad".

Desde entonces generales y almirantes se llamaron a silencio, y la masacre se consumó sin protestas, al menos audibles. Y no pocos campesinos polacos optaron por asesinar a sus vecinos hebreos y participar del saqueo de sus pertenencias, haciéndose merecedores de las felicitaciones de Heydrich.

Durante una conferencia en Metz ante los oficiales de la *Leibstandarte Adolf Hitler* de las *Waffen SS* –el grupo militar más selecto del partido, conformado por quienes habían actuado en las brigadas de choque contra el "enemigo interno"–, Himmler abrió una pequeña hendija en la muralla de silencio. Refiriéndose a la situación polaca explicó a sus incondicionales que "con un frío de 40° bajo cero tuvimos que deportar a centenares de miles de polacos. Tuvimos que ser duros. Debéis entenderlo..., y olvidarlo inmediatamente". Y agregó: "Tuvimos la dureza de fusilar a miles de dirigentes polacos. Quiero decirlo aquí e incluso gritarlo: es mucho más fácil avanzar con una compañía en el combate que dominar a una población enemiga de cultura inferior, fusilar y deportar a mujeres que gritan y lloran". Por contradictorio que parezca, para Himmler ésta era "una actividad silenciosa, muda, mucho más difícil" que el combate abierto. Quizás por eso impulsaba la rotación de *Waffen SS* entre el frente y los grupos de exterminio formados en la retaguardia.

Sin embargo, participar de los grupos de exterminio era tan mal considerado como hablar de su existencia. Y no porque los *Waffen SS* se condolieran de las víctimas, sino porque sus miembros preferían el combate: los destinados a los grupos que custodiaban los *lager* solían ser SS castigados, casi siempre ladrones. A fin de elevar el ánimo de estos oficiales caídos en desgracia, enviados a "desratizar" los países que

Alemania ocupaba, Himmler les envió una circular reservada. "Un miembro de las SS debe ser honrado, fiel y buen camarada con sus compatriotas, pero no con las gentes de otros países", los arengó. "El destino de un ruso, o de un checo, no debe interesarle. Tomaremos de esos pueblos a todo el que sea de buena sangre, e incluso les quitaremos a sus hijos y los educaremos entre nosotros."

Los "Caballeros de las Profundidades"

Al comenzar la guerra Dönitz disponía apenas de dieciocho submarinos de la clase VII-B, que podían desarrollar actividades en cualquier lugar del Atlántico siempre que tuvieran dónde reaprovisionarse de combustible. Desplazaban un mínimo de 871 toneladas, desarrollaban el doble de autonomía que sus predecesores y transportaban 12 torpedos o 14 minas.

Dönitz debió esperar un año más para que, tras la construcción de varios prototipos, ensayos, errores, abortos y correcciones, le entregaran el primer submarino de una versión que lo satisfizo: la VII-C. Estos submarinos tenían 67,4 metros de eslora, desplazaban 761 toneladas en superficie y 865 toneladas sumergidos. Llevaban 4 tubos lanzadores en la proa y uno en la popa, transportaban hasta 14 torpedos –contando 2 que iban en la cubierta y que era necesario introducir para su utilización–, navegaban en superficie a una velocidad máxima de 18 nudos y podían alcanzar excepcionalmente 8 nudos en inmersión. Pero lo más importante era que gozaban de una autonomía de casi 10.000 kilómetros, que progresivamente aumentaría durante la guerra hasta los 15.000 kilómetros gracias a tanques que cargaban 120 toneladas métricas de combustible.[21] Llegaron a fabricarse alrededor de 600 submarinos de este tipo, más de la mitad de la producción total del *Reich*.

Los nuevos *U-Bootes* permitieron a Dönitz ensayar una nueva táctica, que llamó "manadas de lobos" y consistía en atacar en grupo a los convoyes detectados, por la noche, desde la superficie, por la retaguardia y ambos flancos a la vez. Los comandantes de los *U-Bootes* tenían autonomía táctica, de modo que podían desarrollar estilos propios bajo la única consigna de hundir la mayor cantidad posible de buques enemigos. Con ese propósito, el 18 de enero Dönitz los autorizó a

---

21 Algo menos de 120.000 litros, ya que el petróleo es más liviano que el agua.

torpedear buques neutrales –con excepción de los de bandera estadounidense, italiana, japonesa y soviética– que se encontraran lo suficientemente cerca de las costas británicas como para atribuir sus hundimientos a minas sembradas por la *Royal Navy*.

Luego del rápido pero poco efectivo ataque de la RAF a la flota de Kiel sobrevino un largo período de más de seis meses en que las hostilidades fueron escasas. Algunos denominaron este lapso "guerra extraña" o "fingida" y Churchill lo llamó "guerra vaga". Ese período acabó abruptamente el 8 de abril de 1940 con la invasión a Noruega y Dinamarca, ataque que determinó que el pusilánime Arthur Neville Chamberlain fuera reemplazado por Winston Churchill, que –aunque en 1938 había dicho que Hitler era "un baluarte de Occidente" frente al comunismo– sería un hueso mucho más duro de roer.

Si bien la *Kriegsmarine* registró importantes pérdidas, Noruega bien valía el esfuerzo, pues se convertiría en una base estratégica de suma trascendencia para la Marina alemana en general, y para los lobos grises en particular.

Durante la relativa calma que precedió a la invasión, el OKM había ordenado atenerse estrictamente a la ley marítima internacional, que prohibía los ataques a buques de pasajeros y reglamentaba puntillosamente cómo proceder en los ataques a cargueros. Según esta normativa, los *U-Bootes* debían emerger, identificarse ante sus potenciales presas e impartirles la orden de alto, abordarlas y corroborar si transportaban material bélico. Sólo en ese caso sus comandantes quedaban en libertad de remolcar la nave hacia puerto propio o aliado, o hundirla, resguardando la integridad física de sus tripulantes. Fue durante esta primera etapa cuando volvió a utilizarse el nombre de "Caballeros de las Profundidades", surgido en la Primera Guerra. Tributaria de aquella tradición, la mayoría de los comandantes, infringiendo el reglamento bajo la benévola mirada de Dönitz, prefería usar la gorra de plato blanca de la Marina Imperial en lugar de la azul reglamentaria, símbolo de la identidad entre el arma submarina y el nazismo.

Hitler ansiaba impedir o al menos retrasar la participación directa de los Estados Unidos en la guerra. El estricto respeto inicial a las leyes internacionales se debía, en gran medida, a la obsesión del OKM por no otorgar pretextos o motivos a los belicistas norteamericanos. Aún permanecía nítido en el recuerdo el episodio *Lusitania,* lo que no impidió que, a escasas horas de iniciada la Segunda Guerra Mundial, aquel fantasma reapareciera. Ocurrió cuando el comandante del U-30, un submarino de la vieja clase VII-A al mando del capitán Fritz-Julius Lemp, se topó al oeste de Irlanda con el paquebote británico *Athenia* que se dirigía a Canadá con una tripulación de 315 hombres y 1.102 pasajeros. Lemp ordenó torpedearlo, y el lento hundimiento del *Athenia* se tradujo en la muerte de 112 tripulantes y pasajeros, entre ellos 28 estadounidenses. La consternación fue enorme, no sólo en la opinión pública del mundo anglosajón sino incluso entre el pueblo alemán. Como se establecería el juicio de Nuremberg, Dönitz ordenó falsificar el libro de navegación del U-30 de modo de volver creíble la versión de Lemp, quien declaró que había confundido al *Athenia* con un transporte de tropas camuflado.

La Batalla del Río de la Plata

Durante aquella primera etapa de la guerra el acorazado de bolsillo *Graf Spee* asoló los mares del sur. Construido durante la vigencia del Tratado de Versalles que limitaba la construcción de buques de guerra a las 10.000 toneladas, no sólo desplazaba 12.000 sino que era un barco de concepción revolucionaria: su casco estaba soldado y sus motores *diesel* le permitían navegar a 26 nudos. Por lo demás tenía una autonomía de 12.500 millas, un blindaje de casi 14 centímetros de espesor, llevaba a bordo un hidroavión *Arado* de reconocimiento y además de los 6 potentes cañones de 28 centímetros –capaces de disparar proyectiles de 30 kilos a 28 kilómetros de distancia– poseía 8 cañones de 15 centímetros. Pintado de verde claro como los navíos de guerra franceses para confundir a sus víctimas, y al mando del capitán de navío Hans Langsdorff –que tenía tajantes órdenes de rehuir el combate abierto con la *Royal Navy*– en su *raid* corsario el *Graf Spee* hundió 9 buques británicos en el Atlántico e Índico Sur sin derramar una gota de sangre. Después enfiló hacia las costas de Brasil atraído por un convoy inglés de 4 mercantes –un total de 30.000 toneladas–, escoltado por un único crucero que estaba por zarpar de Montevideo. Langsdorff se disponía cansinamente a mandar a pique esos mercantes cuando le salió al cruce una escuadra británica reunida sigilosamente por Londres con naves procedentes desde puntos tan distantes como las Islas Malvinas y el nordeste brasileño.

La flota cazadora estaba compuesta por el crucero británico *Exeter*, detrás del cual navegaban otros cruceros menores, el *Achilles* y el *Ajax*.

Tras calcular que si huía podría ser alcanzado por popa, Langsdorff ordenó atacar al *Exeter*. Se inició así la Batalla del Río de la Plata en la que durante 100 minutos de cinematográficas maniobras e intensos cañoneos el *Graf Spee* llevó la mejor parte mientras navegaba a toda máquina y en ziz-zag: luego de averiar severamente al *Exeter*, matar a 61 de sus tripulantes y herir a otros 23, dirigió sus cañones al *Ajax*, al que le infligió 7 muertos y 2 heridos, y enseguida al *Achilles*, con un saldo de 4 muertos y 3 heridos.

Pero la audacia tuvo un costo. Entre los 1.155 hombres del *Graff Spee* hubo 37 muertos y 57 heridos, incluido el propio Langsdorff, que perdió el conocimiento tras recibir un golpe en la cabeza. Según el alucinado relato de sus marineros, la cubierta estaba bañada en sangre y presentaba extensas y variadas averías que, si bien no impedían la navegación, afectaban su telémetro, baterías, y sistemas de lanzamiento de torpedos y comunicaciones. En ese estado, con escasas municiones y el sistema de tiro inservible, Langsdorff decidió refugiarse en el puerto de Montevideo, donde solicitó dos semanas para reparar las averías. El hábil embajador británico Eugene Millington Drake presionó al gobierno de Montevideo, y obtuvo que le concedieran apenas 72 horas.

Era un ultimátum. Langsdorff lo entendió, de modo que tras enterrar a los muertos e internar a los heridos parlamentó largamente con el embajador Thermann, Niebuhr y Martens, quienes le sugirieron romper el bloqueo a cañonazos y dirigirse a Buenos Aires. En la capital argentina –le informaron– las simpatías por Alemania eran muchas y hasta "el propio ministro de Marina, el almirante León Scasso, es partidario del Eje".

Los tres cayeron en el engaño de Drake y la *Royal Navy*, que lograron hacerles creer que una flota británica reforzada aguardaba la salida del *Graf Spee*. Seguro de que el acorazado *Renown* y el portaaviones *Ark Royal* esperaban cerca de Montevideo y consciente de que las municiones le alcanzarían para combatir apenas durante media hora, Langsdorff envió al almirante Raeder un cable cifrado. Decía así: "1) *Renown* y *Ark Royal*, lo mismo que cruceros y destructores, cerca de Montevideo. Cerrado bloqueo nocturno. Ninguna perspectiva de romperlo y salir mar afuera para llegar a la patria. 2) Intento llegar al límite de las aguas neutrales. Si puedo luchar para abrirme camino, lo intentaré. 3) Como la salida forzada podría resultar en la destrucción del *Spee* sin la posibilidad de causar averías en el enemigo, solicito instrucciones para saber si hundo el barco o me someto a la internación".

Tras consultar a Hitler, el almirante Raeder le dio libertad de acción. Langsdorff hizo desplegar una lona que impedía a los espías aliados ver quién entraba o salía del crucero, y ordenó que la mayoría de los tripulantes se embarcaran individualmente y sin llamar la atención en el *Tacoma* –un carguero alemán atracado en el puerto– y se recluyeran en sus bodegas. También indicó a cinco altos oficiales heridos que permanecieran en Montevideo a disposición de Niebuhr.

A las 18 del 17 de diciembre soltó amarras, levó anclas y con una dotación reducida al mínimo condujo la nave fuera de la rada. Expectante ante la posibilidad de asistir a una batalla naval, una multitud se había congregado en los muelles. Aprovechando la situación, el *Tacoma* zarpó detrás, prácticamente inadvertido. El *Graf Spee* detuvo su marcha. Mientras Langsdorff y un pequeño grupo de oficiales y suboficiales lo abandonaban, los embarcados en el *Tacoma* trasbordaron a dos remolcadores y una chata arenera fletados por la Embajada alemana en Buenos Aires, operación coordinada por Rodolfo Hepe.

Poco después, el público vio cómo una enorme columna de humo envolvía al navío y se elevaba a más de 300 metros en medio de una enorme explosión. Entre llamaradas y explosiones secundarias en cadena, 2 cañones de 11 pulgadas fueron lanzados al aire como si fueran escarbadientes.

Esa noche Langsdorff y otros 1.054 tripulantes del buque hundido llegaron a Buenos Aires en medio de vítores. Hospedado en el Hotel de los Inmigrantes, al día siguiente Langsdorff se suicidó.

Reciclados

Los marinos alemanes fueron internados en la pequeña Isla Martín García, situada en el estuario del Río de la Plata y muy próxima a las costas uruguayas. Pero luego de que se produjeran las primeras fugas, fueron diseminados en varios centros de internación continentales.

Entre los cinco oficiales del *Graf Spee* heridos que permanecieron en Montevideo estaban el capitán de navío Helmuth Hirsemann, el teniente de corbeta Hans Günther Klette y los tenientes de navío Kurt Diggins y Rolf Schauenburg. Los dos primeros morirían en el curso de la guerra; los dos últimos serían comandantes de los submarinos U-458 y U-536, ambos hundidos a fines de 1943. Tanto Diggins como

Schauenburg fueron tomados prisioneros y sobrevivieron a la guerra, suerte que sólo tuvo uno de cada cinco tripulantes de *U-Bootes*.[22] La lista de los oficiales internados en Montevideo se completa con Gerhard Framme, especialista en comunicaciones.

Por orden de Canaris, tras cambiar su apellido por Hermann, Framme se radicó en la Argentina, donde, a las órdenes de Martens, se convirtió en uno de los principales agentes de la *E-Dienst*. Dirigió la identificación de buques mercantes británicos surtos en el puerto de Buenos Aires y de sus itinerarios, a fin de posibilitar que los submarinos alemanes los atacaran en alta mar, y operó de enlace con los falangistas que trabajaban para el general von Faupel, mimetizados como tripulantes de tres transatlánticos de la compañía *Ybarra* que cubrían la ruta Vigo-Buenos Aires.

Para entonces el espionaje era casi una pasión de multitudes. Según Ricardo E. Laurence –quien reveló la misión cumplida por Framme en *Tripulantes del Graf Spee en tres atrapantes historias*–, en uno solo de aquellos buques, el *Cabo de Hornos*, sobre una tripulación de doscientos hombres, sesenta llegaron a trabajar para diferentes organizaciones de información del Eje o de los aliados.

Los tripulantes del *Graf Spee* internados en la Argentina gozaban de un régimen laxo que posibilitaría que casi todos los oficiales y muchos suboficiales se fugaran y regresaran a Alemania en operaciones organizadas rutinariamente por la *E-Dienst*.

Pasado el verano austral, a principios de abril de 1940, se fugaron el capitán de fragata Paul Ascher y los tenientes de navío Dietrich Bludau y Willi Dietrich. Ascher se presentó ante Canaris luego de viajar por la línea aérea alemana *Cóndor* desde Buenos Aires a Río de Janeiro. Allí se embarcó en un avión de la línea italiana *Lati* hasta Roma, desde donde voló a Berlín. Bludau y Dietrich desanduvieron la ruta que el almirante había recorrido en su mocedad, llegaron a Bariloche,

---

22 El U-458, un submarino de la clase VII-C comandado por Diggins, fue hundido en octubre entre la Isla de Malta e Italia por cargas de profundidad arrojadas por destructores británicos. Y el más moderno U-536, de la clase IX-C/40, comandado por Schauenburg tuvo la misma suerte el 20 de noviembre de ese año al noreste de las Azores, también por cargas de profundidad, en este caso arrojadas por corbetas canadienses. Diggins y Schauenburg lograron sobrevivir a esos hundimientos que costaron la vida de 8 de sus 47 tripulantes, en el primer caso, y de 38 de sus 55 hombres en el segundo. Ambos terminaron la guerra como prisioneros de los ingleses y de los canadienses respectivamente.

cruzaron los Andes hacia Chile y se embarcaron hacia Alemania. Pocos días después otros tenientes de navío siguieron el mismo camino: Heinz Kummer, Friederich Mumm, Wolfang Rieckeberg y Hans Joachim Schwebcke.

Las fugas se interrumpieron brevemente en junio de 1940 a causa del atentado nazi con explosivos al mercante británico *Gascony* en el puerto de Buenos Aires, que provocó un endurecimiento en las condiciones de detención. Pero pasado un tiempo el goteo se reanudó, y entre otros escapó el oficial Hans-Joachim Kuhn. Muchos de los oficiales fugados se convertirían en comandantes de *U-Bootes*. Tal fue el caso de Dietrich, Kummer, Rieckeberg y Schwebcke, y también el de Bludau, Mumm y otros que huyeron más tarde, como Jorg Heinrich Ratsch, Hermann Kottmann, Jürgen Wattenberg, Günther Schiebusch y Johann Reckhoff.

La inmensa mayoría murió en el curso de la guerra, más concretamente en sus últimos meses, incluso en sus últimos días.[23] Sólo sobrevivieron el capitán de corbeta Kuhn –quien según datos oficiales dejó el comando del U-1233 el 15 de abril de 1945 y reapareció en la Argentina como *master mechanics* al servicio de la *General Motors*–, Kottmann y Wattenberg, que fueron tomados prisioneros, Reckhoff, Schiebusch y acaso, Bludau, de quien no se ha encontrado información.

El caso del capitán de corbeta Reckhoff es llamativo. Según la historia oficial comandó el U-398 hasta el 8 de noviembre de 1944, cuando entregó el mando de la nave al teniente de navío Wilhelm Cranz. No hay datos disponibles del U-398 desde el 17 de abril de 1945, cuando se supone que surcaba el Mar del Norte o el Ártico. Desapareció; y no se sabe a ciencia cierta dónde. Este *U-Boote* pertenecía a la 33ª Flotilla con base en Flensburg al igual que otros tres submarinos "desaparecidos": el U-196, el U-1226 y el U-857, del que se perdió el rastro a mediados de abril de 1945 cuando se supone que navegaba frente a las costas de los Estados Unidos.

A todo o nada

Gradualmente. Así llegó la barbarie a la guerra marítima. Después del desgraciado hundimiento del *Athenia*, el 5 de septiembre de 1939

---

[23] El U-637 de Rieckeberg fue hundido el 26 de abril de 1945, cerca de la costa noruega.

el capitán de corbeta Günther Prien, al mando del U-47, un submarino de la clase VII-B, atacó a un ancho carguero británico, el *Bosnia*, que quedó muy escorado y al garete. Parsimoniosamente Prien ordenó recoger a los náufragos y los trasladó hasta un mercante noruego. Temiendo que el *Bosnia* pudiera ser remolcado regresó, y mientras sus hombres asistían en silencio al espectáculo desde cubierta, ordenó dispararle un segundo torpedo. A quemarropa. Prien hundió un día más tarde otro mercante, el *Río Claro*, y al día siguiente un tercero, el *Gartavon*. Parecía decidido a no dejar pasar una jornada sin cobrar una presa.

Durante aquella primera parte de la guerra, con sólo veintidós submarinos en el Atlántico Norte, no fue mucho lo que los *U-Bootes* consiguieron. Cumplir las leyes internacionales suponía el riesgo de sucumbir ante el ataque desde algún carguero subrepticiamente artillado –como le sucedió tempranamente al U-38– o desde el aire. Para colmo tanto los viejos torpedos G7a impulsados por aire comprimido –que dejaban a su paso una estela de burbujas– como los nuevos GTe –propulsados por un motor eléctrico– solían fallar estrepitosamente.

Desesperado, Dönitz presentó su renuncia y solicitó encargarse de la construcción de nuevos torpedos y *U-Bootes*. Pero como el OKM rechazó su dimisión, se abocó a estudiar las leyes internacionales en busca de algún flanco que permitiera revertir la vulnerabilidad de los lobos grises. Encontró que los buques mercantes interceptados por *U-Bootes* solían radiar el mensaje "SSS" –atacado por submarino– y planteó que ese mensaje implicaba una toma de partido en la contienda, lo que a su modo de ver volvía papel mojado lo dispuesto por la Ordenanza de Apresamiento. Y en consecuencia autorizó a sus comandantes a atacar sin más trámite a cualquier nave que lo emitiera.

Dönitz ya era vicealmirante cuando el U-47, al mando de Prien, el más destacado de sus comandantes, logró infiltrarse en el *sancta sanctorum* de la *Royal Navy*, la base de Scapa Flow, y hacer un estropicio. Ubicada en las Islas Orcadas –al norte de Escocia–, protegida por un semicírculo de islotes y canales, el Almirantazgo consideraba a Scapa Flow invulnerable. Pero el U-47 traspasó todas las defensas, hundió al acorazado *Royal Oak* –833 muertos– y averió al *Repulse* antes de huir. Tal como lo previera el BdU-Op, después del ataque los navíos británicos se dispersaron navegando hacia refugios cuyas entradas habían sido minadas, por lo que el acorazado *Nelson* y un crucero sufrieron importantes daños.

Hitler recibió a Prien en Berlín en una eufórica ceremonia pública en la que le impuso la *Ritterkreutz* o Cruz de Caballero para la Cruz de Hierro. Inmediatamente autorizó a Dönitz a atacar cualquier barco mercante sin previa advertencia, legalizando las órdenes que el vicealmirante ya había impartido reservadamente a sus dirigidos: atacar cualquier nave que se desplazara con las luces apagadas.

La tremenda disparidad entre las flotas de guerra de superficie de Inglaterra y Alemania obraba como incentivo para que los hombres de Canaris aguzaran el ingenio. Así, la *E-Dienst* se especializó en técnicas de camuflaje. Del mismo modo que el *Graf Spee* se había "disfrazado" de francés pintado de verde claro, los destructores se caracterizaban como mercantes, y los guardacostas de pesqueros. Se los dotaba de una variedad de banderas, banderines y pinturas que les permitía adoptar una amplia gama de apariencias.

Además la *Kriegsmarine* recurrió a los *Hilfskreuzer* –cruceros auxiliares–, esto es, buques mercantes y pesqueros armados con lanzatorpedos y cañones disimulados, cuyo camuflaje incluía falsos mástiles y chimeneas rebatibles de modo que consiguieran acercarse a sus presas sin alarmarlas hasta que fuera tarde tanto para ensayar una defensa como para huir. Un crucero auxiliar particularmente exitoso fue el *Kandefels*, de 7.700 toneladas, al que la *E-Dienst* dotó de 6 cañones de 15 centímetros, 6 ametralladoras antiaéreas y 4 lanzatorpedos cuidadosamente disimulados. Reconvertido como *Hilfskreuzer-33*, el viejo mercante sembró el pánico entre los cargueros que abastecían las Islas Británicas. Los técnicos de la *E-Dienst* eran perfeccionistas, tanto que las chimeneas de utilería echaban todavía más humo que las verdaderas, lo que conseguían quemando en un hornillo interior estopa y trapos embebidos en aceite.

Torpedos de juguete

A fines de octubre, luego de que el U-56 al mando del teniente de navío Wilhelm Zahn emprendiera un audaz ataque a un convoy militar británico y le acertase tres torpedos al ya reparado acorazado *Nelson* sin lograr que ninguno explotara, Dönitz se hundió en una negra depresión. No era posible depositar la menor confianza en semejantes proyectiles: "Al menos un 30 por ciento falla. No detonan o detonan en un lugar equivocado. Los comandantes están comenzando a perder la confianza en ellos", le informó al OKM, consciente de que esos fallos, casi sistemáticos, retrasarían *sine die* la implementación de las manadas de lobos.

Pasó el invierno buscando solucionar los problemas técnicos que aquejaban a su flota. No se trataba sólo de los torpedos: los anclajes de los motores de los submarinos de la clase VII cedían obligando a prolongadas reparaciones y el diseño defectuoso de algunas válvulas hacía que los tubos de lanzamiento se anegaran con frecuencia. Con todo, los torpedos eran su mayor preocupación. Los últimos fabricados fallaban casi sistemáticamente. Solían navegar a más profundidad que la prevista y rara vez explotaban cuando embestían al blanco en forma oblicua.

La invasión a Noruega presentó innumerables problemas a la *Kriegsmarine*, cuya flota de superficie fue derrotada en Narvik. Los lobos grises recibieron la orden de proteger sus puertos de los ataques británicos, pero los 31 que navegaban en aguas noruegas resultaron insuficientes. El U-47 del laureado Prien se topó en un pequeño fiordo con una fuerza de desembarco británica que incluía seis enormes transportes de tropas. Les disparó primero los cuatro torpedos delanteros, pero ni uno solo explotó. Después de revisar tubos y torpedos, pasada la medianoche, el tenaz Prien les lanzó otros cuatro, pero sólo explotó uno... Contra un acantilado y después de desviarse ostensiblemente del blanco. El U-47 consiguió escapar a duras penas de la persecución de los destructores británicos. Ya en tierra, Prien se quejó amargamente ante Dönitz. Desde su punto de vista era imposible combatir "con un fusil de imitación".

El suyo no fue un caso excepcional. Aunque durante la conquista de Noruega lanzaron cerca de cuarenta ataques, los *U-Bootes* apenas hundieron un barco, y casi la mitad de los torpedos con detonadores magnéticos estallaron prematuramente. En cuanto a los de espoletas mecánicas, sencillamente no explotaron. "Es una situación intolerable, un absurdo. No creo que jamás en la historia de la guerra se haya enviado a combatir a nadie con armas tan inútiles", se desahogó Dönitz al informar al OKM que había ordenado el regreso de todos los submarinos para proceder a una exhaustiva revisión de sus sistemas ofensivos.

Una comisión investigadora descubrió antes de que pasara un mes que las espoletas magnéticas adolecían de insalvables defectos, y que el nuevo diseño era muy complejo, lo que los volvía ineficaces, por no decir inservibles. Los investigadores iban a demorar dos años más hasta descubrir la falla que los hacía navegar más profundo que lo previsto. Mientras tanto se dotó a los *U-Bootes* de torpedos sencillos, con detonadores mecánicos del viejo diseño. Por fin, y tras una ausencia absoluta de tres meses, los lobos grises se hicieron a la mar.

Con la mayoría de los submarinos en sus bases y sus oficiales desmoralizados, Dönitz necesitaba exhibir algún éxito de importancia. Se produjo en mayo de 1940. Envió al Canal de la Mancha al mismísimo jefe del BdU-Op, el capitán de corbeta Victor Oehrn, quien al mando del U-37, un submarino de la nueva clase IX, en apenas 26 días de navegación hundió 10 buques enemigos por un total de 43.207 toneladas, y averió gravemente a otro de casi 10.000 toneladas. Oehrn fue recibido como un héroe y se le concedió la *Ritterkreutz*.

Entre los oficiales del U-37 había un guardiamarina que protagonizaría la Operación Ultramar Sur, Otto Wehrmut, y entre los buques hundidos estaba el carguero argentino *Uruguay*, de 3.425 toneladas, que fue enviado al fondo del mar la noche del 27 de mayo de 1940 a 160 millas de Cabo Villano –España–, hecho minimizado tanto por el gobierno alemán como por el argentino, que informó el hundimiento muy tardíamente.[24]

Las hazañas del U-37 lograron que el abatimiento de Dönitz se revirtiera en euforia. Al recordar aquel momento escribió: "El conjuro de la mala suerte se había roto. (...) Psicológicamente, los efectos del fracaso noruego habían sido superados".

El tiempo feliz

Durante los cinco meses siguientes, la media docena de lobos grises que recorría ininterrumpidamente el Atlántico Norte consiguió resonantes victorias. En junio los lobos hundieron 30 barcos por 284.113 toneladas, de las que Prien –que había hecho pintar un toro bufando en la torreta del U-47– reclamó para sí 66.000. Fue el comienzo de lo que los tripulantes de los *U-Bootes* iban a llamar con nostalgia "el tiempo feliz", quizás porque permanecían ajenos a los pormenores del

---

24 La impactante serie de hundimientos del U-37 inspiró a los británicos Michael Powell y Emeric Pressburguer –autores de filmes como *Zapatillas rojas*, *Narciso negro* y *Cuentos de Hoffman*– el guión de *Paralelo 49*, en el que imaginaron que el *U-Boote* transportaba un comando de agentes nazis a Canadá. Se anticipaban así a los desembarcos de comandos de la *Abwher* en los Estados Unidos y Canadá, demostrando una vez más que la realidad suele copiarse del arte. En el elenco se destacaron Eric Portman –en el papel de jefe nazi–, Lawrence Olivier, Anton Walbrook y Raymond Massey.

genocidio que se estaba consumando en tierra. Y no sólo en tierra. El OKW, por ejemplo, les ocultó que al inicio de aquel período exitoso, en las cercanías de la Bahía de Donegal, al norte de Irlanda, el U-47 de Prien había enviado al fondo del mar al mercante británico *Arandora Star*. Prien ignoraba que la nave transportaba, junto a sus 174 tripulantes y 200 soldados ingleses, 734 prisioneros italianos y 565 alemanes. Tras el hundimiento una lancha costera británica guió con prontitud al destructor canadiense *St. Laurents* hasta el lugar, lo que permitió rescatar 10 botes de salvamento con 847 personas: 322 alemanes, 243 italianos, 163 soldados ingleses y 119 tripulantes. Con todo, casi la mitad de quienes viajaban en el buque, 826 hombres perecieron. Entre ellos 243 alemanes y 491 italianos.

La noticia fue cuidadosamente escamoteada a las tripulaciones y al conjunto del pueblo alemán, pero a cambio pronto se les dio otra: que al mando del U-99, el capitán Otto Kretschmer, apodado "El Silencioso" –quien muy pronto se convertiría en el as de los lobos grises– había hundido siete mercantes en una sola patrulla. La noticia elevó la moral de las tripulaciones a sus cotas más altas. Y ya en agosto, el U-100 al mando de Joachim Schepk –que había hecho pintar en su torreta una pantera negra– logró otro récord: 3 buques en 3 horas.

Entonces Hitler ordenó el bloqueo marítimo de las Islas Británicas, y para lograrlo Dönitz autorizó a hundir en sus adyacencias, sin advertencia previa, cualquier buque que se pusiera a tiro.

"El tiempo feliz" se asentaba sobre sólidas bases materiales: sin ir más lejos, los puertos del Golfo de Vizcaya y los nuevos submarinos de la clase IX. Habrían sido aún más firmes si la *Kriegsmarine* hubiera podido apropiarse de la flota de guerra francesa, particularmente de sus ochenta submarinos. Pero por razones políticas Hitler decidió que quedasen bajo la dependencia del gobierno de Vichy.

Algunas naves francesas ancladas en puertos británicos fueron incautadas o desguazadas –como sucedió con las surtas en Alejandría– por la *Royal Navy*. Según órdenes directas de Churchill, el Almirantazgo puso en marcha el 3 de julio de 1940 la Operación Catapulta: el hundimiento, por un ataque sorpresivo, del grueso de la flota gala anclada en el puerto argelino de Mers el Kebir.

Más allá de este contratiempo la conquista de Noruega garantizaba a Alemania un flujo ininterrumpido de acero de la neutral Suecia; y la ocupación de Francia, un fácil acceso al Atlántico. Además, el ritmo de construcción de *U-Bootes* seguía aumentando y Dönitz logró establecer a endemoniada velocidad nuevas bases para sus lobos grises desde el Ártico al Golfo de Vizcaya: Bergen, Trondheim, Kristiansand y Narvik en Noruega; Brest, Lorient, Burdeos, La Pallice, La Rochelle y Saint-Nazaire, entre otras, en la costa oeste de Bretaña.

Al operar desde Francia los submarinos alemanes se ahorraban un trayecto de 700 kilómetros de ida y otro tanto de vuelta en sus excursiones a las costas de Islandia –en cuya defensa pronto los estadounidenses auxiliarían a los desbordados británicos– y Groenlandia. Dönitz supo explotar rápidamente esta ventaja: apenas dos semanas después de la ocupación de Francia, el U-30 al mando del capitán Lemp atracó en Lorient guareciéndose en los *bunkers* de siete metros de espesor que, valiéndose de mano de obra esclava, la organización Todt había construido en tiempo récord.[25]

Apoyado por el buen desempeño del servicio de descifrado de mensajes de la *E-Dienst* –que solía anticiparle el itinerario de los convoyes británicos–, el BdU-Op vislumbró a comienzos de septiembre de 1940 la oportunidad de aplicar la táctica de manadas de lobos. La primera hundió en el Atlántico 5 barcos en medio de una tormenta el 10 de septiembre, y el 21 del mismo mes una segunda manada hundió 11 de los 15 buques de otro convoy. Obtuvieron el premio mayor la noche del 16 de octubre cuando el U-48 al mando del capitán Heinrich Bleichrodt se encontró al oeste de las Islas Hébridas con un convoy de 32 buques que transportaba mercancías australianas a Gran Bretaña. Tras hundir 2 buques, el U-48 escapaba de sus perseguidores mientras otros 5 *U-Bootes* acudían en su auxilio. Por la noche, y aprovechando que los escoltas perseguían al fugitivo dejando el convoy prácticamente desguarnecido, los *U-Bootes* recién llegados lo atacaron desde la superficie, hundiendo 17 buques en apenas 7 horas.

Dieciséis horas más tarde, a 400 kilómetros al oeste y por convocatoria del legendario Prien, varios lobos grises convergieron sobre un nuevo convoy, mucho mayor que el anterior, que se dirigía a Australia. Estaba compuesto por 49 buques de carga formados en 7 filas y rodeados por 12

---

[25] Dönitz había trasladado su puesto de mando al Boulevard Souchet 18, en París, para preparar allí la invasión a las Islas Británicas. Pero tan pronto Hitler suspendió la Operación León Marino por la impotencia de la *Luftwaffe* para dominar el cielo sobre el Canal de la Mancha, Dönitz se trasladó a un chalet en Kernével, muy cerca de Lorient.

buques de guerra. De poco les sirvió tanta custodia: acaudillados por Prien los lobos grises hundieron 12 barcos durante esa noche de cacería.

Las cosas marchaban viento en popa para Dönitz. Si en septiembre los lobos grises habían enviado al fondo del mar 758.000 toneladas, en octubre la cifra trepó a 920.000. Desde el principio de la guerra los *U-Bootes* habían destruido 440 buques mercantes por un total de 2.330.000 toneladas, sin contar 12 buques de guerra. Sin embargo, el número de submarinos seguía siendo insuficiente. El BdU tenía 57, exactamente el mismo número con que había comenzado la guerra. De los originales, había perdido la mitad. Había conseguido reemplazarlos, y eso era todo. En esas condiciones rara vez pudo reunir siete o más submarinos, número mínimo para conformar una verdadera manada.

Tres rudos golpes

A pesar de esta limitación, para febrero de 1941 los barcos británicos eran hundidos a razón de medio millón de toneladas por mes, cantidad tres veces superior a la que los astilleros británicos y norteamericanos podían construir. Según los cálculos de los estrategas alemanes, si lograban destruir 750.000 o más toneladas mensuales —es decir, si la *Luftwaffe* se mostraba capaz de hundir las 300.000 toneladas mensuales que el mariscal Göring había prometido— Gran Bretaña se vería obligada a retirarse de la guerra antes de que pasara un año.

Pero en marzo de 1941, mientras la *Luftwaffe* atacaba Bristol y Londres, el arma submarina alemana sufrió rudos traspiés que disiparon prematuros triunfalismos. Cinco submarinos y sus tripulaciones se perdieron. Pero el daño anímico fue aún peor, pues los tres eran navegados por los mejores comandantes, los ases indiscutidos de los lobos grises. Prien —33 buques hundidos, más de 197.000 toneladas— había partido de Lorient al mando del U-47 el 19 de febrero. Tres días más tarde y al mando del U-100, había hecho lo propio desde el mismo puerto Joaquim Schepke —37 buques hundidos, casi 156.000 toneladas—, el más popular de los comandantes gracias al cuidado desaliño de su atuendo y a su aspecto de melancólico galán de cine.

Luego de atacar un convoy y huir de sus escoltas durante 5 horas, el U-47 de Prien quedó averiado e inerme a 15 metros de la superficie ante el destructor británico *Wolverine*, que lo remató con cargas de profundidad. Ocho días más tarde, la noche del 16 de marzo y también en las cercanías de Islandia, el U-100 de Schepke fue alcanzado por una carga de profundidad que lo obligó a salir a la superficie, ocasión en que el destructor *Vanoc* lo embistió a toda marcha partiendo su torreta al medio. Schepke cayó al mar, herido, y murió ahogado como la inmensa mayoría de sus hombres. Los británicos apenas si rescataron cansinamente a cinco ateridos marineros.

A esas dos tragedias se sumó la pérdida del héroe máximo de los lobos grises, Otto Kretschmer –44 buques hundidos, más de 262.000 toneladas–. El U-99 a sus órdenes integraba la misma manada que el U-100, pero había logrado eludir la persecución británica. Ya sin torpedos regresaba a su base navegando en superficie –la torreta lucía su famosa herradura de oro–. Kretschmer dormía luego de tanta tensión cuando el oficial de guardia divisó al destructor *Walker*. En lugar de alejarse a toda velocidad, como era preceptivo, ordenó la inmersión. Comenzó entonces un ballet macabro: mientras el U-99 permanecía en las profundidades, sus tripulantes escuchaban el ping-pong del *sonar* rebotando en el casco metálico. El terrorífico sonido, bien lo sabían, era el preludio de una larga serie de cargas de profundidad. Con cada explosión cercana el submarino se transformaba en la antesala del infierno: se sacudía bruscamente, las bombillas estallaban, las mamparas caían, los hombres eran arrojados unos contra otros y se producían filtraciones, a veces chorros gruesos y potentes como los de una autobomba. En esas circunstancias no era infrecuente que la mente de algún tripulante se quebrara. En este caso, y si había un instante de relativa calma, era reducido y atado: si sobrevivía sería sometido a un consejo de guerra y probablemente fusilado.

En medio de la angustia general y para demostrar valor, los jefes de máquinas solían masticar aceitunas o alguna fruta con carozo, y escupirlos a razón de uno por explosión. Quienes han sobrevivido a la experiencia coinciden: el pánico era tan cerval que de otra manera resultaba imposible llevar la cuenta.

El *Walker* finalmente dio en el blanco. Averió las hélices del U-99, y a 215 metros de profundidad el casco comenzó a resquebrajarse, por lo que Kretschmer no tuvo otra opción que emerger y entregarse junto a sus hombres. Internado en Canadá, el taciturno comandante, un irreductible, iba a formar parte de una cadena de prisioneros que lograría enviar valiosa información militar a Berlín.

Estas noticias eran tan conmovedoras que Hitler prohibió su difusión hasta que la opinión pública –convencida de que los lobos grises eran invencibles– estuviera psicológicamente preparada. La muerte de Schepke y la captura de Kretschmer se anunciaron a fines de abril –tras la toma de Belgrado y de Atenas– y la desaparición de Prien, que era anterior, recién a fines de mayo, diez semanas después de ocurrida. Mientras tanto los alemanes bombardeaban Londres metódicamente. Durante esos días Rudolf Hess, segundo del *Führer*, se lanzó en paracaídas sobre Escocia para proponer al duque de Hamilton no sólo un armisticio, sino además que Alemania e Inglaterra se aliaran contra la Unión Soviética.

La pérdida de los tres ases fue un golpe terrible para Dönitz. Especialmente la de Prien, a quien quería como a un hijo. Del "Toro de Scapa Flow", que llevaba siempre consigo el pañuelo malva de su esposa, Dönitz dijo en un raro instante de emoción que "era todo lo que un hombre debía ser: una gran personalidad, llena de celo, energía y alegría de vivir, absolutamente consagrado al servicio".

El radar

Aunque ni el BdU ni el contraespionaje alemán lo supieran –tardarían demasiado en darse cuenta, y cuando lo hicieron fue tarde– el saldo de esas victorias fue aún más importante para los británicos, pues el destructor *Vanoc* había localizado al U-100 gracias a un nuevo radar diseñado por la RAF, más preciso y pequeño, lo suficiente para su instalación en aviones de combate. La ecuación radar más avión fue letal para los *U-Bootes* pues la eficacia de ese instrumento aumenta con la altura.

Los ingenieros alemanes tuvieron oportunidad de desarrollar el radar, pero en 1941 Hitler les prohibió concentrarse en cualquier proyecto cuyos responsables no pudieran garantizar personalmente –es decir con sus pescuezos– su funcionamiento en menos de un año. Amedrentados, dejaron de considerarlo prioritario y lo postergaron para concentrarse en apresuradas medidas de contra-detección basadas en pinturas especiales.

Que el OKM no se percatara a tiempo de la importancia del radar se debió, entre otras cosas, a que su efectividad fue progresiva. En teoría, debió permitir desde un principio que los buques escolta localizaran a los submarinos en superficie. Pero en la práctica, y hasta tanto no se afinaron las longitudes de onda y las antenas direccionales, se usaba básicamente para evitar la dispersión de las naves que integraban los convoyes, ayudándolas a mantener su posición relativa.

En este momento crucial de las acciones, el BdU tenía menos submarinos disponibles para la caza en alta mar que al inicio de la guerra, pues cada vez más debía destinarlos –por lo general los que no atravesaban a entera satisfacción las exigentes pruebas de calidad– al entrenamiento de tripulaciones capaces de reemplazar a las que yacían en el fondo del mar. Como contrapartida, las escoltas de los convoyes británicos aumentaban día a día.

La única noticia alentadora para Dönitz fue el reinicio del programa de construcción, que se concentraría en sumergibles de mediano tonelaje, tal como había propuesto desde un principio. Hitler le prometió la entrega de 25 *U-Bootes* mensuales, pero a la hora de la verdad la *Kriegsmarine* recibía un promedio de seis por mes. Como consuelo, la mayor parte era del nuevo tipo IX, llamados "de gran crucero", submarinos más grandes y dotados de mejor armamento y mayor autonomía que los de la clase VII-C.

Estas características permitieron que los nuevos *U-Bootes*, de la clase IX, descollaran en el teatro de operaciones de la costa atlántica de África. A principios de 1941, un solitario submarino de la nueva clase, el U-107 al mando del capitán de corbeta Günther Hessler –yerno de Dönitz– hundió durante su segunda patrulla 14 buques por casi 87.000 toneladas –incluyendo al submarino británico *Alfred Jones*– entre las Islas Canarias y Freetown, acción que sería un récord individual jamás igualado. Dönitz rehusó condecorar a Hessler con la *Ritterkreutz* por razones de parentesco. Pero lo hizo, a instancias de Hitler, el almirante Raeder.

Golpes secretos

Durante el primer semestre de 1941 los astilleros alemanes construyeron un promedio de trece submarinos mensuales. Y aunque en la segunda mitad del año entregaron a razón de veinte por mes, su productividad se estancó en esa cifra. A ese ritmo Dönitz jamás llegaría a los trescientos submarinos que requería. Para colmo, desde el aplazamiento de la invasión a Inglaterra los británicos contaban con todos sus aviones –y sus radares– para proteger convoyes cada vez más numerosos, cuya defensa se tornaba al mismo tiempo más eficaz y sofisticada.

En este contexto, el 9 de mayo de 1941 el U-110 comandado por Fritz-Julius Lemp, después de atacar un convoy en compañía del U-201 al mando del capitán Albert "Adi" Schnee, fue perseguido y alcanzado por la corbeta *HMS Bulldog*, que al averiarlo con una andanada de cargas de profundidad lo obligó a salir a la superficie. Temiendo ser embestido por la corbeta, tal como le había sucedido al infortunado U-100 y ya se había vuelto habitual, Lemp –quien desde el hundimiento del *Athenia* tenía plena conciencia del odio personal que despertaba en los británicos– ordenó abandonar la nave después de activar las espoletas de retardo para volarla. El procedimiento reglamentario consistía en colocarlas tanto en las cabezas de los torpedos como en las principales instalaciones de la nave, en previsión de que alguna fallara. Pero por la prisa, el miedo o ambas cosas a la vez, la instalación fue defectuosa. Hacía varios minutos que Lemp flotaba en su bote de goma cuando cayó en la cuenta de que el submarino sería capturado. Para entonces un comando de infantes de marina británicos se había hecho a la mar desde el *HMS Aubertia*. Como responsable de la situación y para tratar de evitar a toda costa la captura, Lemp decidió regresar al submarino para volarlo. Acababa de trepar al puente cuando fue abatido por un certero disparo del jefe de los comandos que se acercaba en bote.

Con la captura del U-110 los británicos obtuvieron los libros de códigos, los documentos cifrados y la famosa *Enigma*, la máquina codificadora y decodificadora de mensajes radio-telegráficos. En su afán por mantener el hallazgo en el más estricto secreto confinaron cuidadosamente a los sobrevivientes del U-110 y también a la tripulación de las naves que participaron de su captura. Tanto esfuerzo porque el triunfo pasara inadvertido fue recompensado cuando Dönitz creyó, tal como querían los ingleses, que el U-110 había sido hundido con toda su dotación –en verdad murieron 15 tripulantes, incluyendo a Lemp, mientras 32 fueron capturados–.

Como previamente habían apresado un buque meteorológico de la *Kriegsmarine*, los especialistas ingleses lograron descifrar los mensajes encriptados de los mandos alemanes en apenas una semana, éxito que permitió al Almirantazgo diseñar rumbos alternativos para sus convoyes, por lo general más cercanos al polo ártico.[26]

---

[26] Hollywood se apropiaría simbólicamente de esta hazaña en el reciente largometraje *U-571*, galardonado con un Oscar. El verdadero U-571 nada tuvo que ver con esta operación: fue hundido con todos sus ocupantes a fines de enero de 1944 por un cazabombardero *Sunderland* tripulado por pilotos australianos cuando navegaba al oeste de Irlanda.

Los británicos también consiguieron mantener en secreto la captura del U-570. Un cazabombardero *Lockhed Hudson* de la RAF lo ubicó el 27 de agosto al sur de Irlanda y lo hostigó durante horas, evitando que se sumergiera. Considerándose perdido, su bisoño comandante, el capitán Hans-Joachim Rahmlow, subió al puente y agitó una camisa blanca en señal de rendición.

Esta captura proporcionó a la *Royal Navy* información precisa y completa sobre las características y sistemas ofensivos y defensivos de los *U-Bootes* más modernos. Los submarinos del tipo IX-C –como el U-570– tenían 77 metros de eslora, desplazaban 1.120 toneladas y alcanzaban una velocidad crucero en superficie de 18,3 nudos –que en modelos posteriores alcanzaría los 19 nudos– y de 7 nudos en inmersión, que ocasionalmente podían forzar a más de 8. Sus tanques les permitían cargar 230 toneladas métricas de combustible, lo que los dotaba de una autonomía de 17.500 kilómetros, y en su versión regular estaban armados con un cañón de 10 centímetros, otro antiaéreo de 3,7 centímetros y 2 ametralladoras antiaéreas de 20 milímetros. También portaban 6 tubos lanzatorpedos –cuatro a proa y dos a popa– y poseían capacidad para transportar hasta 22 torpedos o 33 minas. El Almirantazgo quedó tan satisfecho con la nave que, terminado su estudio, la rebautizó *HMS Graph* y la devolvió al mar con una tripulación propia.

Poco después de la captura furtiva del U-110, la *Royal Navy* logró cercar y averiar cerca de Brest a la perla de la *Kriegsmarine*, el acorazado *Bismarck*, el más grande y veloz buque de guerra del mundo. Hitler impidió hasta último momento –hasta que un torpedo lanzado desde un avión inutilizó el timón en la mañana del 27 de mayo– que la tripulación lo abandonara y hundiera, después de una horripilante carnicería en la que la nave fue literalmente arrasada. Más de 2.000 tripulantes perdieron la vida y apenas sobrevivieron 115. El autohundimiento fue reconocido recién a fines de siglo. Durante décadas los británicos se lo

---

La película resulta un prodigio de mala fe: atribuye la hazaña a los marinos norteamericanos y se la arrebata a los primos británicos, hecho que provocó tanto malestar en las islas que el gobierno de Tony Blair presentó una protesta formal ante Washington. Se trata además de un filme con menos rigor que los de Popeye: los submarinos de celuloide no oscilan ni cabecean al lanzar sus torpedos. Al igual que el jopo de los *cowboys* de Hollywood mientras combaten contra los sioux, no se mueven un milímetro. Su inverosimilitud resulta aún más ostensible si se compara esta producción con *El submarino –Das Boot–*, la excelente película alemana de Wolfang Petersen, dos décadas anterior.

atribuyeron. La desaparición del *Bismarck* marcó el fin del predominio de los acorazados y cruceros. De allí en adelante ninguna nave de superficie alemana hostigaría a los convoyes aliados. Desde entonces la supremacía aérea sería decisiva, y se garantizaba con portaaviones.

Pearl Harbor

Aunque Hitler buscaba retrasar la participación de los Estados Unidos en la guerra y había impartido órdenes terminantes para que los lobos grises se abstuvieran de atacar a los navíos con el pabellón de las barras y las estrellas, cada vez más destructores norteamericanos se sumaban a la protección de los convoyes británicos, por lo que un choque directo era sólo cuestión de tiempo.

A principios de septiembre de 1941, tras ser atacado cerca de Islandia por un caza británico, el U-652 lanzó dos torpedos contra el destructor *USS Greer*, que se había lanzado en su persecución. Y el 10 de octubre un *U-Boote* no identificado alcanzó con un torpedo al destructor *USS Kearney* que escoltaba un convoy británico. La explosión cobró once vidas, las primeras bajas estadounidenses de la guerra.

Algunos días más tarde, el U-552 al mando del capitán Hans Bungards Erich Topp –que había hecho pintar en la torreta un diablo rojo– le acertó al *USS Reuben James* –al servicio de la Unión Soviética y sin identificación– en la santabárbara. La explosión y el vertiginoso hundimiento en las aguas heladas produjeron la muerte de 150 tripulantes. A pesar de estos hechos y de la presión de importantes cadenas de diarios estadounidenses, la mayoría del pueblo norteamericano, si bien lloró a sus muertos, permanecía refractaria a la prédica belicista y se oponía a involucrarse en una reyerta que consideraba ajena. Esa mayoría aislacionista, sumada a una pequeña pero activa minoría abiertamente pronazi, había estado a un paso –un voto– a principios de 1941 de sancionar en el Congreso la desmovilización de las fuerzas armadas. Pero un mes después del hundimiento del *Reuben James*, el 7 de diciembre, Japón descargó un ataque sorpresivo sobre Pearl Harbor –la principal base de la *USS Navy* en el Pacífico–, e inmediatamente después declaró formalmente la guerra a los Estados Unidos. Cuatro días después, Alemania e Italia hicieron lo propio.

¿Fue en verdad un ataque sorpresivo? Muchos historiadores sostienen que el presidente Roosevelt sabía que iba a producirse, pero que dejó que ocurriera para involucrar necesariamente a los Estados

Unidos en la contienda: no veía otra manera de reactivar una economía que nuevamente comenzaba a deprimirse. Según esta perspectiva, Roosevelt, que ambicionaba un tercer mandato, habría considerado fríamente que un ataque japonés era la única alternativa para poner a la nación en pie de guerra, ya que el pueblo norteamericano se manifestaba mayoritariamente partidario de conservar la neutralidad. La tragedia que había supuesto para decenas de miles de hogares la participación en la Gran Guerra no era ajena a esa posición. Para colmo, el mismo Roosevelt había provisto en el pasado numerosos argumentos a la mayoría pacifista-aislacionista, favoreciendo su galvanización en aras de alcanzar la Casa Blanca.

Lo cierto es que desde 1931, cuando Japón invadió China, los Estados Unidos adoptaron una política exterior que estrangulaba la economía del Imperio del Sol Naciente. Además, como afirma Paul Johnson en *Tiempos modernos*, Roosevelt sabía que "la hostilidad a Japón siempre era popular en los Estados Unidos" y en su fuero íntimo consideraba que la guerra con Japón era inevitable, e incluso, en discrepancia con altos jefes militares, que era ventajoso apresurarla. Según Johnson –un historiador claramente enrolado en la derecha conservadora–, Roosevelt "siempre tuvo una actitud prosoviética, y su belicosidad se acentuó bruscamente cuando Rusia entró en guerra" tras la invasión alemana.

"Su estrecho colaborador –sostiene Johnson–, el secretario de Interior Harold Ickes, le escribió el día siguiente de la invasión a Rusia: 'El embargo del petróleo a Japón sería el gesto más popular en todo el país que usted podría realizar, y del cual podría derivar una situación tal que sería no sólo posible sino fácil entrar eficazmente en guerra. Y si entramos indirectamente en el conflicto, evitaríamos la crítica de que lo hacemos como aliados de la Rusia comunista'."

Así las cosas, Roosevelt no podía pretextar candidez cuando en agosto de 1941 decretó el embargo total de las ventas de petróleo a Tokio, un golpe mortal para la economía nipona, que importaba de los Estados Unidos el 90 por ciento de sus necesidades de crudo. Para entonces las reservas niponas eran de sólo 650 millones de litros, por lo cual, aun racionadas, se agotarían a lo sumo en dos meses. La perspectiva de un colapso inexorable insufló aire a las exigencias de los mandos militares que, deseosos de acción, proclamaban que no existía otra alternativa que la guerra para acceder a los relativamente cercanos yacimientos petroleros de Nueva Zelanda y, de paso, al estaño y el caucho de Malasia.

Ese mismo mes, como ya se ha dicho, Roosevelt obtuvo una victoria pírrica cuando la Cámara de Representantes aprobó una extensión de 18 meses al período de reclutamiento que estaba por finalizar –lo que suponía el licenciamiento y desmovilización de los conscriptos–, por 203 votos contra 202. En el debate apenas se mencionaron las matanzas de judíos, gitanos, homosexuales, comunistas y otros opositores de los países ocupados, que en rigor habían comenzado en Alemania en el mismo momento del acceso de Hitler al poder.

Cuando se produjo el ataque a Pearl Harbor, hacía varios meses que los criptógrafos de *Magic* –la organización estadounidense de interceptación de comunicaciones radiofónicas y telefónicas, la más potente herramienta de espionaje de los Estados Unidos durante la guerra– habían descifrado el código secreto de las transmisiones japonesas, es decir, que el Estado Mayor Conjunto conocía detalladamente el interés nipón por los movimientos de la base. Por otra parte el gobierno federal no podía alegar ignorancia, pues a principios de 1941 el embajador peruano en Tokio había escuchado una conversación en la que un intérprete del Ministerio de Relaciones Exteriores de Japón afirmaba que "la flota americana del Pacífico desaparecerá". El embajador peruano se lo comunicó a su par estadounidense, quien a su vez avisó de inmediato al Departamento de Estado.

De hecho, días después de aquel aviso y asumiendo la gravedad de la situación, los jefes militares de Pearl Harbor, el general Frederick L. Martin y el contralmirante Patrick N. L. Bellinger, manifestaron su preocupación por las escasas defensas de la base ante un eventual ataque, particularmente de los portaaviones. Y a partir de septiembre los informes interceptados a la inteligencia militar japonesa pasaron de referirse rutinariamente a los movimientos de buques entrantes y salientes de Pearl Harbor, a señalar su posición exacta en la rada. El aumento de frecuencia de los vuelos de reconocimiento japoneses en torno al archipiélago hawaiano, por otra parte, sólo podía leerse de una manera: Japón estudiaba la posibilidad de descargar un ataque.

Pocos días antes de que se produjera, *Magic* había descifrado una comunicación en la que el Ministerio de Relaciones Exteriores japonés ordenaba a las embajadas y consulados en los Estados Unidos, Gran Bretaña y Holanda, destruir los códigos secretos y otros documentos comprometedores. Por fin, pocas horas antes de que se consumara el ataque, los radio-operadores estadounidenses interceptaron un mensaje cifrado del mismo Ministerio. Estaba dirigido al embajador en Washington e incluía la declaración de guerra que debía entregar en mano al secretario de Estado, Cordell Hull.

El documental *Pearl Harbor, el legado de un ataque*, realizado recientemente por la señal *National Geographic*, reveló que pocos minutos antes de que comenzara el fatídico 7 de diciembre, un destructor norteamericano hundió a un submarino japonés en las proximidades de la base. Se trata de una información de alto impacto, pues revela que la *USS Navy* –no la Marina del Imperio del Sol Naciente– fue la primera en disparar y hundir una nave adversaria.

El documental recuerda además que a las 3.42, el destructor *USS Condor* divisó el periscopio de un submarino japonés cerca de Pearl Harbor y dio aviso a una lancha torpedera que curiosamente "malinterpretó" el mensaje. A las 7 de la mañana, minutos antes de que se iniciara el bombardeo, el Estado Mayor de la *USS Navy* recibió el aviso de que un gran número de aviones se acercaba a la isla. Sus voceros explicarían luego que creyeron que pertenecían a un escuadrón de bombarderos B-17 de la *US Air Force*. Sugestivamente los portaaviones *Hornet*, *Entreprise* y *Lexington* fueron retirados de la base justo a tiempo, pero no se tomó ninguna medida de protección para los militares y civiles. Por esa causa, el ataque combinado de las fuerzas japonesas por mar y aire produjo no sólo un masivo hundimiento de barcos obsoletos, sino también 2.433 muertes. El conjunto de datos parece disipar cualquier duda razonable acerca de que el Estado Mayor norteamericano llevaba, cuando menos, varias horas de alerta total, y sabía que Japón se aprestaba a lanzarse al combate.

Un ataque funcional

El estreno de la superproducción hollywoodense *Pearl Harbor*, de Michael Bay, logró que el célebre escritor Gore Vidal se indignara. Acusó al director, los productores y guionistas de "no tener la más mínima idea de lo que ocurrió, ni interés en contar la verdad histórica, y muchísimo menos de descubrir sus aspectos incómodos". El asunto es el meollo de su último libro, *La edad de oro*. Para Vidal, el presidente Roosevelt ignoró deliberadamente los avisos de un inminente ataque aeronaval a Pearl Harbor, y avanza un paso más: sostiene que el gobierno de los Estados Unidos empujó a Japón a lanzarlo, ignorando sistemáticamente las propuestas conciliatorias del primer ministro

Konoye y exacerbando de todos los modos posibles el inflamado belicismo del jefe del Estado Mayor japonés, general Hideki Tojo.

Roosevelt necesitaba la guerra –sostiene Vidal– para evitar el inminente colapso del *New Deal*, política que le había permitido arrancar a la nación de la crisis iniciada con el *crack* de 1929, y granjeado una enorme popularidad. Vidal insiste en que está probado que tanto el presidente como el general Marshall sabían con dos semanas de antelación "la fecha precisa y la hora exacta" del ataque, e incluso que convocaron a los directores de los principales diarios para pedirles que, si la noticia llegaba a sus redacciones, no la publicaran.

El escritor destacó que para 1939 la economía estadounidense había entrado nuevamente en una espiral recesiva, y que el aumento de la desocupación era una olla a presión a punto de estallar. La guerra y las consecuentes leyes de excepción –argumenta– permitieron a Roosevelt inyectar rápidamente 8.000 millones de dólares en la industria bélica, lo que acabó con la recesión. Así –subraya– en pocos meses los trabajadores estadounidenses quedaron divididos en dos grandes grupos: los que cobraban buenos sueldos y los que estaban siendo rapados, uniformados y entrenados para combatir.

En cuanto a los muertos por el ataque, Vidal sostiene que sirvieron al presidente y demás belicistas para garantizar el estallido de una ola de indignación y de xenofobia antiasiática, estado de ánimo que generó condiciones favorables a la declaración de guerra.

El ataque japonés fue cuidadosamente filmado por varias cámaras profesionales, estratégicamente dispuestas. Esas imágenes comenzaron a proyectarse los días siguientes en miles de cines de todo el país. La indignación popular fue tal que Roosevelt no encontró resistencia cuando decidió internar en campos de concentración a los residentes japoneses, inclusive a los nacionalizados, situación que jamás sufrirían los ciudadanos alemanes e italianos.

Lejos de una suposición paranoica, la fundada hipótesis de que el gobierno de los Estados Unidos permitió la agresión japonesa registraba un antecedente notable: en 1898, una harto sospechosa explosión hundió al acorazado *USS Maine* en el puerto de La Habana cuando el buque realizaba una visita "de cortesía", sin invitación previa de las autoridades españolas de la isla. Tras la tragedia el presidente Theodore Roosevelt declaró la guerra a España, destruyó su flota y asumió el control de Cuba –fastidiando a los independentistas de José Martí, próximos a tomar el poder–, las Filipinas y la base de Guam, en el archipiélago de Las Marianas.

F. D. Roosevelt habría aprendido la lección de su antecesor homónimo. Al declarar la guerra a Japón, casi no tuvo oposición. Aun así, los Estados Unidos se abstuvieron de hacer lo propio con el eje Roma-Berlín. Porque aunque casi nadie lo recuerde, fue éste quien le declaró la guerra a los Estados Unidos y no a la inversa.

Las "vacas lecheras"

El nuevo frente de guerra encontró desprevenida a la *Kriegsmarine*, pero Dönitz tenía en carpeta un plan de contingencia denominado *Paukenschlag* –Redoble de Tambor– para enviar doce submarinos a las costas atlánticas, que serían abastecidos en alta mar a través de *U-Bootes* nodrizas, llamados "vacas lecheras". Estos submarinos eran de la clase XIV, los más grandes de la *Kriegsmarine*. Dicho de manera rápida, los *U-Bootes* de este tipo eran algo así como uno de la clase VII embutido dentro de otro del tipo IX. La diferencia de tamaño y espesor se destinaba a almacenar combustible. Además, y a fin de ganar espacio, las "vacas lecheras" carecían de otro armamento que el antiaéreo. Panzonas, con un desplazamiento en inmersión de 2.000 toneladas, reemplazaban a los tradicionales barcos-cisterna camuflados como mercantes con banderas de otros países, que habían abastecido a los buques de guerra y a los sumergibles alemanes durante la Primera Guerra y a principios de la nueva contienda. A mediados de 1940 las pérdidas de estos buques eran tan grandes que el OKM se vio obligado a archivar la táctica.

Las "vacas lecheras" podían aprovisionar hasta diez submarinos del tipo VII-C, a los que traspasaban, además de combustible, carnes, papas, verduras y frutas frescas, pan y hasta torpedos. Gracias a las "vacas lecheras", el tiempo de permanencia de una flotilla de diez submarinos en un teatro de operaciones lejano, como las costas de los Estados Unidos o el Atlántico Sur, podía triplicarse.[27]

---

[27] El procedimiento era sencillo: los alimentos se trasbordaban en sacos impermeables que se arrojaban al agua y se recogían con botes. Para trasvasar el combustible, una vez ubicados ambos submarinos en paralelo y a unos 80 metros de distancia, con una pistola de lanzar bengalas se disparaba una guía por la que se deslizaba luego la manguera, mientras un cabo de remolque evitaba que las naves se separaran y la manguera se rompiera o desconectara.

Cuando Alemania e Italia declararon la guerra a los Estados Unidos, Dönitz ya estaba preparado para lanzar dos manadas de seis *U-Bootes* cada una a "pescar" en la costa norteamericana. Pero cuando se disponía a iniciar la Operación Redoble de Tambor, Hitler le ordenó que trasladara el grueso de su flota al Mediterráneo para auxiliar al *Afrika Korps* que, muy acosado por los británicos, se había quedado sin vías de suministro. Por esa razón, lejos de acelerarse, la guerra en el Atlántico casi se paralizó. Con una única y pequeña flotilla de cinco submarinos los lobos grises sólo pudieron hundir en el decisivo teatro de operaciones de las costas de los Estados Unidos 18 buques en noviembre, y apenas 12 en el gélido diciembre, mes que resultó horrendo para los lobos grises: en medio de un invierno crudo y brumoso, los *U-Bootes* destacados en el Atlántico Norte no consiguieron divisar siquiera un mísero convoy. Para colmo, el ataque a un convoy descubierto por la *Luftwaffe* –32 cargueros que navegaban desde Gibraltar a Inglaterra– terminó en una catástrofe.

La derrota de la manada no fue tanto resultado de la fuerte escolta del convoy como de la novedosa presencia de un portaaviones que transportaba una escuadrilla de bombarderos *Liberator*, de gran autonomía de vuelo. Gracias a estas máquinas de fabricación estadounidense la RAF monopolizó el espacio aéreo, y aunque los *U-Bootes* lograron hundir al portaaviones, al destructor y a dos cargueros, cinco lobos grises resultaron hundidos por los bombarderos antes de que Dönitz cancelara el ataque.

Por este conjunto de razones, a fines de 1941 Dönitz percibía claramente que la participación de los Estados Unidos en la guerra había producido una inflexión, un cambio que acaso sería irrevocable. "El año llegó a su fin en una atmósfera de preocupación y ansiedad", recordaría. Todo estaría perdido a menos que lograra quebrarle el espinazo al programa angloamericano de construcciones navales, que tenía previsto llegar al medio millón de toneladas por mes durante 1942. Para intentarlo –insistía– necesitaba al menos trescientos submarinos.

Mientras Dönitz se desesperaba por nuevas y mejores naves, la pérdida de efectividad de los lobos grises se aceleraba: si en octubre habían alcanzado el récord de 61 buques hundidos –más de 344.000 toneladas–, sumados noviembre y diciembre sólo consiguieron hundir 30 barcos por apenas 154.000 toneladas. Y aunque a pesar del frío y de la ausencia de convoyes las tripulaciones de los *U-Bootes* habían aguzado el ingenio para mejorar artesanalmente aquella cifra, estaba claro que la euforia de "los tiempos felices" se había esfumado para siempre. A Dönitz le alcanzaba con observar los rostros de quienes desembarcaban: barbudos, sucios, ateridos y empapados –era virtualmente imposible secar ropa dentro de aquellos "ataúdes flotantes", como los llamaban los marineros–. Estaban literalmente enmohecidos y apestaban a aceite de motor luego de largas semanas de navegación sin conseguir siquiera divisar buques enemigos.

Las repetidas órdenes para que destinara submarinos al Mediterráneo pusieron frenético a Dönitz, quien tras la derrota y mientras esperaba ser juzgado en Nuremberg destacó con fervor que "la tarea más importante de la marina alemana, la que estaba por encima de todas las demás, fueron las operaciones contra las líneas vitales británicas de suministros y comunicaciones" ya que a través de esas líneas "fluían las fuentes de las fuerzas británicas, proporcionadas en su mayor parte por la potencia norteamericana". El retiro de los lobos grises –enfatizó con amargura– "fue, en mi opinión, absolutamente injustificable". Aunque tácita, es una de las raras críticas públicas que haya hecho contra Hitler.

La temporada de caza

Durante aquel aciago fin de 1941, Dönitz escogió a los cinco capitanes que participarían de una versión reducida de la varias veces pospuesta Operación *Paukenschlag*. Personalmente les impartió instrucciones de hundir cualquier buque que encontraran navegando entre la desembocadura del San Lorenzo, al norte, y el Cabo Hatteras, al sur. Los dos primeros lobos grises llegaron a la costa este norteamericana a mediados de enero y despacharon con enorme facilidad 13 cargueros en 17 días, inaugurando lo que las tripulaciones llamarían "el segundo tiempo feliz" o la "temporada de caza norteamericana".

Cuando el 6 de febrero los submarinos alemanes hundieron cinco petroleros destinados a Gran Bretaña, el pánico cundió entre los aliados. Churchill comprendió rápidamente que Dönitz había encontrado su talón de Aquiles y que, a menos que hiciera algo de inmediato, los *U-Bootes* podrían dejar exangüe su maquinaria militar. Decidió entonces revertir el flujo y disponer el rápido envío a la *US Army* de torpederas improvisadas sobre la base de buques areneros, cargas de profundidad y equipos *Asdic*, es decir, *sonares*, como protección de los convoyes.

Para enorme alivio del premier británico la *Kriegsmarine* volvió a desviar, por orden de Hitler y la OKW, una docena de submarinos, algunos de ellos afectados a la Operación Redoble de Tambor, hacia las costas de Noruega. El *Führer* suponía erróneamente que los aliados habían escogido los fiordos noruegos como escenario de un desembarco masivo. Amargado, Dönitz mandó los restantes *U-Bootes* al Caribe, donde el 16 de febrero hundieron ocho petroleros y cañonearon con éxito la refinería de Aruba. La elección del Caribe para la diezmada manada atlántica fue una decisión correcta: al terminar el mes los lobos grises habían destruido un total de 470.000 toneladas, un 30 por ciento más que durante enero.

La caza siguió en la Península de Florida. Cuando el U-333 emergió frente a Miami el 4 de abril, su comandante Erich Kremer no podía dar crédito a lo que estaba viendo con sus prismáticos. A pesar de la guerra, la costa permanecía iluminada por las luces de neón. Podía inclusive leer las patentes de los automóviles y los menúes a la entrada de los restaurantes.

Desde que pescadores y bañistas denunciaran que las torretas de dos submarinos se deslizaban cerca de las playas de la Florida, la Defensa Costera prohibió el desplazamiento de buques sin que conformaran previamente convoyes con la debida protección. Pero a pesar de estas precauciones formales los cargueros se recortaban nítidamente contra la luz de la ciudad en un incesante desfile. "Contra el resplandor de los focos de un nuevo mundo despreocupado pasaban las siluetas de buques reconocibles en todos sus detalles, tan nítidas como en un catálogo de ventas. Se presentaban ante nosotros como en bandeja. Parecían decirnos: '¡Por favor, servíos!'. Todo lo que teníamos que hacer era apretar el botón", recordaría Kremer. Aquel primer día, mezclándose con los tiburones, el U-333 hundió parsimoniosamente tres buques mientras sus compañeros de manada hacían lo propio con otros nueve.

Los lobos grises hundirían 585 buques aliados durante el primer semestre de 1942 –casi 400 frente a las costas de los Estados Unidos– con una media mensual de 500.000 toneladas. Lo hicieron con pérdidas de apenas seis unidades, lo que ilustra que su actividad en aguas estadounidenses fue casi un paseo, sin considerar que nunca operó de manera simultánea más de una docena de submarinos.

De aquella nutrida cosecha formaron parte –los comandantes de los *U-Bootes* tenían orden de no detenerse por el mero hecho de que la nacionalidad de los barcos a los que apuntaban no estuviese clarados mercantes argentinos: el petrolero *Victoria* y el *Río Tercero*. Tal como había sucedido tras el hundimiento del *Uruguay*, el gobierno argentino minimizó la importancia de estas pérdidas, como si 20.000 toneladas –entre los tres buques– no fueran significativas para la pequeña flota mercante nacional. Alemania se disculpó formalmente, pagó las reparaciones estipuladas e incluso celebró un acto de desagravio en Kiel, donde bautizó *General San Martín* a uno de sus buques de superficie.

Apenas comenzado el 18 de abril, cuando el reloj marcaba las 0.46, el U-201 al mando del capitán Schnee –que acababa de recibir la *Ritterkreutz* y que poco después ganaría las Hojas de Roble y se convertiría en el jefe operativo de todos los ataques a los convoyes aliados que surcaran el Atlántico Norte– torpedeó al *Victoria*, de 7.417 toneladas, en la posición 36° 41' N, 68° 48' O. El *Río Tercero*, de 4.864 toneladas, fue hundido el 22 de junio, minutos después del mediodía, en la posición 39° 15' N, 72° 32' O por el U-202. El capitán Hans-Heinz Linder ordenó torpedearlo tras intimar a la tripulación a abordar los botes salvavidas. Como el pabellón argentino era perfectamente visible, Linder alegó que el radio-telegrafista argentino había advertido a la *US Navy* de su presencia.

La de Linder fue una patrulla muy especial. Luego de zarpar desde Brest y navegar 15 días a toda marcha, sumergido durante el día y en superficie por las noches, había desembarcado previamente a un comando de cuatro hombres en la playa de East Hampton, Long Island.

Operación Pastorius

La idea de llevar la guerra a territorio enemigo fue del propio Hitler, quien dio la orden a la *Abwher* cuatro días después de declarar formalmente la guerra a los Estados Unidos. La misión fue encomendada al corpulento teniente Walter Kappe, quien había vivido 12 de sus 37 años en Norteamérica. El ambicioso plan de los comandos contemplaba volar plantas hidroeléctricas, fábricas de aluminio, nudos ferroviarios, puentes y canales, así como el sistema de provisión de agua de la ciudad de Nueva York. Se la denominó Operación Pastorius en homenaje a un famoso colono alemán.

Kappe imaginó una serie de desembarcos semestrales, y para organizar el primero estableció su base de operaciones en un chalet de los bosques aledaños a Brandeburgo, donde la *Abwher* había montado una escuela de sabotaje y operaciones especiales. Buscó los hombres que podrían servirle en los registros del Instituto Ausland, que había financiado el retorno a la patria de inmigrantes alemanes, pues le interesaban los que habían vivido en los Estados Unidos. Así seleccionó doce que le parecieron enérgicos, capacitados y leales a la causa nazi. La mayoría eran obreros y diez estaban afiliados al NSDAP. De este grupo descartó rápidamente a cuatro, y dividió a los ocho restantes en dos equipos.

En abril de 1942 nombró al frente del primer equipo –el mismo que habría de desembarcar del U-202 en Long Island– al más veterano de los seleccionados, George John Dasch, de 39 años. Era un hombre afable y charlatán, veterano de la Primera Guerra, había trabajado en Chicago como camarero, conocía a la perfección el *slang* de los obreros norteamericanos y hablaba inglés sin acento alemán. En un arranque de patriotismo, Dasch había regresado a Alemania tan pronto estalló la guerra, y se había afiliado al NSDAP.

Como segundo de Dasch, Kappe nombró a Ernest Peter "Stocky" Burguer, un moreno de gran lucidez que había sido nazi casi tanto tiempo como el propio Hitler, pues había participado en el *putsch* de Munich. Cuatro años más tarde, en 1927, viajó a los Estados Unidos huyendo de la justicia que lo requería por su intervención en diversos desmanes. En Detroit y Milwaukee trabajó como obrero mecánico, y luego de adquirir la ciudadanía estadounidense se enroló en la Guardia Nacional. Sin embargo, tan pronto Hitler fue gobierno, Burguer desertó y retornó a Alemania donde se convirtió en uno de los lugartenientes de Ernst Röhm, el jefe de las SA, asesinado durante "La noche de los cuchillos largos", purga de la que Burguer logró escapar, por poco. Aunque se refugió en la universidad, las relaciones de "Stocky" con el partido quedaron dañadas. Escribir un artículo crítico de la *Gestapo* le costó 17 meses de prisión y, a su término, el enrolamiento compulsivo en la infantería y que lo enviaran al frente ruso, donde fue herido.

El equipo se completó con Hainrich Heinck y Richard Quirin, dos amigos, mecánicos ambos, que también habían emigrado a los Estados Unidos en 1927 y aceptado en 1939 un pasaje gratuito de regreso a su patria, donde se incorporaron a la *Volkswagen*.

Kappe nombró jefe del segundo grupo a un nazi fanático, Edward Kerling, de 32 años, un funcionario del Ministerio de Propaganda que había abandonado a su pareja norteamericana tan pronto comenzaron las hostilidades, e intentado llegar a Alemania en un velero que fue detenido. Pero logró finalmente viajar a Berlín donde se incorporó a las huestes de Goebbels. Su segundo fue el joven Herbert Haupt, de 22 años, un hijo de inmigrantes que había vivido en Chicago desde los 5 años. La guerra estalló cuando aún era un adolescente, a pesar de lo cual dejó la casa paterna, cruzó a México y se embarcó en Veracruz rumbo a Alemania, donde se integró a la *Wehrmacht*. El grupo se completó con Hermann Neubauer, de 32 años, y Werner Thiel.

El primero, emigrado a los Estados Unidos en 1931, fue uno de los miembros de la tripulación del velero comprado por Kerling para el frustrado regreso que la Guardia Costera había impedido. Como aquél, no cejó en su empeño hasta que logró regresar a Alemania al año siguiente. Cuando Kappe lo contactó por recomendación de Kerling estaba hospitalizado, pues había sido herido en el frente ruso. En cuanto a Thiel, había emigrado a los Estados Unidos en 1927. Trabajó eventualmente en Detroit, Indiana, California y Florida. Y como los demás regresó a su patria a poco de estallar la guerra donde consiguió empleo en una fábrica de armamentos.

Luego de un período de instrucción a orillas del lago Quentz, en las afueras de Berlín, el 23 de mayo Kappe impartió la misión a cada equipo. El grupo de Dasch debía volar la planta hidroeléctrica de las cataratas del Niágara, las fábricas de aluminio de Illinois, Tennesse y Nueva York, una planta de criolita –insumo básico para la fabricación de aluminio– en Philadelphia, así como una represa de Ohio, entre Louisville y Pittsburg. El equipo de Kerling haría lo propio con la estación de ferrocarril de Pennsylvania, partes del ferrocarril de Chesapeake y Ohio, un puente ferroviario en Nueva York, las esclusas y complejos de canales en Saint Louis, Cincinnati y Ohio, y el suministro de agua de la ciudad de Nueva York. Ambos comandos, por fin, debían atentar contra comercios judíos y terminales ferroviarias de la costa este con el objetivo de desatar una ola de pánico.

El equipo de Kerling partió de Brest en el U-584, al mando del capitán Joachim Deecke. Desembarcó en la playa de Pontevedra, al sur de Jacksonville, Florida, el 18 de junio. El 27 de mayo partió el U-202 con el equipo de Dasch, que llegó antes, pues debía cubrir una distancia menor. Ambos grupos iban provistos de muchos dólares y una parafernalia instrumental que iba desde explosivos de alta potencia hasta lapiceras-pistola. Sus líderes llevaban una lista de contactos escrita en tinta indeleble en un pañuelo. Una vez en los Estados Unidos y establecidas sus coberturas, debían reunirse en una cervecería de Cincinnati el 4 de julio, Día de la Independencia, para coordinar las acciones.

La delación

La operación comenzó a fracasar a los pocos minutos de que el equipo de Dasch desembarcara en la playa de East Hampton en medio de una niebla cerrada. El grupo acababa de enterrar sus uniformes alemanes, armas y enseres, tal como estaba previsto, cuando Dasch se topó cara a cara con un joven guardacostas. Le dijo que sus amigos y él eran pescadores. Conversaban cuando Burguer emergió de la bruma hablando en alemán. El guardacostas palideció. Dasch ordenó a Burguer que se retirara y luego habló en voz baja con el joven, combinando las amenazas con el soborno. Deslizó el filo de la mano por su cuello, gesto inequívoco, le habló de sus padres y después le ofreció dinero, que el joven aceptó. Luego hizo algo insólito: le arrebató la linterna, la dirigió a su propio rostro y le anunció que volverían a encontrarse en el centro de Nueva York. Se presentó con un nombre falso y exigió que el joven se identificara.

El muchacho mintió acerca de su identidad, se dio vuelta y se marchó... directamente a dar la alarma. Pero cuando los agentes del Buró llegaron a la playa los comandos alemanes ya se habían marchado. Y aunque desenterraron sus uniformes, armas y demás tecnología bélica, no encontraron indicios para ubicarlos. Por lo pronto, el FBI estableció una férrea censura de prensa. Ningún medio informó sobre el desembarco.

Una vez en Nueva York y luego de comprar ropas en *Macy's* y de alojar a Heinck y Quirin en otro hotel, Dasch y Burguer, hospedados en el *Gobernador Clinton*, mantuvieron una larga conversación. Dasch, que sospechaba con razón que el guardacostas los habría denunciado, huyó hacia adelante y confesó a su compañero que tenía la intención de denunciar la operación ante el FBI desde antes de salir de Alemania. "Stocky" no tenía más opción que matarlo o acompañarlo. Tras algunas cavilaciones optó por lo segundo. Acordaron que Dasch viajaría a Washington donde procuraría entrevistarse con el mismísimo director del FBI, el famoso John Edgar Hoover. Mientras tanto "Stocky" trataría de calmar y distraer a Heinck y Quirin.

Dasch se puso en contacto telefónico con el FBI de Nueva York pero no logró que le creyeran. Desanimado, pasó 30 horas seguidas jugando a las cartas y bebiendo, y luego, el 18 de junio, viajó a Washington. Al mismo tiempo el equipo de Kerling desembarcaba en las cálidas playas de la Florida. Como estaba previsto, Kerling y Thiel abordaron un tren hacia Cincinnati, mientras Haupt y Neubauer viajaron hacia Chicago.

Dasch sabía que Hoover era racista e hijo de madre alemana, y supuso que por eso encontraría cierta comprensión. Pero al presentarse en la sede del FBI en Washington no lo condujeron ante Hoover sino ante D. M. Ladd, jefe de contraespionaje y encargado de reclutar dobles agentes.

Ladd recién se convenció de que Dasch no era un mitómano cuando le enseñó los 83.000 dólares que guardaba en su maletín. A partir de entonces declaró durante 13 horas seguidas, tiempo en el que se escribieron 254 fojas. Antes de que terminara el interrogatorio los agentes del FBI ya habían detenido a "Stocky" Burguer, Quirin y Heinck.

Hoover se encontró con el caso que tanto esperaba para ascender al pináculo de la fama, y obró con astucia: sólo informó al presidente Roosevelt con bombos y platillos que el FBI había detenido a todos los miembros del comando nazi desembarcado en Long Island, y que pronto detendría a los de un segundo grupo. Pero no dijo una sola palabra sobre la cooperación de Dasch y Burguer.

Los laboratoristas del FBI lograron volver legible la lista de contactos escrita en el pañuelo de Dasch y pronto ubicaron a los miembros del segundo grupo. Tuvieron suerte, porque lejos de viajar directo hasta Cincinnati, como se les había ordenado, Kerling y Thiel pararon en Nueva York pues el primero ansiaba reencontrarse con una vieja amante. Mientras los hombres del FBI los seguían para ubicar a sus contactos, el benjamín de los comandos, Haupt, tuvo un comportamiento infantil. Una vez en Chicago se alojó en la casa de sus padres, a quienes reveló la verdad sobre su presencia en los Estados Unidos. Luego compró un auto y, conmovido, le propuso matrimonio a su antigua novia, que acababa de abortar. Después se presentó ante el FBI confiando en poder normalizar su condición de infractor a las leyes militares, pues había regresado a Alemania cuando debía incorporarse al Ejército. Los agentes del FBI lo siguieron pacientemente durante tres días hasta que se reunió con el angustiado Neubauer, que ya se había confesado con una pareja de amigos alemanes, a quienes pidió además que guardaran todo su dinero. Así, los miembros del grupo desembarcado en Florida y algunos de sus contactos fueron capturados.

Roma no paga traidores

Sólo después de estas detenciones el FBI oficializó la captura de Dasch. El 27 de junio un Hoover triunfal informó al presidente Roosevelt que todos los comandos nazis habían sido apresados; Dasch en último término, ocultando que había sido su colaboración voluntaria la que había hecho posible la cadena de arrestos. Para enorme decepción de Dasch, se le formularon idénticos cargos que al resto. Imploró que lo encarcelaran con sus compañeros para evitar que fuese obvio que los había traicionado.

Cuando los diarios publicaron la noticia, Roosevelt comenzó a recibir centenares de cartas que pedían condecoraciones para Hoover. El presidente lo galardonó, pero al comprender que un juicio civil y público no podría condenar a los detenidos –al fin y al cabo no habían cometido otro delito que un desembarco clandestino y la tenencia de armas y explosivos–, decretó que fueran juzgados por un tribunal militar compuesto por siete generales. Un tribunal de esas características sólo se había reunido para juzgar al asesino del presidente Abraham Lincoln.

El juicio secreto se desarrolló en julio de 1942. El general Francis Biddle, que ofició de fiscal, acusó a los detenidos basándose en sus propias confesiones. Asesorados por el defensor, el coronel Kenneth Royall –un prestigioso abogado en la vida civil–, los encausados denunciaron a Hitler y al nazismo, y afirmaron que habían llegado a los Estados Unidos con el ánimo de desertar y sin la menor intención de cometer actos de sabotaje. Ken Royall recusó al tribunal militar secreto con el sólido argumento de que era manifiestamente ilegal aplicar la ley marcial en asuntos que competían a los tribunales civiles. Los miembros del tribunal se conmovieron ante el vibrante alegato, pero según escribió el general Biddle en sus memorias, Roosevelt había anticipado a los generales-jueces que vetaría su eventual decisión de inhibirse. "No pienso entregarlos a ningún alguacil del sistema estadounidense de justicia armado con un auto de *habeas corpus*", dice que le advirtió.

El tribunal se doblegó y condenó a los procesados a la pena de muerte. Atentos a la clamorosa evidencia de que Dasch y Burguer habían colaborado en el apresamiento del resto, sustituyeron sus penas por las de 30 años de cárcel para Dasch, y trabajos forzados de por vida para su compañero.

Según los colaboradores de Roosevelt, cuando los generales le remitieron las actas del juicio para que convalidara las sentencias, el presidente comprendió que Hoover había descubierto la red gracias a la traición de Dasch, pero lo cierto es que no hizo ningún comentario público. El 8 de agosto los seis condenados a muerte fueron electrocutados, abriendo una polémica que perdura hasta hoy. Royall –que tras el fallecimiento de Roosevelt fue nombrado secretario de Guerra por el presidente Harry Truman– afirmó hasta su muerte que, aunque la hubiese perdido, aquélla fue la batalla judicial más importante de su vida.[28]

Otros desembarcos clandestinos

Dönitz tomaba a diario el pulso de la reacción norteamericana. A mediados de julio, mientras se desarrollaba el juicio secreto contra los comandos de la *Abwher*, tuvo la certeza de que la temporada de caza estaba agotada y ordenó el regreso de todas las unidades destacadas frente a las costas norteamericanas, sembrando de minas los recorridos habituales de los convoyes aliados.

Sin embargo Hitler no dejó de impulsar planes para atacar la costa este de los Estados Unidos, en particular Nueva York. A fines de agosto de 1943, el U-537 al mando del capitán Peter Schrewe desembarcó al doctor Kurt Sommermeyer, un científico nazi que instaló y puso en funcionamiento una estación meteorológica con transmisores automáticos en un promontorio de la Península del Labrador, como requisito previo para seguir desarrollando planes ofensivos.

Por lo que se sabe sobre otros desembarcos en los Estados Unidos, los servicios secretos alemanes sólo consiguieron el arribo clandestino

---

28 Se trata de una polémica de mucha actualidad, pues tras el derribo de las torres gemelas del *World Trade Center*, la suerte de más de 1.500 sospechosos musulmanes, un décimo de los cuales fue recluido en la base de Guantánamo, Cuba, está en manos de tribunales militares secretos. William Safire, editorialista del *New York Times*, afirma que esos juicios son ilegales, incluso desde la perspectiva de la justicia militar. "El Código Normalizado de Justicia Militar exige un juicio público; la demostración de culpabilidad más allá de toda duda razonable; que el acusado tenga voz en la elección de los miembros del jurado y el derecho de elegir abogado, la unanimidad en la condena a muerte y, sobre todo, la posibilidad de interponer un recurso de apelación ante civiles confirmados por el Senado", afirma. Y concluye, lapidario: "No podemos encontrar ni uno de esos derechos fundamentales en la resolución militar de Bush por la que se establecen tribunales no autorizados para las personas que califica como terroristas antes del juicio".

de dos comandos –el norteamericano William C. Colepaugh y el alemán Erich Gimpel– que llegaron a las playas del norteño estado de Maine a fines de septiembre de 1944 a bordo del U-1230 al mando del capitán Hans Hilbig. Pero tal como había sucedido con Dasch, el 23 de diciembre Colepaugh, después de gastar decenas de miles de dólares en juergas, se puso en contacto con el FBI y entregó la operación y a su compañero. Ambos fueron juzgados sumariamente y condenados a muerte. Sin embargo, luego de la guerra, el presidente Truman conmutó sus sentencias y liberó también a Dasch y a Burguer.

Sucedía –como ya se verá– que la OSS negociaba en Washington con el ex general nazi responsable del espionaje al Ejército Rojo, un nuevo *statu quo*: los ex oficiales nazis ya no serían considerados enemigos, sino aliados en la lucha contra la amenaza comunista.

Hay constancia de otros desembarcos desde *U-Bootes* en Canadá, en Irlanda, Líbano, Islandia, Finlandia y Marruecos, pero según la historia oficial no hay evidencia fehaciente sobre desembarcos en Sudamérica. Lo que no quiere decir demasiado, ya que es *vox populi* que hubo más de un arribo a las costas del sur de Brasil durante la guerra, e incluso que el comandante de un *U-Boote* arengó a la colonia alemana de Blumenau.

La Operación Pastorius no fue el único intento por atacar el territorio de la Unión durante la guerra. Los japoneses aprovecharon vientos favorables para lanzar una enorme cantidad de globos aerostáticos –algunas fuentes calculan que hasta cinco mil– con bombas explosivas e incendiarias. Por lo poco que ha trascendido, mataron a una mujer en Montana y a seis personas –miembros de una misma familia–, en el mediterráneo estado de Oregon.

Alentados por experimentos previos con bombas de porcelana que diseminaron la peste bubónica en poblaciones de la Manchuria ocupada, los japoneses también enviaron unos doscientos globos con bombas biológicas repletas de gérmenes patógenos. Si no se sabe más al respecto es porque el gobierno de los Estados Unidos ejerció una férrea censura para evitar que se publicara cualquier noticia referida a estas agresiones, y sigue ocultándolas hasta hoy.

Y por cierto, durante el verano de 1942, mientras los infortunados comandos de la Operación Pastorius eran juzgados, Alemania ensayaba nuevas estrategias para atacar Nueva York y otras ciudades de la costa este de los Estados Unidos desde *U-Bootes*. La inteligencia alemana llamó Proyecto *Ursel* a los ensayos llevados a cabo por U-511, al mando del capitán de corbeta Friedrich Steinhoff, dirigidos por su hermano, el científico Erich. Se trataba de disparar desde la cubierta del submarino, sumergido a 12 metros de profundidad, una batería de 6 cohetes de 30 centímetros denominados *Wurfkörper 42 Spreng*. Carentes de guías y de mayor precisión, dichos cohetes, que se disparaban en ángulo de 45°, no eran buenos para atacar barcos en superficie: estaban pensados para alcanzar grandes blancos terrestres, como una refinería o una ciudad.

Erich Steinhoff era uno de los lugartenientes de Werner von Braun, quien dirigía el desarrollo de la cohetería alemana desde una factoría de Peenemünde. Durante la última etapa de la guerra Hitler instó a von Braun a preparar un ataque misilístico contra las grandes ciudades de la costa este norteamericana desde submarinos del tipo XXI. Pero la maniobra era sumamente compleja, entre otras cosas porque requería al menos dos *U-Bootes*: uno para transportar las rampas de lanzamiento y otro para cargar los misiles, por lo que Steinhoff era partidario de lanzar "bombas voladoras" V-1 desde la cubierta de un sumergible convencional de la clase IX-C. Y aunque durante los últimos días de la guerra los técnicos lograron resolver el problema con un gran compartimento estanco para que un único *U-Boote* llevara misiles sobre la cubierta, no hubo tiempo para que el ataque se ejecutara.

Atrapados en aguas brasileñas

El Atlántico Sur casi nunca fue un escenario propicio para la repetición de los grandes éxitos que los *U-Bootes* habían logrado en el norte durante "el tiempo feliz" y la "temporada de caza". Las travesías de submarinos alemanes hacia el Atlántico Meridional se iniciaron en la época en que también el sur se había convertido –como hacía tiempo ocurría en el norte– en un espacio donde los lobos grises, más que cazadores, resultaban usualmente cazados.

El punto de inflexión fue el verano de 1943, cuando Dönitz envió submarinos al océano meridional, creyendo que sus lobos grises tendrían mejores condiciones de caza que en la región boreal, infestada de enemigos.

Para entonces, hacía más de un año que las redes sucesivamente montadas en Brasil por la *E-Dienst* y la *Abwher* –en las que brillaron espías como Albrecht Gustav Engels, Herbert von Heyer, Friedrich Kempter y Josef Starziczny– habían sido desarticuladas.

A principios de julio, una o dos manadas se desplazaban por las cálidas aguas costeras de Brasil con ánimo de desangrar los convoyes que surcaban el trayecto Río-Bahía-Trinidad. Navegaban, entre otros, los submarinos U-172, U-185, U-199, U-590 y U-604. El U-590 hundió al carguero *Pelotas Lóide* en el canal de acceso a Belem do Pará el 4 de julio; tres días más tarde el U-185 atacó un convoy que había zarpado desde San Salvador y envió a pique dos buques. Al día siguiente el U-172 abatió a un mercante norteamericano cerca de Cabo Frío y a otro británico entre Río de Janeiro y Santos.

En ese período buques norteamericanos y brasileños se habían lanzado a la caza de los *U-Bootes*. El 9 de julio un avión *Catalina* de la *US Navy* ubicó al U-590 al mando del teniente de navío Werner Krüer cerca del estuario del Amazonas, le lanzó varias cargas de profundidad y lo hundió con toda su tripulación.

Entre los cazadores se encontraba, más al sur, el veterano crucero brasileño *Bahía*, construido en astilleros británicos en 1906, integrante del Comando Naval del Nordeste con base en Recife y apodado por la marinería "Velinho". Desplazaba 3.150 toneladas y tenía 122,40 metros de eslora, 11,89 de manga y 4,5 de calado. Tras participar en acciones defensivas durante la Primera Guerra Mundial, en 1926 se le instalaron dos nuevas turbinas que desarrollaban 22.000 caballos de fuerza. El *Bahía* ubicó y atacó a un submarino el 10 de julio sin resultados apreciables. Dos días después, el U-172 torpedeó en esa misma área a un mercante norteamericano.

Pasaron dos tensas semanas, casi tres. En la madrugada del 30 de julio un bombardero *Liberator* de la *US Air Force* que despegó de la base de San Salvador, capital del norteño estado de Bahía, volando a baja altura sorprendió al U-604, ametralló su torreta y la cubierta matando a un oficial y a un suboficial, e hiriendo a su comandante, el capitán Horst Höltring. El piloto remató la faena con cuatro cargas de profundidad que averiaron seriamente al *U-Boote*, aunque no lograron hundirlo.

Al día siguiente, cazabombarderos brasileños y norteamericanos localizaron al U-199, un largo submarino del tipo IX-D2 al mando del capitán Hans Werner Kraus y lo atacaron, hundiendo la nave con un saldo de 49 muertos y 12 sobrevivientes.

Höltring había pedido ayuda por radio, y acudían en su auxilio el U-172 y el U-185, al mando, respectivamente, de los capitanes Carl

Emmermann y August Maus. Sin embargo ambos submarinos de la clase IX-C, perseguidos por una *Task Force* brasileño-estadounidense y bombarderos norteamericanos con bases en Brasil, debieron huir. Casi lo habían logrado cuando el U-172 fue atacado por una yunta de cazas que había despegado de un portaaviones norteamericano. Uno de los aviadores eliminó al maquinista del submarino, pero en el duelo de ametralladoras resultó derribado.

Ni Emmermann porque no podía, ni Maus porque no quería, se alejaron demasiado: se protegieron en las profundidades, y durante toda una semana emergieron sólo por las noches. El tenaz Maus logró despistar a sus perseguidores y llegar hasta donde –sumergido a profundidad de periscopio–, el U-604 boyaba al garete. Rescató a su tripulación y luego lo hundió.

Tras varios días de jugar a las escondidas con una proliferación de aviones enemigos, el atestado U-185 logró reunirse con el U-172, cuyo equipo de navegación había sido dañado, por lo cual le ordenaron que intentara regresar a Francia. Maus decidió que la mitad de los tripulantes del hundido U-604 pasaran a nado al U-172, de modo que ambos submarinos pudieran iniciar el viaje de regreso de 8.000 kilómetros sin peligro de perecer ahogados por hacinamiento, o de irse a pique por sobrepeso. Pero el 24 de agosto cazas y bombarderos norteamericanos del nuevo portaaviones *USS Core* convergieron sobre el U-185 y eliminaron a los siete marineros que se encontraban sobre cubierta. El *U-Boote* fue gravemente averiado y la hacinada tripulación comenzó a ahogarse al tiempo que los gases producidos por el cloro de las baterías empapadas de agua marina se esparcía por el interior. El caos fue tal que el herido capitán Höltring ultimó a uno de los tripulantes que agonizaba antes de volver la pistola a su sien y suicidarse. Con más sangre fría, y tras verificar que su nave se hundía irremisiblemente, Maus ordenó lanzarse al agua y aguardar el auxilio del enemigo. Fue rescatado por los norteamericanos junto a 35 de sus hombres. Nueve podían considerarse sobrevivientes por partida doble, pues provenían del U-604.

Aunque apenas tenía 27 años, Emmermann era un veterano de patrullas en aguas caribeñas y sudafricanas, y autor de una sonada hazaña: infiltrarse en el puerto de Ciudad del Cabo. No en vano el emblema del U-172 era el del dios Neptuno, símbolo de sus repetidos cruces del

Ecuador. Consiguió llegar a Lorient guiándose de día con la brújula y de noche por las estrellas, por lo cual él y toda la tripulación fueron condecorados.

Cambio de mano

Para entonces Himmler, responsable de los planes de exterminio en el este, había sumado a sus cargos el de ministro del Interior del *Reich*, hecho que activó la extensión del exterminio a los judíos alemanes que no habían tenido el tino o la oportunidad de marcharse.

La dirección de los servicios secretos del Tercer *Reich* también había cambiado de manos. La puja entablada por Heydrich por controlar la *Abwher* alcanzó un punto de no retorno a principios de 1942. Heydrich –cuya carrera como oficial de la *Kriegsmarine* había quedado trunca a causa de su enredo con la esposa de un camarada– despreciaba a los almirantes, a quienes consideraba tan pacatos como engreídos. Sin embargo mantenía relaciones cordiales con Canaris. Asistían juntos a conciertos de música de cámara y se invitaban a sus respectivos hogares, ocasiones en que Heydrich solía tocar el violín y Canaris cocinar. Habían entablado una competencia feroz, pero conservaban los buenos modales.

Canaris resistía los embates de Heydrich con el apoyo de Himmler y de Bormann, quien desde el enigmático viaje de Hess a Escocia iba convirtiéndose a pasos acelerados en el hombre más cercano a Hitler. Pero en abril de 1942 Heydrich –tal vez impulsado por Schellenberg, el más despiadado rival de Canaris– propuso a Bormann que el SD –el servicio de seguridad e informaciones del partido– subordinara a la *Abwher*, es decir, que el partido dirigiera a los espías profesionales. El intrigante Bormann, que controlaba un virtual servicio de contraespionaje dentro de la *Wehrmacht*, vio la oportunidad de aumentar su influencia y se tentó. Canaris respondió con un proyecto alternativo. Por fin, consciente de que había perdido la partida, acudió a Praga donde Heydrich lo recibió en el castillo donde había instalado su cuartel general. Acordaron redactar un proyecto conjunto que unificaba todos los servicios de información. Era una clara victoria de Heydrich, pero el "Arcángel de la Muerte" no llegaría a saborearla: a fines de mayo un comando de paracaidistas checos y eslovacos entrenados en Londres lo hirió de muerte. En represalia, grupos SS fusilaron a todos los hombres del pequeño pueblo de Lídice, donde los ejecutores se habían refugiado. Trasladaron a las mujeres a los *lager* y se apropiaron de sus niños para asesinar a la mayoría, aunque al menos tres bebés fueron "adoptados" y "germanizados" por sus apropiadores. Para rematar la faena, horas después dinamitaron el pueblo. Delatados a la *Gestapo* a cambio de dinero por otro paracaidista checo, los ejecutores de Heydrich fueron localizados en la cripta de una iglesia católica donde murieron tras un breve combate en el que ofrecieron enconada resistencia.

Himmler ya había impartido la orden de eliminar en el este a las mujeres y los niños de las "razas inferiores" –judíos, gitanos y también *krimtschatas*, pueblo de origen turco mediterráneo emigrado a la Península de Crimea al que los teóricos raciales de Berlín habían declarado de remotos ancestros judíos–. Los hacinaban en las cajas selladas de camiones, donde los asfixiaban con el gas despedido por los motores.

Encargado de la macabra labor fue el sucesor de Heydrich al frente de la RSHA y de las SS, Ernst Kaltenbrunner, un abogado de Linz –la ciudad natal de Hitler– que había heredado de aquél la animadversión por la *Abwher* y por los almirantes y que, en cambio, no tenía relaciones personales ni simpatía alguna por Canaris. Kaltenbrunner estrechaba lazos con Bormann a quien poco a poco iría alejando del almirante.

Buenos Aires, nido de espías

Desde su imponente despacho en el *Banco Germánico*, en pleno centro de Buenos Aires y muy cerca de la Casa Rosada, Walter Köennecke llevaba por separado las cuentas que financiaban no sólo la *Abwher* y la *E-Dienst*, sino también una red de mayores dimensiones. Canaris había aceptado con beneplácito el nombre que sus iniciadores le habían dado, y que tan cabalmente representaba el alcance que pretendían imprimirle: Simón Bolívar.

Concebida como organización autónoma y abierta a los sudamericanos, la Red Bolívar buscaba la infiltración de diferentes gobiernos para conformar un bloque de naciones aliadas a Alemania bajo el liderazgo regional de la Argentina. Entre sus miembros se destacaron el capitán SS Johannes Sigfrid "Pepe" Becker, un veterano profesional del espionaje; Hans Harnisch, espía camuflado como gerente de la compañía siderúrgica *Böcker*, y el teniente de corbeta Martín Eduardo Aumann, edecán del presidente Ramón Castillo, quien había reemplazado a Roberto Ortiz después de que éste encegueciera a consecuencia de una diabetes.

Desde mayo de 1942 la red pasó a depender del SD. Como a diferencia de Heydrich, Himmler apreciaba a Canaris y solía aceptar sus consejos, en la práctica la *Abwher* siguió ejerciendo su influencia, de manera que los cambios derivados de las pugnas entre jerarcas no resultaron drásticos.

Desde entonces, la red administrada por Köennecke –que se sentía intocable porque su suegro era nada menos que el magnate de la construcción Ludwig "Ludovico" Freude, el miembro más influyente de la colonia alemana en la Argentina– fue operada por la Orga-T de Hans Franckzok, alias "Utzinger", un experto en comunicaciones que había llegado a la Argentina con la misión de instalar radio-transmisores, y que se ocupaba personalmente, hasta cuatro veces al día, de enviar mensajes cifrados a la oficina de Himmler y recibir sus órdenes.

Según el periodista y escritor estadounidense Uki Goñi, autor de *Perón y los alemanes*, la Red Bolívar fue una de las más exitosas organizaciones del espionaje nazi. Llegó a contar con una vasta flota de vehículos, locales comerciales y pisos francos desde los que se coordinaba el funcionamiento de al menos diez estaciones transmisoras ubicadas en las localidades bonaerenses de Bella Vista, Pilar, San Justo, General Madariaga, Ranelagh, San Miguel y Ramos Mejía, así como otras en las provincias de Santa Fe y de Santa Cruz, en el extremo sur del continente.

Por cierto, las actividades de la red en general y de la Orga-T en particular, se desarrollaban en un marco de nítida tolerancia de la policía y el contraespionaje local. Gracias a esta permisividad operaban casi abiertamente en la Argentina Robert Gross, jefe de la División Latinoamericana del Instituto Iberoamericano de Berlín –que reportaba directamente al general von Faupel–, el jefe local del Frente del Trabajo, Erwin Schriefer; y los generales Friedrich Wolff y Wilhelm Niedenfuhr, quienes secundaban a Niebuhr y Harnisch en la dirección de los grupos "Azul" y "Verde" respectivamente. El primero –sobre quien influía Freude–, respondía a los misteriosos servicios secretos del Ministerio de Relaciones Exteriores alemán, es decir a Ribbentrop, mientras que el segundo integraba el SD, cuyo jefe local, Harnisch, reportaba ante el jefe del SD en Berlín, el general de brigada SS Walter Schellenberg, de apenas 33 años, a quien los allegados a Hitler llamaban sarcásticamente "Pequeño Himmler".

Ambos grupos rivalizaban en la tarea de encuadrar militares argentinos. La simpatía por los nazis entre los cuadros del Ejército, de tradición prusiana, es un hecho harto conocido. La Armada, en cambio, ha logrado diluir su pasado nazi argumentando que en aquellas épocas era ostensiblemente probritánica, al extremo de lucir en su uniforme una banda negra en señal de luto por la muerte del almirante Nelson. Sin embargo una numerosa comunidad de progermanos integraba sus cuadros superiores. Hasta fines de 1939, cuando se retiró a la edad de 64 años, el almirante Abel Renard fue el líder indiscutido de los nazis de la Armada. Además, desde hacía casi dos años el almirante Scasso, otro firme partidario del *Reich*, era ministro de Marina. Aunque en septiembre de 1940 Scasso dejó el cargo, se reintegró al servicio activo hasta que se retiró, a fines de 1942. Durante todos esos años fue comandante de la fragata *Sarmiento* y del crucero *Almirante Brown*, mientras conducía la escuadra de mar otro notorio pronazi que lo había precedido como comandante de la fragata *Sarmiento*: Francisco Lajous, quien se retiró como vicealmirante en 1943 para desempeñarse en la actividad privada como lugarteniente de Thilo Martens. Lajous presidió empresas del grupo como *Martens S.A.*, *Lloyd Argentino S.A.*, la compañía de seguros *Patria* y *Nueva Lubecka S.A.* Frente a esta evidencia, un alto jefe de la Armada argentina admitió ante los autores que, al menos hasta el final de la Segunda Guerra, "la conducción del arma era filonazi".

Niebuhr y Martens representaban personalmente a Canaris; Köennecke era el cerebro financiero de las redes nazis, y su suegro Freude el principal *public relations* del Tercer *Reich* –tanto o más influyente que el embajador, Harnisch y Franckzok, los hombres del SD de Schellenberg y Himmler–. Pero el pivote del espionaje alemán propiamente dicho era el SS "Pepe" Becker, y su lugarteniente, Heinz Lang.

Becker había vivido en la Argentina entre 1937 y 1940, donde organizó los grupos nazis de acción directa. Denunciado por la prensa, en 1940 se marchó a Río –la *E-Dienst* había instalado allí su base regional, hecho que revirtió nuevamente a favor de Buenos Aires cuando Brasil declaró la guerra a Alemania– hasta que en 1942 regresó a su país, donde combatió brevemente en el frente ruso. Más curtido, con mayor experiencia, acaso escarmentado, desde su retorno a la Argentina procuró mantener un bajo perfil, actitud que sólo vulneraba luciendo su *totenköpfring*: el anillo con la calavera que lo distinguía como oficial SS.

El gobierno conservador de la Argentina, país que en materia económica era virtualmente una colonia británica, mantenía excelentes relaciones con Alemania. De hecho a fines de 1942, cuando el *Afrika Korps* se batía en retirada y la *Wehrmacht* se empantanaba en Stalingrado, un líder falangista vernáculo vinculado al ultramontano periódico *Cabildo*, Juan Carlos Goyeneche, llegó a Berlín en calidad de enviado secreto del presidente Ramón Castillo.

La misión Goyeneche

El padre del "Bebe" Goyeneche había sido intendente de la ciudad de Buenos Aires, y el "Bebe" mismo, que por entonces cumplía 29 años, era íntimo del secretario de Relaciones Exteriores Mario Amadeo, virtual segundo del probritánico canciller Enrique Ruiz Guiñazú. Gracias a esa amistad consiguió que lo designaran agregado cultural de la Embajada argentina en Madrid, cobertura que le permitió entrevistarse con tres dictadores europeos: Francisco Franco, Antonio de Oliveira Salazar y Benito Mussolini, y también con Pierre Laval, vice-primer ministro del régimen colaboracionista de Vichy.[29]

El anfitrión de Goyeneche en Berlín fue Gottfried "Godofredo" Sandstede, un importante agente del SD expulsado poco antes de la Argentina, donde como agregado de prensa de la Embajada alemana había organizado el aparato de propaganda del nazismo antes de que estallara la guerra.[30]

Sandstede reunió a Goyeneche con Himmler y Ribbentrop, ofició de intérprete e incluso, según algunas fuentes, lo presentó protocolarmente a Hitler. Goyeneche también visitó el cuartel general del SD donde fue recibido por Schellenberg, quien estaba reordenando el despliegue de los espías alemanes en Sudamérica, cuya base principal, desde la participación de Brasil en la guerra, había vuelto a ser Buenos Aires.

Luego de entrevistarse con el *capi di tutti capi* de los espías alemanes, Goyeneche se reunió largamente con sus lugartenientes, particularmente con los agregados militares argentinos Servando Santillana –del Ejército– y Eduardo Ceballos –de la Marina–, ambos reclutados

---

[29] Después de cumplir su misión en Alemania, Goyeneche viajó a Italia donde volvió a reunirse con Mussolini y fue recibido por el Papa Pío XII.

[30] Sandstede regresó a la Argentina luego de la ruptura de relaciones entre ambos países –enero de 1944–, en calidad de "empleado" de la naviera *Delfino*, y estableció relaciones directas con Perón.

por el SD con la anuencia de sus jefes argentinos, que no veían incompatible la pertenencia a los servicios de inteligencia de ambos países. Con la misma naturalidad también Goyeneche se convirtió en agente del SD. Cuando la Argentina rompió relaciones con Alemania, Santillana regresó a la Argentina. Ceballos, en cambio, pidió el pase a la Embajada argentina en Madrid, desde donde siguió trabajando junto a Goyeneche para el SD hasta el final.

Auxiliado por Ceballos, que en la legación argentina utilizaba los códigos de transmisión del SD a espaldas del embajador, Goyeneche se comunicaba con el edecán Aumann y con coronel Enrique P. González, secretario del ministro de Guerra, el general Pedro "Palito" Ramírez, el mismo que había sido animador de la logia San Martín. González cursaba estudios en la Escuela Superior de Guerra de Alemania cuando estalló la contienda, y participó entusiasmado en la *blitzkrieg* como observador. Desde su regreso a la Argentina colaboraba activamente con el espionaje alemán. Los mensajes de Goyeneche llegaban a la Embajada alemana en la capital argentina, que se los retransmitía a González quien a su vez informaba a Ramírez. Dichos mensajes eran sistemáticamente escuchados, grabados y descifrados por la organización *Ultra* –antecesora de la actual Agencia Nacional de Seguridad, la más secreta de las agencias estadounidenses, encargada del espionaje satelital– que operaba la Red *Magic*. Es decir que la inteligencia norteamericana conocía perfectamente la presencia de Goyeneche en Berlín.

Con todo, no fue sino hasta el fin de la Segunda Guerra cuando se descubrió una breve minuta referida a los encuentros de Goyeneche con Ribbentrop. Según el documento, Goyeneche le informó al ministro de Relaciones Exteriores del *Reich* que había viajado a Europa "no sólo para obtener una clara impresión de la situación, sino también para conocer privadamente la opinión de los gobiernos de Alemania, Italia, España y Portugal sobre la Argentina, a fin de transmitir estas opiniones al presidente Castillo y a los líderes del movimiento nacionalista argentino, o sea, a la mayoría de la juventud y del Ejército".

"Goyeneche –continúa el informe alemán– le planteó a Ribbentrop (para que se las transmitiera a Hitler) tres preocupaciones específicas: ¿Alemania adquirirá productos argentinos tras la guerra? ¿Reconoce el *Führer* el derecho argentino sobre las Malvinas? ¿Está de acuerdo con que España constituya el 'puente natural' entre la Argentina y Europa?"

El documento puntualiza que el enviado argentino había observado que "los círculos nacionalistas, en su lucha por mantener a su patria neutral de las intrigas anglosajonas (...) son ahogados por las olas de la prensa y propaganda norteamericanas, que representan una seria amenaza en las próximas elecciones presidenciales". Por esta razón, había dicho, "la juventud, el Ejército y la Marina están dando una batalla a muerte en contra de los Estados Unidos, una amenaza a la existencia de la Nación".

Una semana más tarde, el 7 de diciembre, Ribbentrop volvió a recibir a Goyeneche. En nombre del *Führer* respondió a las inquietudes planteadas: "Si la Argentina mantiene su posición en la guerra (esto es, si permanecía neutral) puedo darle una respuesta cien por ciento positiva a su pregunta desde el punto de vista político: tomaremos todo lo que la Argentina produzca".

Ribbentrop también dijo que "Inglaterra es nuestra enemiga" y, displicentemente, que "las Malvinas están por lo menos más cercanas a la Argentina que a Inglaterra" pero que "si la Argentina no se cuida puede ocurrir que las islas sean tomadas por los Estados Unidos", por lo cual "desde esta perspectiva, la resistencia argentina a los Estados Unidos es muy importante". No hubo respuesta de Hitler a la propuesta de Goyeneche para que el régimen franquista intermediara en las relaciones del Tercer *Reich* con la Argentina, lo que equivalía a una tácita negativa. Desde su frustrante entrevista con Franco en Hendaya, Hitler no depositaba la menor confianza en el Generalísimo.

Antes de emprender el regreso, Goyeneche activó una red que enviaba a Berlín toda clase de noticias cifradas y recibía de la capital alemana otras para su difusión en la Argentina. Desde sus entrevistas con Ribbentrop aquellas comunicaciones se oficializaron, tornándose diarias. Obviamente los corresponsales ignoraban que eran interceptados por la Red *Magic*.

El fin de Niebuhr

Con el contenido de aquellas intercepciones y otros datos, el 3 de noviembre el embajador de los Estados Unidos en la Argentina, Norman Armour, presentó al gobierno un escrito sobre el espionaje militar alemán y las actividades nazis en el país, que en los hechos constituyó un jaque mate. Para entonces el Ejército Rojo estaba venciendo a la *Wehrmacht* en Stalingrado, batalla que cambiaría el curso de la guerra.

Si hasta allí la *blitzkrieg* había sido imparable, a partir de ese hito las tropas alemanas no dejarían, salvo rara excepción, de retroceder.

En el otoño de 1941, luego de rápidos éxitos y con Moscú a la vista, la ofensiva alemana se había detenido a causa del frío y del inicio de la contraofensiva soviética. Pero al llegar la primavera de 1942 se había reanudado en procura de alcanzar tres grandes objetivos: la ciudades de Leningrado y de Stalingrado y la zona petrolera del Cáucaso. Las fuerzas que luchaban por conquistar la vieja San Petersburgo y las refinerías caucásicas no habían alcanzado sus objetivos, pero en cambio la *Wehrmacht* estaba cerca de conquistar Stalingrado, en la ribera del Volga. Por lo que tanto Stalin como Hitler concentraron allí sus fuerzas, como en una pulseada. Y así, la batalla se convirtió en el símbolo de la campaña a Rusia. Mientras el Ejército Rojo rodeaba a las tropas alemanas del VI Ejército al mando del general Friedrich von Paulus, el embajador Armour entregaba su exhaustivo informe al presidente Castillo.

Si bien no hacía peligrar directamente las operaciones de Harnisch —que tenía a su cargo los contactos con la Armada y había informado a Berlín que los marinos eran "más confiables" que sus camaradas del Ejército–, ni tampoco las de Becker y Köennecke, la estocada de Armour impulsó una rápida serie de allanamientos a cargo de Coordinación Federal, la recién creada –a imagen y semejanza de la *Gestapo*– policía política encargada del contraespionaje, con hombres y locaciones aportados por la Policía Federal y bajo control del Ejército.

El juego dual quedó claro cuando apenas tres días después de que Armour presentara su informe, Coordinación Federal anunció que había reunido pruebas suficientes para acusar a Niebuhr como jefe de la red. Lejos de conformarse con el bocado, los Estados Unidos redoblaron sus exigencias. El secretario de Estado, Summer Welles, denunció el 15 de noviembre que en la Argentina funcionaba nada menos que el "cuartel general del espionaje alemán" y divulgó una larga lista de nombres, tanto de diplomáticos alemanes como de funcionarios del gobierno y militares en actividad. Presionado, el gobierno argentino "descubrió" repentinamente que gran cantidad de los marinos del *Graf Spee* internados cerca de la localidad cordobesa de Calamuchita se había fugado.

La Corte Suprema ordenó el arresto de Niebuhr a fines de diciembre. Que era la cabeza del espionaje nazi no era ningún secreto desde hacía ya dos años, cuando las denuncias de la CIAA habían provocado una serie de arrestos entre sus subordinados.

La ofensiva aliada continuó el 22 de enero de 1943, cuando el Comité Consultivo de Emergencia para la Defensa Política presidido por el ministro uruguayo Alberto Guani publicó en Montevideo una fundada denuncia sobre una extensa y bien organizada red de espías nazis en la Argentina. Desde Berlín, el canciller Ribbentrop presentó una protesta formal, invocando la inmunidad diplomática de Niebuhr. Pero fue en vano: declarado persona no grata por el gobierno de Castillo, Niebuhr salió del país el 30 de enero de 1943. Lo sustituyó su lugarteniente, Otto Meynen, encargado de negocios de la Embajada alemana.

Aquel mismo día se celebró en Berlín el décimo aniversario del triunfo electoral de Hitler, y se informó el ascenso a mariscal de von Paulus. Pero antes de que el día terminara el flamante mariscal capituló ante los soviéticos. Hitler estaba tan convencido de que von Paulus se suicidaría sin rendirse que se había apresurado a ascenderlo antes de que fuera cadáver.

Deprimido por este error, Hitler delegó en Goebbels la lectura de una proclama en la que expresaba que "la lucha heroica de nuestros soldados en el Volga debería ser una advertencia para que todo el mundo haga el máximo esfuerzo por asegurar la libertad y el futuro de Alemania, y en un sentido más amplio, la supervivencia de nuestro continente". Era un pedido casi explícito para invertir las alianzas militares, de modo que los enemigos anglosajones se unieran a Alemania para aplastar juntos al odiado oso ruso, asiático, y por ende, bárbaro. En Stalingrado murieron alrededor de 100.000 hombres de las 21 divisiones alemanas y 2 divisiones rumanas. Fueron tomados prisioneros 113.000 soldados del *Reich*. Sólo unos pocos miles sobrevivirían al cautiverio.

Contra reloj

El resultado de la guerra en el mar dependía del desequilibrio entre hundimientos y construcción de nuevos buques. El cuello de botella del BdU seguía siendo el ritmo de fabricación de *U-Bootes*. Según sus cálculos, aunque los aliados estaban perdiendo medio millón de toneladas por mes, también botaban más barcos que los que la *Kriegsmarine* podía destruir, incluso más de los que podría hundir toda la *Wehrmacht*, en el hipotético caso de que la ayuda de la *Luftwaffe* llegara a las cotas prometidas. Según las estimaciones del BdU, los Estados Unidos, Gran Bretaña y Canadá estaban construyendo en 1942 a un ritmo mensual de 700.000 toneladas –la cifra real, se sabría al finalizar la guerra, no llegaba a las 600.000–. Estrangular en el Atlántico el reaprovisionamiento norteamericano a los británicos era la única oportunidad para que Alemania ganara la guerra, pero para desesperación de Dönitz, el ritmo de entrega de nuevos submarinos, lejos de aumentar, se redujo drásticamente al llegar un invierno que resultó todavía más crudo que el anterior. Sólo se terminaban entre once y doce *U-Bootes* por mes y, para su desdicha, el 40 por ciento se seguía desviando hacia el Mediterráneo y Noruega.

Dönitz se hundía en negras cavilaciones cuando tres submarinos fueron hundidos en el Golfo de Vizcaya. Con tanta rapidez que sus radio-operadores ni siquiera llegaron a informar que los estaban atacando. La eficacia de los aliados se debía a la incorporación de nuevos adelantos técnicos. El más temible fue el *Huff-Duff*, un equipo de intercepción radiofónico que permitía que si dos estaciones detectaban transmisiones de un lobo gris, lograran establecer su posición con exactitud y rápidamente, cruzando la información. Hasta 1942 las estaciones de intercepción funcionaban sólo en las costas, pero a partir de entonces la *Royal Navy* comenzó a instalarlas en los destructores que custodiaban convoyes. Así, la aviación aliada recibía datos precisos sobre la posición de unos submarinos que estaban imposibilitados de cesar sus transmisiones por completo, sencillamente porque ésa era su única manera de comunicarse: todos los *U-Bootes* estaban enlazados por un sistema de radio abierto por el que Dönitz en persona solía alentar a las tripulaciones y escuchar los reclamos de sus oficiales.

Otras armas antisubmarinas incorporadas por los aliados terminaban de configurar un cuadro, más que sombrío, tenebroso. Por ejemplo los sistemas infrarrojos, que permitían la visión en medio de la noche más cerrada. El oficial de un *U-Boote* que se disponía a atacar en superficie a un carguero, Heinz Schäffer, narró con elocuencia su aparición en escena.

El joven marino –cuyo testimonio sería clave para reconstruir la Operación Ultramar Sur– recordó que el submarino se aproximó sigilosamente al carguero al atardecer, y que cuando el comandante se aprestaba a ordenar el lanzamiento de los dos torpedos de rigor, un destructor apareció, diríase que de la nada, navegando a toda velocidad directamente hacia ellos. El comandante ordenó la inmersión inmediata, pero la esperada lluvia de cargas de profundidad no se produjo. Para el comandante y los vigías resultaba inconcebible que desde el destructor hubieran visto al submarino, a causa del bajo perfil que en todo momento había ofrecido. Los vigías le informaron que mientras se acercaba a toda velocidad, en el castillo de proa del destructor refulgía una luz roja. Pasado un tiempo razonable el comandante ordenó emerger, pero apenas lo hicieron, de nuevo se les abalanzó el destructor a toda marcha con su maldita luz roja titilando. El comandante ya no tuvo dudas: la luz roja significaba un nuevo sistema de detección en superficie. Por tercera vez, tras sumergirse y emerger de noche, fueron detectados por el destructor.

Harto, ordenó la retirada a toda velocidad. Pero en ese momento aparecieron dos hidroaviones *Sunderland*. El *U-Boote* no tenía posibilidad de sumergirse, no sólo porque los aviones zumbaban demasiado cerca, sino porque en la última salida a la superficie se había trabado un resorte de la escotilla.

Sin alternativa –es la versión de Schäffer– el comandante trepó de un salto a la torre de popa, empuñó el cañón antiaéreo y disparó al primer avión, que se encontraba a unos 1.000 metros. La andanada asustó al piloto que cometió un error fatal al virar instintivamente, con lo cual anuló la posibilidad de usar sus cañones y ametralladoras al tiempo que ofrecía su flanco al experimentado artillero que, sin hesitar, lo abatió.

El relato de Schäffer, al que su incontinencia terminaría por desenmascarar como un fabulador capaz de superar al mismo barón de Munchaüssen –que emergía y se elevaba sobre las aguas tirándose los cabellos– parece inverosímil, ya que no explica cómo logró localizar al avión en medio de la noche; más aún, aseguró que al derribar al primer atacante el segundo avión ya se había lanzado en picada sobre ellos, pero logró acertarle a un motor, que se habría incendiado, obligándolo a la huida. Sin embargo, como se verá, el relato contiene un fondo de verdad y un homenaje hacia aquel intrépido comandante, al que jamás identificó.

Mientras dejaba fuera de combate a los dos *Sunderland*, el ingeniero de a bordo había logrado destrabar la escotilla, por lo que el *U-Boote* consiguió sumergirse, salir de la zona de riesgo y enfilar hacia su base –Schäffer dijo que era Brest, feudo de Lehmann-Willenbrock–. Tras echar amarras, y tal como se acostumbraba al finalizar las patrullas, el comandante se presentó ante el jefe de la flota de lobos grises para informarle verbalmente las novedades. De esta manera el BdU se mantenía en permanente contacto con el frente. Cada comandante podía exponer su punto de vista, proponer mejoras, ahorrando papelerío y burocracia. En aquella ocasión el comandante no salió conforme de la reunión, pues su superior permaneció indiferente cuando le narró la extraña presencia de la luz roja.

Había otra razón por la que los *U-Bootes* no llegaban siquiera a informar que estaban siendo atacados: la instalación de los poderosos reflectores *Leigh* en los aviones de la RAF. Hasta entonces los pilotos no podían localizar a los lobos grises cuando navegaban en superficie durante la noche. Dotados de estos reflectores, una vez que recibían las coordenadas, encerraban a los submarinos en un poderoso haz de luz desde 1.500 metros de distancia. La combinación de la información proporcionada por los equipos *Huff-Duff*, sistemas infrarrojos, reflectores y el hecho de que los británicos duplicaran la autonomía de sus cazabombarderos y los dotaran de nuevas y mejores cargas de profundidad y cohetes aire-mar, convirtió al Golfo de Vizcaya en un lugar tan letal para los *U-Bootes* que Dönitz se vio forzado a suspender todas las misiones.

En muy poco tiempo el golfo se había convertido en "el feliz coto de caza de la RAF". Y aun sin una acabada comprensión de lo que sucedía, el intuitivo Dönitz advirtió a Raeder que, a menos que pudiera contar con submarinos de nueva generación, pronto la táctica de manadas de lobos sería obsoleta.

Sed de auténticos submarinos

En verdad los *U-Bootes* alemanes, al igual que los de sus enemigos y los japoneses, no eran verdaderos submarinos sino sumergibles. Incluso los de la clase IX sólo podían navegar bajo el mar y a toda máquina un máximo de seis horas. Luego debían emerger para recargar las baterías que alimentaban sus motores eléctricos. Dönitz necesitaba imperiosamente auténticos submarinos: naves que se desplazaran rápidamente bajo el agua, que pudieran permanecer sumergidas varios días y atacar desde las profundidades.

Naves así habían sido diseñadas en la preguerra por el profesor Helmut Walter, que se había propuesto reemplazar el sistema dual de motores –un motor *diesel* para navegar en superficie y otro eléctrico para desplazarse en inmersión– por un solo motor alimentado con peróxido de hidrógeno ($H2O2$) que al contener oxígeno hacía innecesario el aporte del aire para su combustión. En 1930 un prototipo había alcanzado la increíble velocidad submarina de 30 nudos, cuatro veces más veloz que los sumergibles convencionales de la época. Con un motor de ese tipo –sostenía Walter– los grandes *U-Bootes* lograrían navegar sumergidos a 24 nudos. Dönitz respaldaba el proyecto, pero en el mejor de los casos debería esperar un año para obtener un submarino semejante, y más hasta acondicionarlo para el combate. Para acelerar los tiempos estrechaba relaciones con el poderoso ministro Speer. Gracias a ello, y mientras las condiciones de la guerra marítima cambiaban con rapidez y la eficacia de los *U-Bootes* disminuía proporcionalmente, consiguió su ansiado objetivo de disponer de una flota de 300 submarinos.

Una cacería de tres días

Alcanzó la cifra mágica en la primavera de 1942 cuando los astilleros alemanes, acicateados por Speer, comenzaron a entregar treinta unidades por mes. Esa frecuencia permitió a Dönitz destinar diez a la tarea de interceptar convoyes en el Ártico, la ruta más segura de los aliados. La guerra en esa zona registró altibajos. El punto más alto de eficacia de los *U-Bootes* se produjo precisamente durante esa primavera, cuando los quince submarinos que componían la manada "Violeta" detectaron cerca de Terranova un enorme convoy que había zarpado de Nueva York. Lo integraban 42 buques mercantes, pero en relación a su tamaño llevaba una custodia débil, provista por la marina canadiense. La cacería se inició en la medianoche del 31 de octubre, duró tres días y permitió cobrar quince piezas –81.000 toneladas–, con un costo de tres submarinos.

El fin del año impuso la necesidad de un balance: los lobos grises habían hundido 1.160 buques y perdido 87 submarinos. Pero aunque el daño a los aliados sumara cerca de 8 millones de toneladas, los enemigos botaron en su reemplazo buques por 7 millones. El BdU reemplazó rápidamente los *U-Bootes* perdidos, pues la productividad no paraba de mejorar. Así, si al comenzar 1942 contaba con sólo 91 submarinos operativos, al terminar el año disponía de 212. Sin embargo el nuevo año se inició con sabor agridulce ya que la inteligencia alemana no había previsto el desembarco masivo de los aliados en el norte de África. La Operación Antorcha se había iniciado sorpresivamente el 8 de noviembre, y los pocos submarinos alemanes en el Mediterráneo nada pudieron hacer para impedirla.

Tareas humanitarias

A pesar del intenso ritmo de producción alcanzado en 1942 los *U-Bootes* nunca serían suficientes para estrangular el tráfico naval entre Norteamérica y Gran Bretaña. No sólo por la obligación de mantener fuerzas destacadas en el Mediterráneo sino porque Dönitz también debía cubrir las necesidades de la guerra en el Atlántico Sur.

Los cargueros aliados procedentes del Índico, la costa oriental de África y Sudamérica conformaban convoyes frente a las costas de Liberia y de Sierra Leona antes de enfilar hacia Gran Bretaña. Y allí mismo solían atacarlos manadas de lobos grises, dispuestos al menos a diezmarlos.

El U-156 al mando del capitán de corbeta Werner Hartenstein, que patrullaba las aguas cercanas a la costa africana, avistó el 12 de septiembre de 1942 un buque de pasajeros de 20.000 toneladas que evidentemente había sido reconvertido como transporte de tropas. El *Laconia* estaba artillado con ocho cañones y navegaba hacia el norte, insólitamente sin compañía, a 800 kilómetros de la costa, distancia que le imposibilitaba contar con auxilio aéreo. Atacarlo no ofrecía el menor riesgo, de manera que Hartenstein decidió mandarlo al fondo del mar. La escena que se desarrolló a continuación fue dantesca: centenares de personas se debatían en el agua mientras eran atacadas por tiburones y barracudas de hasta un metro y medio de largo. Hartenstein quedó estupefacto al escuchar voces de niños y mujeres, y que algunos náufragos clamaban "¡Aiuto!". Porque entre los casi 3.000 tripulantes del *Laconia* había 1.800 prisioneros italianos y 80 civiles, mujeres y niños en su mayoría, familiares de mecánicos británicos que regresaban a casa. Como iban en las bodegas, el *U-Boote* no los había advertido. Harstenstein se comportó como un auténtico caballero del mar. Ordenó recoger a los sobrevivientes, pero como no daba abasto envió un mensaje de ayuda a otros *U-Bootes* que navegaban en la zona.

Con 263 sobrevivientes sobre la cubierta de su nave Hartenstein radió un mensaje abierto en el que informaba que no atacaría ningún buque que participara del salvamento, siempre que no agredieran a su nave. Dönitz respaldó la actitud de Hartenstein frente a los almirantes del OKM, que impulsados por Hitler insistían en que debía abandonar a los náufragos y retirarse a toda máquina. El U-506 y el U-507 se sumaron a la tarea. Otros lobos grises hubieran acudido al rescate pero Hitler lo prohibió.

Dos días después del hundimiento del *Laconia* sucedió algo inesperado. Un bombardero *Liberator* de la *US Air Force* pasó en vuelo rasante sobre el repleto U-156 y los varios botes de salvamento que arrastraba, atestados de náufragos. Media hora más tarde el mismo avión u otro similar enfiló hacia el submarino, que por orden de Hartenstein enarbolaba una bandera blanca con la cruz roja. Tanto tripulantes como náufragos esperaban que arrojara medicamentos y comida, pero el avión les lanzó una tanda de explosivos que hundió uno de los botes y averió al submarino.

Indignado, Hartenstein ordenó sumergirse, condenando a los sobrevivientes que permanecían en cubierta. Cuando el U-156 desapareció bajo las aguas, dos centenares de náufragos quedaron abandonados a la suerte, en el mejor de los casos aferrados con una mano a alguno de los tres botes restantes.

Los otros dos *U-Bootes* permanecieron en la zona, con la decisión de preservar las vidas de los supervivientes que remolcaban. El gobierno francés de Vichy prometió enviar buques de rescate desde Dakar, pero los comandantes de los submarinos no tenían certeza de cuándo llegarían. Lo hicieron el 17 de septiembre, cinco días después del hundimiento: de los 2.732 pasajeros que viajaban en el *Laconia* fueron rescatados 1.111, contando 20 encontrados casi un mes más tarde a bordo de dos botes salvavidas.

Dönitz decidió que sus submarinos no volverían a atravesar una situación tan comprometida. En el futuro, ordenó, "no se efectuará intento de ninguna clase por salvar a las tripulaciones de los buques hundidos. Su rescate va contra las exigencias primarias de la guerra. (...) Sed duros, no olvidéis que el enemigo no tiene ninguna consideración hacia las mujeres y los niños en sus bombardeos contra las ciudades alemanas". Si bien sobrevivió a esta patrulla, el U-156 fue hundido con Hartenstein y sus otros 52 tripulantes el 8 de marzo de 1943, cuando navegaba entre Barbados y la costa de Brasil.

En esos días el gobierno británico comenzaba a enterarse en detalle del exterminio que sufrían los judíos polacos. Fue en octubre de 1942 y por boca de Jan Karski, representante de la resistencia polaca financiada por Londres. Karski describió minuciosamente ante miembros del gabinete de Churchill lo que ocurría en el *ghetto* de Varsovia y en el campo de extermino de Belzec, y les rogó que lo denunciaran *urbi et orbe* para frenar el genocidio. Pero el gobierno británico no hizo nada.

Entonces viajó a los Estados Unidos donde se entrevistó con el presidente Roosevelt, con un cardenal, un arzobispo, un juez de la Corte Suprema, el director del *Herald Tribune* y el presidente del Consejo Mundial Judío, siempre con los mismos, nulos resultados. Todos sus interlocutores clamarían al término de la guerra ignorar el exterminio. "Se sabía, se sabía todo. Otros mensajeros ya lo habían dicho: lo sabían los servicios de inteligencia, los diplomáticos. El exterminio no era un secreto", diría con amargura Karski, convertido en incómodo testigo de cargo.

Ametrallar

El incidente del *Laconia* determinó que Hitler y Dönitz acordaran que no sólo debían hundir a los buques mercantes aliados; también tendría que ser eliminada su tripulación. Sus motivos eran claros: por mucho que los lobos grises se esforzaran, los hundimientos aliados nunca equipararían la capacidad de los astilleros estadounidenses. Era imprescindible garantizar al menos que los nuevos barcos no contaran con tripulantes experimentados. De este acuerdo a la orden secreta de ametrallar a los náufragos en el agua o en los botes de salvamento había un solo paso y, según declaró el detenido capitán de corbeta Karl Heinz Mohle, ese paso se dio, aunque en términos cuidadosamente ambiguos, pues no pocos comandantes se oponían visceralmente a practicarlo.

El único comandante que acató decididamente el mandato fue el capitán Heinz-Wilhelm Eck, quien ordenó ametrallar a los sobrevivientes del carguero griego *Peleus*. Eck fue capturado luego de que su U-852 resultara gravemente dañado por el ataque de una escuadrilla británica el 3 de mayo de 1944 frente a las costas de Somalia. Cuando fue juzgado aseguró disciplinadamente que la iniciativa de matar a los marineros griegos había sido suya. Eck y dos de sus oficiales fueron los únicos miembros de los lobos grises ejecutados al finalizar la guerra. A pesar de esta exculpación, dicha orden fue uno de los cargos por los cuales Dönitz sería condenado en Nuremberg.

Hitler ordena desguazar la flota

El último día de 1942 Hitler sufrió un ataque de cólera cuando le informaron que el acorazado de bolsillo *Lützow* y el crucero pesado

Hipper habían dejado escapar indemne a un convoy aliado frente a las costas de Noruega. Tal como había acontecido durante la Primera Guerra y como era de prever, desde el victorioso *raid* del *Graf Spee* por el Atlántico Sur, la flota alemana de superficie había sido incapaz de representar un peligro importante para los aliados anglosajones. El *Führer* estaba tan indignado por la ineficacia de los grandes navíos que ordenó su desguace, y que sus armas se instalaran en Francia, en baterías costeras que las tripulaciones debían construir de inmediato a modo de castigo. Hitler llamó a esa operación *Regenbogen* –Arco Iris–, que en el nomenclador de la *Kriegsmarine* era el nombre clave de la destrucción de las propias naves. Incapaz de poner en práctica semejante disposición, un castigo feroz para sus hombres, el almirante Raeder dimitió. Hitler nombró en su reemplazo a Dönitz.

Ungido gran almirante, Dönitz retuvo el mando directo del BdU, al frente del cual designó al contralmirante Hans Georg von Friedeburg. Para garantizar que se construyeran más y mejores submarinos Dönitz se aplicó a granjearse la confianza de Hitler, tarea que le resultó grata ya que, como admitió en el juicio de Nuremberg, admiraba la "alta inteligencia y gran energía" del *Führer*.

Integrado al círculo íntimo de Hitler, el gran almirante se las ingenió para reservarse la última palabra en los asuntos que concernían a la *Kriegsmarine* e incluso persuadió al *Führer* de que dejara sin efecto la orden de desguazar las grandes unidades de la flota de superficie, con el sólido argumento de que la tarea insumiría grandes esfuerzos y tiempo. Era mucho más práctico, si quería proteger ese territorio francés, amarrar cruceros y acorazados a la costa francesa. También materializó su principal objetivo: que Hitler ampliara y diera prioridad al plan de construcción de los nuevos submarinos del tipo *Walter*. A instancias suyas, Hitler ordenó que la construcción de submarinos fuera supervisada directamente por Speer, quien ya había conseguido que los astilleros botasen un submarino al día, treinta al mes.

Pero por más que los astilleros se esforzaran jamás sobrarían los *U-Bootes*, porque la destrucción de lobos grises se había convertido en objetivo prioritario para los aliados. Así se decidió en la cumbre de Casablanca, celebrada en enero de 1943. La campaña antilicantrópica se inició con un bombardeo masivo sobre las bases del Golfo de Vizcaya. Sin embargo, los techos y paredes de concreto de siete metros de espesor de los *bunkers* resistieron el alud de bombas sin sufrir mayores daños. Tras este fracaso los aliados se abocaron a estudiar maneras eficaces de exterminarlos a los lobos en alta mar.

Pericia individual

Cuando el frío invernal comenzó a ceder, en febrero de 1943, Dönitz comandaba una flota de aproximadamente 400 submarinos, la mitad operativos. El gran almirante asignó 164 al Atlántico, con resultados inmediatos: al finalizar el mes habían hundido 63 buques, casi 360.000 toneladas.

La moral de la flota de lobos grises se elevó, además, por la hazaña del U-402. Al mando del barón Siegfrid von Forstner, discípulo dilecto del encarcelado Otto Kretschmer, este *U-Boote* se infiltró como un zorro entre las gallinas en un importante convoy estadounidense que debía abastecer al Ejército Rojo. En medio de una dura lucha entre la escolta y otros submarinos que la distraían, el U-402 hundió siete cargueros durante esa sola jornada.

Durante cinco días de marzo se desarrolló la mayor batalla en la que participarían lobos grises. Nada menos que 42 submarinos acometieron dos convoyes que navegaban en paralelo, conformados por más de cien cargueros y escoltas. También en esta ocasión hubo un héroe individual, el capitán Manfred Kinzel, que dirigía el U-338. Tanto Kinzel –piloto cedido por la *Luftwaffe*– como el *U-Boote* y su tripulación eran debutantes absolutos, pues el BdU comenzaba a experimentar una notoria carestía de tripulantes con experiencia. Los novatos del U-338 se deslizaron hasta el centro mismo de uno de los convoyes, desde donde hundieron cuatro cargueros en escasos diez minutos. Después, el audaz Kinzel ordenó sumergirse hasta los 195 metros –los manuales recomendaban no descender más de 100– para escapar de la nutrida andanada de cargas de profundidad que le estaban arrojando.

Para coronar su brillante desempeño, cuando navegaba en superficie rumbo a casa ostentado el mulo salvaje que Kinzel había mandado pintar en la torreta, el U-338 derribó a un bombardero *Halifax* británico que lo atacó. Durante aquella enorme cacería librada en 1.000 kilómetros cuadrados los lobos grises hundieron 21 barcos enemigos, un récord de 141.000 toneladas.

Este notorio repunte en la eficacia de los *U-Bootes* se repitió, aunque en proporciones más modestas, en otras latitudes. Así, durante los primeros veinte días de marzo Dönitz logró sobrepasar holgadamente el objetivo: los lobos grises habían hundido 96 buques por un total de medio millón de toneladas, el doble de lo que los aliados podían construir en ese lapso.

El canto del cisne

Sin embargo se trataba del canto del cisne. Alcance con decir que tanto el U-338 como el U-402 serían destruidos en septiembre y octubre de ese año por sendos torpedos acústicos *Fido* arrojados desde aviones aliados. Pronto los submarinos alemanes no podrían competir contra la superioridad tecnológica de sus enemigos: un nuevo radar de alta frecuencia volvería inservibles los detectores *Metox* recién instalados en los *U-Bootes* que, para mayor desgracia, devolvían a los radio-gonómetros aliados señales que les permitían establecer su posición. Además, gracias a la renovada capacidad de los astilleros estadounidenses, los convoyes contarían con más y mejores escoltas provistas de *Hedge-Hogs*, un arma similar a un mortero que en escasos minutos podía lanzar 24 cargas de profundidad de 15 kilos a 250 metros de distancia. Eran explosivos de nuevo diseño que sólo explotaban al chocar con un submarino o con el fondo del mar, lo que eliminaba la necesidad de calcular la profundidad de navegación de los *U-Bootes* y volvía inútiles los arriesgados descensos a altas profundidades, tal como había ejecutado Kinzel. La aplicación de estas innovaciones provocó que la travesía diurna de los lobos grises por el Golfo de Vizcaya se convirtiera en un viaje virtualmente suicida, por lo cual el BdU ordenó que únicamente se intentara si resultaba imprescindible, por la noche y en inmersión.

Como ignoraba la existencia del sistema *Huff-Duff* de intercepción radiofónica y sus enormes progresos, Dönitz creyó que la detección de sus unidades se debía a la existencia de un traidor dentro del Estado Mayor y se dedicó a buscarlo afanosamente. Al borde de la paranoia ordenó cambiar los códigos e introdujo una nueva máquina descifradora *Enigma*, de cuatro rodillos en lugar de tres.

Pero si algo resultó definitorio para el curso de la guerra en el mar fue el perfeccionamiento de la aviación, tal como lo demostraría la suerte corrida por el barón Forstner, por Kinzel y otros muchos comandantes. La mayor autonomía de los bombarderos de los aliados y la proliferación de portaaviones fue acabando rápidamente con los "huecos" en los que los convoyes carecían de protección aérea. Los cazabombarderos, que atacaban cada vez con más rapidez y precisión a los lentos lobos grises que rara vez alcanzaban a sumergirse, fueron dotados con el nuevo torpedo *Fido* capaz de perseguirlos sin desmayo durante decenas de kilómetros.

Estas innovaciones, sumadas, redujeron drásticamente la aptitud de los *U-Bootes* en el breve término de un mes: en abril, los logros de los lobos grises se redujeron a 328.000 toneladas, realidad disimulada ante las tripulaciones por la hazaña del U-515 que, al mando del capitán de corbeta Werner Henke, logró filtrarse en la lluviosa noche del 13 de abril dentro de un convoy de catorce buques mercantes custodiados por tres destructores y cinco naves de guerra menores y hundir ocho mercantes –50.000 toneladas– en menos de nueve horas.

El adiós a las manadas

Mayo fue, sin atenuantes, un mes horrendo para los lobos grises. Dönitz, a quien no se le escapaba la crisis de su plan de batalla, lo inició con un despliegue máximo en el Atlántico Norte: 64 submarinos que libraron tenaces batallas contra las cada vez más poderosas escoltas de los convoyes aliados. La acelerada decadencia de las manadas se evidenció, sin embargo, cuando tres convoyes lograron eludirlas sin sufrir baja alguna, mientras sus escoltas hundían cinco *U-Bootes*.

Durante las tres primeras semanas del mes, desde su nuevo cuartel general berlinés instalado en el Hotel *Am Steinplatz*, el BdU contabilizó 31 *U-Bootes* perdidos. A fin de mes la cifra ascendería a 41, casi tres veces más que en los meses anteriores. Dönitz no necesitó recibir tantos golpes para reaccionar. Consciente de que aun si por milagro pudiera reemplazar las unidades hundidas, sería imposible sustituir los mil hombres experimentados que en pocos días habían encontrado su última morada en carísimos ataúdes de hierro –entre ellos, su hijo Peter de 21 años–. Cuando llegó a la conclusión de que las pérdidas "habían alcanzado un nivel intolerable" y que en consecuencia "las operaciones de las manadas de lobos contra los convoyes en el Atlántico Norte ya no eran posibles", ordenó el retiro del grueso de la flota al suroeste de las Islas Azores.

Una semana más tarde, a principios de mayo, se reunió con Hitler. Para que Alemania contara con una mínima chance de ganar la guerra necesitaba más y mejores submarinos, le dijo. El *Führer* prometió elevar el ritmo de producción de 30 a 40 unidades por mes, así como que se haría el mayor de los esfuerzos para contrarrestar las ventajas tecnológicas de los aliados. Para eso requerirían la producción a gran escala de *elektrobootes*. Consultaron a Speer, quien se comprometió a entregar los primeros submarinos del nuevo tipo a partir de abril de 1944. Pero Hitler no pudo satisfacer el pedido de Dönitz de crear una aviación naval que protegiera los desplazamientos costeros de los *U-Bootes* y localizara nuevos convoyes susceptibles de ser atacados. Sencillamente, Alemania ya no tenía máquinas ni pilotos suficientes.

El GOU

La expulsión de Niebuhr fue como una explosión de nitroglicerina en el cerebro de las redes nazis en la Argentina. Para tranquilizar a un gobierno al borde de la histeria por las fuertes presiones norteamericanas, Canaris decidió sacrificar a los agentes más expuestos. Como conocía la desconfianza que suscitaba entre los camaradas nazis por sus pasadas relaciones con los británicos y temiendo ser arrestado, Walter Koënnecke delegó abruptamente sus actividades en Franckzok y se alejó de la capital. No se consideraba un espía sino un empresario exitoso. Al fin y al cabo, si había llegado a la cúspide de la organización, se decía, había sido por su parentesco con el multimillonario Ludwig Freude. Sin embargo Harnisch logró encontrarlo, y combinando presiones y amenazas en nombre del mismísimo Himmler logró que retornara a sus tareas, que Köennecke realizó bajo el alías "Rosso" casi hasta el final de la guerra.

Desde ese momento los informes económicos, militares y políticos preparados por él, Harnisch y Becker fueron para el Tercer *Reich* la principal y más confiable fuente de datos de la Argentina. La importancia de la Red Bolívar fue expresamente reconocida por Himmler, quien en junio de 1943 otorgó a Becker la Cruz de Hierro por su "servicio cablegráfico excepcional".

Prácticamente al mismo tiempo que Niebuhr era expulsado en enero de 1943, la *Gestapo* logró poner en capilla a su jefe, el almirante Canaris, y en Buenos Aires se conformó una pequeña pero muy influyente logia de oficiales del Ejército, el GOU –Grupo Obra Unificación–, cuyo principal ideólogo era el coronel Perón. Entre sus 19 miembros iniciales se encontraban el coronel Enrique P. González y el teniente coronel Urbano de la Vega, jefe del SIE –Servicio de Inteligencia del Ejército–.

Si bien se ha calificado insistentemente al GOU de nazi, quienes han estudiado su breve existencia, como Enrique Díaz Araujo y el historiador estadounidense Robert Potash, coinciden en que expresaba una mezcla de ideas extraídas de teorías geopolíticas, con una admiración profesional por los militares alemanes y un nacionalismo industrialista, suma que, en opinión de Potash, "contribuyó a que defendiera tenazmente la neutralidad argentina".

El GOU se formó explícitamente para apoyar al ministro Ramírez, principal sostén de la neutralidad, y también para desarticular el supuesto fraude electoral que el gobierno del presidente Castillo preparaba para que el candidato de la Concordancia –derecha conservadora, oligárquica y anglófila–, Robustiano Patrón Costas, ganara las próximas elecciones nacionales.

Patrón Costas era dueño de un enorme ingenio azucarero en Salta y paradigma de los señores feudales del norte argentino. Ex representante de la *Standard Oil* simpatizaba también, y fervientemente, con el régimen nazi. El candidato hacía honor a sus apellidos y gozaba del apoyo de las patronales de ambas costas: tanto de los Estados Unidos como de Gran Bretaña y Alemania. Semejante candidatura, destacaba el GOU, era "apoyada por la banca internacional, los diarios y las fuerzas extranjeras que actúan en defensa de intereses extraños a los del país". La alternativa en los comicios estaba representada por la Unión Democrática, una coalición de radicales, socialistas y comunistas que el GOU también rechazaba porque la consideraba una variante del Frente Popular impulsado por la Unión Soviética. El GOU acusaba a la Unión Democrática de pretender "reeditar el panorama rojo de España, donde las fuerzas moderadas caen, finalmente, para ser instrumentos de los comunistas".

Los primeros documentos de la logia muestran que sus miembros conservaban alguna ilusión en que el almirante Scasso y el general Pertiné conformaran una tercera opción que "diera una sorpresa". Pero pronto comprenderían que esa breva jamás maduraría. Pertiné, por entonces intendente de la ciudad de Buenos Aires, era un viejo conspirador pero hacía años que se dedicaba en cuerpo y alma a los negocios. De hecho, de la mano de Niebuhr se había convertido en el mayor representante local –algunos dicen que en calidad de testaferro, otros de socio– de los intereses económicos del Tercer *Reich*.

Abuelo de Inés –esposa del ex presidente Fernando de la Rúa–, Pertiné fue uno de los principales blancos de las denuncias de la CIAA, clausurada por los golpistas –del mismo modo que el Parlamento–, y sus miembros perseguidos. No había sido por casualidad: Pertiné era presidente, entre otras empresas de capital alemán, de las filiales de *Thyssen* –*Thyssen Lametal S.A.I.yC.*– y *Siemens* –*Siemens Schukert Compañía Platense de Electricidad*– cuyo síndico era Richard Staudt, representante de las fábricas alemanas de armas ante la comisión argentina de compras militares. Además, integraba el directorio de *Afa Tudor Warta* –donde era síndico Karl Niebuhr– y *Cardimex* –*Compañía Argentina de Importación y Exportación S.A.*–, todas señaladas en 1941 por la CIAA como fuentes de financiación de las redes de espías nazis. Por cierto, Pertiné jamás demostró la menor simpatía por Perón. Sería un acérrimo opositor de su gobierno y tras su derrocamiento formaría parte del tribunal militar que lo degradó, prohibiéndole el uso del uniforme. En cuanto a Scasso, sus enfrentamientos con el ministro de Marina, el almirante Benito Sueyro, le restaban el apoyo de la fuerza.

El GOU reunía a oficiales de distintas ideologías y concepciones políticas que Perón usó para fortalecer su proyecto político, y que dejó morir cuando ya no le resultó útil. En sus "bases", el GOU postulaba "la defensa del Ejército de los enemigos internos y externos". Entre los primeros incluían a los comunistas prosoviéticos y entre los segundos a los partidarios de los Estados Unidos, que no cejaban de presionar para que la Argentina abandonara la neutralidad. El GOU proponía en cambio "luchar en nuestro país y morir en él si es preciso, pero (sólo) en defensa de su honor y de sus intereses".

Los miembros del GOU sentían especial rechazo por la masonería y el *Rotary Club*. Acusaban a la primera de "temible organización secreta de carácter internacional", una "creación judía", "enemiga del Estado y del Ejército por antonomasia" y la definían como "una Maffia (*sic*) en grande" que encarnaba "el anticatolicismo" y "lo antiargentino por definición", responsable nada menos que de "la Revolución Francesa y la guerra civil española". En cuanto a los rotarios, el GOU afirmaba que conformaban "una verdadera red de espionaje y propaganda internacional judía al servicio de los Estados Unidos".

El redactor de estos documentos obsesivamente judeófobos fue, al parecer, el secretario de actas de la logia, el teniente primero Eduardo Arias Duval, declarado admirador de Hitler y padre de dos oficiales que descollarían durante la cruenta represión desatada en los '70 contra los opositores a la última dictadura militar.

Cuando Bolivia sucumbió a las presiones de Washington y declaró la guerra al Eje, el GOU señaló que esa medida significaba "poner su riqueza minera a disposición de los americanos del norte, los que desde ahora se transformarán en amos y señores del petróleo, hierro, estaño y plomo del Altiplano".

Ante la posibilidad de que también el presidente Castillo se doblegara, el GOU proponía que "la Argentina debe ser para los argentinos" y su política internacional debía conducirse "como a los argentinos nos convenga y no como a los intereses extranjeros se les ocurra".

¿Un primer desembarco?

El ex secretario del Instituto Iberoamericano de Berlín, doctor Haggen, afirmó ante los aliados al término de la guerra que a mediados de abril de 1943 el general Faupel viajó de incógnito a la Argentina acompañado por Sandstede en un *U-Boote* que abordaron cerca de Cádiz. Sus dichos fueron confirmados por Thermann, detenido e interrogado entre mayo y junio de 1945 por el capitán norteamericano Norbert Bogdahn. El ex embajador dijo entonces que "si Alemania hubiera ganado la guerra, la Argentina y Sudamérica habrían caído naturalmente en manos del Tercer *Reich* sin que se requirieran otros esfuerzos". En cuanto al viaje de Faupel, Thermann declaró que había sido organizado a sus espaldas por Niebuhr, y que se había enterado de su existencia cuando Faupel y Sandstede ya habían regresado a España. Según el relato de Haggen, el submarino llegó en mayo a un lugar preestablecido de la costa, donde Faupel se entrevistó con el almirante Scasso, uno de los confabulados en el inminente golpe militar que iba a ejecutarse a principios de junio.

Faupel se habría alojado en la Iglesia Evangélica Alemana de Buenos Aires, en la céntrica calle Esmeralda. El principal propósito de su viaje, dijo Haggen, había sido estudiar cómo "poner a buen recaudo parte de las fortunas del Tercer *Reich* y de los jerarcas del régimen". Entre las personas que Faupel habría entrevistado con ese propósito Haggen citó al conde von Luxburg, Ludwig Freude, Ricardo von Leute –presidente del *Banco Transatlántico*–, Enrique Volberg, los generales Carlos von der Becke y Basilio Pertiné; los coroneles Juan Domingo Perón, Federico Mittelbach y Arturo Brinkmann, y los doctores Manuel Fresco y Carlos Ibarguren. "El motivo verdadero de la visita de Faupel fue hacer de la Argentina un centro seguro para el futuro", expresó

Thermann. Añadió que según lo que había podido reconstruir, Faupel le habría dicho a Perón: "Es posible que perdamos la guerra. Y en este caso usted y sus amigos, que se han comprometido con nosotros, van a ir a parar a un tribunal penal internacional, acusados por alta traición. La única manera de evitarlo es que tomen el poder y lo mantengan cueste lo que cueste".

Según Haggen, Faupel y Sandstede se habrían embarcado cerca de Mar del Plata la noche del 8 de mayo de 1943 en el mismo submarino que los había traído, y que los dejó en la costa gaditana a fines de ese "mayo negro" en el que el BdU perdió 43 naves.

El 4 de junio un golpe militar incruento impulsado por el GOU tumbó al gobierno del presidente Castillo, hecho que daría posteriormente lugar a elucubraciones, que relacionaron el supuesto viaje de Faupel con un apoyo monetario alemán a los golpistas.

Las ambigüedades de un golpe

La guerra había acabado con el esquema exportador de granos y carnes e importador de productos industrializados de la Argentina. La imprescindible sustitución de importaciones había iniciado un incipiente proceso de industrialización. Muchos militares golpistas soñaban con el desarrollo de la industria pesada, paso previo para convertir al país en una potencia.

Tras el golpe y algunas horas de vacilación –durante las cuales juró como presidente el general Arturo Rawson– el reticente general Ramírez cedió a las presiones del GOU y asumió la Presidencia. De inmediato clausuró el Congreso, inició una purga en las Fuerzas Armadas y organizó un gabinete exclusivamente militar que incluía a los coroneles Enrique González, Emilio Ramírez, Elvio Anaya y Juan Perón.

Anaya, que había apaleado y fusilado en Santa Cruz a los peones rurales durante la huelga de 1921 –y que terminaría participando en el derrocamiento de Perón y avalando los fusilamientos de 1956– fue reemplazado meses después en el Ministerio de Justicia e Instrucción Pública por el cordobés Gustavo Martínez Zuviría, más conocido como Hugo Wast, uno de los escritores más leídos en la Argentina. Católico ultramontano y maniático judeófobo, Zuviría impuso la enseñanza obligatoria de religión católica en las escuelas públicas. Mediterráneo y absolutamente ajeno a la jerga portuaria de los inmigrantes que detestaba entrañablemente, prohibió el uso del lunfardo por lo cual títulos y versos de muchos tangos célebres debieron modificarse de manera compulsiva para que se permitiera su radio-difusión.

Como los golpistas se declaraban en su mayoría enemigos del poder británico –muchos eran abierta o solapadamente filogermanos, casi siempre desde una vertiente clerical-franquista–, el nombramiento como canciller del almirante Segundo Storni, firme partidario de los aliados, confundió a Londres y a Washington.

La situación era todavía más compleja, como lo demuestra la primera circular del GOU posterior al golpe –la número 5–, cuya redacción se atribuye a Perón. Recomendaba enfáticamente a sus miembros que para "conocer y apreciar algunos de los gravísimos hechos consumados en los gobiernos anteriores" leyeran y difundiesen las obras de Luis J. Torres –*Una de las tantas maneras de vender a la Patria, Folleto a las Fuerzas Armadas, Carta abierta al Dr. Miguel Cullaciati*–; Benjamín Villafañe –*La tragedia argentina*– y Raúl Scalabrini Ortiz –*Historia de los Ferrocarriles Argentinos*–, obras de fuertes tintes anticolonialistas y patrióticos que rezuman una vehemente sed de justicia social, lo que debió bastar a los observadores más atentos para evitar las identificaciones automáticas con el régimen franquista. Claro que, por otro lado, el nuevo gobierno libró órdenes de captura contra los legisladores que habían integrado la CIAA, al tiempo que sustraía del clausurado Congreso toda la documentación que la comisión había recopilado.

A partir del 10 de julio el GOU distribuyó cuatro circulares, donde parecen alternarse las manos de Perón, Arias Duval y otros camaradas. La segunda proclamaba que "nuestra neutralidad es el símbolo de la soberanía nacional ante las presiones foráneas y no constituye ni una adhesión ni un repudio a ninguno de los bandos en lucha". La tercera, que "todo enemigo del GOU debería ser destruido", incluso "los solapados", que "se han enrolado en la obra del GOU" con el objetivo de "poner a los generales frente a los coroneles". Por lo visto, la logia era bastante heterogénea.

Esta misma circular advertía que pronto se desencadenarían acontecimientos "que por el momento no es posible divulgar" pero "de tal naturaleza que disiparán toda sombra de duda". Por fin, el último día del mes, la circular número 10 informaba que el comunismo "ha sufrido un golpe casi mortal y su desintegración es casi completa: los principales dirigentes están detenidos y recluidos en las cárceles de territorios lejanos.

(...) Una expresión de los propios dirigentes comunistas resume la acción en la Capital: 'En diez días se nos ha destruido 25 años de trabajo'".

Eufóricos, los coordinadores del GOU afirmaban que "nuestra Patria se encuentra en un verdadero pedestal: las naciones limítrofes nos admiran y en toda forma buscan un acercamiento (...) por ello la acción del GOU traspasará las fronteras (...) nos encontramos en marcha hacia un destino grande para la Patria", porque el golpe de junio tenía como objetivo "el exterminio total y definitivo" de "los viejos militantes de la corruptela política".

¿Qué acontecimientos decisivos capaces de disipar "toda sombra de duda", esperaba el GOU? Un golpe dentro del golpe: la disputa entre bambalinas para imponer la orientación internacional y nacional del gobierno militar se había acelerado hasta alcanzar intensidad febril en septiembre, cuando el GOU decidió ejecutar un *putsch* y detener a Ramírez, si continuaba negándose a despedir a sus ministros.

Las primeras discrepancias entre el GOU y el presidente Ramírez se manifestaron en la circular que la logia emitió el 7 de agosto, donde le exigió que cumpliera "integralmente los postulados" de una "revolución paralizada" contra "los partidos políticos, aniquilando a sus jefes, caudillos y caudillejos", quienes –insistía– debían ser apartados de la función pública e investigados sin excepción. El GOU reclamaba insistentemente "la nacionalización de los servicios públicos, recuperando así el patrimonio nacional".

Por entonces Ramírez había iniciado negociaciones secretas a través de la Embajada norteamericana, para procurar que los Estados Unidos equiparan a las Fuerzas Armadas. Pero Washington respondió de manera previsible que no podía armar a un país que mantenía plenas relaciones con Alemania. Las fuertes presiones de los Estados Unidos para que la Argentina finalmente declarara la guerra al Eje pusieron en alerta roja al GOU, que decidió desplazar a Ramírez.

Entre los documentos reunidos por Potash se encuentran un borrador de la carta de renuncia que debería firmar Ramírez, redactada por el GOU; la posterior declaración del general Edelmiro Farrell; una primera redacción del decreto que nombraría vicepresidente y ministro de Guerra a Perón, y otra del decreto que impondría la ley marcial.

Sin embargo, y aunque estaba previsto que el plan del GOU para precipitar la crisis se materializara el 27 de septiembre, al llegar el día no se ejecutó. Al menos no de manera abierta: se realizó una tensa reunión con el presidente Ramírez en la Casa Rosada mientras tropas controladas por el GOU rodeaban el edificio. Después de algunas resistencias Ramírez cedió, se deshizo de sus ministros y ratificó la neutralidad. El canciller, vicealmirante Segundo Storni, último partidario de los aliados dentro del gabinete, renunció y fue reemplazado por el general Gilbert, adicto a los alemanes.

"El plan del GOU no se llevó a cabo pero tampoco se desechó. En su meta de llevar al general (Edelmiro) Farrell a la Presidencia y de dar al coronel Perón los cargos simultáneos de ministro de Guerra y vicepresidente, anticipó lo que sería realidad a partir del 14 de febrero de 1944", resumió Potash.

El ocaso de Canaris

Para entonces, y a lo largo de todo un año, las cosas habían cambiado drásticamente dentro del espionaje alemán. En enero de 1943, mientras Niebuhr se aprestaba a dejar Buenos Aires contra su voluntad, la *Gestapo* llevaba a cabo redadas que cuestionaron seriamente la posición de Canaris como jefe de la *Abwher*. Tras cuatro meses de investigaciones la *Gestapo* desarticuló un cenáculo opositor autodenominado *Solf Kreis* –Círculo del Sol–, juego de palabras que rendía tributo a su inspiradora, la viuda del último ministro de Relaciones Exteriores de la Alemania imperial, Wilhelm Solf. En sus documentos internos la *Gestapo* lo llamó "Salón Follaje" en maliciosa alusión a la casa de Elisabeth von Tradden, directora de un famoso pensionado de señoritas de Weiblingen donde el círculo solía desarrollar sus tertulias y actividades conspirativas. El Círculo del Sol era, en esencia, un grupo de aristócratas e intelectuales solidario con catedráticos, profesionales y altos funcionarios caídos en desgracia. Lo que no impedía que algunos de sus miembros actuaran como espías en favor de los aliados.

En la redada inicial, junto a ambas mujeres fueron detenidos el embajador Otto Kiep, el abogado Helmuth James Graf von Molkte y dos consejeros de Embajada. En febrero fue capturado –por avisar a otros miembros del círculo que sus líneas telefónicas estaban intervenidas, lo que era tan cierto que su aviso resultó grabado– el capitán Ludwig Ghere. Todos eran miembros de la *Abwher*. Kiep y Molkte –dirigente del opositor Círculo de Kreisau– trabajaban desde el comienzo de la guerra en su sección Exterior, mientras Ghere era un importante agente de la sección Contraespionaje.

Cuando el jefe de la estación de la *Abwher* en Ankara, Erich Vermehren –íntimo de Kiep– fue llamado a comparecer en Berlín, se fugó a El Cairo a bordo de un avión británico. De inmediato la secretaria del jefe de la *Gestapo* en la capital turca se refugió en la Embajada de los Estados Unidos. Ambas deserciones determinaron que los sabuesos de la *Gestapo* redoblaran la pesquisa. Sospechaban que el jefe de Vermehren en la *Abwher*, el capitán Paul Leverkühn, mantenía contactos con el espionaje norteamericano. Y la ausencia de Vermehren parecía confirmar sus sospechas.

En total fueron apresadas más de setenta personas. Cuando recibió la noticia, Hitler enfureció. Sin embargo Canaris aún contaba con el decisivo respaldo del mariscal Keitel. A los pocos días se presentaron juntos ante Hitler con un informe sobre la situación en el frente ruso.

El especialista de Canaris en el Frente Oriental era un general prusiano menudo y astuto, Reinhardt Gehlen, jefe de un pequeño servicio de inteligencia llamado FHO –*Fremde Heere Ost*, Departamento de los Ejércitos del Este–, dependiente de la *Abwher* y prácticamente desconocido por los servicios secretos occidentales. Con los datos aportados por el FHO, la exposición de Canaris fue realista, es decir, pesimista. Hitler lo escuchó con cólera contenida hasta que explotó. Literalmente saltó sobre el pequeño almirante, lo tomó de las solapas y cara a cara le preguntó si estaba insinuando que Alemania perdería la guerra. Canaris no perdió el aplomo: sin titubear contestó que no había dicho tal cosa, que en realidad no había emitido juicio alguno sino que se limitaba a describir la situación basándose en muchos e inequívocos informes llegados desde el frente.

El *Führer* desvió la conversación para reprocharle amargamente la huida de Vermehren. Canaris renovó sus juramentos de lealtad. Hitler se calmó. Aun así Canaris se marchó convencido de que ya no volvería a verlo. Y, también, de que la *Abwher*, la obra de su vida, estaba irremisiblemente condenada.

No se equivocaba. A mediados de febrero de 1944 Hitler firmó el decreto que unificaba los servicios de informaciones bajo el mando teórico de Himmler, pero cuyas riendas quedaban en la práctica en manos de las SS y de Kaltenbrunner. Canaris pasó a desempeñarse como jefe del nuevo Cuerpo Especial para la Guerra Comercial y Económica con oficinas en Eiche, cerca de Potsdam, desde donde se encargó, entre otras cosas, de falsificar libras esterlinas y supervisar las políticas de salvaguarda de los intereses económicos alemanes en países neutrales como Suiza, España y la Argentina.

La hora de Harnisch

El curso de la guerra y los acontecimientos que se producían en Alemania se sumaron para que la influencia de la Red Bolívar en la Casa Rosada disminuyera de manera drástica, restringiéndose casi exclusivamente al desempeño del marino Aumann, buen conocedor de los pasillos de la Casa de Gobierno. En cambio aumentó la influencia de Harnisch, uno de los financistas del golpe. Desde que se desempeñaba como ministro de Guerra de Castillo, el presidente Ramírez sabía exactamente a qué se dedicaba el supuesto industrial siderúrgico.

Mientras la Red Bolívar expresaba sobre todo a los nazis locales, Harnisch era –más allá de su buena relación con Canaris y su adscripción al SD– el representante personal de Himmler. Y nadie trata con los monos cuando puede hacerlo con el dueño del circo. Antes del golpe Harnisch había discutido con el GOU cómo mejorar las relaciones entre el Tercer *Reich* y el inminente gobierno militar, que necesitaría ayuda tangible de Alemania en forma de material bélico, técnico y humano, a fin de quebrar la hegemonía angloamericana en el hemisferio.

La Argentina se había transformado en un país de importancia decisiva para Alemania desde la declaración de guerra de Brasil en agosto de 1942, mes en que un avión militar brasileño sorprendió al petrolero argentino *Santa Cruz* reabasteciendo de combustible a un *U-Boote* mientras navegaban apareados entre Santos y Montevideo.

El presidente brasileño Getulio Vargas, creador del *Estado Novo*, pasó de simpatizar con Alemania y sostener la neutralidad nacional a declarar la guerra al Eje y enrolarse con el bando vencedor. Cuando los Estados Unidos iniciaron la enorme movilización que acompañó su entrada en guerra, su industria necesitó de gran cantidad de minerales estratégicos que Brasil comenzó a exportarle. La decisión del presidente no fue impopular: una serie de hundimientos de mercantes brasileños por submarinos alemanes e italianos provocó una enorme indignación civil que se tradujo en la destrucción y saqueo, en varios estados brasileños, de comercios de propiedad de súbditos de aquellos países.

Vargas autorizó la cesión a los Estados Unidos de varias bases militares en el noreste de Brasil a cambio de petróleo, carbón, trigo y asistencia técnica para la explotación de la siderurgia en Volta Redonda, rieles para extender la red de ferrocarriles y equipamiento para las Fuerzas Armadas, particularmente su Marina.

Ante esta "defección", el GOU se propuso lograr que la Argentina liderara un bloque de naciones hispanoamericanas –visto desde Río de Janeiro suponía un bloque hostil–, plan que coincidía casi exactamente con los postulados de la Red Bolívar.

La captura de un nazi argentino

Desairado por los Estados Unidos, temiendo una invasión desde Brasil y empujado por el GOU, Ramírez procuró respaldarse en el Tercer *Reich*. Para eso el 2 de octubre de 1942 viajó en secreto a Alemania un veterano agente de la Red Bolívar y a la vez del SIN –Servicio de Inteligencia Naval–, Osmar Hellmuth. Aunque había sido un estrecho allegado del derrocado Castillo, Hellmuth viajó como emisario personal de Ramírez.

Desde principios de 1942, señala Goñi, "el desesperado intento de comprar armas alemanas se debía al temor a un ataque directo de los Estados Unidos contra la Argentina" además de que los militares argentinos temían "un ataque indirecto a través de Brasil". Esos temores tenían fundamento, y no sólo por la permanente amenaza de los Estados Unidos de instalar bases aeronavales en Uruguay y el sur de Brasil, intento que los gobiernos de ambos países resistieron. Goñi asegura que "hasta que el revés sufrido por Alemania en Stalingrado le permitió a los Estados Unidos bajar la guardia en marzo de 1943, una comisión interdepartamental ultrasecreta en Washington elaboraba planes de contingencia para nada menos que la invasión de la Argentina".

En este contexto, ya en agosto de 1942 –cuando Brasil declaró la guerra al Eje– el agregado naval y jefe de la *Abwher*, el capitán Niebuhr, había recibido "un pedido de submarinos, aviones y cañones antiaéreos de la Armada Argentina, a cargo entonces del ferviente nacionalista Mario Fincati, quien había sucedido al 'mayor nazi' León Scasso", recuerda Goñi y añade que al ser interrogado después de la guerra, Niebuhr admitió que hubo "una buena cantidad de conversaciones serias en este sentido a mediados de 1942" porque los militares argentinos tenían muy "presente el tema de una posible guerra con Brasil".

Al regresar de su accidentado viaje, en 1945, el propio Hellmuth habría de reconocer ante sus interrogadores de Coordinación Federal sus estrechos vínculos con "varios oficiales y jefes de nuestra Marina de Guerra", un secreto a voces, ya que Hellmuth había sido cadete de la 56ª promoción de la Escuela Naval. Si bien no había logrado graduarse de guardiamarina por su deficiente desempeño en matemáticas, había seguido en contacto con ex compañeros como el contralmirante Carlos Hollmann y el capitán de navío Alicio Ogara, y se había convertido en agente del SIN. En tanto tal, funcionaba como nexo con los servicios secretos alemanes –particularmente con Harnisch– y coordinaba tareas de contraespionaje, en especial el seguimiento y vigilancia de los agentes de la OSS y del *Intelligentze Service* británico.

Como puede apreciarse no existía la menor contradicción entre la pertenencia al SIN y al aparato nazi. Tal como puntualiza Goñi, cuando fuera interrogado por sus captores norteamericanos, Schellenberg admitiría que "Aumann (al parecer, el jefe de Hellmuth) había arreglado una reunión entre Harnisch y el ministro de Marina de Castillo, contralmirante Mario Fincati, para que un espía de la *Abwher* recibiera cobertura como agente naval argentino".

La rivalidad entre el Ejército y la Marina por controlar las compras a Berlín estuvo a punto de abortar el viaje de Hellmuth. Inesperadamente el jefe de la Casa Militar, coronel Carlos Vélez –quien había sido miembro de la Comisión de Adquisiciones Militares en Alemania y acababa de ser nombrado agregado militar en Madrid–, se erigió en un fuerte rival. Si Hellmuth contaba con el apoyo del SD, Vélez –que pronto se convertiría en un acérrimo antiperonista– era respaldado por la Embajada de Alemania y por el influyente Ludwig Freude, quien para favorecer sus chances llegó al extremo de denunciar a Hellmuth ante el presidente Ramírez como doble agente del *Intelligence Service* británico. Estas reyertas reflejaban también el sordo enfrentamiento que se dirimía en Alemania entre Himmler y Ribbentrop, ante quien reportaba Freude.

Superado al menos en apariencia el contencioso, Hellmuth siguió adelante con los preparativos de su viaje. Llevaba el mandato de negociar acuerdos, particularmente para la contratación de técnicos que ayudaran a desarrollar las recién creadas Fabricaciones Militares, un complejo de seis fábricas de armas y municiones al que pronto se sumarían otras dos factorías. Los militares argentinos, explica Goñi, esperaban "recibir vía submarinos alemanes material bélico, técnico y humano". También pretendían artillería antiaérea pesada, pilotos, bencina de aviación, aviones, municiones y licencias para la fabricación de materiales bélicos. Y por encima de todo, la obtención de las fórmulas y maquinaria imprescindible para refinar combustible de alto octanaje para la aviación militar y para fabricar trotyl. Según detallaría Becker a la policía argentina cuando fue detenido hacia el final de la guerra, una de las probables vías de abastecimiento sería "un submarino alemán, a cuyo encuentro saldría un barco de la Armada Argentina para trasbordar en alta mar hombres y materiales". Para garantizar el secreto de la operación, el comandante en jefe de la Armada, almirante Benito Sueyro, se había comprometido ante Harnisch a "que el barco argentino sería tripulado exclusivamente por oficiales de probada confianza". Otro posible transporte era un petrolero del magnate griego-argentino Aristóteles Onassis bloqueado por los alemanes en un puerto noruego, para lo cual viajaría a ese país una tripulación escogida por el SIN.

A cambio de la venta de estos pertrechos, Hellmuth llevaba un mensaje claro: más allá de que las condiciones para declarar la guerra a los aliados fueran adversas, el gobierno argentino ofrecía al Tercer *Reich* todo su apoyo. Antes de partir revisó con el general Ramírez y con Harnisch la lista de pedidos. Ambos estaban preocupados por la posibilidad de que Brasil atacara a la Argentina, cuyas costas se hallaban indefensas, y la situación era cada día más peligrosa debido a la ayuda directa de los Estados Unidos a Brasil. "¿Podrían Japón y Alemania disponer de submarinos para proteger las costas de Chile y la Argentina? El presidente (Ramírez) ofrecía a cambio reprimir a los espías aliados en la Argentina", le telegrafió Harnisch a Himmler, como adelanto de lo que Hellmuth le expresaría en persona.

Hellmuth invitó a Becker y a Harnisch a una comida de despedida en su departamento de la calle Juncal, ocasión en la que los tres brindaron por el éxito de la gestión y por la expansión del *Reich* a Sudamérica. Becker confiaba en que el viaje plasmaría el anhelo de Aumann, esto es, que el intercambio de informaciones entre los servicios secretos de ambos países fuera cotidiano, tal como efectivamente habría de suceder. Una carta manuscrita del presidente Ramírez para Hitler fue omitida a último momento por razones de seguridad.

Hellmuth debía encontrarse en Bilbao con un agente del SD que lo conduciría vía terrestre ante Schellenberg, quien a su vez lo presentaría a Himmler y al propio Hitler. Por fin, con pasaporte diplomático que lo acreditaba como cónsul en Barcelona, Hellmuth se embarcó en el paquebote español *Cabo de Hornos,* que apenas zarpó sufrió un sospechoso desperfecto que debió ser reparado en Montevideo. Los ingleses ya estaban acondicionando una celda para alojar a Hellmuth en las afueras de Londres.

La perdición del viajero parece haber sido la organización *Ultra* y su sistema *Magic*, que había perforado hacía tiempo las comunicaciones de la Red Bolívar. Un resumen de los desencriptadores norteamericanos fechado en aquellos días adelantaba que "los británicos van a arrestar a Hellmuth el 30 de octubre, cuando el barco atraque en la Isla de Trinidad". En efecto, en la madrugada del 30 Hellmuth fue detenido en ese puerto caribeño por agentes británicos que doce días después lo depositaron en el campo de prisioneros 020, en las afueras de Londres. Entre los papeles que le secuestraron había anotaciones en clave con instrucciones para ubicar a sus contactos en suelo europeo. Pero el *Intelligence Service* no reveló jamás otros hallazgos más comprometedores, que sólo compartió con la OSS. Como resultado de esta misión abortada, recuerda Dujovne Ortiz, los norteamericanos "enviaron naves de guerra al Río de la Plata y sus banqueros bloquearon los fondos argentinos".

Sin embargo, los interrogatorios británicos a Hellmuth siguen vedados al público hasta hoy. Goñi sugiere que el detenido habría puesto en evidencia la participación directa de Perón en la gestión fallida. Según Goñi, el gobierno británico llegó rápidamente a un acuerdo con el argentino: "si la Argentina metía presos a los espías nazis y cortaba relaciones diplomáticas con Alemania, Inglaterra no publicaría el interrogatorio a Hellmuth y se abstendría de apoyar las sanciones económicas exigidas por Washington".

Estómago resfriado

La noticia del arresto cayó como una bomba entre los nazis residentes en la Argentina. Muy presionado por Londres, el gobierno militar buscó reacomodarse. Harnisch fue citado a la Casa Rosada donde Ramírez le leyó la nota de protesta del embajador británico que –confirmando los dichos de Freude– sostenía que en el pasado Harnisch había trabajado para el *Intelligence Service*. El presidente le advirtió con severidad que la Embajada británica le entregaría pronto una lista completa de los agentes de las redes nazis en la Argentina, y que si su nombre figuraba en el documento, como seguramente habría de suceder, se vería obligado a tomar medidas drásticas. Quebrado, Harnisch contestó que no sabía hasta qué punto la Red Bolívar estaba infiltrada por los aliados y por la policía argentina, pero que entregaría al gobierno una lista de sus miembros si Ramírez le garantizaba que, en caso de ser arrestados, gozarían de un trato considerado.

Becker se negó de plano a confeccionar y menos aún a entregar al general Ramírez semejante listado. El lunes 17 de enero esperó a Harnisch con creciente impaciencia en los amplios salones del *City Hotel*, por entonces uno de los más importantes de Buenos Aires. Como no llegaba llamó por teléfono a sus oficinas. Entonces se enteró de que había sido arrestado el día anterior por Coordinación Federal.

Según informó la policía a la prensa, entre otras cosas Harnisch portaba una boleta de suscripción al "Plan de Difusión Antijudía N° 1" por valor de un peso. Tal "revelación" evidenciaba que la policía había recibido órdenes de minimizar la importancia del detenido, pintándolo como un vulgar antisemita, casi un cretino. Lo real era que Harnisch había aceptado colaborar con sus interrogadores y hacer una extensa declaración..., noticia que produjo una ola de temor en el gobierno. Como expresa el dicho policial: hubo que darle una cachetada para que hablara, y cien para que callara.

La locuacidad de Harnisch hizo del martes 18 un día agitado. Los miembros del GOU, reunidos en el despacho del coronel Perón en la Secretaría de Trabajo y Previsión –hacía menos de un mes que había asumido como ministro de Guerra interino– debatían acaloradamente. Sobre la mesa se apilaban voluminosos legajos provistos por Coordinación Federal que informaban sobre las actividades del espionaje nazi en general, y las de Harnisch en particular. Según esos documentos Harnisch había ingresado al país en 1920; se había unido a la firma *Böcker & Cía.* en 1936 y afiliado al NSDAP en 1939. Regresó a Alemania en 1941, donde estableció contacto con la jefatura del *Abwher*. Desde entonces se desempeñaba como agente del SD en Buenos Aires, en vínculo directo con Himmler. Mientras Coordinación Federal detenía a medio centenar de agentes de los grupos "Azul" y "Verde", Perón insistía en la necesidad de aguantar la presión y mantener la neutralidad.

Además, los espías norteamericanos descubrieron la complicidad de los militares argentinos y el SD en el golpe de Estado del general nacionalista Gualberto Villarroel en Bolivia, en diciembre último. Villarroel había derrocado a otro general, Enrique Peñaranda, defensor de los negocios de los propietarios de minas de estaño y tan proaliado que había declarado la guerra al Eje, según sus detractores, tan ebrio como para ordenar que la caballería se alistara para combatir.

Durante mucho tiempo Inglaterra sostuvo calladamente la neutralidad argentina. Le resultaba funcional, pues garantizaba la provisión de suministros básicos que permitían resistir el bloqueo de los *U-Bootes*. Pero aun así la coacción estadounidense se había vuelto irresistible. El 27 de enero, bajo esa intensa presión Ramírez decidió finalmente la ruptura con el Eje. El decreto precipitó la disolución formal del GOU, conformado para apoyar a Ramírez..., en otra dirección. Luego, Perón motorizó un incruento golpe palaciego que el 14 de febrero depuso a Ramírez y encumbró al general Farrell, quien volvió a ratificar la neutralidad. La respuesta de los Estados Unidos fue fulminante. Tan pronto comprendió que los nuevos militares en el poder eran más nacionalistas que el depuesto Ramírez, apostó naves de guerra frente a Montevideo y demoró casi nueve meses, hasta el 4 de marzo de 1944, para anunciar que no reconocía al nuevo gobierno, al que calificó de fascista.

En julio ocurrieron tres hechos significativos: Hitler sobrevivió a un atentado, Canaris fue detenido y Perón alcanzó la vicepresidencia de la nación. Era el fin de una época.

Operación *Walkiria*

Hitler alternaba por entonces su residencia entre el Berghof y la Guarida del Lobo. A la reunión de los altos mandos que se realizó el 11 de julio en la Prusia Oriental asistió por primera vez el coronel Claus Schenk Graf von Stauffenberg, el hombre que dos semanas después trataría de asesinarlo.

Las conspiraciones dentro de la *Abwher* y la *Wehrmacht*, y los planes para asesinar a Hitler eran de antigua data, pero se habían ido diluyendo sistemáticamente pues los conspiradores carecían del suficiente respaldo popular. Pero la serie de triunfos militares acumulados hasta la primavera de 1941 terminó a fines de 1942 tras el desastre de Stalingrado. Entonces el coronel Henning von Tresckow, del Estado Mayor del Ejército del Centro, revivió aquellos planes.

Alto, calvo, reservado, orgulloso de la tradición prusiana, Tresckow se sentía indignado por la tristemente célebre "Ley de comisarios" que ordenaba ejecutar a todos los comisarios políticos del Ejército Rojo capturados, así como a las mujeres y niños judíos, y de las demás etnias "inferiores". Uno de los conspiradores que lo secundaba era el vehemente coronel Hans Oster, segundo de Canaris en la *Abwher*, quien consiguió reclutar al general Friedrich Olbricht, jefe de la Oficina Central del Ejército de Berlín y segundo del general Friedrich Fromm, comandante del Ejército del Interior, la reserva de la fuerza, con base en Berlín. Oster se encargaría de organizar el golpe de Estado posterior al asesinato del *Führer*.

Para llevar a cabo el atentado debían conocer los movimientos de Hitler, y en segundo término resolver cómo acercarse lo suficiente. Ambos aspectos generaban problemas porque el *Führer* alternaba sus limusinas blindadas, conducidas por el fiel mayor Kempka, y se desplazaba rodeado de su guardia de *corps* de las SS, cuyas pistolas llevaban siempre un proyectil en la recámara. Después de varios intentos de ultimar a Hitler a tiros, Tresckow decidió intentarlo con una *clam*, una mina adhesiva del tamaño de un libro fabricada por los británicos. Lograron colocarla en el avión de Hitler, pero por causas desconocidas el artefacto no estalló, por lo que los complotados debieron emprender la penosa tarea de recuperarla.

Tras este fracaso, el coronel Rudolph-Christoh Freiherr von Gersdorff, que ocupaba una posición clave en los servicios secretos del Ejército del Centro, se ofreció para hacer estallar el explosivo cerca de Hitler, inmolándose en la acción. Planteó aprovechar la celebración del "Día de los Héroes", que tendría lugar el 21 de marzo de 1943 en el patio techado de cristal del Zeughaus, el antiguo arsenal situado en la *Unter den Linden*. A cambio de su sacrificio Gersdorff sólo exigió que los complotados se comprometieran a establecer un gobierno democrático que intentase llegar a un acuerdo con los aliados anglosajones, de modo de seguir combatiendo al Ejército Rojo.

El atentado se realizaría al finalizar la ceremonia mientras el *Führer* inspeccionara, como estaba previsto, el material bélico capturado a los soviéticos. Pero Hitler, poseedor para Kershaw de "una suerte endemoniada", atravesó la exposición como una exhalación y al cabo de dos minutos se había marchado, dejando a Gersdorff y sus compañeros sumidos en la frustración.

Los conspiradores pidieron apoyo a los servicios secretos británicos en varias oportunidades pero Londres no se decidía, quizás porque recelaba de sus verdaderas intenciones. Quien mejor las había expresado era el comisario de precios Karl Goerdeler, uno de los complotados más veteranos. Ya a principios de 1942 Goerdeler había propuesto "una federación europea de Estados bajo jefatura alemana", que exceptuara a Rusia, considerada una potencia asiática. Luego de un imprescindible proceso de pacificación, dicha Federación podría conformarse "en un plazo de diez a veinte años" y su única condición era que se estableciera en Alemania "un sistema político razonable", objetivo que en opinión de Goerdeler se conseguiría restaurando la monarquía.

En cambio los conspiradores más jóvenes, reunidos en lo que la *Gestapo* llamaría el Círculo de Kreisau –en referencia a la finca de Silesia donde solían reunirse– eran mayoritariamente aristócratas de tendencia socialista y cristiana. No comulgaban con la idea de la supremacía alemana, sino que postulaban la necesidad de juzgar los crímenes de guerra y la desnazificación como requisito previo a la inserción de Alemania en una Europa federal, en el marco de una Sociedad de las Naciones más abarcadora.

Los planes de los conjurados sufrieron un rudo golpe cuando, luego de la desarticulación del Círculo del Sol, el Círculo de Kreisau fue puesto bajo la lupa de la *Gestapo*. Poco después, en abril de 1943, el general Oster fue detenido bajo la acusación de traficar divisas extranjeras.

Aunque no formaba parte de los conspiradores de la primera hora, Stauffenberg era de los más entusiastas. Luego de apoyar calurosamente la conquista de Polonia, el apuesto coronel se había horrorizado por los testimonios directos de las matanzas masivas de judíos ucranianos. Al parecer ya desde entonces, junto a una creciente aversión al racismo y la bestialidad de las SS, había llegado a la conclusión de que era imprescindible eliminar a Hitler, certeza que se robusteció luego de que en abril de 1943 sufriera graves heridas mientras combatía en el *Afrika Korps*: perdió el ojo derecho, la mano del mismo lado y dos dedos de la mano izquierda.

Stauffenberg, que llevaba un parche negro sobre la cuenca del ojo perdido, tuvo una idea brillante para ejecutar tras la eliminación de Hitler: revertir el Plan *Walkiria*, elaborado años atrás por otro conspirador, el general Olbricht, para movilizar el Ejército de reserva en caso de un levantamiento contra el régimen. Se trataba de actuar con decisión en medio del río revuelto, y él mismo se abocó a preparar el golpe. El elegido para el nuevo atentado fue el capitán Axel Freiherr von dem Bussche, poseedor de la Cruz de Hierro de Primera Clase. Dem Bussche había presenciado fusilamientos en masa de miles de judíos en

Ucrania y como Stauffenberg, odiaba a Hitler con toda su alma. La ocasión escogida fue la presentación en público de nuevos uniformes, programada para diciembre de 1943. Pero el desfile se canceló a último momento porque el tren que transportaba los atuendos fue bombardeado. Antes de que Dem Bussche tuviera una nueva oportunidad, fue herido mientras combatía en el Frente Oriental y sufrió la amputación de una pierna.

Los complotados encontraron un nuevo voluntario en el teniente coronel Rittmeister Eberhardt von Breitenbuch, ayudante del mariscal Ernst Busch, nuevo jefe del Ejército del Centro. Breitenbuch se negó a utilizar una mina *clam*. Prefería su *Brownning* 9 milímetros con la que inmediatamente después, prometió, se suicidaría. Breitenbuch acompañó al general Fromm a la reunión informativa que se celebró en el Berghof el 11 de marzo de 1944, pero imprevistamente ese día no dejaron entrar a los ayudantes.

Entonces se produjo un imponderable: Stauffenberg fue ascendido a coronel y nombrado segundo de Fromm, quien coqueteaba con los complotados pero no acababa de decidirse. Su concurso era imprescindible para poner en marcha el Plan *Walkiria* en su versión invertida, lo que desesperaba a los conjurados. Pero el ascenso permitía a Stauffenberg el acceso directo a Hitler durante las sesiones informativas a las que acudía Fromm, por lo cual él mismo podría ejecutar el atentado. Tal como estaba proyectado, el Plan *Walkiria* requería la presencia de Stauffenberg en Berlín, pero las sesiones informativas se celebraban en el Berghof o en la Guarida del Lobo, lejos de la capital.

Stauffenberg decidió entonces que no se inmolaría tras ejecutar al *Führer*, sino que regresaría de inmediato a Berlín para liderar el golpe. Pero aunque participó de dos reuniones informativas sucesivas en el Berghof, durante la primera no pudo acercarse lo suficiente al *Führer*, y en la segunda dudó porque Himmler –a quien los conjurados también deseaban eliminar– faltó imprevistamente. Luego el escenario cambió cuando Hitler regresó a la Guarida del Lobo, donde las reuniones se celebraban en un barracón. El 15 de julio Himmler volvió a faltar y Stauffenberg a dudar. Al regresar a Berlín prometió a sus compañeros que el día 20 haría un último intento. Ese día no pudo activar más que la mitad de la carga prevista porque fue interrumpido en el excusado mientras preparaba los explosivos. Pretextando problemas de audición consiguió que lo sentaran a la diestra del

Führer, dejó junto a una de las patas de la larga mesa el portafolios que contenía la bomba, y con una nueva excusa se retiró del lugar.

La explosión se produjo cuando aún no había atravesado la guardia exterior. Mató a algunos jerarcas nazis e hirió de gravedad a otros, pero Hitler –además de la ropa chamuscada– apenas sufrió heridas leves en el brazo y la pierna derechos, y rotura de tímpanos. Dos horas después recibía por última vez a Mussolini. Era evidente que la Providencia lo había salvado, le dijo, y que ya nada malo podría sucederle.

Stauffenberg pudo salir de la Guarida del Lobo y volar a Berlín gracias a su sangre fría. Aterrizó convencido de que había logrado su propósito, pero al conocer el mal resultado la Operación *Walkiria* se detuvo. La represión fue impiadosa y Stauffenberg uno más entre los cientos de víctimas. Su ejecutor fue Fromm, aterrado ante la perspectiva de que revelara sus contactos con la conspiración. Lo que no lo salvó del patíbulo.

Congelamiento de depósitos

Tan pronto Perón terminó de acomodarse en el despacho de vicepresidente, los Estados Unidos retiraron a su embajador y presionaron a Churchill hasta conseguir que también se marchara de Buenos Aires, "llamado a consultas", el embajador británico sir David Kelly. El 2 de agosto Churchill dijo en la Cámara de los Comunes que el gobierno argentino "no ha considerado correcto declararse sincera, inequívocamente y sin reservas del lado de la libertad, y ha elegido coquetear con el mal, y no sólo con el mal, sino con el bando perdedor". Los Estados Unidos suspendieron además todas las importaciones procedentes de la Argentina y congelaron sus reservas de oro depositadas en bancos norteamericanos.

Ante estas fortísimas presiones, Farrell y Perón maniobraron para salirse de la línea de fuego. Como los contactos entre militares argentinos y espías nazis eran harto evidentes, Coordinación Federal lanzó una redada masiva. El día 8 fue arrestado Köennecke –que enseguida manifestó sus deseos de colaborar– y diez días más tarde le tocó el turno a Franckzok, que se negó a hacerlo. Mientras en Francia se derrumbaba la resistencia alemana al desembarco aliado, fueron detenidos en Buenos Aires más de treinta agentes del SD. Los federales, que sabían llegar hasta los reductos nazis con los ojos vendados, incautaron 55 radio-transmisores y tres máquinas encriptadoras *Enigma* de la Orga-T, que quedó prácticamente desactivada.

Perón se dirigió personalmente a Coordinación Federal y exigió a su jefe, el mayor Oscar Contal –un hombre con buenas relaciones en la Embajada de los Estados Unidos– que en ningún caso los testimonios de los espías nazis apresados comprometieran a militares o funcionarios del gobierno. El hombre de confianza de Perón en esa dependencia era el capitán Jorge Osinde, un fascista de pura raza. Los espías detenidos recibieron precisas instrucciones de Osinde para rehacer sus declaraciones, evitando toda mención de sus contactos con el gobierno, particularmente con los coroneles González y Brinkmann y con el teniente de fragata Aumann, a quien para entonces la jefatura de la *Abwher* le había encomendado la organización de una red de espionaje en Paraguay.

Los policías de Coordinación Federal tuvieron que rescribir la historia, como si la extensa declaración de Harnisch jamás se hubiera producido. Quienes la habían tomado, el jefe de Investigaciones Lorenzo Galato y el subcomisario Mariano Uribarri, fueron apartados del caso: al primero lo obligaron a pedir el retiro y al segundo se lo trasladó compulsivamente a la sección "Archivos". Además, desde la Presidencia enviaron un emisario que se cercioró de que todas las copias de aquella comprometedora declaración fueran destruidas.

Caído en desgracia con los Freude –con quienes había competido en distintos negocios aliado a Becker, particularmente en el tráfico de armas– y también con el Ejército –que tenía presente la facilidad con que había reconocido los contactos de la Red Bolívar ante funcionarios del gobierno, y su marcada preferencia por la Armada– Harnisch estaba acabado.

Farrell y Perón fueron afortunados durante esa delicada situación. En noviembre, el anciano secretario de Estado norteamericano Cordell Hull, que los calificaba de nazis, renunció, y en su lugar fue designado el hasta entonces coordinador de Asuntos Latinoamericanos, Nelson Rockefeller, quien había tomado debida nota de la creciente popularidad de Perón y, como éste, era un pragmático.

Rockefeller y Perón acordaron en arduas negociaciones secretas el reconocimiento diplomático del gobierno argentino y su aceptación por las Naciones Unidas, a cambio de la declaración de guerra y el saneamiento de las propiedades alemanas. Por fin, la mañana del 26 de marzo de 1945, cuando faltaba poco más de un mes para que terminara la guerra en Europa, Farrell y Perón hicieron público en rueda de prensa el decreto 69/45 por el cual la Argentina rompía relaciones con Japón y, sólo por carácter transitivo y subsidiariamente, con su aliado alemán. El decreto dispuso –en una poco velada alusión a las presiones del bloque panamericano conformado por los Estados Unidos en Río de Janeiro– que "a fin de identificar la política de la Nación con el común de las demás repúblicas americanas" declaraba "el estado de guerra entre la República Argentina, por una parte, y el imperio de Japón por la otra". Recién en el punto 3 añadía: "Declárase igualmente el estado de guerra entre la República Argentina y Alemania, atento al carácter de esta última de aliada del Japón".

El Tercer *Reich* se hundía pero Perón lucía una sonrisa gardeliana. Indignado, el almirante Sueyro renunció a su cargo como interventor del Poder Ejecutivo en la provincia de Córdoba.

Diplomacia secreta y traspaso de oro

En 1947, cuando Perón era presidente constitucional y el comportamiento argentino durante la guerra había sido relegado por Washington a un segundo plano, el gobierno argentino deportó a Harnisch y a Franckzok junto a un último puñado de espías de tercera línea que no habían encontrado un nicho dentro del nuevo esquema de poder, llamados con sorna "llenadores de cuota" por los funcionarios gubernamentales.

Prisioneros en la Alemania ocupada, Harnisch y Franckzok describieron con detalle las intrigas y las relaciones entre el espionaje alemán y los militares argentinos. Por lo que se sabe, Franckzok respaldó el relato de Harnisch, es decir que Köennecke lo había convertido en el chivo emisario del caso Hellmuth, y que Coordinación Federal lo había obligado a rehacer su confesión eliminando todo rastro de las relaciones de la Red Bolívar con Perón, Brinckmann, González y Aumann. Pero, nuevamente, los relatos de ambos fueron sepultados, esta vez por el Departamento de Estado.

Afortunadamente casi todos los secretos presentan fisuras. En 1953 un juzgado de Berlín Oriental autenticó una carta, al parecer la última enviada por Ludwig Freude a Faupel. Entre otras cosas "Ludovico" informaba al embajador alemán en Madrid que acababa de solicitar al vicepresidente Perón el retiro inmediato de la delegación argentina del Comité Consultivo de Emergencia para la Defensa Política, con sede en Montevideo. Este consejo, bajo control de los aliados anglosajones, había señalado la duplicidad del gobierno militar argentino que, mientras cumplía formalmente sus compromisos internacionales, seguía protegiendo a los espías nazis. Freude escribe que había acordado con Perón "continuar de facto los negocios de la Embajada" luego de su cierre a raíz de la ruptura de relaciones. Y también que había manifestado al vicepresidente su malestar porque Ribbentrop, a través del conde Luxburg, se empeñaba en limitar "los poderes extraordinarios y la libertad de acción" que el *Führer* le habría concedido.

En previsión de que él mismo pudiera convertirse en objetivo de los embates del Departamento de Estado norteamericano, "aconsejado por Perón y a fin de ofrecer el menor blanco posible y facilitarle la defensa de nuestros intereses, he renunciado a todos mis cargos en las organizaciones alemanas, así como en empresas industriales y comerciales, y he adoptado la ciudadanía argentina. (...) Que los señores diplomáticos aliados se rompan los dientes ante ésta, mi posición, tan inconmovible como la del propio Perón", habría rematado. Perón era "extraordinariamente escéptico respecto a la posibilidad de una paz por separado entre Alemania y los aliados occidentales". Considerando que Hitler no podría lograr ese objetivo, Perón insistía en que "por lo menos en el campo de la realización de nuestra misión, el embalaje final de la guerra, debemos mantenernos siempre con una nariz de ventaja" sobre los movimientos de los aliados.

Freude habría abordado luego el objeto de su misiva: "Aquí nos da trabajo ahora el problema de los bienes alemanes en la Argentina, que tenemos que asegurar contra las pretensiones que sin duda van a tener los anglo-norteamericanos. (...) hemos acordado inventar o fraguar exigencias argentinas ante el *Reich* y, para garantizar su cumplimento, embargar todos los bienes alemanes en la Argentina. El censo que realizará el Banco Central, con la colaboración de la Cámara de Comercio Alemana, el *Banco Germánico* y el *Banco Alemán Transatlántico* deberá proporcionarnos, a mediados de enero próximo (de 1945), el cuadro estadístico que necesitamos para saber exactamente a cuánto han de ascender las exigencias de reparaciones que formularemos ante el *Reich*. Esta acción comprenderá todos los bienes alemanes que por su naturaleza, por su inversión o por su función económica, son identificables como tales y a los que es posible argentinizar de una u otra manera".

Muchos historiadores consideran que –como otras publicadas por Santander– esta carta es apócrifa y, por cierto, llama la atención el supuesto comentario de Freude sobre Ribbentrop. Pero Ricardo Laurence la considera auténtica, y al volver a publicarla destaca que, por encima del embajador alemán, Freude ejercía como representante de Hitler ante Perón. En apoyo de su hipótesis presenta el testimonio del ex jefe de la Oficina Latinoamericana del Ministerio de Relaciones Exteriores del *Reich*, Otto Reinebeck, quien confesó a los aliados en febrero de 1946 que tras la ruptura de relaciones de la Argentina, el Ministerio de Relaciones alemán no recibía de Buenos Aires otra información que la transmitida por el SD, que a su vez la obtenía exclusivamente de la Red Bolívar. Reinebeck agregó que cuando el SD informó a Berlín en agosto de 1944 que Perón había declarado ante un grupo de oficiales que no dudaba de la victoria final de Alemania, "para nosotros, en la Cancillería, se desvaneció la última duda: el SD (es decir la Red Bolívar, su rama local) había caído completamente bajo el control del gobierno argentino".

El encargado de la política nazi para Latinoamérica también declaró que "escuchamos más tarde de planes del SD para desembarcar equipos técnicos y bienes en la Argentina por vía submarina" y que "al solicitar información al respecto, el SD nos aseguró que el éxito de esta operación estaba garantizado por círculos oficiales argentinos". Reinebeck había dejado de trabajar en la Cancillería del *Reich* a fines de 1944, por lo que el submarino del que oyó hablar probablemente sea el mismo que mencionó el espía germano-argentino Ernest Hoppe, arrestado por los ingleses en Gibraltar en septiembre de 1943 cuando se dirigía a la Argentina para cumplir tareas relacionadas con ese desembarco.

Según información obtenida por Goñi, aquel submarino debía transportar cuarenta misteriosos cajones, un aparato transmisor de radio, un aparato microfotográfico *Mipu* y dos pasajeros, uno de ellos experto en transmisiones. Probablemente debería llevar de regreso a Alemania —en vista del ingente contrabando que se llevaba a cabo por todos los medios–, platino, mica, diamantes industriales, insulina cristalizada y rarezas como extracto de hígado de tiburón, que se utilizaba para mejorar la vista de los pilotos.

Hoppe fue conducido al mismo campo de concentración de las afueras de Londres al que poco después llegaría Hellmuth. Sus interrogadores lograron determinar que el desembarco del submarino estaba previsto para la noche del 21 de febrero de 1944 en un punto de la carretera que une Mar del Plata con Miramar, cerca de la estancia

"El Rancho", propiedad de un tal Emilio Fuchs. El lugar comenzó a ser vigilado por el FBI a partir de diciembre de 1943.

Si bien no es posible demostrar que el general Faupel haya desembarcado clandestinamente en la Argentina en abril de 1943, está acreditado que se discutió la posibilidad de realizar otro viaje clandestino en *U-Boote* durante ese mismo año. Desde agosto de 1943 y por espacio de varios meses el mayor Elías Belmonte, agregado militar boliviano y agente del SD, intentó viajar a la Argentina en submarino para trasladarse luego a su país y participar, con apoyo de militares argentinos, del golpe de Estado que comandaría el general Villarroel. Así lo reconoció Reinebeck, quien había intercambiado varias notas sobre el tema con el jefe del SD, Schellenberg, documentos que tras la rendición de Alemania cayeron en manos de sus aliados. A los interrogadores les constaba que el ministro Ribbentrop había aprobado el viaje de Belmonte, e incluso que Becker había reunido en Buenos Aires el dinero suficiente como para financiar un viaje que, por alguna razón, jamás se concretó.

Con todo, la presencia casi rutinaria en aguas argentinas de submarinos no identificados durante los años 1941 y 1942 está perfectamente documentada. El 7 de marzo de 1942, por ejemplo, el jefe de la Tercera División de Torpederos, capitán de navío Ricardo López Campo, envió a su superior, el jefe de la Escuadrilla de Torpederos, un parte sobre un avistamiento, ampliatorio de otros dos cursados a las 18.50 y 18.55 de la víspera. "Comunico al Sr. Jefe que el mismo día a 17.30 hs, en circunstancias que la División se dirigía en demanda de la entrada del Golfo Nuevo y el segundo grupo venía a incorporarse a la formación, se recibió el siguiente despacho del Torpedero *San Juan*, retransmitido por el *Misiones*: 'Habiéndose visto una estela y escarceos en la superficie se cubrió la estación hidrofónica detectándose por la aleta de babor una embarcación sumergida a unos dos mil metros. Posición: 42° 55' y 64° 01'...'".

El 25 de marzo, el almirante Benito Sueyro reenvió aquella nota al ministro Fincati, junto con otra suya en la que expresa: "No es la primera vez que partes de esa naturaleza han sido recibidos por el Comando en Jefe, todos referidos a la misma zona, pero en épocas distintas. Mientras tanto, cuesta a este Comando en Jefe aceptar la certeza de los hechos tal cual han sido informados no obstante que, en algunos casos la información ha sido provista por Jefes que tienen el convencimiento absoluto de haber visto el periscopio a distancia de 500 metros. Ante acontecimientos de esta naturaleza este Comando en Jefe dispondrá, salvo orden en contrario de V.E. que en casos semejantes de proximidad de supuestos submarinos, éstos sean atacados con bombas de profundidad efectivas".

Por lo visto Fincati no hizo objeciones y Sueyro impartió esa orden, pues el 13 de abril el vicealmirante José Guisasola, jefe de la Flota de Mar, envió una nota al canciller Ruiz Guiñazú en la que solicitaba que se comunicara a los "gobiernos extranjeros que todo submarino en inmersión será atacado". Consecuentemente, una comunicación interna a la flota de submarinos ordenó horas después que los sumergibles argentinos debían navegar escoltados por naves de superficie "a fin de evitar ataques por confusión".

Aun desconociendo estos documentos, el estadounidense Harry Cooper, director del grupo *Sharkhunter International*, aseguró que entre 1944 y 1945 varios *U-Bootes* cruzaron el Atlántico hacia la Argentina. Entrevistado por la corresponsalía de la agencia EFE en Washington, Cooper recordó la Operación *Feuerland* –Tierra del Fuego– puesta en marcha por jerarcas del Tercer *Reich* hacia fines de la guerra "para trasladar sus fortunas a la Argentina". Aludía a lo revelado previamente por distintos investigadores, como el húngaro-estadounidense Ladislao Farago, un ex agente de inteligencia de la OSS y periodista del *Sunday Chronicle* que adquirió fama mundial como escritor. En *Aftermath, Martin Bormann and the Fourth Reich* publicado en 1974, Farago investigó una serie de viajes en *U-Bootes* que, partiendo de Cádiz, habrían navegado hasta bases secretas de la costa argentina con intervalos de seis a ocho meses.

También Infield en *Skorzeny, jefe de los comandos de Hitler* afirma que a fines de 1943 Bormann reunió los valores –oro, plata y joyas– arrebatados a los judíos y otros prisioneros confinados en los *lager* depositados en el *Reichsbank* de Berlín, y que con la ayuda de su colaborador Hummel y del coronel Otto Skorzeny envió ese tesoro a la Argentina a bordo de dos o tres submarinos. Coincidentemente Cooper puntualiza que el FBI estima que submarinos alemanes transportaron a la Argentina lingotes de oro por valor de 100 millones de dólares de la época, e incluso que al Buró le consta que uno de los jerarcas nazis que envió su fortuna personal a la Argentina en submarino fue el mariscal Göring. Con todo, admite Cooper, los documentos desclasificados por el Departamento de Estado indican que una fortuna muchísimo mayor llegó a la Argentina a través de valijas diplomáticas, particularmente las remitidas a la Embajada de España.

Misiones especiales

Desde que Brasil comenzó a participar activamente en la guerra, los vuelos regulares entre Alemania y Sudamérica se interrumpieron y, salvo contadas excepciones, la flota de superficie de la *Kriegsmarine* se encontraba limitada a pequeñas excursiones por los alrededores de sus bases. Por lo tanto, más allá de algún velero, los *U-Bootes* eran el único medio capaz de encargarse del tráfico indispensable. Y por cierto no cabe duda de que trajinaron oro, divisas y otras mercancías estratégicas por los mares del sur.

Cuando a fines de 1943 hundió en aguas caribeñas al petrolero norteamericano *Chapultepec*, Dönitz volvió a asignar al U-530 –un submarino de la clase IX-C/40 que protagonizaría la Operación Ultramar Sur– operaciones especiales. Botado en los astilleros *Deutsche Werft* de Hamburgo el 28 de julio de 1942, el U-530 tenía 76,8 metros de eslora y 6,9 metros de manga; desplazaba en superficie 1.144 metros cúbicos, y 1.257 en inmersión. Superaba los 18 nudos en superficie, y alcanzaba los 7 en inmersión. Llevaba un cañón de 10,5 centímetros y 4,7 metros de largo –que a partir de 1944 sería retirado de todos los *U-Bootes*–; un cañón antiaéreo de 3,7 centímetros y una –más tarde se le instalaría otra– ametralladora de 20 milímetros. También tenía 6 tubos lanzatorpedos –4 a proa y 2 a popa– y podía transportar hasta 23 torpedos.

Además del *Chapultepec*, en marzo y abril de ese mismo año el U-530 había hundido en el Atlántico al mercante sueco *Milos* y rematado al petrolero estadounidense *Sunoil*, averiado por otro lobo gris. Desde el inicio de la guerra, el comandante del U-530 era el veterano capitán de navío Kurt Lange, de 39 años, que venía de la marina mercante. Era muy popular entre la tripulación, pues a diferencia de otros jóvenes e intrépidos comandantes estaba decidido a hacer lo imposible para que sus hombres regresaran a casa. Dönitz, que conocía su carácter, solía confiarle solitarias misiones de avanzada –para detectar convoyes– o bien secretas. Tras aquellos hundimientos, el U-530 fue convertido en buque tanque auxiliar. Después, junto al U-488, una auténtica y enorme "vaca lechera", marchó al Atlántico para reabastecer a las manadas que actuaban frente a la costa liberiana.

El U-488 al mando de Bruno Studt era, de hecho, la última "vaca lechera" en servicio. La penúltima, el U-490, había sido hundida el 11 de junio mientras realizaba su primera patrulla en el Índico. Las "vacas lecheras" estaban a punto de extinguirse, pues se habían convertido en el bocado preferido de los aliados. Precisamente por esa escasez el U-530 fue reformado como nodriza. Casi todo el espacio entre sus dos cascos servía para almacenar combustible.

Era el anochecer del 23 de junio de 1944. Studt debía reabastecer a un ignoto submarino en las proximidades de las Islas de Cabo Verde, una poco poblada colonia portuguesa próxima a Senegal. Y a Lange se le había encomendado que, algo más al sur y hacia Freetown, traspasara a un submarino japonés nuevas armas y equipos, y técnicos capaces de accionarlos y enseñar su funcionamiento. A su vez recibiría del sumergible nipón un cargamento de oro y materiales estratégicos.

Ese mismo día, todavía más al sur, el U-861 torpedeó y hundió al *William Gaston*, una nave estadounidense de más de 7.100 toneladas que transportaba tropas y pertrechos. El U-861 –del tipo IX-D, unos diez metros más largo que los demás de su clase– navegaba al mando del capitán Jürgen Osten, que consumó una limpia faena tras advertir a la tripulación del *William Gaston* que se hiciera a la mar en los botes salvavidas, gracias a lo cual no hubo víctimas.

Desde su salida de Buenos Aires y durante varios días el *William Gaston* fue escoltado por el pequeño *Besugo*, de bandera argentina y 200 toneladas, despachado por la empresa *Cardimex* del general Pertiné. Tras la guerra, el jefe de artilleros del *William Gaston*, teniente coronel Harold Mc Cormack, investigó el hundimiento e incluso se entrevistó con Osten, quien negó que desde el *Besugo* hubieran señalado su posición. Osten insistió en que el encuentro fue fortuito, cuando su *U-Boote* transportaba un cargamento secreto para las tropas japonesas que ocupaban Malasia.

En los mensajes cifrados que recibía el capitán Lange, el navío japonés con el que debía encontrarse era denominado *Tanne*, es decir abeto, un árbol que llega a superar los 50 metros de altura. Lo habían bautizado así porque se trataba de un gigantesco submarino del tipo C de 107 metros de eslora, que desplazaba sumergido casi 2.600 toneladas. El diseño de los submarinos japoneses en el período de entreguerras estuvo condicionado por la convicción de que los Estados Unidos serían su próximo adversario. La estrategia general de la flota japonesa consistiría en atraer a su oponente hacia las propias costas y desangrarla durante ese trayecto desde los flancos, de modo que al llegar el momento de la batalla decisiva la flota de superficie propia fuera más potente que la enemiga. Con este razonamiento los almirantes nipones impulsaron la construcción de grandes submarinos duales, capaces de operar en solitario en las vastedades del Océano Pacífico y de servir como plataformas de suministro.

Mientras los japoneses concibieron sus submarinos esencialmente como armas de ataque contra los buques de guerra de la *US Navy* –sus mayores victorias fueron el hundimiento del *Wasp* y del *Yorktown*, dos de los seis portaaviones de la *US Navy* al comenzar la guerra–, los norteamericanos desarrollaron los propios para destruir el tráfico mercante japonés. Según estudiosos españoles, muchos de los comandantes norteamericanos de *Uboats* "demostraron un profundo desprecio por los tratados internacionales, ametrallando a los náufragos de los mercantes japoneses hundidos con las armas de cubierta". En descargo de estos comandantes debe precisarse que esas acciones no se debían a arranques individuales de sadismo ni –aunque el odio a los nipones se hubiera extendido como la peste entre la población norteamericana– de simple racismo. Se trataba más bien de "obediencia debida": tenían órdenes secretas de proceder así.

La variedad de submarinos japoneses incluía algunos gigantescos, el doble de grandes que los de la clase C –como los tres del tipo *Sen-Toku*, verdaderos portaaviones que desplazaban 5.223 toneladas en superficie y 6.560 en inmersión, concebidos para que los aviones que llevaban en sus hangares y decolaban en la proa gracias a una catapulta atacaran el canal de Panamá–, y otros enanos como los que participaron en el ataque a Pearl Harbor. Al principio de la guerra la Armada Imperial empleaba sus grandes submarinos como exploradores avanzados de la flota de superficie, pero a partir de 1943 fueron asignados al abastecimiento de las guarniciones de las islas ocupadas, desperdigadas por el vasto Pacífico.

El I-52 al mando del comandante Kameo Uno cumplía esa misión. Estaba tripulado por otros 10 oficiales y 84 suboficiales y marineros, y al acercarse a la cita con el U-530 también llevaba 14 pasajeros: 6 oficiales de la marina y 8 civiles, de los que 7 eran ingenieros y 1 intérprete.

Una cita cantada

No había forma de conseguir en el continente europeo ciertas materias primas como caucho y opio –necesario para fabricar la morfina que aliviaba el dolor de los heridos–, entre otras. Alemania comenzó a coordinar entonces operaciones especiales con Japón para proveerse mediante *U-Bootes* de las bases niponas en Penang y Singapur.

Ya habían pasado más de tres meses desde que, a mediados de marzo, el I-52 zarpara de su base de Kure. Y dos meses desde su partida de Singapur, donde en acuerdo con la *Kriegsmarine* había cargado 54 toneladas de hule crudo, 3 toneladas de quinina y 2.880 kilos de opio provenientes de las colonias surasiáticas de Japón. Transportaba además minerales estratégicos como estaño, tungsteno y molibdeno, imprescindibles para la desfalleciente siderurgia alemana. Y por último, aunque no menos importante, 2 toneladas de oro en 146 barras de casi 13,5 kilos cada una en promedio, guardadas en 49 cajas metálicas, cargamento destinado a la Embajada de Japón en Berlín.

Desde que el I-52 zarpó de Singapur y puso proa rumbo al suroeste, hacia la costa oriental de África, y a pesar de que sólo emergía de noche, su itinerario fue cuidadosamente monitoreado por el sistema *Magic*.

A Kameo Uno le habían ordenado trasbordar parte de la carga al U-530 y recibir, entre otras cosas, un radar de última generación y a sus dos operadores-instructores, necesarios para sortear a los numerosos enemigos y llegar al puerto de Lorient, en el lado francés del Golfo de Vizcaya, uno de los principales refugios de lobos grises. Pero tan difícil se había tornado la situación en el Golfo de Vizcaya que pocas horas antes del encuentro el comandante recibió la contraorden de dirigirse a Trondheim o a Bergen, en Noruega.

Los británicos ya habían capturado al U-110 y ultimado al capitán Lemp antes de que destruyera la máquina encriptadora *Enigma*. Desde que lograron descifrar los códigos, el Atlántico era un coto de caza para aviones y destructores aliados, que recibían por radio la posición precisa de los *U-Bootes*. Los lobos grises supervivientes se refugiaban en las costas mientras utilizaban como alternativa el código Púrpura de los japoneses. Obviamente, el BdU no sabía que también había sido perforado.

Sobre un enorme mapa del Atlántico en Washington DC los almirantes señalaban la ubicación de casi todos los submarinos alemanes y japoneses. Del I-52 conocían no sólo su posición sino qué y a quiénes transportaba. Ajeno a esta vigilancia, el submarino japonés cruzó el Ecuador el 4 de junio, dos días antes del "Día-D", la invasión aliada en Normandía. Llegó a la cita al anochecer del 23 de junio. El U-530 ya estaba en la zona, sumergido, y recién se comunicó con *Tanne* a las 23.15, una vez que Lange se cercioró de que no se trataba de una trampa.

Por fin, tras una breve singladura ambos submarinos emergieron casi a tiro de piedra a las 23.30. Lange ordenó lanzar un esquife de hule con tres hombres: el teniente de la *Luftwaffe* Alfred Shafer; el operador de radio Petty y dos cabos, Kurt Schultze y Rolf Behrendt, encargados de la instalación y operación del nuevo equipo de detección de radares *Naxos*. El equipo estaba embalado en una caja de madera. Los hombres pasaron rápidamente al submarino, pero a causa del oleaje la caja cayó al mar, y un marinero japonés debió arrojarse al agua para rescatarla.

Una hora y cuarto después Lange ordenó la inmersión y poner proa hacia las caribeñas Islas de Trinidad. Según el informe del primer oficial Karl Felix Schuller, minutos más tarde se escucharon por los hidrófonos seis típicas detonaciones de bombas arrojadas por la aviación, y otra correspondiente a una carga de profundidad, pero no así el ruido característico que producían los submarinos cuando eran alcanzados.

Como un papel arrugado

Mientras se producía el intercambio nocturno entre el I-52 y el U-530, a 90 kilómetros de allí el capitán de corbeta Jesse Taylor decolaba con un torpedero *Avenger* desde la pequeña pista aérea del portaaviones USS *Vogue*. La nave recibía información de un comando antisubmarinos guiado por el servicio *Ultra*, conocido en la jerga interna como "flota diez".

Taylor era el líder del Escuadrón Mixto 69 con base en el pequeño portaaviones. El escuadrón estaba integrado por 14 pilotos calificados para volar en misiones nocturnas superpuestas. Eran hombres muy jóvenes, seleccionados entre muchos por sus reflejos y capacidad para posarse en una pista flotante minúscula, inestable y mal iluminada. Los pilotos del escuadrón estaban agotados. "Habíamos estado fuera por siete semanas y se nos acababa la comida y el combustible. Era nuestra última misión antes de regresar a casa, a Norfolk", recordaría el teniente William "Flash" Gordon.

Mientras Taylor volaba hacia el lugar del encuentro furtivo, el operador del radar del *Avenger,* Ed Whitlock, escuchó sonidos muy prometedores. Había dejado caer al agua desde baja altura dos lámparas de humo y una boya sonora color púrpura. La boya sonora, una novedad tecnológica, era un radio-transmisor que amplificaba y enviaba los sonidos submarinos a una grabadora situada en la cabina del *USS Vogue*. Transmitía claramente el "glup, glup, glup" de una hélice. Mientras la información era enviada a la tripulación del *Avenger*, el avión se topó con un espectáculo sobrecogedor: el gigantesco submarino japonés se movía en plena superficie a una velocidad de entre 10 a 12 nudos, dejando a su paso una enorme estela.

Mientras el enorme I-52 intentaba sumergirse, Taylor voló en picada y en tirabuzón y arrojó a estribor del I-52 dos poderosas cargas de profundidad. Ya había virado cuando observó los delatores borbotones de espuma blanca y regresó para lanzar sobre ellos un torpedo *Fido*. El estrépito de la destrucción hizo eco en el delicado tenor de la boya sonora tres minutos después. El artillero, Andy Emmons, recordaría que sonó como "una bola de papel arrugado con la mano". Un segundo avión al mando de "Flash" Gordon lanzó otro *Fido* 45 minutos más tarde. Esta vez pasó toda una eternidad, 17 minutos, antes de que se escuchara la explosión.

Estremecido por las detonaciones y los torrentes de agua que entraban a presión por el gran agujero de su casco, en medio del aullido de las sirenas de emergencia y de la oscuridad, el I-52 debió hundirse rápidamente siguiendo una espiral, mientras los sobrevivientes al ataque morían ahogados. Eran aproximadamente las 2.30 de la madrugada del 24 de junio.

El U-530 logró escabullirse y llegar a Alemania, donde se lo asignó a la 33ª Flotilla, con base en Flensburg. Menos suerte tuvo su compañero de operaciones especiales, el U-488. No se sabe si la pesada "vaca lechera" logró reabastecer al submarino que debía auxiliar al oeste de las Islas de Cabo Verde, pero sí que esa cita, como la anterior, estaba cantada. Participaron en la emboscada los navíos estadounidenses *Frost, Barber, Huse* y *Snowden* cuyas cargas de profundidad enviaron al U-488 al fondo del mar con sus 64 tripulantes.

Parte sustancial de este relato fue publicado por *National Geographic* en octubre de 1999 bajo el título "Emboscada". Allí se consigna con exactitud el lugar donde yacen los restos del I-52: a 5.240 metros de profundidad, en latitud 15° N, longitud 40° O, es decir, a 1.800 kilómetros de Barbados y a 870 millas náuticas de las Islas de Cabo Verde que, al igual que las Canarias, era uno de los puntos habituales donde los *U-Bootes* mamaban de las "vacas lecheras".[31]

Contra la extendida creencia de muchos historiadores, el apareamiento del I-52 y el U-530 comprueba que no era excepcional que los sumergibles japoneses y alemanes transportaran políticos, militares, especialistas en armamento sofisticado, sistemas críticos para el desarrollo de los acontecimientos bélicos, oro y otros metales estratégicos. Por cierto, *National Geographic* valuó el cargamento de oro trasbordado al U-530 en más de 15 millones de dólares actuales. Nuestro cálculo es más generoso: 2.000 kilos de oro equivalían entonces a 20 millones, aproximadamente unos 50 millones de dólares actuales.

En retirada

El 23 de julio, tres días después del atentado contra Hitler, Canaris fue detenido por la *Gestapo*. La policía secreta del régimen sospechaba que era cómplice, o al menos que había sido tolerante con los complotados. Lo cierto es que los conjurados desconfiaban de Canaris. Que había mantenido contactos secretos con los servicios de informaciones aliados era algo que, tratándose de un jefe de espías, se descontaba.

Kaltenbrunner lo interrogó personalmente en el campo de Flossenburg, en el límite entre Baviera y Bohemia. Las preguntas que el almirante tuvo que responder mientras caminaban por el patio del campo de internación giraban en torno a ciertos cuadernos descubiertos en el cuartel del OKW en Zossen –al sur de Berlín– que habrían pertenecido a uno de sus más estrechos colaboradores, participante del complot. Incluían, al parecer, frases atribuidas a Canaris y que lo comprometían. Aunque algunos historiadores opinan que no pudieron reunirse pruebas concluyentes sobre su presunta complicidad con el intento de tiranicidio, el almirante fue ahorcado el 9 de abril de 1945, fecha en la que ya era evidente hasta para el más fanático de los nazis que la derrota del Tercer *Reich* era inminente. Junto a Canaris fueron ejecutados el

---

[31] El desciframiento de los códigos alemanes y japoneses brindó a la *US Navy* otros éxitos durante ese mismo mes de junio de 1944. Un grupo de tareas a las órdenes del capitán Daniel G. Vallery, por ejemplo, logró averiar y capturar al U-505, submarino de la clase IX-C. Remolcado posteriormente hasta la costa de los Estados Unidos, es actualmente exhibido en el Museo de las Ciencias y la Industria de Chicago.

general Oster –su segundo desde el comienzo de la guerra hasta abril de 1943, cuando fue detenido por la *Gestapo*–, el capitán Gehre y un pastor. Para otros investigadores como Burnside, Canaris fue eliminado porque sabía demasiado sobre el plan de fuga del *Führer*.

Durante el verano boreal de 1944, mientras el Ejército retrocedía en Francia y en Rusia, Dönitz dotó a su flota con los nuevos torpedos T5 *Zauköning* –Reyezuelo–, guiados por un complejo sistema acústico que a través de alrededor de sesenta válvulas conducía al timón detrás del ruido que emitían sus presas. Eran torpedos capaces de virar hasta 90° en persecución de su objetivo, tarea en la que persistían por más de una hora, hasta que se les agotaba el combustible. Con los nuevos torpedos se podía atacar cualquier buque sin necesidad de un reconocimiento visual previo ni de conocer siquiera la distancia exacta a la que se encontraba. Una vez lanzados, los torpedos describían un círculo mientras el *U-Boote* se hundía para evitar convertirse en víctima de un eventual giro completo.

Cuando el proyectil captaba ruido de hélices en superficie, enfilaba automáticamente hacia la fuente de sonido, es decir, hacia la popa de sus presas, hasta alcanzar la hélice o el timón. No era ideal que llegara en línea recta, ya que el torbellino de la hélice podía desviarlo. Pero aun si eso sucedía volvía a describir un nuevo círculo de búsqueda, y otro más, hasta hacer blanco.

Dönitz estaba orgulloso de los nuevos torpedos y cifraba en ellos enormes esperanzas. El almirante también hizo dotar a los lobos grises de una segunda plataforma en la cubierta de popa, en la cual mandó instalar cuatro ametralladoras antiaéreas de 20 milímetros. Buscaba equilibrar de ese modo la abrumadora superioridad de la aviación aliada en el Golfo de Vizcaya. Suponía que luego de atraer a los aviones enemigos con su mera presencia, los lobos grises podrían derribarlos. Pero a la hora de la verdad resultó que en la mayoría de los duelos, las escuadrillas de aviones aliados –equipados con cañones semiautomáticos de 40 milímetros– llevaron las de ganar.

Entonces Dönitz ordenó que el Golfo de Vizcaya se cruzara en grupos y en superficie. Calculaba que si dos aviones difícilmente se atrevían a medirse con un *U-Boote* artillado, tres submarinos juntos podrían defenderse del ataque de hasta seis aviones, número que estimaba que los aliados no alcanzarían a reunir. Pero ese cálculo también falló por dos razones. En primer lugar, con el Atlántico Norte vaciado de submarinos enemigos, los aliados disponían de muchos más aviones que los que el gran almirante había previsto. Y porque lejos de entablar combates francos, los aviones aliados se limitaban a volar en círculo a más de 3.000 metros de distancia –fuera del alcance de los cañones y ametralladoras de los *U-Bootes*– como cuervos que acechan a un animal agonizante, a la paciente espera de refuerzos. Más temprano que tarde llegarían otros aviones o destructores que no enfrentarían mayores inconvenientes para asestar la estocada mortal a los casi indefensos lobos.

Si se trataba de una patrulla pequeña, de tres submarinos, resultaba imposible sumergirse. Si lo intentaban –sólo sucedía si alguno de los comandantes, con los nervios destrozados sucumbía al miedo– el más timorato de los pilotos podía atreverse a volar impunemente a baja velocidad sobre la popa aún visible y lanzar cargas de profundidad desde tan poca altura que era prácticamente imposible fallar. Así las cosas, los tripulantes de los *U-Bootes* comenzaron a llamar al cruce del golfo "el trecho suicida". A fines de julio la *Kriegsmarine* estaba perdiendo casi un submarino por día. El 2 de agosto, reconociendo implícitamente su derrota, Dönitz prohibió la navegación en superficie por el Golfo de Vizcaya.

Respuestas técnicas

La gran ventaja de los aliados era el radar, cuyo desarrollo Hitler había despreciado en 1940. Para achicar una brecha que no cesaba de ensancharse, los científicos alemanes diseñaron paliativos, como el sistema *Afrodita*: un globo envuelto en aluminio del que salían tiras metálicas a modo de ramas y que los *U-Bootes* remolcaban a distancia, suspendido a pocos metros de la superficie del mar. Esos globos producían en el radar ecos semejantes a los de la torreta y provocaban que de ordinario los aviones marraran sus disparos. Un artilugio semejante demostraba por sí mismo el derrotismo que imperaba entre sus inventores, quienes daban por sentado que los lobos grises eran fáciles de localizar, ya fuera por el radar, por el *Huff-Duff* o por ambos a la vez. Con la misma filosofía los científicos alemanes inventaron un cartucho químico llamado *Bold* –por *Kobold*, el espíritu burlón de las leyendas nórdicas– que al ser lanzado desde un *U-Boote* sumergido producía un burbujeo capaz de confundir a los *sonares*. Más feliz fue el tardío descubrimiento de un sistema para detectar radares aliados que comenzó a implementarse de manera provisoria en agosto y que, una vez perfeccionado por *Telefunken* como sistema *Naxos*, se generalizó a partir de octubre.

Sin esperar tanto, impaciente, Dönitz había lanzado nuevamente en septiembre a sus lobos grises hacia el Atlántico Norte. Y así fue como el día 20 una manada de 19 *U-Bootes* empleó los nuevos torpedos T-5 para atacar un convoy aliado. Su eufórico jefe informó de inmediato el hundimiento de 19 buques mercantes y 2 naves de guerra de la escolta. Una noticia estupenda ya que los destructores eran el blanco específico para el que se habían diseñado los nuevos torpedos. Lamentablemente para Dönitz sus comandantes erraron notoriamente los cálculos, aunque no necesariamente por malicia. Simplemente estaban obligados a disparar y sumergirse inmediatamente hasta los 60 metros de profundidad. Desde allí contabilizaban las detonaciones como blancos efectivos, sin verificar por el periscopio la puntería de los disparos. A esta decepción se sumó la de comprobar que los aliados habían emparejado las prestaciones de los T-5 cuando un torpedo *Fido* acabó con la breve y fulgurante carrera del U-338 de Manfred "Mulo Loco" Kinzel.

Un velero de la *Abwher*

Como es obvio, el viaje submarino a la Argentina que preparaba Hoppe, tras su caída, no se efectuó. Pero en su reemplazo, la noche del 2 de julio de 1944 llegó a un punto muy cercano al previsto, 2 kilómetros al sur de Punta Mogotes, un velero langostero de 22 metros de eslora y matrícula francesa perteneciente a la *Abwher*. Del *Santa Bárbara*, que ya había transportado agentes nazis a Brasil, desembarcaron en esta ocasión el agente del SD Josef Schröll y el SS Waldemar Boettger, un experto radio-telegrafista que según el omnisciente Ronald C. Newton jamás logró establecer contactos con Alemania.

Traían entre otras cosas 24.000 dólares norteamericanos, 50.000 libras esterlinas falsas, diez cajones de productos farmacéuticos para las filiales de los laboratorios *Bayer* y *Merck* y dos cámaras microfotográficas *Mipu*, una de ellas para la Armada. Por lo cual puede sospecharse que el desembarco contaba con la protección de la Marina.

El *Santa Bárbara* no era el primer velero que cruzaba el océano. Y parece claro que antes del viaje fallido de Hoppe lo habían hecho otros *U-Bootes*. Al menos, Reinebeck fue tajante al confesar que después de la captura de Hoppe había descubierto que "un submarino ya había desembarcado agentes en la Argentina". Por su parte Goñi da fe de que la "llegada de submarinos alemanes trayendo bienes y agentes secretos del *Reich* en los últimos días de la Segunda Guerra ha sido casi un artículo de fe entre los investigadores de la red nazi en la Argentina. (...) Los jefes de Coordinación Federal de aquella época han sostenido repetidamente en conversaciones privadas la existencia de tales submarinos. Y la verdad es que los alemanes deseaban enviarlos".

Para consternación de la Embajada de los Estados Unidos en Buenos Aires, que reclamaba insistentemente la extradición de los espías alemanes detenidos en la Argentina, Hoppe fue devuelto por los británicos junto a Hellmuth tan pronto Perón ganó las elecciones en febrero de 1946. Y como el interrogatorio de Hellmuth, destaca Laurence, el de Hoppe "se encuentra todavía vedado a los investigadores".

¿Fueron veteranos oficiales del *Graf Spee* los comandantes de las naves que hicieron aquellas travesías secretas? Sospechar de Günther Schiebusch o Joachim Hans Kühn es lógico: del primero no existe información oficial desde octubre de 1942. Es probable que fuera asignado por entonces a operaciones secretas. Y según los registros oficiales, Kühn carecía de mando sobre nave alguna, a pesar de lo cual, y sugestivamente, en diciembre de ese año fue ascendido a capitán de corbeta.

Se supone que desde mayo de 1943 –cuando Haggen dijo que el general Faupel emprendió el regreso a Cádiz– hasta marzo de 1944, Kühn se preparó en la instrucción y construcción de submarinos, y que a partir de entonces, y hasta prácticamente el final de la guerra, comandó el U-1233 de la clase IX-C/40 perteneciente a la 33ª Flotilla con base en Flensburg. Pero ni Kühn ni el submarino cumplieron, al menos oficialmente, ni una sola misión.

Rivalidad

Hubo que esperar un cuarto de siglo para que Juan Perón se refiriera a sus tratativas con el agonizante Tercer *Reich*. Lo hizo en 1970 durante su exilio madrileño frente al laureado Tomás Eloy Martínez, por entonces periodista del semanario *Panorama*: "Mucho antes de que terminara la guerra, nosotros nos habíamos preparado para la posguerra. Alemania estaba derrotada, eso lo sabíamos. Y los vencedores se querían aprovechar del enorme esfuerzo tecnológico que había hecho ese país durante más de diez años. Aprovechar la maquinaria no se podía, porque estaba destruida. Lo único que podíamos usar eran los hombres. Les hicimos saber a los alemanes que les íbamos a declarar la guerra para salvar miles de vidas. Intercambiamos mensajes con ellos a través de Salazar y de Franco. España entendió de inmediato nuestra intención y nos ayudó. Los alemanes también estuvieron de acuerdo. Cuando terminó la guerra, esos alemanes útiles nos ayudaron a levantar nuevas fábricas y a mejorar las que ya teníamos".

Como vicepresidente de Farrell, Perón no sólo negoció con los Estados Unidos y con el agonizante régimen nazi, sino también –siempre a través de intermediarios, incluida alguna Mata Hari– con Getulio Vargas, presidente de Brasil. Perón y Vargas coincidían en sus preocupaciones, y unidos como estaban por sentimientos antibritánicos y antinorteamericanos, y partidarios ambos de la unidad política y económica de Sudamérica, sentaron las bases más remotas del *Mercosur*, según han podido establecer el cientista social brasileño Luiz Alberto Moniz Bandeira y el gran periodista argentino Rogelio García Lupo.

Además, Perón resolvió a favor de su arma el viejo contencioso pendiente con la Armada. Como ya se ha dicho, en ambas fuerzas abundaban los simpatizantes del *Reich*. Tradicionalmente más aristocrática –u oligárquica, según se quiera mirar–, la Marina tenía un ministro, el almirante Sueyro, cuestionado porque su ascenso –en reemplazo del vicealmirante Mario Fincati, que a su vez había reemplazado a Scasso, todos partidarios de Berlín– había sido escandaloso en vista de su evidente responsabilidad en el trágico hundimiento del torpedero *Corrientes*, hecho que los miembros del GOU no perdían oportunidad de señalar. El siniestro había ocurrido el 3 de octubre de 1941, cuando la flota de mar al mando de Sueyro realizaba maniobras en medio de una densa bruma frente al puerto de Mar del Plata. Una desafortunada orden suya provocó que el *Corrientes* fuera embestido por el crucero *Almirante Brown*. Gracias a la reticencia de Fincati, la responsabilidad por la pérdida de la nave y la vida de 22 de sus tripulantes jamás se estableció oficialmente.

Cuando poco después del siniestro un diputado socialista denunció tanto lo ocurrido como su ocultamiento –apoyándose en abundante documentación, obviamente provista por oficiales navales– la suerte de Sueyro parecía echada. Sin embargo Fincati ordenó abrir un nuevo sumario..., para identificar y castigar a los anónimos denunciantes, a quienes acusó de violar secretos militares que ponían en peligro "la seguridad interna y externa de la Nación".

Sueyro, enemigo mortal del GOU, estaba decidido a evitar, a cualquier precio, el ascenso de Perón. Pero ese empeño no se basaba en convicciones democráticas: al mismo tiempo que Perón consolidaba su posición bajo el ala del presidente Farrell, en noviembre de 1942, el capitán Ceballos organizaba desde la Embajada argentina en Madrid la introducción a España, por la frontera de Irún-Hendaya, de 12 cañones antiaéreos de 20 milímetros y gran cantidad de municiones adquiridos por la Armada Argentina a la *Rheinmetall-Borsig AG*.

¿Puente aéreo?

Las armas fueron trasbordadas en el aeródromo alavés de Vitoria, desde donde se enviaron a Buenos Aires. Y aunque "fue la acción de Perón como vicepresidente de la nación durante el gobierno juniano la que desmontó la organización pronazi en la Marina", afirma Corbière, los vuelos parecen haber continuado.

Corbière señala que más allá de los nazis del Ejército, varios de los cuales eran miembros del GOU, "uno de los núcleos centrales de los pronazis no se ubicaba en el Ejército sino en la Marina, la cual ha pasado como *liberal* en los años de la Segunda Guerra Mundial". Y añade que "Perón desarticuló al grupo nazi, dirigido por el almirante Abel Renard y en el cual revistaban el almirante León Scasso y, al parecer, los hermanos Sueyro".

Pero aunque la Marina hubiera sido desplazada por el Ejército –al menos respecto de las relaciones con Alemania– aquel vuelo se presume el primero de una larga serie de viajes clandestinos registrados en 1944 –los viajes regulares estaban suspendidos desde la participación de Brasil en la guerra– entre Madrid y Buenos Aires. La Operación Cóndor se habría realizado con aparatos cuatrimotores que arribaban a Buenos Aires de noche, muy probablemente al aeródromo militar de El Palomar. Estos vuelos habrían sido organizados personalmente por el general Adolf Galland, as de la batalla de Inglaterra. El coronel Hans Rudel y la comandante Hanna Reitsch habrían sido los pilotos.

Si se utilizan condicionales para narrarlo es porque se trata de un asunto arrevesado. Como ya se ha dicho, la carta que Faupel le habría enviado desde Madrid al secretario general del Instituto Iberoamericano de Berlín, Hans von Merkatz, publicada por Santander en su libro, parece una burda falsificación. El documento adquirido por Santander en Alemania se basaría en otras cartas auténticas, encontradas por los aliados, al que algún hábil falsificador le habría adicionado fábulas que lo volvieron irresistible para el calenturiento Santander. Como ya se ha dicho, respaldándose en esa dudosísima carta, Santander fue el primero en difundir una inverosímil colaboración de Eva Duarte con el espionaje alemán a partir de 1941.

Tal versión, recogida acríticamente por varios autores, entre ellos Burnside y Laurence –quien incluso argumenta en favor de su veracidad– es absolutamente inverosímil. En 1941 la futura esposa de Perón –a la que su casi desconocido testamento político, *Mi Mensaje*, revelaría como una visceral antifascista– era una morena veinteañera llegada del interior del país, que sobrevivía en una pensión del centro de Buenos Aires gracias a algunas pequeñas participaciones en radioteatros. Y, por cierto, conocería a Perón recién a mediados de 1944.

Santander, un hombre vinculado a intereses conservadores, investigó *in situ* y presentó en su libro reproducciones de los supuestos originales de ésa y otras cartas. Pero no alcanza el sello o la firma de un juez de paz de Berlín Oriental para certificar la autenticidad de tales documentos. Uki Goñi y otros investigadores los juzgan falsos y para Alicia Dujovne Ortiz no cabe duda de que las fotocopias de los pagarés que el embajador Thermann habría firmado a la orden de Eva Duarte no son más que "groseras falsificaciones" y las atribuye a que "este escritor honesto que peca por demasiado apasionado, se ha dejado engañar por un informador sospechoso". Pero Dujovne Ortiz, autora entre otros libros de una entretenida biografía de Eva Perón, se ciñe a los supuestos pagarés y no abre juicio sobre los demás documentos.

"De la Argentina tenemos novedades muy agradables", expresa la controvertida carta. "Ramírez y su camarilla han sido completamente eliminados. Nuestro amigo Perón es el hombre fuerte del Gobierno. Las consecuencias del incidente de enero (la expulsión de Niebuhr) han sido prácticamente borradas. (...) El *Reichsleiter* Bormann, que tiene en su poder dos informes de Leute y del (ministro de Obras Públicas entre 1943 y 1951) general Pistarini, urge la reanudación de los transportes a Buenos Aires. Pídale al general Galland que tenga disponibles de inmediato dos máquinas, únicamente para vuelos nocturnos, y que se lo informe a Rudel y a Hanna Reitsch. (...) La Embajada (alemana en España) remitió hoy tres cartas para von Thermann, de Tjarks, del general Pertiné y del doctor Sánchez Sorondo, al Ministerio de Relaciones Exteriores".

Santander subraya que Bormann recibía comunicaciones relativas a "los transportes" tanto de Ricardo von Leute, presidente del *Banco Alemán Transatlántico*, como del general Pistarini, quien había sido fotografiado haciendo el saludo nazi en un acto celebrado en el *Luna Park*. "¿De qué transportes se habla? Simplemente de transportes aéreos desde Madrid a Buenos Aires. Seguramente no transportaban ni cueros de vaca ni plumas de gallina...", ironizó tras señalar a Pistarini como responsable argentino de esos vuelos secretos.

El general Carlos van der Becke, uno de los acusados por Santander, se defendió en su libro *Destrucción de una infamia* con argumentos que parecen sólidos. Tras recordar el grave error de Santander al considerar a Eva Duarte espía nazi, alega que en 1944 era imposible volar directamente desde Alemania a la Argentina, pues aun los aviones de la *Luftwaffe* con mayor autonomía necesitaban hacer escalas para reabastecerse de combustible.

Van der Becke dice la verdad, aunque su argumento no alcanza para desechar la hipótesis de vuelos clandestinos que, con escalas en el Sahara español por ejemplo, llegarían cómodamente hasta el Río de la Plata. Burnside asegura, precisamente, que esa ruta se usó en las últimas horas de la guerra para un vuelo que habría arribado a Uruguay. Lo que no acepta controversia es que tanto Galland como Rudel encontraron refugio en la Argentina al terminar la guerra. Y que una foto publicada por Burnside muestra, en fecha indeterminada, a Hanna Reitsch y al embajador Thermann conversando con un general argentino en un aeropuerto, probablemente El Palomar.

Además, un informe "estrictamente confidencial y secreto" de Coordinación Federal fechado el 14 de octubre de 1952 acredita que a fines de 1944 Bormann recibió de Ricardo Leute documentación relativa al oro y otros valores transportados en avión hacia Buenos Aires. "Documentos recientes y serios han establecido de manera formal que Bormann hizo transferir por avión de noviembre de 1944 a marzo de 1945 fondos extremadamente importantes –oro, divisas extranjeras, títulos bursátiles y acciones de sociedades–. Los agentes de la CIA llegaron incluso a identificar en 1953 los nombres de los aviadores que realizaron esos vuelos, los bancos y los números de cuentas bancarias.

Por desgracia, el gobierno norteamericano se ha opuesto hasta hoy a la publicación de estas investigaciones", escribió Philippe Azíz en *Los criminales de guerra*.

Repliegue a las profundidades

Al parecer Dönitz afirmaba ya antes de finalizar 1944 que la *Kriegsmarine* estaba "orgullosa de haber construido un paraíso terrenal, una fortaleza inexpugnable para el *Führer* en alguna parte del mundo". Así lo afirma Jorge Camarasa en *Odessa al sur*: "Esta declaración de Dönitz la encontré citada a lo largo de medio siglo por más de media docena de autores, entre ellos en *Los Vengadores*, del escritor judío Michael Bar-Zohar", coincide Burnside, que además cita a Farago, quien transcribió estas estremecedoras palabras que Dönitz habría pronunciado ese mismo año durante una ceremonia de graduación de cadetes: "La *Kriegsmarine* tiene aún un gran papel que cumplir en el futuro. La Armada alemana conoce todos los lugares secretos donde puede llevar al *Führer*, si lo necesitara. Allí él puede preparar sus últimas medidas en completa tranquilidad".

Aunque otros investigadores no encontraron cómo certificar aquellas palabras de Dönitz, está claro que desde inicios de 1944 el gran almirante había comenzado a admitir la idea de que Alemania estaba perdiendo la guerra. Por lo pronto, es seguro que había llegado a la dolorosa conclusión de que la guerra desde la superficie había terminado para sus lobos grises. Sin embargo aún no se daba por vencido, y por eso desesperaba por auténticos submarinos. Y como ya no tenía tiempo para aguardar el desarrollo del motor alimentado a peróxido de hidrógeno diseñado por el profesor Walter –que en las pruebas se había revelado ideal para los pequeños submarinos de la clase XXIII, pero problemático para sus hermanos mayores de la clase XXI– se inclinó por una solución de compromiso.

La variante elegida fue una nave híbrida que triplicaría la capacidad de almacenamiento de baterías, lo que aumentaba sustancialmente tanto la velocidad bajo el agua como el tiempo que podía permanecer sumergida. El submarino de Walter se prestaba a estos requerimientos: si el ingeniero había diseñado un hidrodinámico doble casco con el propósito de almacenar peróxido de hidrógeno –más voluminoso que el *fuel* que utilizaban los submarinos convencionales–, ese espacio sería destinado a acumular más y más potentes baterías.

De esta manera nacieron los *elektrobootes* de la poderosa clase XXI, que se botaron equipados con *schnorkel*, un tubo rebatible doble que apenas asomaba, y camuflado, por encima de la superficie. El doble tubo permitía tanto el funcionamiento de los motores *diesel* –por uno entraba aire fresco para alimentar los motores convencionales y el otro servía de tubo de escape de los gases de los motores– como recargar baterías a profundidad de periscopio. A causa del *schnorkel* y otras innovaciones, la torreta de los submarinos de la clase XXI ocupaba el doble de espacio que en los *U-Bootes* convencionales. Pero también se diferenciaban por carecer de cañón y por su modo de construcción, mediante el revolucionario ensamble de ocho elementos prefabricados, solución aportada por el competente ministro Speer para satisfacer las urgencias de Dönitz. Speer se inspiró en las nuevas técnicas que los norteamericanos empleaban para construir en serie los buques mercantes del tipo *Liberty*, la mayor pesadilla de los lobos grises por su velocidad de reposición.

Las ocho secciones se elaboraban en once lugares diferentes y luego se ensamblaban en los astilleros de Hamburgo, Bremen y Danzig, reduciendo casi a la mitad el tiempo de fabricación. Su constructor, Otto Merker, botó unos 120 submarinos de la nueva clase desde septiembre de 1944 hasta el fin de la guerra, aunque la inmensa mayoría no alcanzó a entrar en operaciones, porque aquellos astilleros y puertos eran sometidos a devastadores y rutinarios bombardeos que inutilizaron muchas naves antes de que fueran botadas, y porque los ingenieros encontraron inesperadas dificultades al intentar ponerlas a punto para combatir.

Mientras esperaba impaciente la entrega de los primeros *elektrobootes*, Dönitz dispuso que se dotara de *schnorkel* a todos los submarinos en condiciones de operar. Ese instrumento estaba pensado para absorber aire y evitar la entrada de agua cuando se navegaba a profundidad de periscopio, pero aquellos primeros ejemplares solían cerrarse por completo si el mar estaba embravecido. En ese caso, si los motores *diesel* no eran detenidos de inmediato, consumían el oxígeno del interior de la nave creando un vacío que hacía jadear a los tripulantes, cuyos ojos pugnaban por salirse de sus órbitas y sus tímpanos se combaban, amenazando estallar. Además, la falta de ventilación y las emanaciones de monóxido de carbono intoxicaban, y hasta podían matar por asfixia a los tripulantes.

Según algunas fuentes, el índice de mortalidad de las tripulaciones de submarinos superó el 80 por ciento –de los 35.000 hombres que se internaron en el mar, aseguran, 28.744 perdieron la vida– pero otros datos, acaso más ajustados a la realidad, la calculan en el 68 por ciento, de todos modos la más alta entre todas las armas de ambos bandos. Los tripulantes de *U-Bootes* eran conscientes de las escasas posibilidades de supervivencia, de manera que aceptaron de buen grado el *schnorkel*, pues a pesar de sus complicaciones, las aumentaba sensiblemente.

Con ese instrumento los *U-Bootes* podían permanecer sumergidos durante el día mientras eran impulsados lentamente por el motor eléctrico, y viajar más rápidamente por las noches a profundidad de periscopio con los motores *diesel*. Sólo una pequeña parte de la flota llegó a contar con *schnorkels* antes de la invasión a Francia, esperada por el OKW para la primavera de 1944. Previéndola, el gran almirante Dönitz había ordenado que los casi sesenta submarinos con base en Francia y Noruega se prepararan para atacar a la flota invasora "independientemente del riesgo" que corrieran. Pero sus desmoralizados hombres interpretaron unánimemente que eran órdenes desesperadas, casi suicidas, que implicaban embestir a las naves aliadas e inmolarse. Y como ya no estaban dispuestos a tanto, decidieron mantenerse sumergidos en cualquier circunstancia.

Así, cuando por fin el 6 de junio se inició el desembarco aliado en Normandía y a pesar de los 4.200 barcos enemigos concentrados en el Canal de la Mancha –blancos tan accesibles como nunca antes se habían presentado en el curso de la guerra–, las numerosas patrullas de guardacostas y destructores aliados, y sobre todo la enorme cantidad de aviones que vigilaban la flota, consiguieron que, en términos generales, los lobos grises ni siquiera se les acercaran. Sólo los *U-Bootes* equipados con *schnorkel* lograron permanecer en la zona mientras los demás, de no alejarse, resultaban sistemáticamente hundidos cuando se veían obligados a emerger.

A fines de agosto el imparable avance aliado obligó a abandonar las bases francesas. Gracias al *schnorkel* alrededor de treinta submarinos llegaron indemnes a los fiordos de Noruega tras bordear sumergidos las costas de Irlanda y Escocia. Pero para entonces era evidente la futilidad de la resistencia de los lobos grises: desde la invasión aliada sólo habían logrado hundir veintiún barcos, a un costo de veinte bajas. A partir de entonces las ventajas proporcionadas por el *schnorkel* sufrieron el contrapeso de la distancia. Desde las bases de Noruega había que navegar mucho más para alcanzar los cada vez más reducidos sitios donde los lobos grises podían intentar la intercepción de convoyes aliados. En la práctica quedaron circunscriptos a operaciones en las cercanías de las Islas Británicas. Y fue así que durante todo el mes de octubre apenas consiguieron hundir un solo barco.

La última baza

Todas las esperanzas de Dönitz estaban depositadas en los nuevos submarinos, que se construían por docenas. Los primeros entregados y listos para operar fueron los más pequeños de la clase XXIII, de 234 toneladas y 35 metros de eslora. Se desplazaban con relativa lentitud en superficie –9 nudos de velocidad crucero– pero muy rápido, a 26 nudos, bajo el agua. Llevaban una tripulación de 13 hombres y hasta 4 torpedos. Ocho partieron juntos en febrero hacia aguas británicas, hundieron dos mercantes y regresaron a Noruega sin sufrir pérdidas.

Pero Dönitz desesperaba por sus hermanos mayores, que desplazaban 1.200 toneladas en superficie y 1.600 en inmersión, y si bien se recomendaba una velocidad crucero de 16 nudos en inmersión –similar a la de los buques de guerra más rápidos, y que podían mantener durante semanas–, en casos extremos podían alcanzar los 17,5 nudos, más del doble que los submarinos convencionales, velocidad que los alejaba rápidamente de los torpederos convencionales, que no superaban los 13 nudos.

El tipo XXI era, al fin, un verdadero submarino que podía viajar hasta el Cabo de Hornos sin necesidad de emerger ni reabastecerse de combustible. Lograba disparar 18 de sus 24 torpedos en 20 minutos –los otros 8 iban en compartimientos exteriores y había que emerger para introducirlos–. Además, sus sensibles hidrófonos captaban blancos a 80 kilómetros de distancia y un nuevo *sonar* les permitía prescindir del periscopio y lanzar sus torpedos a ciegas desde 50 metros de profundidad.

El plan original preveía botar 60 por mes y 720 por año a partir de abril de 1944, pero los cada vez más frecuentes e intensos bombardeos aliados fueron retrasando aquellas metas. Al mismo tiempo los ingenieros de la *Kriegsmarine* iniciaron pruebas para fabricar submarinos dotados de motores *Walter* que desarrollarían sumergidos la increíble velocidad de 25 nudos –más de 46 kilómetros por hora– pero cuando la guerra acabó sólo habían logrado construir algunos prototipos.

Los que se fabricaron sin mayores contratiempos, aunque en pequeña cantidad, fueron los mini-submarinos eléctricos para dos tripulantes conocidos como "focas". A causa de su poca autonomía, la pérdida de las bases francesas desvaneció toda posibilidad de enviarlos a las costas británicas, que era el propósito de su construcción. Aunque no hay indicios de que las "focas" hayan combatido en Europa, algunos observadores sospechan que en su viaje secreto a la Argentina el U-530 tal vez transportaba una, adosada a la cubierta.

Courland, la nueva Numancia

En su monumental obra *Hitler*, el historiador británico Ian Kershaw recuerda que luego del fracaso de la última gran ofensiva alemana en las Ardenas, el día de Navidad de 1944, el jefe del Estado Mayor de la *Wehrmacht*, teniente general Heinz Guderian, advirtió a Hitler que la superioridad soviética en el Frente del Este era abrumadora. En el sector central, un frente de 900 kilómetros, el Ejército Rojo concentraba 2.200.000 soldados frente a los 400.000 a su mando. En las cabezas de puente sobre el Vístula, la superioridad soviética era de once a uno en infantería, siete a uno en blindados y veinte a uno en artillería. Conclusión: necesitaba refuerzos de manera imperiosa, pero Hitler le respondió airadamente que sus informes eran "la mayor impostura desde Gengis Khan". Luego de insistir, Guderian logró que Hitler enviara el 1 de enero cuatro divisiones de refuerzo. Pero para su desesperación el *Führer* se había obstinado en que esas tropas no debían apostarse en el centro del frente, por donde el FHO sostenía que el Ejército Rojo se disponía a cruzar el Vístula, sino marchar a Hungría. A pesar de que Guderian desplegó una profusión de diagramas y planos para subrayar que aquél y no otro era el eslabón más débil de las líneas de defensa, Hitler rechazó sus argumentos considerándolos "completamente estúpidos" y le dijo que quien los sustentaba –es decir, el general Gehlen– era un cretino y debía ser encerrado en un manicomio. Guderian defendió al FHO, pero Hitler rechazó la posibilidad de un repliegue y el traslado de más refuerzos hacia el oeste. "El Frente Oriental es como un castillo de naipes: si se rompe en un punto se desmoronará en su totalidad", advirtió Guderian. "El Frente Oriental debe arreglárselas con lo que tiene", dijo que le contestó el *Führer*.

La obcecación de Hitler tenía motivos. Privilegiaba la recuperación de los pozos petroleros y refinerías de Hungría porque el bombardeo de las plantas de producción de combustible sintético estaba inmovilizando a Alemania. Guderian intentó convencerlo entonces "de que evacuase por el mar Báltico a las tropas alemanas que se hallaban en gran peligro de quedar aisladas en Courland, en la punta de Letonia, para desplegarlas de nuevo en el Frente Oriental", pero Hitler le dijo que no era posible. Según Guderian esa negativa respondía a que Dönitz se había adelantado y arrancado a Hitler la promesa de que consideraría Courland una zona costera vital para los nuevos submarinos, casi listos para operar en el Atlántico. Por este motivo, diría Guderian con amargura, "200.000 hombres que se necesitaban desesperadamente para resistir el avance del Ejército Rojo quedaron inmovilizados en Courland hasta la capitulación de Alemania".

La puesta a punto para el combate de los nuevos submarinos era, como puede comprobarse, un objetivo de prioridad absoluta.

Al iniciarse 1945, la estrella ascendente de la pequeña corte de Hitler era Dönitz. Steinert recuerda que, tan pronto fue nombrado ministro responsable de la "movilización total" de Alemania, Goebbels propuso a Hitler que designara al gran almirante al frente de la *Luftwaffe*, en reemplazo de un Göring para entonces visiblemente estragado por la morfina, la obesidad y el alcohol.

Aunque no accedió a este pedido, hay indicios de que Hitler y Dönitz se traían algo entre manos. A principios de febrero, al realizarse una de las habituales reuniones informativas sobre el curso de la guerra, se analizó el fracaso de las tratativas para negociar una paz por separado con los aliados anglosajones, y luego se discutió la posibilidad, por pequeña que fuera, de que la Unión Soviética aceptara una capitulación parcial. A poco de debatir quedó claro que no la había. La mera existencia física de Hitler se había convertido en un obstáculo infranqueable para cualquier acuerdo, de manera que no sólo la derrota, sino también la destrucción de Alemania parecían inexorables.

Se hizo un pesado silencio. Mientras los jerarcas nazis permanecían abstraídos en sus cavilaciones, Speer le cuchicheó a Dönitz: "Algo ha de pasar, sin duda". Dönitz "le contestó fríamente que él sólo estaba para representar a la Marina" y que "el *Führer* sabía lo que estaba haciendo", describe Kershaw.

La destrucción de Dresden

Durante las noches del 13 y del 14 de febrero, la bella ciudad de Dresden, cuyo nombre significa "ciudad de los habitantes de los bosques", también conocida como "la Florencia del Elba", fue arrasada. La ciudad en la que el rey Wenceslao de Bohemia concedió protección y privilegios a los juglares, sufrió el más devastador bombardeo convencional de toda la guerra.

Capital cultural de la Sajonia, conocida por sus exquisitas porcelanas y por sus edificios medievales y clásicos, sus torres, cúpulas, capiteles y tejados de cobre verde, la ciudad de Dresden no era un objetivo militar ni un centro industrial importante, sino un área de descanso para quienes regresaban del frente, por entonces atestada de refugiados y de prisioneros. Sin embargo fue metódicamente reducida a escombros y cenizas por las bombas explosivas e incendiarias que arrojaron oleadas de bombarderos británicos y estadounidenses aquellos dos días. Uno de los sobrevivientes de la masacre, soldado norteamericano de ascendencia alemana, Kurt Vonnegut, inmortalizaría el sinsentido de la masacre en una novela, *Matadero 5*, que lo haría famoso.

De inmediato, y en medio de otros bombardeos masivos de la aviación aliada, Hitler convocó a los *gauleiters* –comisarios regionales del partido– a la Cancillería del *Reich*. Constituían el estamento en que Hitler depositaba su mayor confianza, y aquél sería su último encuentro. El *gauleiter* de Sajonia informó que en Dresden habían muerto más de 135.000 personas, quizás hasta 300.000. En ese contexto, y para levantar la moral de sus acólitos –recuerda Kershaw–, Hitler improvisó un discurso en el que prometió una contraofensiva y "alabó los aviones a reacción y los nuevos submarinos" que la harían posible.

La gratuita brutalidad de los atacantes de Dresden resucitó el debate sobre la posibilidad de una capitulación parcial con la "bestial" Unión Soviética, que según los últimos informes de inteligencia estaba tropezando con grandes obstáculos en su relación con los aliados angloamericanos. Bormann secundó este enfoque y hasta Goebbels, que siempre había sido un furibundo enemigo del "colectivismo comunista", apostó a regañadientes por un acuerdo con Stalin, advirtiendo que cualquier posibilidad de éxito se supeditaba a asumir antes la iniciativa bélica, de modo que "nos detengamos en alguna parte, pues si permanecemos sin hacer nada no podremos negociar". Como él, Hitler opinaba que era imprescindible "hacerle perder algunas plumas" a los soviéticos para lograr un armisticio en el oeste, una paz, al decir de Goebbels, "modesta y limitada". Y tras mucho cavilar, explica Marlis Steinert, llegaron a la conclusión de que "la última esperanza militar consistía en los submarinos del tipo XXI".

El desbande

A fines de agosto de 1944 y en coincidencia con el colapso alemán en Francia, miles de funcionarios de los regímenes títeres de Berlín comenzaron a huir hacia Sudamérica. Los informes publicados por la prensa mundial denunciaban la venta de pasaportes españoles a quienes escapaban, y las grandes transferencias de oro y dinero que se estaban realizando a través de bancos suizos. A partir de las declaraciones del jefe del sector Divisas del *Bundesreich* a sus captores norteamericanos, y de los telegramas que ordenaban transferencias de oro y billetes de los bancos *Credit Suisse* y *Swiss Banking Corporation* a otros de Madrid, Lisboa, Shangai, Estocolmo, Estambul y Tokio, se calcula esa fortuna en 15.000 millones de marcos alemanes de la época. "Esa cifra equivalía al 3 por ciento del Producto Bruto de los Estados Unidos en 1944, un porcentaje que hoy significa 200.000 millones de dólares, superior al Producto Bruto de la Suiza contemporánea y cercano al de la Argentina. Si a esta enorme cifra se le agregan los intereses de 52 años, se está hablando de... casi un billón de dólares", calculó en 1996 el periodista Sergio Kiernan.

Aunque desconocían esos guarismos, diplomáticos, políticos y la sociedad argentina debatían apasionadamente a fines de 1944 el fenómeno de los nazis y fascistas que comenzaban a llegar al país. Si bien resultaba obvio que muchos de los prófugos eran criminales de guerra, también era evidente que no todos merecían esa calificación. Por otra parte ya se comentaba la voracidad con que las potencias vencedoras se disputaban a los científicos que habían diseñado, entre otras armas sofisticadas, las bombas voladoras –misiles– V-1 y V-2, los *Messerschmitdt* 262 y los electrosubmarinos.

Los Me-262, también llamados "golondrinas", eran aviones de retropropulsión de dos turbinas cuyo desarrollo se retrasó a causa del capricho de Hitler por convertirlos en bombarderos cuando habían sido concebidos como cazas. Por esa obcecación entraron en servicio tardíamente, a fines de 1944. De sus planos y constructores brotarían en la posguerra vástagos como los *Sabres* estadounidenses, los *Mig* soviéticos y los *Pulquis* argentinos.

La bomba voladora V-2 era un misil desarrollado en secreto por Werner von Braun, tanto que muchos generales de la *Wehrmacht* desconocían su existencia hasta que unos pocos impactaron en Londres hacia el fin de la guerra. A diferencia de las V-1, al volar a 5.600 kilómetros por hora y hasta a 180 kilómetros de altura, las V-2 no eran interceptables por los cazas de la RAF. Von Braun, mentor de la NASA, fue el más famoso del medio millar de expertos alemanes en cohetería contratados por los Estados Unidos, conocidos como "elenco de Osenberg". Con su concurso, la carrera espacial terminaría con una victoria simbólica de los Estados Unidos sobre la Unión Soviética, cuando en 1969 un hombre pisó por primera vez el polvo lunar.

Tercera parte

Ultramar Sur

En la estación donde las estaciones no cambian

Es de mañana, el cielo está despejado y el sol comienza a recalentar la cubierta y la planchada gris veteada de manchas de óxido y verdín. Enceguece cuando sus rayos rebotan en la chimenea amarilla, tan frágil como desproporcionada. Engalanado de proa a popa con banderines deshilachados, estrecho y largo, el navío bucanero hiende con facilidad las olas. Lleva rumbo sur. Exhausta o quizás abochornada por el creciente calor, la ballena que lo ha seguido por más de un día ha desaparecido.

Los vigías de la torreta están semidesnudos y su piel luce un rosa intenso como la caparazón de las langostas cocidas. Uno se cubre la cabeza del sol con un turbante húmedo; el otro con un pañuelo multicolor. Ambos completan su atuendo con faldillas de paja. Extrañan la presencia del cetáceo. Hacen un comentario sobre su increíble resistencia mientras giran lentamente las cabezas oteando el horizonte. Entrecierran los ojos al hacerlo a babor, recorren ligeramente la nítida línea continua entre proa y estribor y la fijan sobre el puente, donde una rara ceremonia ha comenzado a desarrollarse.

Prestan poca atención a proa porque el espectáculo los absorbe: más de dos decenas de muchachos en calzoncillos blancos forman fila frente a un extravagante tribunal, cuyo presidente lleva puesto un sombrero enorme, de casi un metro de diámetro. Luce una barba rizada y casi tan larga como la túnica que lo cubre. Y empuña un tridente rojo que golpea contra el suelo para subrayar una orden.

Tocado con una alta galera negra y armado con una descomunal espada de madera, un hombre cetrino lee ciertos papeles a través de grandes gafas de armazones negros y gruesos. Por momentos improvisa. Recita los cargos al primero de los reos. Inmovilizado por dos prebostes que lo asen de los brazos –llevan, como los vigías, faldas de paja y la cabeza cubierta con pañuelos de colores– el convicto parece resignado.

Parcialmente debajo del sombrero del presidente y a su diestra se encuentra quien, a juzgar por su gorro de pico y su uniforme con grandes charreteras doradas y muchos entorchados, ha de ser un almirante. A la izquierda del presidente se halla una mujer que lleva un sucinto, vaporoso vestido rojo que realza sus piernas bronceadas y sin rastros de vello pero apenas contiene unos pechos que a cada rolido amenazan con escapar de su sostén.

Completa el tribunal un sacerdote de sotana negra y cuello blanco que luce una tonsura extravagante –recorta una flecha negra que apunta hacia su entrecejo– y empuña una cruz de madera que agita ante el infortunado, exigiéndole arrepentimiento.

La sentencia acaba de ser pronunciada. La espada de madera golpea al condenado en la cabeza, hombros y brazos, entre las risas del anillo de piratas que asisten al espectáculo. Quienes lo tenían inmovilizado lo bañan con un chorro de leche y después con el petróleo viscoso y maloliente que surge de una manguera. Le amarran luego una cuerda a la cintura y lo empujan al mar, en medio de carcajadas. Lo arrastran un largo trecho. Se escuchan risas mientras el infortunado se golpea contra el casco. Por fin, a una seña del presidente lo sacan a empellones del agua. Y aunque está medio ahogado, sus cancerberos lo obligan con medidos, precisos golpes, a ponerse firme. Un médico lo ausculta y lo obliga a tragar un manojo de píldoras. Y el barbero tusa su cabellera empetrolada con unos pocos golpes de una tijera algo oxidada, como las de podar.

La secuencia se ha repetido varias veces pero el entusiasmo de los espectadores no ha decrecido. A pesar de la falta de nubes un sordo ruido, como de truenos, llega a los oídos. Todos escrutan el cielo, fijan la mirada en el poniente y sobreviene un instante de silencio. Después, a un grito, corren en distintas direcciones. La mujer dando enormes saltos hasta ponerse detrás de un cañón y lo mismo hacen el barbero y el galeno, que se sitúan detrás de armas algo más pequeñas. Apuntan hacia donde proviene el ruido del trueno, a proa y a estribor.

A muy pocas millas de allí, a bordo de un viejo crucero que boya en medio del océano, una fiesta parecida ha tenido lugar el día anterior.

Una vez duchado, vestido de blanco de la cabeza a los pies, ya sin su tridente, el presidente del tribunal entra antes que sus oficiales a la sala del puente de mando, engalanada por guirnaldas de papel verdiamarillas y rojas, blancas y azules. Cuatro muchachos de nariz respingada se levantan de un largo escritorio y se cuadran. El presidente, que se hacía llamar el día anterior Neptuno, les hace servir un café negro y brinda con ellos elevando la taza cilíndrica a la altura de sus ojos. Happy Independence Day, dice con la taza en alto, y sonríe. Un par de mozos de guantes blancos disponen sobre la mesa una variedad de jugos y frutas tropicales, tocino y huevos revueltos, lo que hace ruborizar a los sailors, que han dormido poco esa noche, excitados por su bautizo. Al sonar por los altoparlantes los primeros acordes del himno, los cuatro se llevan la diestra al pecho.

Los muchachos parecen intimidados por la casi interminable sucesión de títulos, nombres y apellidos del viejo lobo de mar. Al percibir su azoramiento éste los saluda sonriente, da media vuelta y sale a cubierta. Otea el horizonte hasta ver la escuadrilla de aviones que se aproxima desde el noreste, apenas unos puntos que enseguida se agrandan, lanzan destellos de plata y pasan rugiendo sobre el crucero.

Entonces le llega el grito. "¡Nave a popa y a estribor!" Mira allí y a unas dos millas ve un pesquero. Pero es demasiado largo para ser un verdadero pesquero y sobre la cubierta parece haber demasiada gente. Al observar con los prismáticos cree descubrir que se trata de un sumergible camuflado. Y, por cierto, parece cundir gran agitación en su cubierta.

Ordena que los artilleros acudan a sus puestos y que se intime la rendición. Decenas de oficiales se han arracimado en el castillo de popa y observan los acontecimientos. El comandante ordena que se dispare a unas cien yardas de la nave no identificada.

Una Oerlikon de 20 milímetros, de patente suiza y fabricada en Detroit por la General Motors, dispara una breve ráfaga. Desde el barco responde otra ametralladora mientras sus servidores trepan y se pierden dentro de la chimenea amarilla, que enmascara la torreta. El barco comienza a hundirse. No cabe duda, es un sumergible.

Una nueva ráfaga de la ametralladora barre la cubierta del submarino pero éste desaparece de la superficie. Mientras el agua bulle, se infla e irradia estelas concéntricas, sobreviene un instante de silencio. Hasta que una explosión tremenda sacude el crucero y donde hacía un segundo estaba la popa se alza una tromba de agua hasta cuarenta metros de altura. Después un torrente irrumpe en tromba en las sentinas y camarotes de la marinería, arrastra a los muertos y heridos, y hace escorar la nave entre crujidos que semejan estertores.

En medio de la hecatombe, del humo y de un olor acre, el comandante, con dos fracturas expuestas en el brazo derecho y el uniforme teñido de rojo, ordena la evacuación. Un sargento, pequeño, moreno y apodado "Mosquito", lo ayuda a llegar a la enfermería. El jefe de enfermeros, un sargento primero, intenta frenar la hemorragia pero el navío escora hacia popa, poniéndose en un ángulo de 30°. Mosquito quiere ayudarlo y lo toma del brazo sano. "Déjeme, muchacho. Trate de salvarse porque yo soy un hombre muerto", le responde el comandante. Y cae sin sentido, exangüe.

Tres minutos más tarde, con la proa apuntando al cielo, el crucero se hunde.

Cita en Bergen

Se recordará que Renzo Zanasi y Otto Nagel, brindando con vino en la ciudad de Quilmes, memoraban, en la lejana década del '50, su común pertenencia al arma de submarinos. Y que ambos se hallaban en el puerto de Kiel cuando se produjo la apresurada y general partida de *U-Bootes* el último día de abril de 1945, un día antes de que las radios anunciaran la muerte de Hitler.

Esa partida furtiva de submarinos –un buen número de *elektrobootes* de la nueva clase XXI formaban parte del éxodo– fue narrada por uno de sus protagonistas, ya presentado a los lectores, el teniente de fragata Heinz Schäffer, por entonces de 24 años. Schäffer estaba al mando del U-977, un submarino-escuela de la clase VII-C hasta entonces miembro de la 31ª Flotilla de entrenamiento con base en Hamburgo, cuyo jefe era el capitán de corbeta Carl Emmermann.[32]

---

[32] El U-977 fue uno los muchos submarinos que partieron de Kiel hacia Noruega poco antes de que aquel puerto quedara inutilizado por los bombardeos. Aunque Schäffer quiso "despegarse" del grueso, que zarpó el 30 de abril, y afirma que partió casi una semana antes y en un convoy integrado por apenas tres submarinos –uno de los cuales, precisó, era del nuevo tipo XXI–, como ya se verá tenía motivos para estirar todo lo posible la supuesta duración de su viaje hasta la Argentina. El propio Schäffer ofrece una pista que, de ser cierta, permitiría establecer con exactitud la fecha su partida desde Kiel. Dice que tuvo lugar dos días después de un furioso bombardeo en cuyo curso el U-977 y otros *U-Bootes* de su flotilla salieron a mar abierto para evitar el ataque. Y que uno de los submarinos resultó hundido, al igual que el transatlántico *New York*, en el cual él había viajado a los Estados Unidos en marzo de 1938. Mientras tanto, lo más sensato es concluir que debió zarpar a fines de abril y en medio de un importante contingente de submarinos del tipo XXI.

Schäffer dijo que además del submarino de la clase XXI que lo acompañaba en aquel viaje, "el primero que se enviaba al frente", sólo había otro de ese tipo en condiciones de combatir. Se trata de una afirmación que repitieron otros comandantes de *U-Bootes* tras el fin de la guerra, y que pasó a engrosar acríticamente la historia oficial, como si se tratara de una verdad revelada. Para la versión canónica, aunque hubiera dos submarinos de la clase XXI en condiciones de combatir –el U-2511 y el U-2513, ambos de la 11ª Flotilla– sólo el primero fue enviado al frente.[33]

El U-2511 formaba parte de la 11ª Flotilla y su comandante era, sorprendentemente, el capitán de corbeta "Adi" Schnee: el mismo que en 1942 había hundido al mercante argentino *Victoria*. Hasta julio de 1944 se había desempeñado como jefe operativo de *todas* las misiones de lobos grises en el Atlántico Norte, tras lo cual se pierde su rastro..., hasta que reapareció en los últimos minutos de la guerra como vulgar comandante de submarino a las órdenes del famoso capitán de fragata Lehmann-Willenbrock, jefe del multilaureado superaviador Rolf Thomsen... Y de Schäffer.

Contando con estos pocos datos, no hacía falta ser un lince para sospechar que algo inusual se estaba tramando. Por lo pronto, que el viaje del convoy que integraba el U-977 tenía como destino Bergen, y

---

[33] "El primer submarino del tipo XXI fue operativo el 30 de abril cuando el U-2511 partió de Bergen, en Noruega. (...) Su torreta, que había sido pintada de blanco para hacerla más difícil de divisar desde el aire, lucía un muñeco de nieve en homenaje a su comandante, cuyo apellido (Schnee) significa nieve en alemán...", sostiene *Wolf Packs*, la obra de Time-Life en la que colaboraron los expertos John R. Elting y Timothy Patrick Mulligan. Es lamentable el error, ya que se trata de una excelente obra de consulta histórica, pero no es verdad siquiera que sólo dos submarinos del nuevo tipo estuvieran en condiciones de combatir, ni que sólo uno fuera enviado al frente. Los submarinos de la clase XXI incorporados a flotillas de combate sumaban 48. Además del U-2511 eran operativos como mínimo otros cuatro *U-Bootes*: el U-2513 y el U-3008 –al igual que aquél pertenecientes a la 11ª Flotilla– y el U-2540 y U-3037 –pertenecientes, como el U-977 a la 31ª Flotilla hasta fines de abril, y presumiblemente traspasados entonces a la 11ª Flotilla–. Debe tenerse en cuenta además que el U-2513, al mando del 'diablo rojo' Hans Topp zarpó de Bergen el 1º de mayo y se rindió en Horten una semana después; que el U-3008, al mando del capitán Helmut Manseck, que había zarpado de Wilhelmshaven hacia Bergen el 3 de mayo, reapareció misteriosamente en aquel mismo puerto alemán el 21 de junio –día en que se lo apropió la *US Navy*–, y que el U-2540, al mando del teniente de navío Rudolf Schultze, fue hundido por su tripulación cerca del faro de Flensburg, se supone que el 4 de mayo –reflotado en 1957, este submarino se exhibe en el Museo Marítimo Alemán de Bremerhaven–.

que las naves que lo integraban se incorporaron en ese puerto a la 11ª Flotilla al mando de Lehmann-Willenbrock fue, hasta hoy, el secreto mejor guardado, tanto por Schäffer como por sus interrogadores argentinos, estadounidenses y británicos, que lo mantuvieron bajo siete llaves por espacio de 57 años. Porque consta que el propio Schäffer se lo confesó a los marinos argentinos tan pronto rindió su nave en Mar del Plata.[34]

En primera persona

En 1947 Schäffer comenzó a escribir sus memorias, una vez que su participación en la Operación Ultramar Sur le había costado dos años de detención y molestos interrogatorios no sólo en la Argentina y los Estados Unidos, sino también en Bélgica e Inglaterra, acusado de colaborar en la fuga de Hitler, Eva Braun y Bormann, y de hundir al crucero brasileño *Bahía*. Escribió su libro con el explícito propósito de evitar que aquellas acusaciones –que por esos días habían recrudecido– volvieran a ponerlo en la picota. Dicho de otro modo, su propósito no era revelar sino echar velamen y oscurecer el meollo de la operación secreta que había protagonizado.

Fiel a la orden recibida antes de partir jamás escribió un solo nombre de sus superiores –ni siquiera de sus subordinados, cuya lista era pública–, ni reveló qué otros *U-Bootes* acompañaron al U-977; evitó referirse a la adscripción del U-977 a la 11ª Flotilla y hasta negó la existencia de la manada que atravesó el Atlántico. Pero el joven marino, impetuoso y borrachín, no pudo con su orgullo. Dijo entre líneas lo suficiente como para reconstruir tanto las principales características de aquella operación como las del "accidente" que determinó que, contra lo planeado, entregara el U-977 en la base naval de Mar del Plata, recién pintado y en perfectas condiciones.

---

34 Su declaración en Mar del Plata impide que haya podido engañar luego a los estadounidenses, que estaban en posesión de las transcripciones de aquellos primeros interrogatorios. Y, por cierto, tampoco resulta verosímil que los estadounidenses hayan ocultado esa información a sus primos británicos, quienes, por otra parte podían obtenerla fácilmente de la Armada Argentina que presumía públicamente de sus excelentes lazos con la *Royal Navy*. Además –como ya se verá– numerosos indicios permiten sospechar que el Almirantazgo tenía información detallada sobre la Operación Ultramar Sur, incluso desde antes de que se iniciara.

Schäffer terminó su libro en 1950, año en que se publicó en Alemania con el jactancioso título *U-977, 66 Tage Unter Wasser* –*U-977, 66 días bajo el agua*–. Más tarde lo publicó en Buenos Aires, tanto en alemán –*Geheimnis um U-977. Im Schnorchel U-Boote von Norwegen bis Mar del Plata*– como en español –*El misterio del U-977*–. Después se tradujo al inglés –*U Boat 977*–, francés –*U 977, l'odyssée d'un sous-marin allemand*–, finlandés –*66 vuorokautta veden alla*– y ruso –*Poslednij poxod U-977*–. Estas diferentes versiones registran variantes a veces imperceptibles, a veces tan notorias como que la versión rusa cuenta la mitad de páginas que la española.

Un ascenso de tres grados

Esta última, publicada en Buenos Aires en 1955 y consultada por los autores, es muy valiosa pues fue supervisada por el propio Schäffer, y porque se mantuvo hasta ahora lejos de la curiosidad del público. *El secreto del U-977* es el volumen XXIV de la Biblioteca del Oficial de Marina y su portadilla advierte: "Esta traducción e impresión ha sido autorizada por el autor (sólo) para el personal de la Marina de Guerra Argentina".

Tan reservada o nula fue su difusión fuera de las dependencias de la Armada que muchos –supuestos– expertos han ignorado clamorosamente su mera existencia. Los sellos de los dos ejemplares a los que accedieron los autores indican que pertenecían a las bibliotecas del SIN –Servicio de Inteligencia Naval– y de la ESMA –Escuela de Mecánica de la Armada–, lo que exime de mayores comentarios.

En 1955 la Armada Argentina protegía a Schäffer mientras conspiraba para derrocar al "nazi" Juan Domingo Perón. Los mandos navales no sólo publicaron el libro sino que previamente le habían entregado cartas de recomendación para la Elma –Empresa Líneas Marítimas Argentinas–, donde lo emplearon como capitán de ultramar. Al terminar la guerra Schäffer no era más que teniente de fragata, sin embargo la portada de *El secreto del U-977* lo presenta como "capitán de fragata de la marina alemana", un gracioso ascenso simbólico de tres grados. Tal vez se presentó como tal ante sus futuros empleadores.

Una avería delatora

Mientras trabajábamos sobre su libro suponíamos que Schäffer se habría preocupado por no contradecir en el escrito sus declaraciones previas ante los marinos argentinos. Creíamos entonces que no podríamos revisar aquellos cuestionarios, pues cuando iniciamos la investigación, a mediados de 2000, tanto éstos como los interrogatorios posteriores efectuados en los Estados Unidos y Gran Bretaña, permanecían secretos. A 55 años de terminada la Segunda Guerra Mundial los interrogatorios a los submarinistas alemanes eran, que se supiera, el único secreto militar remanente de la vasta contienda. Sin embargo a mediados de 2002 logramos acceder, inesperadamente, a una copia de la traducción española de su interrogatorio en Mar del Plata. Entonces comprobamos, sorprendidos, que Schäffer había modificado en sus memorias aspectos sustanciales de aquellas confesiones. Lo que demuestra cuan seguro y confiado se encontraba en la protección que le ofrecían sus antiguos cancerberos e interrogadores, reconvertidos en acríticos editores de sus dislates.

Un buen ejemplo de sus fabulaciones es la explicación, mejor dicho las sucesivas explicaciones, que ofreció sobre el origen de una notoria avería que presentaba el casco del U-977. Cuando Schäffer entregó el submarino en Mar del Plata y aseguró que el U-977 había pertenecido originalmente a la 14ª Flotilla de entrenamiento con base en Pillau y que había sido transferido luego a la 31ª Flotilla, dijo una crasa mentira, ya que la 14ª Flotilla –de combate, no de entrenamiento– fue creada recién en diciembre de 1944 y con base en el puerto ártico de Narvik, Noruega. Durante aquel supuesto viaje a Hamburgo, Schäffer dijo que el U-977 escoltó al transporte Robert Ley –su coartada–, que las aguas del Báltico estaban congeladas y que como el U-977 carecía de una planca de acero que le protegiera la proa, el impacto contra el hielo comenzó a abollarla y a deformar las salidas de los tubos de torpedos, por lo que abandonó la formación e ingresó al puerto de Wessermünde, donde le informaron que no había stock de planchas protectoras y que fabricar una demandaría tiempo.

Fue recién a principios de marzo –siguió inventando– que recibió la orden de ingresar la nave al dique seco de los astilleros Blohm & Voos de Hamburgo, donde había sido botada, para su reparación. En sus

---

35 Los argumentos de Schäffer deben tomarse, en éste y todos los casos, con pinzas. El U-977 había sido comandado hasta entonces por el jefe de la 21ª Flotilla, capitán Hans Leilich, por lo que se supone que estaba en perfectas condiciones de navegación. Su entrada en dique debió responder antes que nada a la incorporación de modificaciones, como un *schnorkel* y otras aún desconocidas.

memorias dijo que permaneció allí hasta que el U-977 estuvo reparado a principios de abril, cuando recibió la orden de presentarse en Kiel.

En Mar del Plata en cambio, Schäffer había evitado mencionar esa estadía de todo un mes en Hamburgo. Tras la primera inspección del U-977 en Mar del Plata los marinos argentinos comprobaron la avería, y concluyeron que ese daño sólo podía ser efecto de una explosión cercana. Schäffer admitió que esa presunción era correcta, y atribuyó la avería a la explosión de una mina mientras navegaba entre Horten y Kristiansand Sur, desde donde, mintió una vez más, había zarpado por última vez del continente europeo.

Como ya se explicará, Schäffer fue trasladado poco después a los Estados Unidos, al POW –*Prisioners of War*– de Fort Hunt, cerca de Washington DC. Pues bien, explicó a los interrogadores norteamericanos que aquella avería databa de septiembre de 1944, cuando en el curso de un entrenamiento en el Báltico el U-977 había chocado con otro *U-Boote*. Por ese desperfecto, agregó, el U-977 jamás había sido enviado al frente. Curiosamente los norteamericanos –que conocían sus declaraciones a los marinos argentinos– aceptaron esa respuesta.

Era la tercera versión sobre el origen de la misma avería. Y aunque no se puede aceptar ninguna, era también la más retorcida, ya que contradecía de manera flagrante sus dichos acerca de que el U-977 había pasado todo el mes de marzo en Hamburgo, donde lo habían reparado y preparado para enviarlo al frente.

Una hazaña increíble

Consciente del mar de contradicciones en las que se había sumido, Schäffer afirma en su escrito que la convocatoria para presentarse en Kiel y zarpar desde allí al frente de combate lo sorprendió porque el U-977 todavía necesitaba reparaciones. Era imprescindible acondicionar "los acoplamientos principales, que llevaban más de un año de uso y podían empezar a desajustarse en cualquier momento"; dotar a la nave de "blindaje absoluto" y reemplazar su deteriorado equipo de radar. Además las baterías del U-977 "tenían el 70 por ciento de su capacidad".

En fin: según su relato más meditado, el U-977 no estaba en condiciones de combatir, ni siquiera de navegar bien y menos aún –con esa birria de baterías– sumergido... Pues bien, esas supuestas limitaciones no le importarían un ápice a la hora de reivindicar para su nave un récord mundial de navegación en inmersión. De acuerdo con sus dichos el

U-977 no podía permanecer sumergido más que unas pocas horas –a lo sumo seis–; pero a poco de que Schäffer se entregara en Mar del Plata, los marinos argentinos dirían a los periodistas que el U-977 había navegado sumergido nada menos que durante 66 días, ditirambo que lo obligaría a mentir durante toda su vida.

Audaz, Schäffer haría de la necesidad virtud: se atrevió a publicar la primera edición alemana de sus memorias con el título *66 días bajo el agua*. Proeza difícil de hacer creer a submarinistas avezados, pues como explica el experto estadounidense Thimothy Patrick Mulligan, los *U-Bootes* convencionales estaban obligados a navegar en superficie, para recargar baterías, un mínimo de cuatro horas por cada veinte que permanecían sumergidos, y eso siempre y cuando los acumuladores estuvieran en perfecto estado. En el mismo sentido Helmuth J. Kraft puntualiza en *Submarinos alemanes en Argentina* que los *U-Bootes* de la clase VII-C como el U-977 apenas podían navegar sumergidos con sus baterías a pleno unas 80 millas a la moderada velocidad de cuatro nudos.

Kraft publicó su investigación en 1998 con el expreso propósito de demostrar que "a nuestras playas (argentinas) solamente llegaron dos submarinos, el U-530 y el U-977" y que de ninguno de ambos había desembarcado clandestinamente nadie. La publicación fue prácticamente simultánea a la del informe de la gubernamental CEANA –Comisión de Esclarecimiento de las Actividades Nazis en la Argentina–, cuyo capítulo referido a los submarinos alemanes arribados a la Argentina fue suscripto por el historiador canadiense Ronald Newton, que supuestamente lo había redactado un año antes. No fue posible establecer quién escribió primero, si Newton o Kraft, pero se infiere que debieron trabajar en estrecho contacto pues ambos coinciden en afirmar que durante la Segunda Guerra actuaron exactamente 1.171 *U-Bootes*, ni uno más ni uno menos, así como que para esa época –1998– se conocía el destino de todos los submarinos alemanes y "y que solamente dos se dirigieron a la Argentina".

Estas afirmaciones son patrañas tamaño portaaviones. Baste decir, respecto de la primera, no sólo que el propio Kraft se contradice flagrantemente[36], sino también que para el prestigioso sitio de internet

---

36 Oficialmente, consigna Kraft, el U-1017, un submarino de la clase VII-C/41 al mando del teniente de navío Werner Riecken fue hundido por un bombardero *Liberator* del Escuadrón 120 de la RAF el 29 de abril en la posición 56° 04' N, 11° 06' O, al noroeste de

uboat.net, a comienzos de 2002 todavía se desconocía el destino de 56 *U-Bootes*. En cuanto a la segunda, demostraremos que los submarinos que navegaron hacia la Argentina fueron al menos cuatro y muy probablemente cinco, aunque es posible que alguno no haya llegado a destino.

El jefe de Heinz

Las mentiras de Schäffer son de tal envergadura que resultan imposibles de maquillar. Su pretensión de *recordman* tizna cada página de sus artificiosas memorias: exagera, alardea, miente. Una marcada tendencia a la proliferación de anécdotas –a veces es imposible discernir si fueron protagonizadas por él, si se atribuye historias ajenas o si mezcla unas y otras– busca disimular hasta la más obvia de las verdades mientras retacea información básica y sortea arrecifes con elipsis que obligan al lector atento a sospechar no sólo que oculta información, sino también que deja expresa constancia del ocultamiento.

Mentiras y contradicciones se suceden una tras otra: en sus memorias Schäffer[37] escribe que "A principios del mes de mayo de 1941 fui destinado al acorazado *Schlesien*, en el Mar Báltico", para afirmar pocas páginas más adelante que "Dos compañeros y yo fuimos destacados a

---

Irlanda. Doce días antes, el 17 de abril, figura como extraviado el U-389, un submarino de la clase VII-C al mando del teniente de navío Wilhelm Cranz que para algunas fuentes navegaba entre el Atlántico Norte y el Ártico, y para Kraft "por el Canal de La Mancha". A ciencia cierta no se sabe por dónde navegaba. "Existe la posibilidad de que el U-398 haya sido hundido en lugar del U-1017 por un bombardero *Liberator* del Escuadrón 120 de la RAF el 29 de abril. Ambas naves desaparecieron sin dejar rastros en las mismas aguas", advierte *U-Boat.net*. En este caso se desconocería el destino del U-1017. Aunque ambos submarinos eran similares, mientras se registra al U-1017 hundido con una tripulación de 43 hombres, el U-389 figura "perdido", tal como escribe Kraft, con sólo 34 hombres. Como puede apreciarse, para Kraft declarar a un objeto "perdido" equivale a conocer su destino. No es, de ninguna manera, un caso excepcional. Hay otros. Kraft señala que el U-196 zarpó a fines de noviembre de Batavia al mando de Werner Striegler con una tripulación total de 85 hombres y que su rastro se perdió "en el Estrecho de Sunda, al sur de la Isla de Java. Se supone que colisionó con una mina", escribió, igualando en este caso una suposición y una certeza.

37 Entre los ex tripulantes del U-172 figura un "H. Schäffer". Según la capciosa historia oficial se trataría de un marinero llamado Helmuth. Schäffer declaró en Mar del Plata que en abril de 1941 integró la tripulación del U-561 –cuyo comandante era Robert Bartels–, un *U-Boote* "que operaba en el frente". Pero lo cierto es que el U-561 integraba entonces la 1ª Flotilla de entrenamiento, cuya única actividad bélica consistía en el sembrado de minas en

un mismo submarino. Era a principios de mayo de 1941". Del mismo modo, a sus interrogadores argentinos les dijo que durante 1942 había servido sucesivamente en dos *U-Bootes* de la 5ª Flotilla de combate con base en Kiel. Sin embargo –y éste quizás fuera el secreto que pretendía preservar sobre los demás–, aquel año había integrado la tripulación del U-172, único submarino superviviente de la manada que a mediados de 1942 se internó en aguas brasileñas.

Desde este punto de vista, su narración sobre la hazaña del comandante que debió esconderse reiteradamente de los embates de un destructor en el que destellaba una temible luz roja, y que luego abatió un avión y averió otro, puede leerse de una manera más ajustada a la realidad. Basta reemplazar hidroaviones británicos *Sunderland* por cazas norteamericanos, y la base de Brest por la de Lorient para que surja, nítida, la imagen de Carl Emmermann.

Hasta que llegó a Bergen y se presentó ante Lehmann-Willenbrock, Schäffer seguía a sus órdenes. Pero durante el interrogatorio no sólo omitió cuidadosamente mencionar a Emmermann[38] por su nombre, sino que hizo denodados esfuerzos por impedir que lo vincularan con él.

Así, cuando los marinos argentinos le preguntaron qué hazaña había realizado para que le hubieran concedido la Cruz de Hierro de Primera Clase cuando apenas tenía 22 años y era un oficial subalterno, Schäffer respondió que "por el éxito que tuvimos al escapar del ataque de seis destructores cuando atacábamos convoyes en aguas vecinas a

los alrededores de los puertos propios. Añadió (lo que sugestivamente olvidaría a la hora de redactar sus memorias) que tras egresar de la Escuela de Submarinos a principios de 1942, se integró a la tripulación del U-441, al mando del capitán Klaus Hartmann y perteneciente a la 5ª Flotilla de combate con base en Kiel, y que poco después pasó a desempeñarse como primer oficial del U-445, de la 8ª Flotilla de entrenamiento con base en Danzig y al mando del teniente de fragata Heiz-Konrad Fenn. Fue en esta nave, inventó, donde había ganado sus Cruces de Hierro. Pero al escribir su libro cambió de versión: tras reparar en que el U-445 había pasado a la 6ª Flotilla de combate en noviembre de 1942 –por lo cual su envío al frente debía ser necesariamente posterior–, justificó su Cruz de Hierro de Primera Clase inventando que el submarino que tripulaba había hundido a un destructor norteamericano en la Nochebuena de 1942: no se registró el hundimiento de ningún destructor de la USS Navy en esa fecha ni en las cercanas.

38 Karl Emmermann nació en 1918 en Hamburgo e ingresó a la *Kriegsmarine* en 1938, cuando tenía 20 años. Hundió 27 buques por 152.094 toneladas. Recibió la Cruz de Caballero en noviembre de 1942, y las Hojas de Roble en julio de 1943. Actuó en el Océano Índico, las costas de Sudáfrica y de Brasil. Sobrevivió a la guerra, regresó a Hamburgo, estudió ingeniería y prosperó en los negocios.

Freetown". Sin embargo, cuando dos días más tarde terminó de declarar, pidió sorprendentemente que se testara "Freetown" y se pusiera en su reemplazo "Gibraltar".[39]

Además de aquella tachadura, se empeñó en que se hicieran otras dos. Una, donde decía que navegaba hacia Mar del Plata: pidió cambiar el nombre de la ciudad por el genérico "Argentina" –porque se negaba a reconocer que había predeterminado el lugar donde se entregaría–; y otra donde se leía que a fines de 1944 le habían otorgado "el *U-Boote Front Spange* de bronce, que se entregaba después de haber prestado servicios en aguas americanas e inglesas". En este caso hizo tachar "aguas americanas e inglesas" y escribir en su lugar un impreciso "zona de guerra".

Resulta obvio que intentaba ocultar que ya había operado en aguas americanas. Si hacía falta algo más para comprobarlo, describió en sus memorias, con lujo de detalles, el bautizo por el cruce del Ecuador –la Fiesta de Neptuno–. Escribió que había sucedido en 1942..., en las cercanías de la capital de Liberia.

Reunión con Dönitz

A los ojos de un observador desprevenido, la concentración de los mejores recursos humanos y materiales del arma submarina alemana en Bergen podría parecer el preludio de la agónica huida de unos lobos grises famélicos y asustados. Bergen era el puerto natural para escapar de la guerra bordeando las Islas Británicas por el norte, y dirigirse desde allí hasta las costas orientales americanas o las costas occidentales de África.

Pero el propio Schäffer disuelve rápidamente cualquier ingenuidad. Porque narra que antes de zarpar de Kiel se entrevistó con Dönitz y agrega que –es de suponer que por orden del gran almirante– se trasladó luego a Berlín para mantener una misteriosa reunión en el cuartel general de las *Waffen SS*.

Cuando recibió la orden de alistar el U-977 reclamó que antes se le hicieran las reparaciones ya señaladas, y que le concedieran "un

---

[39] Debió reparar en que Carl Emmermann no sólo era un veterano del frente sudamericano, sino también del africano. Y que alguien podría sospechar que la persecución descripta se correspondía con la ocurrida en julio de 1943 y en aguas brasileñas, cuando Schäffer era oficial del U-172 al mando de Emmermann.

tiempo mínimo para el adiestramiento de la tripulación, pues se habían embarcado marineros inexpertos". Pero el jefe de la flotilla –es decir Emmermann– rechazó el primer pedido en razón de la escasez o simple carencia de materiales. Entonces, dice Schäffer, decidió dirigirse directamente a Dönitz –a quien identifica como "el almirante"– aunque resulta obvio que Emmermann debió darle la orden, o bien el propio Dönitz, pues no llegó a Kiel solo sino al mando del U-977, luego de atravesar el Canal Kaiser Wilhem que comunica el puerto de Hamburgo con el Báltico.

Se presentó en el "buque alojamiento" del gran almirante –amarrado en Kiel– en momentos en que se celebraba "una conferencia política", reunión que Dönitz cerró con "un comentario optimista". Luego Dönitz lo recibió a solas en su "cámara" y tras escuchar sus quejas le habría respondido: "Mi querido Schäffer, usted sabe que combatiremos hasta la victoria final, que cueste lo que cueste, triunfaremos. Usted es un experto submarinista, lo veo por sus muchas condecoraciones. ¿Quién habría de salir a combatir si no lo hacen hombres como usted, que tienen la experiencia necesaria?" Y agrega que como Dönitz "insistía en que mi submarino debía ir al frente, aun sin estar en condiciones, no repuse nada más".

Cuesta creer en esta versión. Difícilmente el "León de la *Kriegsmarine*" se impresionaría por las "muchas condecoraciones" del joven teniente de fragata, que por otra parte él mismo le habría conferido. Lo importante es la reunión en sí misma –más allá de las inverosímiles circunstancias que aporta Schäffer–, y la increíble descripción de un Dönitz optimista –"cueste lo que cueste, triunfaremos"– en momentos en que arreciaban los bombardeos sobre los puertos alemanes. ¿Qué se traía entre manos?

Apegado a la mamá

Después de reunirse con Dönitz, "a principios de abril", cuando ya "el submarino estaba listo"(*sic*), viajó a Berlín pues "ante todo quería ver a mi madre, ya que era evidente que los rusos marchaban sobre la capital del *Reich* y allí librarían la última batalla decisiva". Saber entonces inequívocamente que serían los soviéticos quienes tomarían la mal defendida capital indica que Schäffer manejaba información reservada. Porque en esos momentos la opinión pública desconocía quién ocuparía primero la ciudad: los aliados desde el oeste o los soviéticos desde el este. La población berlinesa todavía conservaba esperanzas de que fueran los primeros. Temían a los soviéticos porque descontaban que se vengarían de las atrocidades cometidas durante la invasión alemana. Pero no estaba escrito en el cielo que así habría de suceder.

Tras la ocupación de la cuenca industrial del Ruhr, el comandante en jefe de las fuerzas aliadas, "Ike" Eisenhower, se había plantado en la ribera occidental del Elba, cediendo a las tropas de Stalin una Berlín prácticamente vacía –a excepción de adolescentes de las Juventudes Hitlerianas, heridos, extranjeros, mujeres menopáusicas y ancianos–.

Durante aquellos días finales de la guerra el viaje a Berlín era muy peligroso, recuerda Schäffer. El tren demoró 24 horas en llegar a la capital, pues "a intervalos regulares sonaba la alarma aérea y entonces los pasajeros debían refugiarse debajo de los vagones" y a causa de "innumerables desvíos" provocados por la destrucción de los rieles por los bombardeos aliados. Al llegar observó cómo se preparaba Berlín para la última batalla: "Eran volcados los tranvías" y "se levantaban barricadas en las calles".

Sus superiores, afirma, lo habían autorizado a embarcar a su madre en el submarino, un absurdo porque Schäffer se obstinará en sostener que el U-977 partió de Noruega con la orden de combatir en inmediaciones del puerto británico de Southampton. Apenas llegó a Berlín fue a visitar a su madre, pero la mujer habría rehusado la posibilidad de embarcarse. Prefería quedarse y correr la suerte del grueso de los berlineses de su edad.

A la luz de los hechos posteriores, lo más probable es que Schäffer haya viajado a Berlín para advertir a su madre que aunque recibiera noticias de que el capitán del U-977 se había hundido con su nave, no las creyera.

En el cuartel de las *Waffen SS*

Luego se dirigió al cuartel general de las *Waffen SS* donde reinaba "tal confianza en la victoria final" como él no había sentido siquiera en "los tiempos felices", cuando el porvenir del *Reich* parecía esplendoroso. Las *Waffen SS* vivían la misma insensata euforia de la que harían gala hasta último momento Greim y Hanna Reitsch. O bien todos ingerían antidepresivos –o ácido lisérgico, ya que el LSD fue descubierto por el alemán Hoffmann– o alguna razón secreta mantenía alta la moral.

Alega Schäffer que se presentó en el cubil de las tropas de élite del régimen sin previo aviso, que fue recibido como un mariscal en tiempos en que Alemania estaba ganando la guerra; y que le enseñaron un catálogo de armas de última generación que incluía lo que allí llamaban "el aparato de rayos mortíferos". Más allá de que esto último haya ocurrido o no, es de pura lógica inferir que Schäffer pertenecía a los servicios secretos. Al respecto vale subrayar que si en sus memorias narra superficialmente un viaje a Cleveland en 1938, supuestamente para perfeccionar su inglés, en Mar del Plata admitió viajes a Nueva York, Washington, Philadelphia, Detroit, Gettysburg, Buffalo –donde se había fundado el pronazi *Bund* Germano-Estadounidense–, Cleveland y otras ciudades de la Unión. Esta experiencia lo convierte en sospechoso no sólo de haber integrado la Juventud Hitleriana desde la adolescencia y la *Abwher* desde la primera juventud, si no también el plantel de aspirantes a saboteadores a las órdenes de Walter Kappe.

Los generales SS deben haberle dado detalles y directivas para cumplir la delicada misión que Dönitz le había encomendado. Y probablemente también un *kit* de *camouflage* para su nave, e instrucciones detalladas para que en caso de imprevistos lanzara todo tipo de cortinas de humo a fin de garantizar que la verdadera naturaleza de la misión permaneciera oculta.

La nave del jefe

De regreso en Kiel mantuvo una sugestiva entrevista con su ex comandante, "con el cual había navegado como oficial de guardia" –parece una obvia aunque alambicada referencia a Emmermann–, con quien debe haber repasado detalles de la inminente operación secreta.[40] Como se ha dicho, Schäffer se empecina en sus memorias en que su misión consistía en interceptar buques que entraran o salieran del puerto de Southampton. Versión increíble, entre otras razones porque Dönitz disponía de abundantes *elektrobootes* de la clase XXIII, concebidos específicamente para operar en puertos británicos.

---

40 En caso de creer en las declaraciones de Schäffer –dijo que en 1942 revistó sucesivamente en el U-441 y U-445–, debe reemplazarse "Emmermann" por "capitán Karl Heinz Moehle", jefe de la 5ª Flotilla de combate con base en Kiel –a la que pertenecían aquellos submarinos– desde principios de 1942 hasta el final de la guerra.

Sucede que ante los marinos argentinos Schäffer había dicho previamente que debía operar "sobre el canal de Plymouth", y que llevaba consigo y podía exhibir "órdenes escritas" que lo probaba. Llevar órdenes escritas era absolutamente excepcional, ya que por razones obvias Dönitz y el BdU-Op sólo impartían directivas verbales en tierra, o a través de mensajes cifrados a los comandantes en alta mar.

El caso de Schäffer era claramente el primero. "Debíamos ir a Noruega, donde íbamos a completar la carga de combustible, realizar con el submarino dos días de ejercicios con el *schnorkel* recién instalado e ir luego al frente. Para este viaje formamos un grupo de tres submarinos. Entre nosotros había uno nuevo, del tipo XXI. Era el primero que se enviaba al frente", escribió.

¿Cuál era ese submarino? Schäffer jamás lo aclara, pero es bueno tener en cuenta que el 3 de marzo Emmermann había asumido personalmente el mando del U-3037. Al igual que el U-2511 de Schnee y el U-2511 de Topp, este *elektroboote* del tipo XXI, el primero ensamblado y botado en los astilleros de Bremen, era uno de los más "ablandados" de la flota y, con mucho, la mejor nave de la 31ª Flotilla.

Según los registros de la *Kriegsmarine*, el U-3037 fue misteriosamente traspasado por Emmermann al veterano capitán Gustav Adolf Janssen el 23 de abril e incorporado de inmediato a la 4ª Flotilla de entrenamiento con base en Stettin. Y según esa misma fuente Janssen lo habría hundido el 3 de mayo en las costas poco profundas de Travemünde, donde sus restos fueron desguazados. Para todos los fines prácticos, era como si se hubiera evaporado.

Pero sucede que el puerto de Stettin –la actual ciudad polaca de Szczecin– se encuentra en la Pomerania y sobre la ribera del Oder. Y que para esa fecha estaba siendo ocupado por el Ejército Rojo, que ya había cruzado el río... Por lo tanto el supuesto traspaso no tiene ni pies ni cabeza. Debe concluirse entonces que jamás se efectuó, y que el submarino debió seguir bajo el comando de Emmermann.

En resumen, es harto probable que el submarino de la clase XXI que acompañó al U-977 en su singladura desde Kiel hasta Bergen fuera el U-3037.

Antiguos rumores
Schäffer describe la partida del U-977 de Kiel como integrante de un convoy de tres submarinos, en medio de una fuerte escolta de naves

de superficie, lo cual indica la importancia de la misión. Agrega que –a pesar de la custodia– uno de los submarinos del convoy fue hundido por la aviación aliada, pero no ofrece más datos para identificarlo.

Refiere luego una escala en un puerto danés que no nombra, pero según admitió durante su interrogatorio en los Estados Unidos era Frederikshaven. Extrañamente, tratándose de los prolijos militares germanos –que llevaban un obsesivo registro de los kilos de pelo y piel obtenidos de los prisioneros ejecutados en los campos de exterminio– no se conservaron en Frederikshaven registros de los movimientos de los *U-Bootes* durante aquellos días. Hans Christian Bjerg, jefe de los Archivos de la Defensa y asesor histórico de la Marina de Dinamarca, lo confirmó a principios de diciembre de 2001: "Los primeros días de mayo antes de la capitulación de Alemania fueron muy confusos, por lo que la información exacta en lo que hace al movimiento de los *U-Bootes* es muy difícil de encontrar, y más difícil de certificar", explicó y agregó que "Siempre hubo rumores de que algunos *U-Bootes* que durante los últimos días de la guerra zarparon de puertos alemanes, u ocupados por los alemanes, tenían como destino la Argentina y que llevaban oro, sumas enormes de dinero y jerarcas nazis. (...) Sin embargo estas presunciones son muy difíciles de confirmar y alrededor de ellas hay mucha literatura fantástica. Varios submarinos alemanes fueron hundidos en aguas danesas los días previos al 8 de mayo. Se creía que iban a la Argentina, pero parece que iban a Noruega. (...) Varios de estos *U-Bootes* fueron explorados por buzos o sacados del mar, y en ninguno se encontró oro, ni dinero, ni restos de personas prominentes. (...) Yo mismo fui, en representación del Ministerio de Defensa, veedor del izamiento (en 1993) del U-534 y puedo dar fe de ello". U-534. Conviene tenerlo presente.

Atiborrados

En Frederikshaven, recuerda Schäffer, "se podía comer bien una vez más y recurrir al centro alemán de abastecimiento" gracias al cual "embarcamos barriles de manteca, jamones, huevos, en fin todo lo imaginable". A tal punto atiborraron de provisiones el submarino, que "el jefe de máquinas manifestó sus reparos respecto a la carga excesiva, ya que con ello se dificultarían o aun imposibilitarían las maniobras de inmersión". A pesar de esta advertencia Schäffer ordenó cargar el contenido de un último camión de víveres, cuidadosamente estibados en distintos rincones del *U-Boote* para no interferir los desplazamientos y evitar desequilibrios. La tripulación estaba obligada a desplazarse en fila india, y aun así chocaba permanentemente con los jamones colgados, con cajas de cognac y de champagne.

¿Tantos y tan buenos víveres para combatir en las cercanas costas de Inglaterra? ¿Correr riesgos de sobrecarga para un viaje de dos o tres semanas? ¿Acaso era normal que los *U-Bootes* que partían al frente embarcaran manjares y champagne? ¿No resulta del todo excepcional que eso ocurriera en las últimas, agónicas horas del Tercer *Reich*?

No cabe duda en cambio de que la orden de cargar vituallas en esa calidad y cantidad provenía del propio Dönitz, quien el 2 de mayo trasladó la sede de su gobierno a la Escuela de Entrenamiento Naval de Murwick, en las afueras de Flensburg, junto a la frontera con Dinamarca.

En la amplia Bahía de Flensburg se encontraba la base de *U-Bootes* más importante del Báltico y, en medio de amplios jardines, un conjunto de sólidos edificios administrativos de la *Kriegsmarine*.[41]

Desde allí se podían cursar por vía terrestre mensajes y órdenes a la base de Frederikshaven sin peligro de que fueran interceptados. Dicho viaje –unos 360 kilómetros– demoraba entonces unas cuatro horas. Pero ambas ciudades contaban con aeródromos –en el caso de Frederikshaven, el de Sindal, a 22 kilómetros– con lo cual la velocidad de las comunicaciones podía reducirse a poco más de una hora.

La apuesta

"Aquél que llegase último a Noruega (cruzando el Estrecho de Skagerrak) debía pagar un cajón de champagne", dijo haber acordado Schäffer con el comandante del submarino clase XXI. Se jactó de haber ganado por todo un día de ventaja, una hazaña en verdad asombrosa ya que el *elektroboote* por lo menos duplicaba sumergido la velocidad de su descangallado *U-Boote* convencional.

Por lo pronto queda claro entonces que si tal apuesta se realizó, ambos comandantes sabían previamente que cruzarían el estrecho en

---

[41] Allí, tras una dura instrucción, se había recibido Schäffer de guardiamarina a fines de 1938. "La Escuela Naval ofrecía un aspecto imponente. Desde el edificio principal, que se levantaba sobre una colina, una inmensa escalinata de piedra llevaba al puerto donde centenares de yates, botes a remo y lanchas de motor están amarradas al extenso embarcadero", describió.

superficie. Sólo así una apuesta semejante sería razonable, porque tratándose de una zona infestada de minas, la labor de sortearlas limaría la pequeña diferencia de velocidad en superficie.

Claro que Schäffer no admitió en principio que navegaran de manera expuesta por un lugar peligroso, sino que –entrenado en lanzar cartuchos *Bold* y distraer a los oponentes con burbujeos– se entregó a uno de sus típicos ditirambos.[42] Pero debió reconocer finalmente que cruzaron el estrecho en superficie: "El viaje a Noruega se presentaba extremadamente peligroso por cuanto los ingleses ejercían una estrecha vigilancia" sobre el estrecho. "Apenas nos habíamos separado de nuestra escolta cuando ya el equipo antirradar anunciaba la presencia de aviones enemigos. Calculamos que eran unos doce. Se nos aproximaban rápidamente y nos hallábamos en una zona de escasa profundidad y además minada. Ya oíamos el ruido de sus motores. Primeramente nos rodearon; parecía que nos querían localizar con exactitud o bien esperar refuerzos antes de iniciar el ataque. Contábamos con ser tocados de un momento a otro por los proyectiles-cohetes de nuevo tipo que eran lanzados desde las alas."

Dijo que ordenó la inmersión pero, oh misterio, nada sucedió. Era imposible que una escuadrilla de doce aviones británicos no hubiera detectado al grupo –de al menos tres submarinos, pues como enseguida se verá, el supuesto hundimiento previo del tercer *U-Boote* sería pronto desmentido por el desmemoriado narrador– que navegaba en superficie por uno de los estrechos más vigilados del mundo. Sin embargo Schäffer no menciona que los muchachos de la RAF los hayan ametrallado, ni que les lanzaran cargas de profundidad. Simplemente, cambia de tema. Porque tan pronto se sumergieron la navegación se convirtió en un caos, aunque no por un ataque enemigo –que jamás se produjo– sino por su propia incapacidad de navegar a profundidad de *schnorkel*.

La marcha del U-977 se podía comparar con la de "una serpiente de mar: subida, descenso, subida, descenso" y en un descenso hasta los

---

42 Sostuvo que el *elektroboote* alcanzaba sumergido "una velocidad de más de ocho nudos, mientras que el mío desarrollaba sólo tres nudos. La velocidad máxima de aquél (en superficie) era de 18 nudos y yo podía navegar sólo una o dos horas a ocho o nueve nudos". El imaginativo teniente de fragata miente con descaro, pues aunque los submarinos de la clase XXI eran mucho más rápidos que los convencionales bajo el agua, no tenían ventajas apreciables en superficie. Del mismo modo, redujo a la mitad la velocidad máxima que alcanzaba un *U-Boote* de la clase VII-C en superficie.

30 metros los motores *diesel* absorbieron el aire interno, haciendo que "los ojos comenzaran a salirse de sus órbitas y los tímpanos amenazaran con romperse. (...) Llegamos al valor límite: ¡400 milibares de presión!", exageró.

Con el submarino casi vacío de aire pero lleno del humo tóxico de los motores y en medio de toses y ahogos, dijo que se ciscó en instrucciones y reglamentos y dio la desesperada orden de emerger lo más rápido posible. Lo preceptivo era hacerlo lentamente porque "se debía reestablecer el equilibrio de presión", pero "abrir la escotilla y salir fue todo uno", pues los tripulantes tenían "un solo deseo: ¡respirar aire puro!".

Schäffer se muestra preocupado por evitar que alguien concluya que atravesó el Estrecho de Skagerrak en superficie porque así se lo habían ordenado. Argumenta en cambio que aunque "según la orden del Alto Mando (en la travesía hacia Noruega) debíamos navegar sólo en inmersión con *schnorkel*", pues la zona que debían atravesar "era sumamente peligrosa", la desobedeció por razones de fuerza mayor: "Preferí no volver a sumergir, al menos no quería usar el *schnorkel*, pues no tenía ningún deseo de morir asfixiado como una rata".

En su descargo por la supuesta desobediencia alegó que la orden de navegar sumergidos era "difícil de cumplir sin haber realizado antes un adiestramiento adecuado en el uso del nuevo dispositivo, pero el Alto Mando había considerado que el Báltico ya no era suficientemente seguro como zona de ejercicio" y había dispuesto que "recién en Noruega íbamos a recibir un adiestramiento de dos días en la navegación con *schnorkel*".

Navegar en superficie, remató festivo, "era además la única posibilidad de ganar la apuesta". ¡Curioso comandante el que pone en peligro de muerte a sus hombres para ganar un cajón de champagne!

Porque la actitud de Schäffer parece suicida. Según los expertos, cruzar el Estrecho de Skagerrak en superficie y salir indemne era, desde hacía muchos meses, virtualmente imposible. Dice Kraft: "Debido al cerco impuesto por mar y aire por los aliados, la chance de escapar del bloqueo por parte de los sumergibles era de una entre cuatro". El comportamiento de Schäffer es incomprensible... A menos que los británicos hubieran decidido permitir el cruce.

¿Por qué razón habrían de hacerlo? Una hipótesis plausible sostiene que tal actitud derivaría de la continuación de las negociaciones que habían fructificado en la Operación *Sunrise*. Sólo Dönitz, entregado a febriles negociaciones con los aliados anglosajones a través de intermediarios, podía haber negociado la indemnidad de ese cruce.

Exaltados por una misión clara y precisa

Schäffer escribe, ufano, que llegó a la base noruega con un día de ventaja sobre "los otros dos submarinos". ¿No había dicho que de Kiel habían partido tres y uno había sido hundido por la aviación aliada? ¿O los submarinos que integraban el convoy eran más de tres?

En sus memorias no identifica aquella base, pero al declarar en Mar del Plata dijo que se trataba de Horten, en la bahía de Oslo.

Entrando y saliendo de los escarpados fiordos noruegos el jefe de máquinas del U-977 aprendió a utilizar el *schnorkel*, por lo cual "estábamos listos para zarpar", a pesar de que, se queja, comenzaban "a sentirse las consecuencias del desgaste de los acoplamientos *diesel*". Sin embargo "no dimos parte de ello, pues teníamos interés en cumplir una misión clara y precisa que no nos sometía a órdenes contradictorias en medio de circunstancias caóticas". La frase sugiere claramente que las órdenes que había recibido incluían la de no acatar otras, ulteriores, que las contradijeran: Dönitz sabía que en pocas horas más sería observado por encima del hombro por generales y almirantes británicos y estadounidenses, ante quienes tendría que negociar la capitulación.

Después del entrenamiento en el uso del *schnorkel* amarraron el U-977 en Kristiansand sur –hay otro puerto llamado Kristiansand más al norte–. Según las memorias de Schäffer habría sido allí desde donde inició su largo y accidentado viaje hacia la Argentina. Pero ya sabemos que en realidad zarpó de Bergen.

La víspera de la partida la tripulación del U-977 cenó en tierra firme. Aunque Schäffer no lo precisa, era la noche del 1 de mayo, cuando Dönitz primero –a las 22.26– y la *Wehrmacht* después anunciaron la muerte de Hitler "con una doble distorsión de la verdad: diciendo que Hitler había muerto esa tarde" y que había encontrado la muerte "en su puesto de la Cancillería del *Reich* cuando luchaba hasta el último aliento contra el bolchevismo", como puntualiza Kershaw.

Radio Hamburgo había adelantado la noticia al anochecer. Cerca de medianoche, después de anunciar que reemplazaba a Hitler como jefe del Estado, Dönitz radió desde Plön una proclama política que desafiaba a los soviéticos y tentaba a los aliados occidentales: "Mi primera tarea es salvar a los hombres y mujeres alemanes de la destrucción por el avance del enemigo bolchevique. Es únicamente para servir a este propósito que la lucha militar continúa. Durante tanto tiempo como los británicos y norteamericanos continúen impidiendo la realización de esta tarea, deberemos seguir luchando y defendiéndonos contra ellos".[43]

Schäffer nada comenta al respecto, aunque sí describe las últimas horas que pasaría en continente europeo como militar en armas. Era "una noche templada y apacible de la primavera nórdica" y habían "acampado en círculo y al sereno sobre la ladera de una montaña. (...) Estaba ardiendo una pira de leños y las llamas rojas se elevaban hacia el cielo. Refulgían las estrellas y el mar brillaba. Oscuras rocas conferían

---

[43] Dönitz era respetado tanto por militares como por la mayor parte del exhausto pueblo alemán. El líder indiscutido de los lobos grises había cosechado las suficientes victorias como para que su reconocimiento de la derrota no pudiera ser objetado ni por el más fanático de los nazis. Este hecho resultaba importante a la luz de la experiencia histórica, pues tras la derrota en la Primera Guerra Mundial se había vuelto un lugar común decir que el Ejército alemán no había sido vencido en el campo de batalla, sino traicionado por una retaguardia civil de débiles y temerosos políticos que se habían rendido cuando todavía era posible luchar. El sucesor de Hitler conocía perfectamente las draconianas condiciones de capitulación a las que se enfrentaba a través de los documentos capturados por los servicios de inteligencia alemanes, que señalaban las zonas de ocupación en las que la vencida Alemania sería dividida. Sabía también que se había desatado entre los vencedores una aguda polémica sobre el futuro de su patria. Altos funcionarios del gobierno norteamericano –como el secretario del Tesoro Henry Morgenthau– deseaban arrasar su industria y convertir a Alemania en una granja, mientras otros, dando por descontado que muy pronto la guerra habría de continuar contra la Unión Soviética, planteaban convertir a Alemania en el pilar europeo de una inminente Tercera Guerra Mundial que, al fin y al cabo, tendría como principal teatro de operaciones su devastado territorio. Formó luego un gabinete en el que introdujo algunos cambios respecto de la voluntad testamentaria de Hitler –los más llamativos fueron la inclusión de Speer y la exclusión de Bormann–, tras lo cual inició una ronda de conferencias telefónicas con los dispersos jefes militares y políticos del agonizante *Reich*. Por fin convocó a Himmler, que recorría las zonas no ocupadas de la Alemania del norte como si fuera el nuevo *Führer*, por lo que no estaba claro si aceptaría a Dönitz como sucesor de Hitler. El jefe de las SS comandaba, al menos teóricamente, la policía, las *Waffen SS* y otras tropas heterogéneas. Escoltado por seis guardaespaldas de las SS llegó al cuartel general de Dönitz hacia la medianoche. "Le tendí a Himmler el mensaje que contenía mi nombramiento. 'Por favor, lea esto', le dije. Lo observé atentamente mientras lo hacía. A medida que leía, una expresión de asombro, en realidad de consternación, se extendió por su rostro. Toda esperanza pareció derrumbarse dentro de él. Se puso muy pálido. Finalmente se puso de pie e hizo una inclinación de cabeza. 'Permítame –dijo– ser el segundo hombre en su estado'. Le respondí que eso quedaba descartado, y que no había forma alguna de que pudiera hacer uso de sus servicios", recordaría Dönitz. Desde entonces el destino de Himmler fue errático. Se supone que los británicos lo detuvieron a mediados de mayo, que se suicidó con una cápsula de cianuro y que su cadáver fue incinerado.

al ciclópeo panorama un carácter de exaltación contenida. (...) Si bien tomábamos copa tras copa, pues teníamos bebida en suficiente cantidad, no llegamos a desarrollar una ruidosa alegría", embargados por la zozobra al pensar en el destino de Alemania y de sus familiares, sabiendo que el Tercer *Reich* "estaba vencido y ocupado por tropas enemigas".

La historia oficial, es sabido, se escribe en el hemisferio norte. Así, aunque Schäffer haya admitido ante los marinos argentinos que zarpó de Bergen, según lo poco que los NARA –*National Archives and Records Administration*– estadounidenses han hecho público de los interrogatorios efectuados en los Estados Unidos, el convoy zarpó a las 22 del 2 de mayo desde Kristiansand sur.

Quizás sea verdad. Pero en todo caso de allí se dirigió a Bergen, más al norte, donde los submarinos que lo integraban se incorporaron a la 11ª Flotilla.

Luego de admitir durante el interrogatorio en Mar del Plata que el U-977 se había incorporado a esa flotilla, se obcecó en afirmar que jamás había conocido a su jefe –Lehmann-Willenbrock– porque, argumentó un tanto infantilmente, no había tenido tiempo de presentarse ante el nuevo comandante.

Da igual. Antes de zarpar, recordó en su libro, el jefe de la flotilla los arengó: "Lucharemos hasta el último hombre, no capitularemos jamás". Una frase que Kraft juzga hueca a esa altura de los acontecimientos. A menos, claro, que no se refiriera estrictamente a acciones bélicas.

Superávit energético

A partir de este punto Schäffer no volverá a mencionar en sus memorias convoy alguno. Finge demencia. Pretende que el U-977 navegaba solo. Pero se había ufanado antes de que su nave y las que lo acompañaban zarparon de Noruega después de cargar más de un millón de litros de combustible. ¡Más de un millón, cuando se presume que Hitler no había logrado reunir 200 litros, y según el general Bredow era milagroso poder llenar un mechero en el *Führerbunker*! Hasta el incontinente Schäffer reconoce que hacia fines de abril, "las reservas alemanas estaban agotadas y las plantas de producción sintética y las vías de reaprovisionamiento, destruidas".

En Mar del Plata Schäffer diría que el U-977 había cargado apenas 80 toneladas métricas. Explicó a los marinos argentinos que aunque la nave podía cargar 130 toneladas, el jefe de máquinas le había solicitado partir con menos combustible para optimizar la estabilidad del submarino.

Dicho de otro modo: en el hipotético caso de que el convoy estuviera integrado únicamente por submarinos de la clase VII-C, y que todos hubieran cargado la misma cantidad de combustible, entonces los *U-Bootes* que formaron parte de la travesía habrían sido trece.

Aun si dos *U-Bootes* de la clase IX-C/40 –que cargaban hasta 230 toneladas métricas– hubieran formado parte del convoy, de acuerdo con las proporciones de carga indicadas por el propio Schäffer, se trataría de ocho naves.

Obviamente si la proporción de submarinos tipo "Gran Crucero" o de la nueva clase XXI hubiera sido mayor, el número de integrantes se vería reducido.

En cualquier caso, y cualquiera haya sido su número, los submarinos se hicieron a la mar desde Bergen, por orden del "Tío Karl", pletóricos de combustible, comida y bebidas. No se conoce otra unidad de la *Wehrmacht* que para el momento de la capitulación de Alemania gozara de semejantes privilegios.

Un radio-operador argentino

Schäffer mintió cuando dijo que uno de los dos submarinos que acompañaban al U-977 en su singladura entre Frederikshaven y Horten había sido hundido por la RAF: o los que zarparon eran más de tres, o ningún *U-Boote* de ese convoy resultó hundido, ya que seguidamente se jactó de haber obtenido más de un día de ventaja sobre "los otros dos" submarinos que cubrían ese trayecto.

Tanto si mintió en la primera afirmación –los submarinos eran más de tres, pero uno de ellos, efectivamente, fue enviado a pique– como en la segunda –uno de los tres submarinos resultó hundido, pero no antes de llegar a Noruega sino después– el hundimiento del U-534, destacado por Bjerg, el jefe de los Archivos de la Defensa danesa, resultaba muy interesante.[44]

El U-534, un submarino del tipo IXC/40 perteneciente a la 33ª Flotilla, fue enviado al fondo del mar por su tripulación el 5 de mayo

---

44 Rescatado en 1993, este submarino se exhibe desde 1996, restaurado, en el Museo Marítimo Nautilus de Birkenhead, cerca de Liverpool.

en Kattegat, al noroeste de Helsingör –56° 39' N, 11° 48' E– luego de que un bombardero británico *Liberator* inutilizara sus instrumentos de navegación. En un documental danés sobre su rescate emitido por la señal *National Geographic,* uno de los oficiales del bombardero explica que antes de atacarlo descartaron sucesivamente como objetivos a tres torpederas alemanas, y que siguieron la pista del U-534 porque sus mandos les habían informado que "los jerarcas nazis estaban fugándose en submarinos hacia la Argentina".

Según el filme, no se comprende por qué el comandante del *U-Boote*, capitán Herbert Nollau, ordenó abrir fuego cuando fue intimado a rendirse, imposibilitado de escapar. Parece obvio que tenía estrictas instrucciones de no rendir la nave. Nollau no sólo ordenó abrir fuego, sino también las escotillas para que el *U-Boote* se hundiera mientras la tripulación se echaba al agua. Cinco de sus 52 tripulantes quedaron atrapados al realizar la maniobra, pero lograron salir agónicamente cuando el submarino ya reposaba en el lecho marino, a más de 60 metros de profundidad. Sólo tres hombres se ahogaron.[45] Uno de ellos, según dijeron los sobrevivientes a sus captores, era un radio-operador argentino.[46]

El rescate del U-534 permitió comprobar que el *U-Boote* llevaba a bordo no una, sino dos máquinas *Enigma*, con el propósito de descifrar mensajes doblemente encriptados. También permitió rescatar una importante cantidad de papeles que según el documental todavía no han terminado de analizarse. Dicho de otro modo: su análisis aún no se dio a publicidad. Entre otros, persiste el misterio de la presencia de un radio-operador argentino como parte de la tripulación.[47]

Un equipo experimentado

La 33ª Flotilla con base en Flensburg se formó tardíamente, en septiembre de 1944, en respuesta a la pérdida de las bases francesas del Golfo de Vizcaya. Quedaron afectados a ella tanto el U-534 como el

---

45 Según el documental, uno de los muertos tenía 18 años y su apellido era Neudorfer (fonético).

46 Buscar "U-534" en el sitio especializado *www.uboat.net.*

47 El rescate tiene su propia página de internet, *www.u534.coolfreepages.com.* En ella se afirma que el U-534 fue especialmente modificado para "cubrir grandes distancias y navegar hasta la Argentina llevando como pasajeros a nazis fugitivos".

U-530, su gemelo destinado a operaciones especiales, sobreviviente del acoplamiento con el infortunado I-52 japonés en los cálidos mares del sur.

Dönitz designó jefe de la nueva flotilla al capitán de navío Günther Kuhnke, de 32 años, veterano de la Operación Redoble de Tambor y condecorado con la Gran Cruz de Caballero, quien había sido desde su creación el jefe de la 10ª Flotilla con base en Lorient a la que habían pertenecido tanto el U-172 de Emmermann como el U-185 de Maus.

En julio, Kuhnke había asignado de manera interina un submarino de la clase IX-C/40, el U-853, al teniente de navío Otto Wehrmut, primer oficial del anterior comandante, capitán Helmuth Sommer. Pese a su juventud –tenía 24 años–, Werhmut era un veterano. Había navegado en el U-37 de Oehrn y durante veinte meses actuó como segundo del capitán Gustav Adolf Janssen –el mismo al que, de acuerdo con la falaz historia oficial, Emmermann habría entregado el U-3037– a bordo del U-103, un traqueteado *U-Boote* de la clase IX-B perteneciente a la 2ª Flotilla –también con base en Lorient– que durante ese período torpedeó en el Atlántico Norte a muchos de los 45 buques que hundió durante su dilatada carrera.[48]

El 24 de agosto el jefe Kuhnke asumió personalmente el comando del U-853, con el que encabezó a fines de septiembre el éxodo de Lorient a Flensburg, pero retuvo como segundo a Wehrmut a quien, al parecer, le prometió que pronto volvería a ser comandante de un *U-Boote*. Lo cierto es que tan pronto llegaron a Flensburg, Kuhnke asumió el mando de la nueva flotilla y le entregó el U-853 al teniente de navío Helmuth Frömsdorf, apodado "El Equilibrista".[49]

Al comenzar 1945 Kuhnke habría cumplido su promesa y nombrado a Wehrmut comandante del U-530. Según la historia oficial, a

---

48 A principios de 1944 el U-103 fue asignado a la 24ª Flotilla de entrenamiento, con base en Memel, y poco después, en marzo, oficialmente retirado de servicio. Pero, curiosamente, en enero de 1945 fue enviado desde Gotenhafen –base de la 24ª Flotilla– a Hamburgo, y en abril navegó desde Hamburgo hasta Kiel, donde figura como hundido el día 15, con el saldo de un único muerto, probablemente el último hombre de un autohundimiento.

49 Que Kuhnke realizaba operaciones especiales quedó ratificado cuando unos días después, el 8 de octubre, zarpó desde Horten al mando del U-1230 que –como ya ha sido narrado– desembarcó a dos espías en el Golfo de Maine a fines de noviembre para –luego de hundir el 3 de diciembre al vapor canadiense *Cornwallis*, de 5.458 toneladas– regresar a Kristiansand sur el 13 de febrero.

partir de entonces su comandante anterior, el curtido Lange, pasó a desempeñarse como autoridad del puerto báltico de Hela.

El U-853 y el U-530 pronto se encontrarían frente a las costas de los Estados Unidos, integrando una misma manada con otros *U-Bootes*, como el U-548 y el U-190. Todos provenían de la disuelta 4ª Flotilla, eran del tipo IX-C/40 y hasta su llegada a Noruega pertenecían a la 33ª Flotilla. Los cuatro U-Bootes se habían presentado en Flensburg durante la primera quincena de octubre de 1944. El día 4 llegaron el U-190 y el U-530; el 12 lo hizo el U-548, y el 14 el U-853. No se sabe, en cambio, cuándo dejaron Flensburg, pero sí que los cuatro navegaron hasta Kiel, y que todos llegaron en febrero al puerto noruego de Horten, en las cercanías de Oslo.

El primero en zarpar, tras una estancia de tres días, fue el U-853. Se presume que se dirigió a otro puerto noruego, Stavangetde, y que zarpó de allí el 23 de febrero rumbo a las costas norteamericanas. El U-530 partió bastante más tarde, el 3 de marzo. Dos días después lo hizo el U-548 y por último, el 19 de marzo, el U-190, que había pasado en Horten más de un mes.

La cadena de mandos entre Dönitz y los comandantes de estos *U-Bootes* se reducía a Kuhnke. Los cuatro submarinos debían reunirse la primera semana de abril frente a las costas de Nueva York. Su misión sigue siendo un enorme misterio.

El hundimiento "accidental" de una corbeta

El mediodía del lunes 23 de abril de 1945 encontró a la pequeña corbeta *USS Eagle 56*, de 256 toneladas, realizando un ejercicio antisubmarino en la pequeña Bahía Casco, en Nueva Inglaterra, cerca de la ciudad de Portland. La corbeta arrastraba un blanco que simulaba un *U-Boote*. Cazas de la *US Navy* arrojaban sobre él bolsas de harina. Eran las 12.13 cuando la corbeta fue alcanzada por un torpedo que hizo desaparecer su popa, por lo que se hundió con suma rapidez. Tanta, que sólo una cuarta parte de la tripulación atinó a lanzarse al agua.

El alerta fue inmediato. Los aviones que participaban del ejercicio vieron el hundimiento, y la explosión fue escuchada desde otros buques de la *US Navy*. De acuerdo con lo relatado por los náufragos, había pasado poco más de un cuarto de hora desde el ataque cuando llegaron al lugar el *USS Selfridge* y el *USS Nantucked*.

En el cuartel general de la *US Navy*, el comandante encargado de las acciones de defensa antisubmarina recibió la noticia. Kenneth Knowles, un hombre delgado y adicto al trabajo, enarcó una ceja al leer el escueto informe que terminaba diciendo que el hundimiento habría sido consecuencia del ataque de un *U-Boote*. Según las coordenadas, la corbeta había sido hundida a tres millas de la costa. La presencia tan cercana de un *U-Boote* cuando la guerra prácticamente había finalizado resultaba sorprendente. Sólo podía explicarse por un inminente desembarco, o por la necesidad de embarcar comandos espías.

Pronto el operador del *sonar* del *Selfridge* informó a su comandante, el teniente de navío J. A. Boyd, que estaba recibiendo un eco metálico originado unos mil metros al noroeste. Boyd ordenó atacar al submarino con cargas de profundidad. Le lanzaron toda una serie. Pero aun así el *U-Boote* no identificado logró escapar hacia el sur. Contra toda presunción había puesto proa hacia Nueva York, cuyas aguas estaban infestadas de buques enemigos.

De los 62 tripulantes de la *USS Eagle 56* sólo sobrevivieron 13, y entre ellos sólo un oficial, John Scagnelli. Los náufragos Oscar Davies y el maquinista John Breeze declararon que cuando ya estaban en el agua, a 500 yardas –unos 400 metros– vieron emerger la torreta de un submarino. Breeze agregó que había podido distinguir un caballo rojo sobre un campo amarillo pintado en el escudo de la torreta.

Al día siguiente, el crucero *USS Muskegon* reportó el ataque a un *U-Boote* con cargas de profundidad en el Golfo de Maine. El dato es importante, pues pudo tratarse de uno de los *U-Bootes* protagonistas de este relato, el U-530.

Tras el victimario del *Black Point*

Once días más tarde, el 5 de mayo, el *New York Times* advirtió el riesgo de que la ciudad fuera alcanzada por "bombas-robot" lanzadas desde submarinos alemanes. Por lo visto la inteligencia estadounidense conocía los planes de la *Kriegsmarine* de bombardear Nueva York desde *U-Bootes* con misiles V-1.

Ese mismo día, durante una breve reunión en el cuartel general de la *US Navy*, Knowles informó que otro *U-Boote* había sido detectado cerca de Reykjavik, Islandia, navegando hacia el sur, tal vez hacia el Cabo Hatteras o el Golfo de Maine.

A las 15.14 el sistema *Magic* interceptó una orden general del OKM para que los comandantes de *U-Bootes* dispusieran el alto el fuego. Sin embargo –los submarinos alemanes que operaban en la costa norteamericana no podían emitir mensajes so pena de ser detectados, pero escuchaban religiosamente los del BdU-Op–, a las 17.39 un *U-Boote* torpedeó y hundió al noreste de la Isla de Block y a unas 3,5 millas de Rhode Island al carguero estadounidense *Black Point*, de 5.353 toneladas, que navegaba rumbo a Boston. La explosión y el rápido hundimiento costaron la vida de 12 tripulantes, un cuarto de la tripulación. Al llegar a tierra firme tanto el comandante, Charly Prior, como el maquinista, Frank Kelley, atribuyeron el siniestro a un choque con una mina a la deriva. No se les ocurría otra posibilidad.

Sin embargo, en un angustiado S.O.S. radiado desde el *Black Point* el radio-telegrafista había informado que estaban siendo atacados por un submarino que navegaba en superficie. El mensaje había sido escuchado desde el mercante yugoslavo *SS Kamen*, que alertó a la *US Navy*. A las 18.50 zarpó el destructor *USS Atherton* al mando del capitán Lewis Iselin. Tras rescatar a los náufragos con la colaboración del destructor *USS Amick* y la fragata *USS Moberly*, a las 20.23 su operador de *sonar* detectó un cuerpo metálico a 1.400 metros de distancia y 20 de profundidad. Iselin ordenó el ataque con cargas *Hedge-Hog*. Poco después se sumaron a la persecución la fragata *Moberly*, los destructores *Amick* y *John D. Ericcson*, y dos dirigibles de la defensa costera.

Entre todos acorralaron al submarino. El *Atherton* llevó el peso del ataque y le lanzó dos tandas de cargas de profundidad consecutivas. La segunda consiguió que emergieran madera y mucho combustible. Hacia la medianoche diez naves de guerra cortaban todas las rutas de escape al malherido lobo gris. A las 0.32 del 6 de mayo, el capitán Iselin escribió en el cuaderno de bitácora que seguía emergiendo petróleo en gran cantidad y burbujas de aire, y que el *U-Boote* averiado se encontraba sumergido entre los 21 y los 30 metros. Ordenó entonces rematarlo con una nueva tanda de cargas de profundidad y *Hedge-Hog*. Iselin quedó satisfecho cuando emergieron cigarrillos, balsas salvavidas, fundas de almohadas y hasta la gorra del comandante. Gracias a algunos de estos elementos la *US Navy* pudo establecer que se trataba del U-853 de Frömsdorf.

Los cazadores regresaron a su base enarbolando escobas en la cima de sus mástiles: la señal de una buena limpieza.

El U-530 ya había emprendido su viaje hacia la Argentina. En rigor, lo hizo primero hacia una isla semidesértica del Archipiélago de Cabo Verde. Antes de que culminase su periplo, la *US Navy* habría de proclamar que el hundimiento de la *USS Eagle 56* se había producido... por una explosión en su caldera.

Se hicieron varios intentos por recuperar los libros de navegación del U-853, el primero por buzos del *USS Penguin* el mismo 6 de mayo de 1945. Se supone que la *US Navy* logró recuperarlos. También se presume que el U-853 transportaba medio millón de dólares en joyas y otro millón en recipientes de acero inoxidable herméticamente sellados. Uno de los testigos que declaró en el juicio de Nuremberg, Hans Bergerdans, dijo que además llevaba una importante cantidad de cheques de viajero. Pero jamás pudo probarse que fuera el responsable del hundimiento de la *USS Eagle 56* casi dos semanas atrás. Por cierto, según filmaciones submarinas, el U-853 conserva la mayoría de sus torpedos.

Durante el primer trimestre de 2001 los autores informaron por escrito a la Embajada de los Estados Unidos sobre sus descubrimientos, y uno de ellos mantuvo una serie de reuniones con William Sturgill, funcionario del Departamento de Estado. Entre otras cosas, en esas entrevistas se le expuso, con uso de planos –entre ellos el confeccionado por Schäffer– las derrotas probables del U-530 y del U-977. Sturgill se comprometió a conseguir plena colaboración de los NARA y la *US Navy*.

El más craso sentido común

Tras la advertencia de Sturgill acerca de las andanzas del U-530 en las costas norteamericanas en abril de 1945, con 56 años de retraso la *US Navy* reconoció que la *USS Eagle 56* fue hundida por el torpedo de un submarino alemán, y ordenó entregar corazones púrpura a los descendientes de las 49 víctimas. Según las escuetas informaciones periodísticas, uno de los factores que la habría obligado a revisar su posición sería la investigación del abogado y ex submarinista Paul Lawton de Brockton. Algunos medios atribuyeron el hundimiento al U-853. Como toda la tripulación de este *U-Boote* había sido despachada al fondo del mar con la nave, nadie pudo refutarlo.

Aunque no sostenga taxativamente que el U-853 haya hundido a la corbeta, una buena nota publicada por el mensuario neoyorkino

Maxims en mayo de 2002 –"In Shallow Water", por Albert Bayme– relaciona lógicamente su hundimiento con el del *Black Point*, fomentando la confusión.

Por lo pronto puede descartarse como responsable al U-548. Este *U-Boote*, al mando del teniente de navío Erich Krempl, figura hundido con sus 58 tripulantes el 19 de abril –cuatro días antes que la *USS Eagle 56*– por los destructores *USS Ruben James* y *USS Buckley* al sudeste de Halifax, Canadá.

El teniente de navío Hans Erwin Reith rindió el U-190 el 12 de mayo en la playa de Saint John, Bahía de los Toros, Terranova. Tuvo suerte de que se lo permitieran, ya que los marinos canadienses clamaban venganza por el guardacostas HMCS Esquimalt que el U-190 había hundido el 16 de abril. Quizá los tripulantes del U-190 le hayan endilgado el colapso de la corbeta USS Eagle 56 al U-853 –nadie mejor que los muertos para cargar con las culpas ajenas–, pero lamentablemente sus declaraciones siguen hasta hoy bajo secreto.

El más craso de los sentidos comunes aconseja sospechar del U-530, que iba a entregarse en Mar del Plata con un solo torpedo –inutilizado– de los 22 o 23 que conformaban su dotación. Los marinos argentinos que interrogaron a Wehrmut, su comandante, dijeron que éste había admitido que disparó siete torpedos en aguas estadounidenses, si bien alegó que en todos los casos había marrado los blancos. La declaración es inverosímil pues la mitad de sus torpedos eran del casi infalible tipo T-5.

Operación *Paperclip*

La naturaleza de la misión de aquellos *U-Bootes* de la 33ª Flotilla en las costas norteamericanas es todavía motivo de debate. De acuerdo con el cargamento que habría transportado el U-853, es legítimo sospechar que durante los últimos días de la guerra, por encima de hundir buques enemigos, la consigna de los lobos grises fuera entregarse. Y que tal premisa puede estar íntimamente relacionada con la decisión de la *US Navy* –o de instancias superiores– de mentir durante más de medio siglo sobre la causa del hundimiento de la corbeta *USS Eagle 56*.

El problema es establecer cuándo los *U-Bootes* dejaron de intentar el bombardeo de Nueva York con misiles, para pasar a entregarse, transportando dinero, joyas, valores y las mejores perlas de la industria bélica alemana. No es posible marcar una nítida línea divisoria. No hay blancos y negros, sino una gama de grises.

Es necesario analizar las actividades de otros *U-Bootes* de la 33ª Flotilla –antes de pasar a último momento como refuerzo a la 11ª Flotilla–, que concentraba a la *crème* de los lobos grises.

El U-234 –de la rara clase X-B, el *U-Boote* más largo de la flota alemana concebido para la siembra de minas y más tarde reformado para el transporte de personal y mercancías–, zarpó de Noruega hacia las costas de los Estados Unidos más tarde, el 16 de abril, a las órdenes del capitán Johann-Heinrich Fehler, un oficial de inteligencia que por mandato de Khunke realizaba su primera patrulla como comandante. Su misión era extraordinaria: transportaba un Me-262 desarmado, entre 550 y 560 kilos de óxido de uranio –materia prima para la construcción de una bomba atómica–, planos de otras armas de última generación, un grupo de expertos alemanes y dos altos oficiales japoneses.

En teoría, debía llegar a Japón, pero lo cierto es que fue a Portsmouth, donde el 16 de mayo se rindió a los norteamericanos. Según los oficiales alemanes, sus dos colegas nipones, tras ser informados de la inminente entrega, prefirieron suicidarse ingiriendo barbitúricos. Vaya a saberse: ambos cuerpos habían sido arrojados al agua.

Fehler declaró que ya antes de zarpar había decidido entregarse en los Estados Unidos y que "jamás pensamos en ir a Japón". Al parecer, cuando en sus mensajes radiados –y sistemáticamente interceptados–, Fehler decía "Japón", Dönitz y el BdU-Op sabían perfectamente que se refería al Golfo de Maine.

Dos días antes que el U-234, se había entregado frente a las costas de Delaware el U-858 al mando del capitán Thilo Bode, también de la 33ª Flotilla. Y dos días después lo hizo en Portsmouth el largo U-873, de la clase IX-D2 y de la misma flotilla, al mando del capitán Friedrich Steinhoff: el mismo que junto a su hermano Erich había experimentado el lanzamiento de una batería de cohetes desde la cubierta del U-511, y soñaba lanzarlos sobre Nueva York. En la cárcel de la calle Charles de la cercana ciudad de Boston, unas pocas horas después, mientras aguardaba el interrogatorio, según la historia oficial, Steinhoff se suicidó. Uno de los tripulantes del submarino dijo haberlo visto fugazmente una hora antes de su supuesto suicidio... Bañado en sangre.

A pesar de este episodio, la entrega sucesiva de tres submarinos de la 33ª Flotilla entre el 14 y 18 de mayo marca una tendencia. Dichas entregas parecen inscribirse claramente en el traspaso organizado de una ingente cantidad de valores, científicos, técnicos y tecnología de punta desde el Tercer *Reich* a los Estados Unidos, en el marco de un plan que contó con el concurso y la complicidad de los servicios de inteligencia norteamericanos: la Operación *Paperclip*.

El misterio del U-869

Sigue en pie, aún sin respuesta, un interrogante. ¿Cuándo comenzó a ejecutarse la Operación *Paperclip*? Y otro más, subsidiario de aquél: ¿Es posible que algunos *U-Bootes* mantuvieran planes ofensivos hacia los Estados Unidos al mismo tiempo que otros se entregaban en sus costas? Y en concreto, ¿fue el U-869, tal como parece, uno de los primeros submarinos en participar en la operación?

El BdU-Op dio oficialmente por perdido al U-869 el 20 de febrero de 1945. Durante medio siglo se consideró que este *U-Boote* de la clase IX-C/40 y de la 33ª Flotilla había sido hundido con toda su tripulación durante su primera patrulla, cuando navegaba frente a las costas de Casablanca rumbo al Estrecho de Gibraltar. Más aún, se aseguraba que sus agresores habían sido el *USS Fowler* y el destructor francés *L'Indiscret*. Sin embargo, en 1989 se descubrió un *U-Boote* hundido a unos 100 kilómetros de las costas de Nueva Jersey y a 70 metros de profundidad. Y tras seis años de dificultosas inmersiones que costaron la vida de tres buzos, se logró establecer fehacientemente que se trataba del U-869.

¿Qué había pasado? Un documental sobre aquel rescate, producido por el estudio *Nova* y emitido por *National Geographic*, formula hipótesis y hace algunas revelaciones sorprendentes. Postula que el U-869, al mando del capitán de fragata Hellmuth Neuerburg y con una tripulación total de 56 hombres fue enviado –como otros *U-Bootes* de la misma flotilla– a emboscar cargueros frente a Nueva York en diciembre de 1944. Pero que luego, tras comprobar que se le agotaba el combustible, Neuerburg radió un pedido de instrucciones al BdU, y que Dönitz en persona transmitió la orden de que se dirigiera a Gibraltar.

Esta hipótesis tiene su talón de Aquiles en que el U-869 era un submarino de la versión más moderna –y con mayor autonomía– de los *U-Bootes* de "gran crucero" y no había razón para que hubiera consumido mucho más que el 20 por ciento de la capacidad de sus tanques.

Según el documental, ni Dönitz habría recibido los mensajes que le enviaron desde el U-869, ni el capitán Neuerburg la orden de Dönitz de dirigirse a Gibraltar porque las comunicaciones de ambas partes fueron interceptadas en las Islas Británicas por la organización *Ultra*, que operaba el sistema *Magic* y había descifrado el código *Enigma* –una versión que únicamente puede provenir de los servicios secretos de Gran Bretaña y los Estados Unidos–.

Terminada la guerra –asegura– se encontró copia de la orden de Dönitz para que el U-869 se dirigiera a Gibraltar, pero ninguna que lo enviara a las aguas próximas a Nueva York. Por esa razón se creyó que el submarino había sido hundido cerca del peñón. Y como el *Fowler* y *L'Indiscret* informaron del hundimiento de un submarino frente a Rabat, cándidamente se creyó que se trataba del U-869.

El documental atribuye a una mala maniobra la causa más probable del hundimiento del submarino frente a Nueva Jersey: el *U-Boote* no habría atinado a sumergirse lo suficiente para evitar el impacto con uno de sus propios torpedos acústicos T-5 que, tras marrar su blanco, habría seguido su acostumbrada trayectoria circular.

Es una hipótesis alambicada, basada en sucesivas suposiciones y deja muchos puntos oscuros. Para empezar, no identifica el blanco al cual habría disparado el U-869 con tan mala fortuna. Además, el U-869 yace en el fondo del mar con su torreta destrozada, hecho que indicaría un autohundimiento, pues en esos casos era preceptivo colocar explosivos en la torreta.[50] En apoyo de esta hipótesis, los buzos encontraron dentro del *U-Boote* una única osamenta humana. Frecuentemente el último hombre –encargado de abrir la escotilla– perecía en los autohundimientos.[51]

Esta hipótesis conlleva una inquietante sospecha: que la tripulación bien pudo haber desembarcado en las costas norteamericanas. Y

---

50 Tal como pudo comprobarse en rescates posteriores en casi todos los *U-Bootes* hundidos por su tripulación a principios de mayo de 1945 en cumplimiento de la Operación *Regenbogen*.

51 Fuentes de la Armada Argentina confirmaron a los autores que al practicarse autohundimientos, además de colocar explosivos, se abren las válvulas de anegamiento; y que el último hombre necesita mucha habilidad y rapidez para alcanzar a salir por la escotilla antes de que la presión del agua haga imposible abrirla. Por esa razón era frecuente que ese último hombre perdiera la vida.

esas nubes de sospecha se acrecentaron naturalmente cuando el mismo equipo de buzos e investigadores ubicó, vivo y en buen estado de salud, a uno de los tripulantes del U-869.[52]

Por fin, llegaron a adquirir la consistencia de un cúmulo negro azabache a partir del develamiento de "uno de los secretos mejor guardados de la Segunda Guerra Mundial", tal como anunció en *off* el presentador del documental producido por el estudio *Nova*. Se trata –explicó seguidamente– de que para principios de febrero de 1945 la intercepción de los mensajes entre el BdU y los *U-Bootes* por parte de la inteligencia angloamericana era tan perfecta que no sólo fueron decodificados "todos" los mensajes que recibían y emitían los *U-Bootes*, si no que aquélla sabía perfectamente "a dónde se dirigía cada submarino aun antes de que partiera".

Es decir que la inteligencia aliada sabía que el U-869 se había dirigido a sus costas y lo ocultó, o bien que cuando en sus mensajes radiotelegráficos Neuerburg y Dönitz se referían a "Gibraltar" los decodificadores sabían que nombraban en clave algún punto de la costa estadounidense. O ambas cosas a la vez.

Entre tinieblas

A los "pocos días" (*sic*) de zarpar de Noruega la suerte del U-977 se volvió esquiva, narró Schäffer. No, como era previsible, a causa de las deficientes juntas de los motores, sino por un imponderable: "Se averió el periscopio principal, un asunto serio, pues el periscopio era imprescindible para la navegación con *schnorkel*".

Schäffer responsabilizó de la avería a su segundo –a quien jamás se dignó a nombrar–, el teniente de corbeta Karl Reiser. Hay que relativizar

---

52 El sobreviviente, Herbert Guschewski, dijo que a último momento –tan a último momento que la lista de embarque no habría llegado a modificarse– fue hospitalizado en Flensburg a causa de una bronquitis. Que su testimonio despertó sospechas en los investigadores da fe el hecho de que volvieron a entrevistarlo para un segundo documental, ocasión en la que Guschewski se vanaglorió de tener una suerte increíble, ya que dijo que anteriormente se había salvado de perecer cuando fue desembarcado –también a último momento, esta vez por ser el día de su cumpleaños y al parecer sin que tampoco se modificara la lista de embarque– del U-602, un submarino que zarpó del puerto francés de Toulon el 11 de abril de 1943 y cuyo rastro –y el de sus 48 tripulantes– se perdió misteriosamente para siempre ocho días después, cuando según los registros de la *Kriegsmarine* emitió su último mensaje desde la posición 36° 50' N, 0° O.

la acusación porque Reiser –Schäffer comenta que su segundo encaneció súbitamente en el curso del viaje– se opuso a varias decisiones del joven comandante por entender que infringían las órdenes recibidas, en particular la de hundir el submarino tras desembarcar furtivamente en la costa argentina. Schäffer terminó por arrestarlo y prohibir a los demás tripulantes que le dirigiesen la palabra.

Por otra parte, Schäffer necesitaba imperiosamente justificar la avería del periscopio principal. Como la del casco, cerca de la proa, parecía un claro indicio de que el *U-Boote* había sido atacado.

Según la versión del joven comandante, "al dar una alarma (Reiser) se olvidó de entrar el periscopio, con lo que, a cien metros de profundidad, los cables cedieron bajo la presión del agua y el periscopio cayó bruscamente sobre la cubierta, rompiéndose los prismas". Evitó explicar por qué se había dado la alarma. Se limitó a agregar que la avería resultó irreparable, y que los condenaba a "navegar a ciegas". Ya no estarían en condiciones de observar siquiera "si las máquinas producían humo" –hecho que podía delatar la posición del *U-Boote*–, ni tampoco "si se acercaban grupos de caza". Aun así, señaló, "proseguimos imperturbables nuestra marcha hacia el sur".

Hacia el sur. Southampton está al sur de Bergen, sí, pero a no más de un día de navegación. ¿Al decir "sur" se refería al puerto inglés, en cuya cercanía se supone que debía operar? Está claro que no. Porque inmediatamente aclara: "no quería bajo ningún concepto entrar a puerto", ni a ese ni a ningún otro puerto, a pesar de que "la tensión nerviosa a la que estábamos sometidos durante la navegación con *schnorkel* era considerable, pues no hay nada peor que navegar a ciegas, sin ver lo que pasa en la superficie", carcomidos por la lacerante sospecha de que el *schnorkel*, además de dejar "una blanca estela" en las aguas, posiblemente despidiera humo. "Para colmo, al navegar en inmersión con los motores de combustión interna, los ruidos eran tan fuertes que no nos era posible utilizar los hidrófonos, con lo cual perdíamos nuestra única posibilidad de determinar si se acercaban buques que no utilizaban el radar". En fin, que a poco de iniciarse el viaje que lo haría célebre, de acuerdo con su relato el submarino parecía una ballena sorda y ciega, incapaz de sumergirse más que unos pocos metros, temerosa de emerger y ofrecerse a sus predadores que, por cierto, proliferaban en el Atlántico Norte.

"Continuamente se oía en el aparato antirradar el clásico sonido profundo, cuya intensidad aumentaba y decrecía junto a la lámpara verde de alarma" cada vez que el submarino quedaba dentro del haz de un radar enemigo. Para esquivar a quienes lo acechaban era aconsejable "entrar el *schnorkel*" y sumergirse a mayor profundidad. Así lo hizo al principio de la travesía, pero pronto reparó en que los defectuosos acumuladores sólo cargaban electricidad parcialmente. La operación, que normalmente demoraba alrededor de tres horas navegando a profundidad de *schnorkel*, insumía el doble de tiempo.

Así las cosas, Schäffer explica en su libro que debió desistir de navegar en profundidad ya que el tiempo en que el U-977 podía desplazarse de ese modo era muy acotado, y además "significaba un gasto de corriente", es decir de combustible, muy considerable. Era una preocupación atendible, ya que aunque el U-977 hubiera zarpado de Noruega con los tanques llenos, dijo que éstos no cargaban más que 85.000 litros.[53] De acuerdo con este cálculo falaz, si el U-977 hubiera navegado en condiciones óptimas, siempre en superficie y a una velocidad crucero de 10 nudos, tendría combustible para unos 40 días.

De este modo, en ascuas, ciego en pleno día, sin ver jamás el sol, esperando ataques en cualquier momento y derrochando combustible –situación capaz de destrozar los nervios del más sereno– navegó "cinco días".[54] Hasta que recibió el mensaje radio-telegráfico de Dönitz que ordenaba a todos los *U-Bootes* rendirse y ponerse a las órdenes de los aliados.

Ese mensaje fue emitido el 4 de mayo por la noche, unas horas antes de que Alemania se rindiera a los aliados occidentales. Es tan claro que el mensaje general de Dönitz no obligaba a los *U-Bootes* que zarparon desde Bergen en cumplimiento de tareas relacionadas con la Operación Ultramar Sur, que la partida se realizó después de que lo emitiera.

De acuerdo con el propio cálculo de Schäffer –declaró a sus interrogadores estadounidense que había zarpado del continente europeo desde Kristiansand Sur el 2 de mayo a las 22– habían pasado apenas dos días y

---

53 A la hora de escribir, Heinz se hizo el tonto: agregó más de 5.000 litros a la carga que había declarado en Mar del Plata. "Olvidó" que entonces también había dicho que los tanques del U-977 tenían capacidad para 130 toneladas métricas.

54 Se entiende que cinco días más, después de los "pocos días" que habían pasado hasta que se produjo la alarma que derivó en la rotura del periscopio, por lo que no podían haber transcurrido menos de ocho días desde la partida de Noruega.

no cinco cuando ello ocurrió, y mucho menos cinco más otros "pocos" días –los supuestamente transcurridos desde el momento de zarpar hasta que el periscopio quedó inutilizado–, tal como escribió alegremente. Lo que demuestra que Schäffer balbuceó y escribió cualquier cosa con tal de no admitir que el U-977 zarpó desde Bergen después del 5 de mayo, probablemente el 8 de ese mes, horas antes de que los británicos ocuparan la base.

Mensajes cifrados

Dönitz acostumbraba impartir personalmente sus órdenes a cada comandante a través de mensajes radio-telegráficos. No abandonó ese procedimiento hasta el fin a pesar de saber que muchas, si no todas sus directivas, eran "escuchadas" y descifradas por el enemigo. Sencillamente no tenía otro modo de enviarlas. Debió utilizar entonces palabras-clave previamente acordadas.[55]

Schäffer explica que a bordo de los *U-Bootes* se recibían "tres tipos de mensajes radio-telegráficos: el normal, el destinado a los oficiales y finalmente el reservado para el comandante. (...) Por lo común se reciben los normales, que son descifrados por la máquina de cifrado y luego se asientan en un lenguaje claro en un registro que cada dos horas es presentado al comandante para su firma. Si se recibe un mensaje de la segunda categoría, la primera palabra que lleva significa 'mensaje para oficiales', y el texto siguiente, aunque sea pasado por la máquina, sigue siendo incomprensible. Debe ser descifrado una vez más, con una clave especial, conocida sólo por el comandante y el oficial radio-telegrafista. Si al hacer este segundo descifrado la primera palabra es 'comandante', se le entrega el mensaje a éste, que lo descifra con una clave especial que sólo él conoce".

El mensaje abierto por el cual Dönitz ordenaba la rendición de los lobos grises fue precedido por otro, emitido el 30 de abril y dirigido exclusivamente a los comandantes, en el cual les advertía que no debían cumplir una eventual orden ulterior de rendirse. Por el contrario, si recibían un mensaje de ese tenor debían ejecutar

---

[55] Es algo tan viejo como el mundo. El lunfardo, el *slang* y muchas romanías europeas se originan en la necesidad de los presos de contar con un lenguaje indescifrable para los carceleros.

de inmediato la Operación *Regenbogen*: la autodestrucción de la flota. Así lo afirma un documento del Ministerio de Marina argentino de aquel año y que lleva el sello "secreto". Dönitz, asegura, había "impartido órdenes públicas y secretas a la flota. En la orden pública había ordenado que todas las naves se rindieran. En una de las secretas y numerada 0953/4, en cambio, ordenó a todos los comandantes de los *U-Bootes* que pusieran en marcha la Operación *Regenbogen* y hundieran sus naves".

Eso fue exactamente lo que ocurrió. La mayoría de los comandantes en operaciones hundió las naves a su cargo: en total, 218 submarinos. Pero resulta evidente que un grupo de *U-Bootes* había recibido una orden previa que los eximía de la Operación *Regenbogen* y los afectaba a otra, reservada, cuya ejecución debía continuar después de la rendición.

Un *soviet* de marineros

Por supuesto, Schäffer jamás admitió haber recibido órdenes especiales. Ofreció tres motivos para explicar por qué no ejecutó la Operación *Regenbogen*: dijo que la orden de rendición había llegado sin la firma de Dönitz a causa de una interrupción de las transmisiones; que no creía que quien poco antes los había arengado afirmando que "no nos entregaremos jamás, combatiremos hasta el último hombre" se "hubiera prestado a una capitulación formal" y, por último, que no estaba dispuesto a regresar y entregarse en una Alemania que los vencedores habían convertido en "un desierto" y en la que estaría en ejecución un diabólico "plan para esterilizar a todos los hombres" que después serían deportados, mientras las mujeres quedarían "abandonadas a los ultrajes de las fuerzas de ocupación".

En sus lábiles memorias escribe que caviló una alternativa a la rendición en soledad, ya que contaba con abundancia de provisiones, y que resolvió dirigirse "a un país que durante la guerra se haya comportado con dignidad". Ese país –él no tenía dudas– era la Argentina, uno de los "más adelantados de Sudamérica, con grandes riquezas naturales, enormes extensiones de tierra y numerosas posibilidades de desarrollo".

Cuando expuso a la tripulación sus iluminaciones, recuerda que uno de los suboficiales maquinistas dijo que conocía la Argentina y que estaba "en comunicación con amigos que viven en ese país". También escribió que él mismo tenía "conocidos y amigos" en Buenos Aires.[56]

En resumen, Schäffer –que dicho sea de paso admitió que la tripulación lo consideraba ultramilitarista, esto es, nazi fanático– ofrece una versión ingenua: sin acordar con los comandantes de los otros *U-Bootes* del convoy y preso de un insólito ataque democrático, al mejor estilo soviético, sometió tan importante asunto a la votación de sus 48 tripulantes. Habrían votado por seguir viaje hacia la Argentina 30 hombres, 2 por entregarse en España y 16, "casi sin excepción suboficiales" –los más antiguos, casados–, por regresar a Noruega y entregarse, pues "solamente tenían un deseo: regresar junto a sus familiares".

Aunque admitió que lo más lógico hubiera sido proseguir viaje hacia la lejana Argentina, pues "los tripulantes casados" eran "indispensables" por tratarse de "suboficiales especializados en largos cursos de adiestramiento" y quienes constituían "la columna vertebral de toda unidad de guerra", agregó que, imbuido de un espíritu quijotesco, decidió "tomar en cuenta los deseos" de quienes habían perdido la votación.

Extremó su arranque asambleísta a tal punto que propuso al conjunto desandar camino a fin de desembarcar, a quienes así lo desearan, en la costa noruega. Antes de tomar una decisión debían considerar que sería una maniobra muy peligrosa, y que retrasaría el ansiado arribo a la Argentina varios días.

La propuesta, dijo, fue aprobada por aclamación. Así fue como el U-977 regresó hasta la costa noruega, donde al precio de encallar, los 16 casados que añoraban el calor del hogar alcanzaron, en un bote de salvamento, una isla cercana a Bergen.[57]

Antes de desembarcar, los veteranos le prometieron que si los apresaban –tal como se descontaba que ocurriría– dirían que "chocamos contra una mina" y que eran los únicos sobrevivientes del U-977.

Tan fantasioso relato le serviría para justificar las 16 plazas libres de su nave, el faltante de tres de los cuatro gomones con que contaba el subma-

---

[56] En Mar del Plata Schäffer había dicho, por el contrario, que una vez que se convenció de que Alemania había sido derrotada, "personalmente decidí salir de la zona peligrosa para resolver oportunamente dónde entregaría el buque". Del mismo modo, negó que sus subordinados hubieran estado en la Argentina o tuvieran amistades en el país.

[57] A sus interrogadores argentinos les había dicho que se trataba de "Hellesoy o sus proximidades".

rino al zarpar y por qué había tardado más que Colón en cruzar el Atlántico. Pero eso no debe hacer perder de vista que, ante todo, la maniobra buscaba difuminar los rastros del U-977. Porque los 16 desembarcados –uno de los cuales, dijo Schäffer a los marinos argentinos, era veterano del *Graf Spee*– fueron tomados prisioneros rápidamente en Bergen y afirmaron con unanimidad que el U-977 había naufragado luego de colisionar con una mina, y que ellos eran los únicos sobrevivientes de la tragedia.[58]

Es lícito sospechar que en realidad el U-977 desembarcó 16 tripulantes a poco de zarpar de Bergen, y que lo hizo para liberar espacio, ya fuera para embarcar a otros distinguidos pasajeros, o porque había cargado demasiados bultos, y no sólo de víveres.[59]

Las maniobras para difuminar los restos de los submarinos que intervinieron en la Operación Ultramar Sur fueron una constante. A los esfuerzos para dar por desaparecidos al U-3037 y al U-977 quizás los haya precedido la intriga que rodea el supuesto hundimiento del U-235 de la 31ª Flotilla, probable compañero de ruta de ambos *U-Bootes* durante su última travesía.[60]

---

58 En *Odessa al sur*, Jorge Camarasa da cuenta de que el desembarco de los tripulantes del U-977 se habría producido la noche del 10 de mayo y que "el señuelo se lo tragó la agencia noticiosa americana *Associated Press*, que en un despacho fechado en Londres tres meses después de la rendición, informó que 'dieciséis alemanes llegaron a la costa de Bremanger (sic), Noruega, y de allí se trasladaron hacia Bergen, donde dijeron haber pertenecido a la tripulación del submarino U-977, que se había hundido'".

59 Cuando el U-977 se entregó en Mar del Plata, sus ex tripulantes detenidos en Bergen –que trabajaban entonces como albañiles en la construcción de un estadio– fueron acusados de mentirosos impenitentes y vueltos a interrogar. Uno de ellos, Gerhard Kempf, declaró que el desembarco había sido accidental y se había efectuado junto a una isla cercana a Bergen entre las 2.30 y las 3.30 del 10 de mayo. Estaban a punto de descender al agua en uno de los botes de salvamento, bien provistos de cigarrillos y bebidas alcohólicas –dijo– cuando el submarino chocó contra una roca y escoró, lo que produjo que el bote y parte de los que se disponían a ocuparlo cayeran a las gélidas aguas. Mientras los náufragos llegaban ateridos a las rocas, y los que habían logrado permanecer aferrados al puente descendían en el segundo y último gomón, Schäffer seguía tratando "de convencernos de seguir viaje a Sudamérica", contó. Tras esta increíble anécdota, Kempf siguió diciendo que los del segundo bote no llegaron a desembarcar en la isla porque el viento y la marea los impulsó mar adentro, pero pronto vieron los mástiles de un pesquero noruego al que atrajeron con bengalas y que los rescató. Y que quienes habían llegado a la isla nadando, ateridos por el frío, fueron recogidos pocas horas después. Entre tanta confusión, lo único claro es que los británicos los detuvieron ese mismo día. En tierra firme.

60 Según la historia oficial, el U-235, un submarino de la clase VII-C al mando del capitán Friedrich Huisgen, resultó hundido por error el 14 de abril de 1945 cuando fue atacado

Operación *Sunrise*: palabras cruzadas

Churchill estaba al tanto de los avatares de la Operación *Crossword* –*Sunrise* para la OSS–, un acuerdo concertado entre jerarcas nazis y aliados occidentales para evitar que la Unión Soviética continuara avanzando en la ocupación de Alemania. Las negociaciones entabladas inicialmente por el general SS Karl Wolff y Allen Welsh Dulles, jefe de la OSS en Europa, se diversificarían en nuevas maniobras secretas, como la Operación *Paperclip*. Durante más de cuatro décadas, los Estados Unidos y Gran Bretaña negarían la mera existencia de *Sunrise/Crossword*. Hasta que el peso de la evidencia los forzó a reconocerla, aunque aún no hayan develado su verdadera extensión.

Como en los juegos de muñecas rusas, la Operación *Paperclip* incluyó a su vez a la Operación Ultramar Sur, de la misma manera que el desembarco del U-977 en Hellesoy era parte de esta última.[61]

De *Sunrise* se ha aceptado hasta ahora sólo lo obvio: que pretendía como objetivo una rendición pactada de las tropas alemanas en el norte de Italia, negociación que provocó una feroz disputa con la Unión Soviética pues vulneraba los acuerdos previos de no permitir más que una rendición incondicional y simultánea de las fuerzas alemanas en todos los frentes.

Los Estados Unidos e Inglaterra estaban interesados en llegar a un acuerdo con las fuerzas al mando del mariscal Albert Kesselring, el hombre fuerte del *Reich* del Sur, por dos motivos. En el aspecto militar, la batalla de Italia se había convertido en un callejón sin salida. Desde la invasión del sur del país en julio de 1943 los aliados habían sufrido 300.000 bajas y sólo habían logrado avanzar 560 kilómetros,

---

por el torpedero alemán T-17 en aguas próximas a Kattegat, en el extremo nororiental de la península danesa, muy cerca del Estrecho de Skagerrak y del lugar donde 21 días más tarde sería hundido el U-534 y su misterioso radio-operador argentino.

Sin embargo, el ya citado "Informe estrictamente confidencial y secreto" de la Dirección de Coordinación Federal del 14 de octubre de 1952 que dio cuenta de transferencias de oro y dinero de Bormann a la Argentina, también aseguró que un oficial alemán "desembarcado del U-235" había comprado una casa en Ascochinga, Córdoba, donde mantenía reuniones con los financistas nazis Ricardo Leute y Heinrich Dörge.

61 Por cierto, la Argentina ofreció protección a algunos de los protagonistas alemanes de la Operación *Sunrise*. Por ejemplo, al hoy famoso Erich Priebke, asistente del coronel SS Eugene Dollmann. Priebke purga hoy, en Italia, una condena por su actuación en la "Masacre de las Fosas Ardeatinas".

una media de menos de 29 kilómetros al mes. Pero, además, pactar un cese del fuego con los alemanes permitiría detener y acotar el creciente poder soviético, colocando a Stalin a la defensiva. Y ésta era la única manera de evitar que, acabado el Tercer *Reich*, Italia cayera como una fruta madura en manos de comunistas y socialistas, que constituían la enorme mayoría de los partisanos que habían resistido al régimen fascista y la ocupación alemana, librando una corajuda guerra de guerrillas.

Las tropas alemanas apostadas en Italia llegaban a un millón de combatientes bien pertrechados, que se habían reagrupado en el montañoso borde sur del valle del Po. Formaban, con mucho, las divisiones más fuertes del desfalleciente Tercer *Reich*.

Las negociaciones comenzaron por iniciativa de Wolff, cuando envió al barón Luigi Parrilli al cuartel general de la OSS en Berna. Dulles se negó a recibir personalmente a Parrilli, pero lo derivó a su lugarteniente, el germano-norteamericano Gero von Schulze Gaevernitz. Luego del encuentro, Schulze Gaevernitz dispuso que ambos volvieran a reunirse, esta vez incorporando a las deliberaciones al mayor Max Waibel, el hombre de Dulles en el servicio de inteligencia suizo. Como los banqueros helvéticos tenían importantes intereses económicos en el norte de Italia y temían que una lucha frontal entre alemanes y aliados pudiera afectarlos, Waibel actuaba con la bendición de su gobierno.

Fruto de estas tratativas trilaterales, a principios de marzo el servicio de inteligencia suizo organizó una reunión, en el reservado de un restaurante de Lugano, entre un alto oficial de la OSS y un representante de Wolff, el coronel SS Eugene Dollmann. El hombre de la OSS pidió en esa cita que, como prueba de buena fe negociadora, Wolff liberase a dos jefes partisanos. Cinco días más tarde Wolff no sólo había cumplido el reclamo, sino que entraba en Suiza, vestido de civil, para negociar personalmente con Dulles. Tras una serie de tanteos a través de intermediarios Dulles, acompañado por Schulze Gaevernitz, recibió a Wolff junto al hogar encendido de un departamento de Zurich.

La propuesta de Wolff fue clara. Ofreció la inmediata rendición de 200.000 hombres: 120.000 fascistas italianos y 80.000 miembros de la policía y tropas de ocupación alemanas. También estimó que podría convencer al mariscal Kesselring para que rindiese otro medio millón de hombres de la *Wehrmacht*.

Eufórico, Dulles envió a su jefe en Washington, William "Wild Bill" Donovan, un informe en el que describía a Wolff como una persona "distinguida" y "dinámica". El mariscal británico Harold Alexander, comandante en jefe aliado en Italia, también recibió con alivio las propuestas de Wolff. Planeaba una ofensiva para la primavera, pero conocía la fortaleza de las tropas de Kesselring y se sentiría feliz de evitarla.

Sin embargo Kesselring fue convocado inesperadamente a Berlín, donde Hitler le comunicó su nombramiento como comandante en jefe del Frente Oeste, por lo cual Wolff tuvo que informar de los acuerdos a su reemplazante, el general Heinrich-Gottfried von Vietinghoff que, obligado por el juramento de lealtad al *Führer* y como comandante interino, puso reparos a la idea de rendir sin más las tropas que Hitler le había confiado.

A esa altura de los acontecimientos, el alto mando aliado decidió dos cosas: que interviniera en las negociaciones un representante del más alto nivel, e informar a los soviéticos. Para entonces Moscú conocía las misteriosas idas y venidas de Wolff, y había llegado a la conclusión de que *Sunrise* era un complot aliado para negociar una paz separada con el *Reich* a fin de liberar tropas alemanas para que pudieran proseguir la lucha contra el Ejército Rojo.

Dulles comunicó oficialmente a Moscú la Operación *Sunrise* el 11 de marzo. De inmediato Stalin designó tres oficiales para que participaran de las tratativas. Pero los aliados occidentales respondieron que no permitirían la intervención soviética pues, adujeron, se trataba de acuerdos para lograr una rendición militar local y ordinaria, semejante a otras que la Unión Soviética había aceptado en el Frente Este sin molestarse siquiera en comunicárselas.

Convencido de que Churchill impulsaba una alianza con los jefes nazis contra la Unión Soviética, Stalin montó en Pegaso. Al decir del ministro Molotov, la respuesta de los aliados le resultó "absolutamente inesperada e incomprensible". A menos que accedieran a que los soviéticos participaran en las negociaciones –hizo saber a los aliados occidentales a través de su ministro de Relaciones Exteriores–, debían interrumpir de inmediato todo contacto con los alemanes. Ante este virtual ultimátum, la OSS y el *Intelligence Service* buscaron apaciguar a Stalin con sucesivos informes sobre el estado de las tratativas. Esos documentos aseguraban que Wolff se había entrevistado con Kesselring, y que el mariscal había aceptado recomendar a Vietinghoff la rendición, aunque había aclarado que no rendiría el mando del Frente Oeste mientras no lo relevaran de su juramento de lealtad personal a Hitler, es decir, mientras el *Führer* siguiera vivo y al frente del *Reich*.

Sin embargo, las conversaciones continuaron a espaldas del líder soviético. Pero el espionaje soviético se enteró, y el 3 de abril Iósiv Stalin envió al presidente Roosevelt un mensaje en el que acusaba a norteamericanos y británicos de practicar un doble juego. Los generales del alto mando soviético, le dijo, "no tienen ninguna duda de que las negociaciones han tenido lugar, y que han terminado en un acuerdo con los alemanes, sobre cuya base el comandante alemán del Frente Oeste, el mariscal Kesselring, aceptó abrir el frente y permitir a las tropas angloamericanas avanzar hacia el este, y a cambio los angloamericanos prometieron suavizar los términos de la paz para los alemanes". Por si quedaba alguna duda, Stalin subrayó: "Creo que mis generales tienen razón".

Roosevelt, cuya salud se deterioraba rápidamente, contestó con una enérgica nota escrita en verdad a cuatro manos por el jefe de Estado Mayor del Ejército estadounidense, general George Marshall, y el jefe del Estado Mayor conjunto, almirante William Leahy. El escrito negaba las acusaciones y advertía a Stalin que "Sería una de las grandes tragedias de la historia si, en el momento mismo de la victoria que ahora tenemos al alcance de la mano, esta desconfianza, esta falta de fe, perjudicara toda la empresa tras la colosal pérdida de vidas, material y tesoro implicados".

Más calmo, Stalin le contestó: "Creemos que en la actual situación en los frentes, cuando el enemigo se halla enfrentado a una inevitable rendición, si los representantes de cualquier potencia aliada se reúnen alguna vez con los alemanes para discutirla, los representantes de las demás potencias aliadas deben tener la oportunidad de participar en esas reuniones. En cualquier caso, esto es absolutamente esencial si una potencia aliada solicita esa participación".

La firme posición soviética tuvo la virtud de congelar oficialmente las negociaciones —esto es, ya no se enviaron informes a Moscú— por lo cual el mariscal Alexander inició su demorada ofensiva el 9 de abril. Sin embargo las reuniones continuaron, aunque extremando las precauciones para que los soviéticos no se enteraran. Fruto de ellas fue la fulminante rendición de las tropas alemanas el 2 de mayo, que implicaba que un millón de hombres bien pertrechados se sumara como reserva potencial a las fuerzas aliadas decididas a impedir que los partisanos tomaran el poder. Esta novedad disuadió a Stalin de socorrer a los hombres de Palmiro Togliatti, secretario general del PCI en armas.

En el juicio de Nuremberg, Wolff fue condenado a 15 años de prisión. Pero apenas una semana más tarde se le otorgó la libertad condicional.

Tácticas dilatorias

En cuanto instaló su "gobierno" en Flensburg, Dönitz comenzó a maniobrar en función de sus objetivos. Como mínimo debía rendir la mayor cantidad posible de fuerzas a los aliados occidentales, e impedir la ocupación de más territorio alemán por el Ejército Rojo. Su aspiración de máxima, convencer a los aliados de que continuaran junto a los alemanes la guerra contra los soviéticos.

Las tropas al mando de Kesselring se habían rendido ese mismo día. Era necesario un recuento de fuerzas: el general Jodl y el Estado Mayor del OKW estimaron que la *Wehrmacht* aún mantenía 1.800.000 hombres combatiendo en el Frente Este. Como los acuerdos interaliados establecían que las unidades alemanas debían rendirse a las fuerzas contra las que luchaban, si Dönitz capitulaba de inmediato deberían someterse a los rusos. Ya era tarde para apoyar a las unidades atrapadas detrás de las líneas rojas en Letonia y Prusia Oriental y a los sobrevivientes de la batalla de Berlín, pero calculaba que más de 1.200.000 hombres aún estaban en condiciones de abrirse paso hacia el oeste: los 600.000 del Ejército Central desperdigados en Checoslovaquia; los 430.000 del Ejército del Sur acantonados en Austria, y los 180.000 del Ejército del Sureste que resistían en Yugoslavia.

Dönitz convocó al teniente general Oldwig von Natzmer, jefe de Estado Mayor del Ejército del Centro, y a Karl Hermann Frank, un nativo de los Sudetes checos que había tiranizado a su país en calidad de jefe del "Protectorado del *Reich* de Bohemia y Moravia". Tras un accidentado vuelo desde Praga a través de la Alemania controlada por los soviéticos, ambos llegaron a Flensburg el 3 de mayo. Natzmer presentó un lúgubre estado de la situación militar. Sólo un tercio de las fuerzas del Ejército Central –200.000 hombres– estaba en condiciones de combatir, y aguardaban el inminente ataque de 2.000.000 de soldados soviéticos que los rodeaban por el norte, el este y el sur. Natzmer estimó que, como mucho, podrían resistir el asedio durante dos semanas.

Frank informó sobre la creciente actividad clandestina en Praga; predijo una revuelta a gran escala en pocos días y propuso a Dönitz entregar el gobierno a políticos anticomunistas y negociar a través de ellos la rendición al general George Patton, jefe del III Ejército de los Estados Unidos y obseso antibolchevique. Patton permanecía estacionado a lo largo de la frontera checo-alemana desde hacía dos semanas, tal vez a la espera de un ofrecimiento como ése.

Dönitz autorizó a Frank a negociar con Patton, y a través de Natzmer ordenó al mariscal Schörner, jefe del Ejército Central, que resistiera. Y que cuando ya le resultara imposible, se desplazara hacia el oeste y se rindiera ante los norteamericanos.

Formó luego un equipo para negociar con los aliados anglosajones y eligió como su representante personal al almirante von Friedeburg, a quien había nombrado previamente al frente de la *Kriegsmarine*. Envió a Friedeburg a entrevistarse con el mariscal sir Bernard Montgomery, comandante del XXI Grupo de Ejército, pero le impuso estrictas restricciones y lo instruyó detalladamente sobre qué clase de rendición podía ofrecer, y en qué orden. Todas las opciones implicaban una u otra anomalía respecto de los términos aliados de rendición incondicional, por lo que no esperaba una respuesta entusiasta. En cualquier caso, Dönitz se reservaba la última palabra.

Friedeburg acordó encontrarse con Montgomery el 3 de mayo en el cuartel británico de Lüneberger Heide, en la orilla occidental del Elba, a 50 kilómetros al sudeste de Hamburgo. Le propuso rendir a los británicos el III Cuerpo *Panzer*, y los Ejércitos XII y XXI, es decir, las fuerzas que habían combatido contra los soviéticos al norte de Berlín. El acuerdo interaliado prohibía expresamente una capitulación semejante. Como era previsible, Montgomery rechazó formalmente la propuesta, pero le dijo con picardía que si los soldados de esos ejércitos se acercaban individualmente a las líneas británicas, sus hombres no tendrían más remedio que tomarlos prisioneros. Si Friedeburg había comprendido correctamente las palabras de Montgomery, las tropas del norte de Alemania que alcanzaran las líneas británicas estarían a salvo de los rusos.

"¿Rendirán ante mí todas las fuerzas en los flancos oeste y norte, incluidas todas las fuerzas en Holanda, Frisia, las Islas Frisias y Helgoland, Schleswig-Holstein y Dinamarca? Si lo hacen, lo consideraré una rendición táctica en el campo de batalla de fuerzas enemigas que se me oponen de forma inmediata", propuso Montogomery. Friedeburg estaba sorprendido. Se trataba de una ostensible transgresión a los acuerdos interaliados, que superaba sus expectativas. Aceptarla sin más suponía frustrar el objetivo de Dönitz de dilatar la rendición hasta que la mayor cantidad posible de tropas alemanas se acercara a las líneas de los aliados occidentales. Argumentó entonces que aceptar la oferta excedía su autoridad, por lo que debía consultar a Dönitz. Montgomery lo invitó a almorzar, y a reflexionar. Según escribió el mariscal en sus memorias, durante la comida Friedeburg lloró. Luego el mariscal le presentó un ultimátum: Dönitz debía aceptar sus condiciones antes de las 6 de la tarde del día siguiente, 4 de mayo, o las tropas a su mando reanudarían la lucha e infligirían enormes pérdidas a la *Wehrmacht*. Friedeburg voló a Flensburg para encontrarse con Dönitz. Pasaron la noche reunidos y regresó al cuartel general británico antes de la hora límite, acompañado por el general Jodl. Dönitz había aceptado el ultimátum.

Montgomery, que ofrecía en ese momento una rueda de prensa, los hizo esperar. Luego, Friedeburg y Jodl fueron escoltados a una enorme tienda de campaña atestada de periodistas y fotógrafos. Iluminados por los *flashes* de las cámaras ambos firmaron la capitulación redactada por Montgomery, de acuerdo con las órdenes del Estado Mayor conjunto y aprobada por Eisenhower.

Era un acto histórico. Pero Noruega no había sido incluida entre los territorios rendidos.

Capitulación

Noruega permanecía ocupada por más de cien mil soldados alemanes bien pertrechados al mando del aguerrido teniente general Franz Böhne, que no tenía la menor voluntad de capitular. "Podemos aceptar cualquier batalla", fanfarroneaba.

El 5 de mayo Eisenhower citó al almirante Friedeburg y a su equipo en la base avanzada del SHAEF –Cuartel General Supremo de las Fuerzas Expedicionarias Aliadas–, situado en la ciudad de Reims, a 140 kilómetros al noreste de París. Como el mariscal Kesselring ofrecía rendir las fuerzas restantes del efímero *Reich* del Sur, Eisenhower esperaba que, con la inclusión de Noruega, se aseguraran en Reims todas las rendiciones importantes a los aliados occidentales.

Eisenhower no recibió a Friedeburg, sino que delegó las tratativas a su jefe de Estado Mayor, el teniente general Walter Bedell Smith.

Friedeburg comprendió que Bedell Smith no quería negociar. Simplemente dictaba los términos de la rendición y éstos incluían una capitulación simultánea en el Frente Este. Friedeburg se negó a firmar, pero Bedell Smith le advirtió que si no se aceptaban esos términos con puntos y comas, los aliados anglosajones y los soviéticos lanzarían simultáneos y devastadores ataques en ambos frentes.

El almirante alemán adujo que aceptar esa intimación superaba sus facultades y que necesitaba comunicarse con Dönitz. Intentó telefonear pero las líneas estaban cortadas. Por fin, mediante una triangulación, pudo enviarle el mensaje de la exigencia de una capitulación total.

Al mismo tiempo los aliados caían en la cuenta de que enfrentaban un nuevo problema. Los términos de la rendición alemana habían sido modificados el pasado febrero en la cumbre de Yalta. Allí, por cierto, las conversaciones habían sido arduas. Stalin había propuesto fusilar a todos los oficiales superiores alemanes, particularmente los de las SS. Un hijo del presidente Roosevelt que representaba a su padre enfermo estuvo de acuerdo, pero Churchill abandonó enfurecido la reunión, y sólo regresó cuando aquella pretensión se retiró. De la misma manera, los Estados Unidos, la Unión Soviética y Gran Bretaña propusieron la futura "desmembración" de la Alemania vencida, pero Francia no dio su consentimiento. En medio de estas discusiones nadie había previsto qué hacer, una vez rendida la *Wehrmacht*, con el gobierno "civil" de Alemania.

Hubo pues que redactar otro documento, tarea que se encomendó al coronel británico John Counsell, actor en la vida civil, quien copió del periódico militar de los Estados Unidos *Barras y estrellas*, buena parte de los términos de la rendición firmada por las fuerzas alemanas en Italia.

El mensaje de Friedeburg a Dönitz no llegó a Flensburg hasta última hora de la mañana del 6 de mayo. Tras leerlo Dönitz decidió que aún era temprano para aceptar una capitulación general. Unos 210.000 soldados alemanes que huían de los rusos habían llegado a las líneas británicas y norteamericanas en los últimos días, pero la huida de las tropas alemanas en Austria, Yugoslavia y, especialmente en Checoslovaquia, apenas había comenzado. Se comunicó entonces con Jodl, quien estaba decidido a capitular, y le ordenó que volara a Reims y siguiera retrasando el acuerdo. Lo autorizó a rendirse sólo ante los aliados occidentales. Si no aceptaban y renovaban sus amenazas de atacar, estaba autorizado a negociar una capitulación general en todos los frentes, pero sólo en etapas, de ser posible, lentas: primero debía producirse un alto el fuego durante el cual las tropas alemanas estarían autorizadas a moverse con libertad –es decir, a huir hacia el oeste–. Si Eisenhower insistía en detener esos traslados, Jodl tendría que arreglárselas para retardar la decisión del comandante aliado. En cualquier caso, la firma de una capitulación general estaba supeditada a su autorización final.

Jodl llegó a Reims la tarde del 6 de mayo y tras reunirse con el almirante Friedeburg abrió rápidamente una discusión con el general Bedell Smith y el general británico Kenneth Strong, jefe de inteligencia del SHAEF, quien hablaba alemán y actuó como intérprete. Bedell Smith presentó el acta de capitulación. Sus cinco párrafos exigían una rendición incondicional y simultánea de todas las fuerzas de tierra, mar y aire alemanas y en todos los frentes, a las 11:01 de la noche del 8 de mayo. Y entre otras cláusulas, prohibía a los alemanes destruir maquinaria y equipos militares.

Jodl planteó objeciones. Explicó que era imposible cesar las operaciones en ese plazo. El OKW necesitaba más tiempo que el otorgado sólo para transmitir la orden a todos los frentes. Dicho lo cual, solicitó un aplazamiento de 48 horas. Tras una hora de discusiones, Bedell Smith comprendió que Jodl intentaba ganar tiempo, y tras una breve consulta con Eisenhower insistió en que la capitulación debía firmarse ese mismo día y que las hostilidades debían cesar por completo y a lo sumo dos días más tarde, al llegar la medianoche.

Le dijo que tenía media hora para pensarlo. Jodl envió a Dönitz el mensaje por radio y añadió su opinión: "No veo otra alternativa: la firma o el caos".

Dönitz se cansó de insultar. Lo más amable que le dijo a Jodl fue que el ultimátum era una extorsión.[62] Después pasó dos horas hablando, frenético, por teléfono, buscando retrasar lo inevitable. Por fin, minutos antes de la medianoche comprendió que sus esfuerzos eran inútiles. Antes de comunicarse con Jodl para autorizarlo a capitular, ordenó –a través de un tercero– a los escasos comandantes de *U-Bootes* que por

---

62 Años más tarde explicaría en cuidadoso lenguaje diplomático que Eisenhower carecía de "una apreciación adecuada de los acontecimientos que habían tenido lugar en los asuntos del mundo". En otras palabras, predicaba todavía una alianza entre norteamericanos y alemanes para oponer una resistencia conjunta a las ambiciones soviéticas.

estar participando en operaciones secretas no habían cumplido la orden de hundir sus naves, que se abstuvieran de hacerlo, ya que de ello dependía la vida de "cientos de miles de alemanes".

Jodl firmó el acta de rendición incondicional a las 2.41 del 7 de mayo, pero el general soviético Iván Susloparov se negó a estampar su firma: explicó que Stalin no lo había autorizado.

Luego Eisenhower envió al Estado Mayor Conjunto un mensaje de sorprendente simplicidad: "La misión de estas fuerzas aliadas se completó a las 02:41, hora local, del 7 de mayo de 1945".

Hundimientos extemporáneos

Insólitamente, ese mismo 7 de mayo, tres días después de que Dönitz ordenara cesar los combates y poner en marcha la Operación *Regenbogen* –el hundimiento de los submarinos–, dos buques mercantes fueron torpedeados al norte de las Islas Británicas: el *Sneland I*, noruego, de 1.791 toneladas, con un saldo de 8 muertos, y el formalmente británico –en rigor, canadiense– *Avondale Park*, de 2.878 toneladas. Además fue hundido, por un torpedo, el barreminas noruego NYMS.382, al servicio de la *Royal Navy*.[63]

Fueron tres ataques extemporáneos. Para comprenderlo cabalmente basta apreciar que ni los días 30 y 31 de abril, ni el 1 de mayo los *U-Bootes* atacaron barco alguno. El 2 de mayo, el U-979 al mando del capitán Johannes Meermeier envió a pique una lancha de 348 toneladas, y dos días más tarde a un carguero británico de 6.386 toneladas, el *Empirity Unity*, para emprender luego un azaroso regreso a casa... Tan azaroso que el U-979 fue hundido por su tripulación ¡el 24 de mayo!, dos semanas y media después de terminada la guerra, frente a las costas de Amrum, Alemania.

Ni el 3 ni el 4 de mayo se registraron ataques de lobos grises. Como ya se narró, el 5 de mayo el U-853 al mando del temerario Helmuth Frömsdorf abatió frente a Nuevo Londres al carguero *Black Point*, osadía que le costaría cara cuando dos días más tarde una *task force* de la USS Navy lo hundiera con todos sus tripulantes. El 6 mayo reinó una calma chicha: la mayor parte de los pocos comandantes

---

63 El *Sneland I* fue hundido en la posición 56° 10' N, 2° 31' O, el *Avondale Park* en 56° 5' N, 2° 32' O, y el barreminas noruego en 50° 22' N, 3° 9' O.

que habían desobedecido la Operación *Regenbogen* sólo pensaban dónde y cómo rendirse.

La pérdida del *Sneland I* y del *Avondale Park* fue minimizada por el Almirantazgo británico, al que, sin embargo, no se le escapaban otros detalles del comportamiento de los lobos grises. Por ejemplo, que en lugar de entregarse estaban siendo hundidos sistemáticamente por sus tripulaciones, por lo cual ese día conminaron a Dönitz a radiar "la prohibición de hundir buques o dejarlos inservibles mediante la destrucción de toda o parte de sus máquinas e instalaciones" y la orden de que sus comandantes se pusieran de inmediato a disposición de los almirantes aliados.

La historia oficial sostiene que tanto el *Sneland I* como el *Avondale Park* fueron hundidos por el U-2336 al mando del capitán Emil Klusmeier, un *elektroboote* de la clase XXIII. Klusmeier reivindicó ambos hundimientos hasta su muerte, en 1982. Sin embargo, el 18 de febrero anterior el U-2336 había protagonizado un serio choque con otro submarino de la misma clase, el U-2334. En este accidente el U-2334 se fue a pique llevando en sus entrañas a once de sus catorce tripulantes y el U-2336 resultó con averías de importancia. La *Kriegsmarine* enfrentaba entonces enormes dificultades para reparar el desperfecto más sencillo, por lo cual resulta inverosímil que pocos días después el *U-Boote* estuviera reparado y en acciones. Lo más probable es que Klusmeier se haya atribuido los hundimientos como coartada para algún otro comandante, posiblemente "Adi" Schnee, su coetáneo y superior, al mando del U-2511.

Según *Wolf Packs*, el 4 de mayo, luego de recibir de Dönitz la orden de alto el fuego, el U-2511 –que se encontraría al norte de las Islas Faroe– "avistó a través de su periscopio al más odiado enemigo de los submarinos alemanes, un grupo de mata-cazadores: el crucero británico *Norfolk* y cuatro destructores. Schnee maniobró hasta situarse a menos de 500 metros del crucero y se colocó en posición favorable para disparar sus torpedos de proa. Había hecho esa maniobra muchas veces, pero nunca con tanta rapidez y facilidad. Luego, en vez de dar la orden de fuego murmuró un juramento. Tras su ataque simulado y sin ser percibido por el enemigo, el U-2511 salió a la superficie y navegó de vuelta a su base" en Bergen.

Como resulta obvio, la fuente primaria de esta historia fue el propio Schnee. Pero ni el Almirantazgo ni las autoridades canadienses y noruegas objetaron su veracidad.

Tras rendir el U-1023 el 10 de mayo en el puerto inglés de Weymouth, el capitán de navío Heinrich-Andreas Schroeteler se atribuyó el hundimiento del barreminas noruego. Schroeteler había reemplazado en julio de 1944 a Schnee en el BdU-Op como responsable de las operaciones en el Atlántico Norte, pero a fines de marzo Dönitz lo había "degradado", asignándole el comando de ese *U-Boote*, también de la 11ª Flotilla. Hasta ese momento –al igual que el U-977 y el U-3037–, el U-1023 había pertenecido a la 31ª Flotilla, de entrenamiento. Y como aquéllos, jamás había sido enviado al frente.

Desde fines de marzo, cuando zarpó de Bergen y hasta que se rindió en Weymouth, no hay constancia de que el U-1023 haya tocado algún puerto controlado por la *Kriegsmarine*, por lo que probablemente regresara de las costas americanas. Ocho días antes de rendirse, el 2 de mayo, Schroeteler fue distinguido con la Cruz de Hierro de Primera Clase por Dönitz, que ya había reemplazado a Hitler. El condecorado pasaría tres años cautivo de los británicos: mucho más que otros comandantes de *U-Bootes* capturados por ingleses.

Los tres ataques extemporáneos se produjeron en el área por donde pasó el convoy fugitivo. Era la única zona de todo el Atlántico donde –parece evidente que por orden expresa de Dönitz– los lobos grises seguían hundiendo buques. Todo indica que desbrozaron el camino de eventuales, molestos testigos.

Se cierra la lista

Cuando se enteró de que Friedeburg y Jodl habían firmado la capitulación ante Eisenhower en Reims, Stalin puso el grito en el cielo. Era la prueba de la existencia de un acuerdo espúreo entre nazis y aliados occidentales a espaldas de la Unión Soviética, que sólo podía ser el pato de la boda.

De que los aliados temían a Stalin da cuenta la inusual celeridad –al día siguiente, 8 de mayo– con que se celebró una nueva ceremonia en Berlín, esta vez con todos los actores. A juicio de muchos analistas aquella primera "ruptura de contrato" de los aliados occidentales y la Unión Soviética fue el puntapié inicial de la Guerra Fría.

Mientras se efectuaba el acto en Berlín, Dönitz otorgaba una última Cruz de Hierro al capitán Hans Lehmann, de 29 años, que acababa de llegar a Narvik al frente del U-997. Aparentemente había consumado la hazaña de navegar durante más de dos semanas a ciegas, después de que el 21 de abril un grupo de cazadores de lobos grises lo atacara en el Ártico con cargas de profundidad, dañando el periscopio de la nave.

Ese mismo día el Almirantazgo británico, ávido por los *U-Bootes* que no hubieran sido hundidos aún, emitió en diversas frecuencias un mensaje específico para sus comandantes. Les advirtió que quedarían fuera de la ley y serían considerados rebeldes si no emergían de inmediato "izando una bandera o pendón negro" e informaban su posición "en lenguaje claro, a la estación inalámbrica más cercana". Luego, especificaba, deberían navegar en superficie hacia los puertos que se les indicara, llevando los torpedos sin espoleta y el cañón en crujía.

El primer submarino en acatar la intimación fue el U-249, que izó el 9 de mayo el pendón negro cerca del Cabo Lizard e ingresó a Portland bajo control de la RAF. En los días siguientes se entregaron más de sesenta submarinos en puertos de Escocia, Irlanda, Noruega y Gibraltar. Cinco más lo hicieron en los Estados Unidos y Canadá.

Once días después el U-963, perteneciente a la 11ª Flotilla, emergió frente al bello puerto pescador de Nazaré, en el centro de Portugal, un país neutral que poco había disimulado sus simpatías por el Eje. Su comandante, Rolf-Werner Wentz, compañero de promoción de Schäffer, ordenó que la tripulación abriera las válvulas de inundación y abandonara el *U-Boote*. Para muchos historiadores fue el último de los 218 submarinos que cumplieron la orden de ejecutar la Operación *Regenbogen*. Sin embargo aún quedaban numerosos *U-Bootes* en paradero desconocido y, por cierto, dos semanas más tarde, el 3 de junio, el U-1277 al mando del capitán Peter Ehrenreich Stever, también de la 11ª Flotilla, emergió frente a la playa de Angeiras, algunos kilómetros al norte de Oporto. Como el U-977 de Schäffer, provenía de una flotilla de entrenamiento y jamás había sido enviado al frente. Tras abrir las válvulas de inundación los 47 tripulantes desembarcaron en la playa. Los militares portugueses los internaron en un castillo de las cercanías. Días después la *Royal Navy* fue a buscarlos. Permanecerían detenidos en un campo de entrenamiento de los suburbios de Londres durante tres largos años, un tiempo inusualmente largo.

Un gobierno fantasma

Mientras esta serie de rendiciones y autohundimientos tenía lugar, y a pesar de la capitulación, el "gobierno" de Dönitz seguía formalmente en funciones. Pero la rutina se alteró con la llegada de un grupo de control del SHAEF integrado por 25 hombres, que el 12 de mayo se instaló a bordo del *Patria*, un barco de pasajeros anclado en el puerto. Cinco días después llegó un grupo similar de soviéticos. Resultaba obvio que Dönitz y sus ministros podían ser detenidos en cualquier momento, y de hecho los mariscales Keitel y Kesselring fueron capturados por los hombres del SHAEF el 13 y el 15 de mayo.

Dönitz y los otros miembros del "gobierno" procuraban no hacer olas. Y así pasaban los días, sin que los vencedores terminaran de ponerse de acuerdo sobre cómo abrogar legalmente el gobierno "civil" de Alemania. Británicos y norteamericanos esperaban que la Comisión Consultiva Europea elaborara un documento que resolviera los aspectos jurídicos, y hasta que eso no sucediera preferían mantener a Dönitz por cualquier eventualidad. Por ejemplo, que en el seno del SHAEF lograran imponerse halcones como Patton, partidario de atacar a los soviéticos.

A pesar de su absoluta impotencia, el gabinete de Dönitz discutió seriamente la catastrófica situación nacional, ponderando problemas como la falta de alimentos, la destrucción del sistema de transporte público y la necesidad de repudiar las atrocidades cometidas en los campos de exterminio, que comenzaban a aflorar públicamente con su carga de horror infinito.

Como "presidente del *Reich*" Dönitz cooperó voluntariamente con los aliados occidentales e instó al pueblo alemán a hacer lo propio. Mientras algunos de sus ministros y allegados actuaban cínicamente, otros asumieron su destino con fatalismo. Intuyendo lo que le esperaba –la horca– el general Jodl, que había reemplazado a Keitel como jefe del OKW residual, reconvino así a un subordinado reacio a cumplir órdenes: "Como el resto de nosotros, usted tiene que poner todavía unos cuantos huevos antes de convertirse en caldo de gallina".

Tal vez el régimen de Flensburg hubiera logrado vegetar más tiempo si el periodismo no hubiera intervenido. Para los más importantes diarios de los Estados Unidos y la Unión Soviética su permanencia se transformó en piedra de escándalo. Provocaba lógicas suspicacias sobre la real voluntad de los aliados de desnazificar Alemania y de acusar y juzgar a los jerarcas nazis por la comisión de crímenes de lesa humanidad. Los soviéticos estaban furiosos, pues habían pagado el mayor precio en sangre en la lucha contra los nazis. *Pravda* sostuvo que la supervivencia del gabinete de Dönitz suponía "convertir al cazador furtivo en guardabosques". El 16 de mayo el *New York Herald Tribune* calificó la pervivencia del gobierno de Flensburg como "grotesca comedia", y pidió que se explicara públicamente por qué los miembros del último gobierno del Tercer *Reich* todavía no habían sido arrestados.

La campaña de prensa decidió que los Estados Unidos y Gran Bretaña anularan tan peculiar gobierno, con el cual, por cierto, los altos mandos militares de ambos países no parecían llevarse mal. A primera hora del 23 de mayo, Dönitz, Jodl y Friedeburg fueron convocados al *Patria* por el grupo de control del SHAEF donde se les informó que debían considerarse prisioneros de guerra y prepararse para partir a la 1.30 de la tarde, pero no les comunicaron con qué destino. Tras regresar a tierra firme Friedeburg se suicidó en su habitación.

A pesar de este mal trago, Dönitz presidía a las 10 de la mañana una reunión de su gobierno en la Escuela Naval cuando policías militares británicos tomaron por asalto el lugar al grito de "¡Manos arriba!". Ordenaron a los alemanes que se desnudaran, y se los sometió a un humillante registro en busca de papeles secretos, armas y posibles cápsulas de veneno ocultas. Dönitz no fue la excepción. Sonriente, un comando británico le metió un dedo en el culo. El gran almirante, lívido, afirmó con amargura que su gobierno había sido sacrificado "en función de la amistad anglo-norteamericana con Rusia".

La desaparición del último vestigio del Tercer *Reich* esfumó el objetivo que unía a sus enemigos, de manera que las diferencias afloraron sin atenuantes. Francia pretendió apropiarse de una región de la Italia alpina, y las tropas americanas estuvieron a punto de desalojar a los intrusos a cañonazos. Pero lo más grave era la extrema y mutua desconfianza entre la Unión Soviética y los aliados angloamericanos. La Unión Soviética, que controlaba Berlín, se mostró remisa a compartir la capital alemana con los aliados occidentales. El 8 de mayo, entonces, el presidente Harry Truman denunció unilateralmente los acuerdos de préstamo y arriendo con que los Estados Unidos habían asistido a los soviéticos en su lucha con los nazis. En rigor, dichos pactos caducaban automáticamente al terminar la guerra, pero la denuncia pública de Truman cuando aún se combatía en el Pacífico implicaba una clara provocación.

Francia y Gran Bretaña, muy débiles y endeudadas por años de guerra, temían que las tropas norteamericanas se retiraran dejando tres cuartas partes de Europa en poder de los soviéticos. Si la única superpotencia del Occidente capitalista –de la que dependía en gran medida el futuro de Europa– decidía no intervenir, la Unión Soviética quedaría en inmejorable condición para ocupar Francia, fagocitarse a Franco y a Oliveira Salazar, y llegar así hasta el Atlántico.

Una advertencia

Un día antes de que Dönitz y sus colaboradores fueran detenidos, el 22 de mayo, el vicealmirante Héctor Vernengo Lima, jefe de la Armada Argentina, anglófilo y acérrimo enemigo de Perón, envió una comunicación secreta al ministro de Marina, contralmirante Alberto Teissaire. En ella le informaba que según el Ministerio de Relaciones Exteriores, varios submarinos alemanes estaban cruzando el Atlántico rumbo a la Argentina.

Siempre citando a la Cancillería, Vernengo Lima agregó que al parecer los *U-Bootes* intentaban llegar al Japón: "Este Estado Mayor General opina que debe darse la orden al señor Comandante en Jefe de la Escuadra de Mar para que evite el pasaje de submarinos alemanes del Atlántico al Pacífico, estableciendo un patrullado conveniente en el extremo Sur hasta nueva orden".

La nota del jefe de Estado Mayor de la Armada desató una sorda lucha diplomática. La Embajada de los Estados Unidos se desesperaba por averiguar cómo había llegado a la Cancillería argentina esa información. Para ella Vernengo Lima había mencionado a la Cancillería como un subterfugio para encubrir a la verdadera fuente.

"La actitud de las autoridades navales argentinas (...) de rehusarse a revelar la fuente de su información sobre la proximidad de submarinos alemanes a la costa argentina es extraordinaria, hablando en términos moderados", informó el 29 de mayo Eric Wendelin, de la División de Relaciones Exteriores en el Río de la Plata del Departamento de Estado. Wendelin recomendó extremar la presión y amenazar al gobierno argentino con represalias, incluso denunciarlo públicamente al realizarse la reunión fundacional de las Naciones Unidas en San Francisco.

Al día siguiente, 30 de mayo, el jefe de la Escuadrilla de Torpederos de la Armada Argentina informó que la marina chilena estaba vigilando el Estrecho de Magallanes, y que era inminente que la argentina se sumara a la tarea. El alto oficial estimó que los submarinos alemanes intentarían pasar por el Estrecho de Lemaire o navegar por el este de la Isla de los Estados.

La Armada movilizó todos sus destructores, torpederas y barreminas disponibles para patrullar las costas patagónicas, que también fueron vigiladas por la aviación naval. Y dispuso que un grupo de destructores formara una cadena para impedir los desplazamientos por el Cabo de Hornos, según le comunicó la Cancillería argentina al *Foreign Office*. Al parecer había sido la *Royal Navy* la que había alertado a la Armada Argentina el derrotero de los *U-Bootes* fugitivos.

El patrullaje argentino se desarrolló en un ambiente de distensión pues la noche del 28 al 29 de mayo el Almirantazgo británico anunció que "Todos los buques que naveguen el Atlántico podrán hacerlo con las luces encendidas", comunicado que, no obstante su laconismo, obró como un bálsamo para quienes surcaban el océano. En este contexto, la Marina levantó el patrullaje en los primeros días de junio.

Rumores y bocadillos

El episodio, que parece indicar tanto que el Almirantazgo sabía que un grupo de submarinos alemanes navegaba hacia el Mar Argentino como que no los consideraba peligrosos, sería minimizado más de medio siglo después por Ronald Newton, bajo contrato de la CEANA –Comisión de Esclarecimiento de las Actividades Nazis en la Argentina– prohijada por el gobierno del presidente Carlos Saúl Menem.

El historiador canadiense apuntaló la historia escrita sucesivamente por los servicios de inteligencia de las marinas de guerra de la Argentina, los Estados Unidos y Gran Bretaña y canonizada como la historia oficial, pero sus afanes resultaron tan pueriles como penosos.

A pesar de ser una verdad histórica irrefutable que al menos dos submarinos alemanes –el U-530 y el U-977– se encontraban entonces navegando hacia la Argentina, Newton imitó a los cronistas de espectáculos al afirmar que la información transmitida por Vernengo Lima a Teissaire... no era más que un chisme sin fundamento. Lo más curioso es que basó sus propias afirmaciones en un chisme sin pies ni cabeza.

Newton aseguró que –de acuerdo con fuentes que no identifica– cuatro días antes de que Vernengo Lima informara a Teissaire, el 18 de mayo de 1945, "un consejero de la Embajada de los Estados Unidos le contó al agregado naval", el capitán Walter W. Webb, "un sabroso bocadillo": que el canciller argentino había "recibido rumores acerca de la existencia de uno o más submarinos alemanes que se dirigían a las costas argentinas". Como tal "rumor" indicaba que la intención de esos *U-Bootes* era "rodear el Cabo de Hornos y desembarcar en algún punto del sur de Chile", el ministro de Relaciones Exteriores argentino habría notificado a los británicos y a la Armada Argentina. En respuesta el Ministerio de Marina argentino ordenó "patrullar a todos los destructores y barreminas que tenía disponibles" e incluso "una barrera de destructores formó una red para impedir los desplazamientos por el Cabo de Hornos".

Newton destaca que a pesar de tantas precauciones, no se localizó submarino alguno..., lo que es absolutamente lógico, pues por entonces los *U-Bootes* que se dirigían a la Argentina aún se encontraban en el hemisferio norte. Y como el propio Newton confirmó, "a comienzos de junio se interrumpieron los patrullajes".

Si obró con honestidad al tragar y propalar semejante bocadillo –que hiede a pescado podrido– Newton obró con suma candidez. En cuanto a sus ignotas fuentes, sólo cabe concluir que pertenecen a los servicios secretos aliados. De creerse en él, la secuencia queda invertida en un pase de manos y ¡Hop! la *Royal Navy* pasa de informante de la Armada Argentina a ser informada por ella.[64]

El intento fallido deja, sin embargo, flotando un interrogante: Si fuera cierto que la información original afirmaba que los *U-Bootes* iban a desembarcar en la Patagonia argentina, ¿por qué Vernengo Lima había transmitido el grosero embuste de que pretendían llegar a Japón?

Una pareja en bote

Pasadas dos semanas desde la advertencia de Vernengo Lima, al cumplirse un mes de la capitulación de Alemania, el mariscal Zucov denunció que escasas horas después del supuesto suicidio de Hitler, un *U-Boote* del tipo "gran crucero" había zarpado de Hamburgo llevando a una mujer entre su tripulación.

El 26 de junio la jefatura de la Policía de la Provincia de Buenos Aires informaba desde La Plata al mayor Contal, jefe de Coordinación

---

[64] Por increíble que parezca, en su informe hecho para la CEANA –lo que lo convirtió en un documento oficial del Estado argentino– Newton justificó su posición afirmando que Webb le dijo que posteriormente pudo averiguar que "el rumor" había sido lanzado a rodar por el agregado militar de la propia embajada, el general Lang, quien por cierto era un experto en *U-Bootes*. Pareciera que para el prejuicioso canadiense, si la información original provenía de esta fuente no podía tener ningún asidero..., como si no hubiera habido *U-Bootes* navegando el Atlántico hacia la Argentina.

Federal, que un submarino desconocido había sido divisado en el Golfo de San Julián mientras era reabastecido de combustible por un velero. Del submarino habían desembarcado en un bote de goma un hombre y una mujer, agregó el informe, cuyo facsímil fue tiempo después publicado por el diario *Crítica*.

Según otra documentación interna, la Policía Federal informó a Contal sobre la presencia de un submarino en las costas santacruceñas el día 27 de junio, en lugar del 26. De cualquier manera, está claro que ambos documentos se refieren a un mismo desembarco, que en la versión de la policía bonaerense –informante original– había tenido lugar en una playa cercana a la localidad de Stroeder, donde los desembarcados habrían sido recibidos por una persona de origen alemán que trasladó a la pareja en un velero hasta una estancia recientemente comprada, cerca de la localidad bonaerense de Verónica. El informe de la Policía Federal agregaba que otro velero había reabastecido de combustible al *U-Boote*, que luego había continuado su marcha. Newton ignoró en su reporte estas informaciones de fuente pública.

Rumbo a la Argentina

Schäffer dijo que zarpó de Noruega convencido de que los británicos estaban resueltos a "impedir por todos los medios que lograse evadirse algún dirigente del Tercer *Reich*". Además consideraba que los aliados podrían sospechar "que alguna personalidad destacada se encontrase a bordo".

La avería del periscopio principal lo condenaba a navegar a tientas. El U-977 remedaba un ciego avanzando "a través de una zona infestada de animales feroces", con el "único consuelo" de que aún podía oír, aunque sólo un poco, y a condición de que el *U-Boote* descendiera a mayor profundidad y navegara con el motor eléctrico. En estas circunstancias, dramatizó, si un buque enemigo detectaba al submarino, sólo tendría que acercarse y "colocar una gaza de cable de acero alrededor de nuestro *schnorkel*" para verse "atrapados e irremisiblemente perdidos". Su única esperanza, dramatizó, era "que la fiera grite".

Para aliviar la tensión permitió fumar en el compartimento de máquinas: "Es el único placer que aún nos queda en medio de la constante excitación".

Decidido a conmover al lector con la pormenorizada descripción de un rosario de desgracias, narró que una noche, mientras navegaban en superficie recargando las baterías, y tal como temía desde su partida, se detuvo uno de los motores *diesel* a causa de que "los acoplamientos principales tienen juego y se han recalentado". Y aunque los maquinistas consiguieron reparar el motor en apenas dos días, de inmediato se descompuso el otro motor. Desde ese momento, rezongó, "no iba a pasar un sólo día sin que ocurriera algo. La imprescindible revisión general no se había hecho y tocaba pagar las consecuencias".

Pero sus aprensiones no se debían sólo a los motores, que siguieron fallando alternativamente: "En la lejanía oíamos a menudo la detonación de cargas de profundidad o de minas. Posiblemente se estaba persiguiendo a otros submarinos".

Esta admisión reviste fundamental importancia y se contradice con lo que pocas páginas antes había preguntado retóricamente: "¿Es el nuestro quizá el último submarino?". Aquella frase revela que Schäffer sabía perfectamente que otros *U-Bootes* llevaban el mismo rumbo que el U-977, y que estaban siendo atacados. O lo que es lo mismo, confirma como falso aquel relato según el cual la decisión de navegar hacia la Argentina se debió a una originalísima propuesta suya, plebiscitada luego por la tripulación y seguida de una navegación en solitario.

Con todo, su mayor problema seguía siendo cómo justificar los tres meses transcurridos desde su partida de Noruega hasta que se entregara en Mar del Plata. En su afán por explicar lo inexplicable Schäffer asegura que consumió la mitad de ese tiempo, "siete semanas interminables", sin poder salir a la superficie. Y como dijo haber emergido por primera vez frente a las costa de Portugal, tácitamente afirmaba haber tardado unos 50 días en navegar desde el norte de las islas británicas hasta allí.

Tanto a la hora de pergeñar esta ristra de macanas como al entregar su libro a la imprenta, Schäffer debió sentirse muy protegido, por no decir impune. Porque en Mar del Plata había declarado a sus interrogadores algo completamente distinto: "que una vez rebasada Islandia decidió dirigirse a la Argentina".

La lógica más elemental indica que el U-977 debió llegar a las Islas de Cabo Verde antes de que terminara mayo, pero en Mar del Plata dijo que arribó al archipiélago ¡el 13 de julio! Era una mentira tan colosal que se vio obligado a rectificarse al escribir sus memorias, aunque lo que hizo de manera elíptica al comentar que se sentía feliz de poder "demostrar" que el 4 de julio estaba a "más de 50 millas" de las rocas de San Pedro y San Pablo, en aguas brasileñas. Es decir, unas 1.000 millas más al sur.[65]

Al borde del motín

Schäffer narró en sus memorias los avatares de la navegación del U-977, no sólo mintiendo profusamente para alterar las circunstancias, sino también el orden temporal en que ocurrieron, desentendiéndose de las gruesas contradicciones resultantes. Lo hizo desde un comienzo en su intento de justificar una avería del periscopio que no parece haberse producido al comienzo del viaje, sino durante su último tramo.

Aunque de acuerdo con el relato el frío se había transformado en calor bochornoso, no tenía más remedio que seguir navegando a 80 metros de profundidad por lo menos hasta Gibraltar, a partir de donde "pensábamos proseguir la marcha de noche en superficie".

En estas condiciones, el submarino parecía un sumidero. Además de la acumulación de heces y basura, a causa de los desperfectos de los motores "a menudo entraba humo a los compartimientos" y "cada ola cerraba la válvula del tubo de aire dando origen a una depresión" hasta que el aire volvía a irrumpir. La descripción evidencia cuan farabute había sido unas líneas antes al sostener que el U-977 navegaba a gran profundidad.

La acumulación de desperdicios se debía a que había prohibido arrojar residuos al mar mientras navegaban sumergidos. En esa prohibición, se desprende, había un acto de autoritarismo y enfado. "Yo tenía la idea de pasar un torpedo al interior del submarino, ponerlos en el tubo vacío y expulsarlos con aire comprimido", especula. Pero su segundo, Reiser, se opuso con vehemencia. Argumentó que como ya no combatirían, lo razonable era disparar todos los torpedos, de manera de ganar espacio a bordo y reducir la claustrofobia.

Éste es otro punto controvertido en la fábula articulada por Schäffer, pues en ningún momento explica que hubieran tomado colectivamente la decisión de no combatir, ni que hubiera transmitido a sus hombres

---

65 Como Schäffer también había dicho que el U-977 había tardado casi una semana en navegar desde Cabo Verde hasta dichas rocas –entre el 14 y el 22 de julio– debió llegar a la Isla Branco alrededor del 26 de junio, y permanecer en ella aproximadamente tres días. Claro que en el caso de admitir que así fueron las cosas, se inculparía en el hundimiento del crucero brasileño *Bahía*.

que "no atacaré ni hundiré ningún buque más" ya que "no tiene sentido proseguir la guerra por cuenta propia", resolución que dijo haber tomado en la relativa soledad de su ínfimo camarote. Si la hubiera socializado, habría engañado a sus hombres como a párvulos ya que unas pocas páginas después subrayó su decisión de atacar a cualquiera que se atravesara en su camino.

Schäffer mantuvo su negativa a deshacerse de los torpedos porque "la explicación que podríamos dar para lanzarlos al mar hubiera sido recibida con gran incredulidad". Comentario que implica que el episodio ocurrió más tarde de lo expresado, cuando adoptó la decisión de entregarse a la Armada Argentina en lugar de desembarcar subrepticiamente en alguna caleta.

Navegaban frente a las costas de Portugal cuando "la disciplina comenzó a relajarse" y parte de la tripulación, tras calcular que a ese ritmo no tendrían suficiente combustible para llegar a la Argentina, manifestó su deseo de desembarcar en España. Schäffer rechazó de plano estas pretensiones, absolutamente lógicas en quienes no conocieran la auténtica naturaleza de la operación en la que estaban embarcados. Entregarse en Cádiz a la amable marina española –cualquiera podía pensar con sensatez– era mucho menos riesgoso que seguir viaje a la Argentina.

"Los grupos que estaban conversando, se callaban cuando pasaba delante de ellos", recuerda Schäffer. El aire se cortaba con un cuchillo.

Tan pronto tuvo a la vista la costa africana tomó la decisión de navegar en superficie por las noches. Dijo haber aprovechado esta circunstancia para ordenar que se pintara el interior del submarino, lleno de óxido y de moho. También esta decisión fue públicamente cuestionada por Reiser, quien le recordó que "de todos modos, el submarino sería hundido frente a la costa argentina".

Cuando el U-977 comenzó a navegar en superficie durante el día rumbo a las Islas de Cabo Verde, Schäffer advirtió los estragos del encierro en la tripulación: rostros macilentos, ojerosos, verdosos. De todos modos les ordenó desmontar y limpiar cuidadosamente los cañones antiaéreos, cargados con "cinco largas cintas de proyectiles", listos para disparar, y que se desarmaran, limpiaran y montaran nuevamente en sus soportes "los grandes cargadores para las ametralladoras de dos centímetros, totalmente automáticas". Por si no quedase claro que estaba dispuesto a combatir, comentó: "Si un avión o un buque llegara a atacarnos, nos defenderemos. No entregaremos nuestras vidas sin luchar".

Estas decisiones provocaron la airada resistencia de Reiser: cuando Schäffer ordenó poner el armamento de cubierta en condiciones de combate, se insubordinó.

El comandante separó a Reiser de su cargo y prohibió a la tripulación "tratar con él cuestiones concernientes a nuestro viaje y cumplir órdenes suyas". El rebelde fue reemplazado por el segundo oficial –Albert Kahn–. De este conato de motín se desprende que si para Reiser y otros era evidente que la guerra había terminado, Schäffer no pensaba lo mismo.

El bálsamo de Cabo Verde

Uno de los pocos gustos que podían permitirse a bordo era sintonizar *broadcastings*, lo que derivó en una enorme frustración porque así se enteró de que "en la coalición vencedora no se ha producido ningún cambio fundamental, como una escisión", esto es, la anhelada continuación de la guerra contra la Unión Soviética.

No se trataba de un contratiempo menor. Decepcionado, dijo haberse preguntado: "¿Qué habrá sido de aquellos que debían huir?", pero se preocupó seguidamente por dejar aclarado que no se refería específicamente a quienes huían a bordo de submarinos, sino genéricamente a todos aquellos que en esos momentos debían estar buscando asilo "en las condiciones más miserables".

Embargado por estas preocupaciones llegó a las Islas de Cabo Verde, una colonia portuguesa que había servido como área de descanso de los lobos grises y base de operaciones de las "vacas lecheras". Se sospecha que en ese archipiélago se reunieron los *U-Bootes* del convoy clandestino y otros que iban a entregarse en Portugal y España, y que allí aguardaron la evolución de los acontecimientos.

La más elemental de las lógicas indica que el U-977 se reabasteció allí de combustible, pero Schäffer sólo dice que el U-977 llegó al archipiélago de noche y navegando en superficie, y que se sentía seguro porque sabía que "no hay vigías en estas islas". Tan pronto amaneció, dijo, el U-977 se acercó a "las enormes formaciones rocosas" lo suficiente como para apreciar montes, campos, praderas y "las barcas pesqueras con velas multicolores".

Es evidente que al escribir Schäffer recordó que sus interrogadores habían tenido firmes sospechas de que el U-977 había pasado varios días, acaso semanas, refugiado en aquellas islas, porque juró que ningún miembro de la tripulación desembarcó. Reconoce que sabía que varias islas estaban deshabitadas –lo que atribuyó a su lectura del *Manual de navegación a vela*, no a informes de inteligencia de la *Kriegsmarine*– y también que acarició la posibilidad de pasar allí algunos días. "Nos encanta la idea de recalar en alguna", con la certeza de que "los aliados no sospecharían jamás la presencia de un submarino entre las islas" y haber ordenado en consecuencia navegar "rumbo a la Isla Branca", en referencia al parecer a la llamada Branco, la menor y entonces deshabitada de las seis de Barlovento que –junto con las tres de Sotavento– componen el archipiélago.

Cuando el U-977 emergió a pocos metros de la orilla se ofreció a la mirada de Schäffer un paisaje paradisíaco, mientras varios delfines hacían esforzadas contorsiones para alcanzar la comida que les arrojaban los marineros. Sin embargo, por increíble que parezca, adujo que ni él ni sus hombres pisaron tierra firme, aunque no por falta de deseos: dijo que subieron a los botes de goma y lo intentaron, pero la marejada se los impidió.[66]

Fiesta

La frustración por no lograr desembarcar no enturbió el buen humor reinante. Y como "la noche es clara, estrellada y templada", se organizó una juerga a bordo, que tuvo virtudes terapéuticas: "Volvemos a cantar juntos, a estar alegres como antes".

Por la mañana, después de que todos se bañaran en el océano, ordenó reiniciar el viaje. ¿Por qué los vivos deseos de pasar unos días en una isla paradisíaca se habían disuelto ante el primer contratiempo? ¿Acaso la marea no había cambiado? ¿Además de la marejada habría una tormenta? No, no la había. Pero Schäffer no da razones para el drástico cambio de planes. Simplemente cambia de tema. Narra que "todos los hombres, sin excepción, yacen en cubierta y broncean sus pálidos cuerpos. ¡Qué placer se siente en esos momentos! Las erupciones cutáneas y los abscesos desaparecen al cabo de pocos días, mejora el aspecto de los rostros demacrados, que adquieren una expresión satisfecha, las desavenencias se hacen menos frecuentes. Aquéllos que se

---

66 Debe tenerse presente que al entregarse en Mar del Plata, el U-977 conservaba sólo uno de los cuatro gomones con los que había zarpado de Noruega.

habían peleado vuelven a ser buenos amigos y compañeros, y bromean y ríen juntos. Una manguera colocada en cubierta está continuamente en uso y permite refrescarse en medio del fuerte calor".

Los marineros construyeron un "acuaplano", una especie de tabla de *surf* remolcada a un costado del submarino. Los hombres hacían cola para subirse al aparato y gozar de esa distracción. El relajamiento era tal que ya "nadie duerme en el interior del submarino. Hace demasiado calor y el aire es pesado y sofocante" por lo que, usando "coys (hamacas) con mantas y almohadas, permanecen todos en cubierta", donde también comen.

Para matar el aburrimiento "tiramos al blanco sobre botellas vacías, construimos arpones y pescamos, de vez en cuando tiramos granadas de mano al mar y aumentamos el menú" con peces que suben muertos a la superficie, especialmente peces voladores, "singularmente sabrosos".

Desde que zarparon de las Islas de Cabo Verde navegando plácidamente en superficie, resulta evidente que las considerables reservas de champagne y bebidas alcohólicas embarcadas en Dinamarca se habían transformado en el pasatiempo favorito de la tripulación.

Sólo algunos momentos de zozobra los sobresaltaban, impidiéndoles gozar del sol tropical. Por ejemplo cada vez que los vigías detectaban algún buque. Gracias al bajo perfil del sumergible pasaban desapercibidos, aunque de inmediato debían levantar hamacas y esterillas, sumergirse y ocupar sus puestos de combate. Schäffer dijo que se hartó de estas interrupciones y se preguntó: "¿Por qué esta complicación? ¡Nos disfrazaremos!".

"Dicho y hecho: cortamos lienzo y paño de velas en tiras, que luego son suspendidas en forma tal que nuestra silueta semeja la de un buque de carga. Todos tienen alguna idea. Tampoco falta la chimenea: se la confecciona con un tubo de hojalata que se coloca sobre una caja con trapos embebidos en aceite. Una manguera de aire comprimido hace posible una mejor combustión. Desde entonces no esquivamos a ningún buque, ya que nuestro camuflaje es excelente. Intensas humaredas y chispas se elevan al cielo cuando es necesario."

El relato olvida que el comandante no sólo había ordenado pintar el interior del *U-Boote*, sino también su exterior –lo que fortalece las sospechas de una temporada en la Isla Branco–, de modo de ocultar el gris y darle una apariencia de buque pesquero. Y que las chimeneas-prótesis, los hornos para quemar estopa embebida en aceite y los tirajes de aire comprimido, al igual que aquellas pinturas, formaban parte del *kit* de enmascaramiento probado con tanto éxito desde principios de la guerra por los cruceros auxiliares.

Dicho de otro modo, una vez más todos los indicios señalan que cuando Schäffer dijo haber zarpado hacia las costas británicas para combatir, en realidad lo hizo preparado para navegar en superficie y camuflar su barco como pesquero.

Poco después una ballena comenzó a trazar círculos alrededor de la nave camuflada y más tarde se puso a seguirlo, nadando dentro de su estela. El U-977 era una romería.

Bautizos

"Nos estamos aproximando al Ecuador. (...) Los rayos del sol queman la piel y no corre ni una ráfaga de viento. Nos encontramos en la zona de las calmas absolutas, tan temida por los navegantes de los buques de vela. Hacemos grandes sombreros que nos protegen la cabeza y la nuca del sol. Cada cual confecciona su propio modelo. El mío tiene casi un metro de diámetro. Mañana cruzaremos el Ecuador..."

Desde las Islas de Cabo Verde el U-977 navegó en superficie, pues su comandante confiaba plenamente en su disfraz de pesquero. Así, según los libros de navegación, alcanzó la línea del Ecuador el 3 de julio y –como es tradición entre todos los marinos, y especialmente entre los alemanes– la tripulación se dispuso a celebrarlo.

"La Fiesta de Neptuno" es "una serie de ritos desenfrenados" por los cuales se "bautiza" a los novatos que cruzan por primera vez la línea imaginaria que divide los dos hemisferios. Algunos veteranos, disfrazados como rey del mar con su tridente, y de "Tetis, su reina, con una fregona como peluca, formaban su corte en la cubierta", describe *Wolf Packs*. "Tetis es de deslumbrante belleza. Es un marinero que se ha afeitado a fondo, se ha maquillado y lleva una larga y ondeante peluca, confeccionada con cabos deshilachados", recuerda Schäffer.

Los súbditos de Neptuno y Tetis, "con aspecto de salvajes, luciendo falditas de hierba, obligaban a los neófitos a tragar grandes píldoras de sabor desagradable y los 'lavan' con mezclas de leche, agua salada y aceite de máquina. Luego eran afeitados de la cabeza a los pies y empapados para limpiarlos del polvo del hemisferio norte antes de ser recibidos en el hemisferio sur", continúa la obra de *Time-Life*. Aun tratándose de "fiestas estridentes", la tripulación jamás bajaba enteramente la guardia, y mientras la mitad de la tripulación celebraba, la otra permanecía alerta. Así había sido durante toda la contienda, pero la guerra había terminado, de manera que la vigilancia en el U-977 se había relajado. Llevaba una inmensa mayoría de novatos, abundante comida y bebida, y ansias de festejar. Sin embargo las memorias de Schäffer apenas mencionan el cruce del Ecuador del U-977, fiesta que parece haberse suspendido a poco de comenzar. En sustitución, narró su propio bautizo que, reconoció, se produjo en junio de 1943.[67]

Para entonces el dominio aliado de todo el Atlántico era tan abrumador que los festejos por el cruce del Ecuador debieron celebrarse en inmersión. Quizás la claustrofobia haya sido la razón de que la fiesta degenerara en una orgía bárbara. Schäffer omite mencionar sus propios padecimientos, pero se complace en describir pormenorizadamente los suplicios ajenos. Durante la fiesta, de acuerdo con el relato de Schäffer, se impone el individualismo, el escarnio a los novatos, la posibilidad de dar rienda suelta al sadismo y la necesidad de infligir a otros padecimientos similares –o mayores, si cabe– a los recibidos. La matriz misma del fascismo.

Usualmente, explica, esos padecimientos se aplicaban en tres grados, y recuerda que en aquella ocasión el médico de a bordo recibió el inusual cuarto grado: "Según las antiguas creencias, es mortal. No lo tomamos en serio", se dolió, lamentando que muriera un par de días después. Los neófitos, según el grado de su castigo, debían ingerir una o más píldoras "muy grandes" y de "un gusto horrible". Luego, con una gran jeringa se los obligaba a tragar "un compuesto de vinagre, petróleo, pimienta y perfume". Más que los golpes y vejaciones, parece haber sido ésta la causa de la muerte del infortunado galeno.

Civilización y barbarie

De acuerdo con la liturgia, la Fiesta de Neptuno se organizaba con puntillosa minuciosidad. Los preparativos comenzaban muchos días

---

67 Schäffer asegura que la fiesta de su bautizo tuvo lugar rumbo a Freetown. Aunque no identificó en qué submarino, de acuerdo con sus primeras declaraciones, en Mar del Plata, debía ser el U-445, de la 6ª Flotilla de combate –cuyo jefe sería Emmermann a partir de noviembre de ese año–. Sin embargo no hay datos que indiquen que el U-445 haya navegado en aguas africanas durante el verano boreal de 1943. A juicio de los autores, en junio de 1943 Schäffer integraba la tripulación del U-172, al mando de Emmermann, que acababa de ingresar en aguas brasileñas.

antes –en el caso del U-977, al reiniciar su viaje desde Cabo Verde, navegando camuflado y en superficie mientras sus tripulantes se doraban al sol y bebían hasta el anochecer–.

"Diariamente, por la tarde, se transmite un reportaje radial desde el palacio de Neptuno", situado en la torreta. "La instalación de radio, que cuenta con micrófonos, es excelente en los submarinos, por lo tanto no se presentan dificultades técnicas para la ejecución del programa, en el cual participa toda la tripulación", independientemente del lugar de la nave en que se encontrara. "Se forman coros que nos cantan sus canciones", y a medida que la noche avanzaba, y con ella el consumo de *groc* –el aguardiente fabricado a bordo con un alambique casero–, las canciones se volvían picarescas, cuando no simplemente obscenas.

El bautizo estaba previsto para la mañana. "Neptuno cuidará que ningún alma pase de una región a la otra sin haber sido purificada".

Schäffer recordó la época de su instrucción en la Isla de Dänholm a fines de 1939, en un invierno tan gélido que, puntualiza, era habitual una temperatura de 14º bajo cero. "Tres meses permanecimos allí y reconozco con sinceridad que esta época me resultó sumamente desagradable. No puedo hacerla parecer mejor de lo que fue". ¡Ah, el duro aprendizaje del sadomasoquismo! Schäffer filosofa: aquella temporada fue horrible, sí, pero "no estaría bien calificar como trágica una época en la que fuimos tratados en una forma increíblemente severa" porque "mientras haya militares en el mundo, el novicio será tratado con rudeza". Los padecimientos, argumentó, contribuyen "a enriquecer la propia experiencia" y a "saber reaccionar" ante los verdugos. "Lo que no nos mata, nos hace más fuertes", sentencia.

Quienes no soportan los tormentos mueren porque son débiles. En rigor, nadie mata a los débiles: mueren por temerosos, por demasiado sensibles, por enfermizos. En definitiva, por ineptos para vivir en sociedad, como los judíos, gitanos, calmucos, homosexuales, dementes, tullidos, sordomudos y espásticos, para no hablar de los enemigos de la nación alemana: los internacionalistas bolcheviques. ¡No cualquiera puede ni debe integrar la legión de los "Caballeros de las Profundidades"!

"Conocemos las descripciones de los métodos usuales" del bautismo por el cruce del Ecuador. "Las viejas usanzas marineras eran, realmente, tormentos especiales. Por ejemplo, la costumbre del 'carenado': los marineros eran atados con un cabo y obligados a pasar por debajo del buque".

Como la superficie de "la obra viva de un buque no es lisa, sino que está erizada de almejas y de otras incrustaciones ásperas" y cortantes, "es fácil imaginar el resultado": los que tenían suerte sangraban por varias heridas, los que no, quedaban enganchados en la quilla y se ahogaban. ¡El momento culminante del festejo! Schäffer aclara que eso sucedía en los tiempos antiguos, pero ya no. "Nosotros ya no vivimos en los bárbaros tiempos pretéritos –filosofó–, si no en la actualidad humana".[68]

---

68 Schäffer recuerda como en un ensueño el programa desarrollado en su bautismo. Los protagonistas, además de Neptuno y Tetis, eran el policía del palacio, el médico y otros miembros de la corte del dios del mar, que oficiaban de coro:

POLICÍA: –Informo a Su Majestad que durante mi ronda matutina avisté un buque. Navega lentamente hacia nuestra línea sagrada sin haberse anunciado. Está camuflado, por lo que lo vi a último momento y me vi obligado a saltar a un lado para no ser atropellado. Y luego, pasó algo que nunca me había ocurrido: como quería averiguar su nombre y anotarlo, me acerqué con cautela, pues sus tripulantes tenían un aspecto intranquilizador y llevaban barbas, como los piratas. Busqué mi anotador, pero cuando levanté nuevamente la mirada, ¡el buque había desaparecido!

NEPTUNO: –¡Es realmente inaudito! ¡Debemos infligirle las penas más severas! ¡Nunca he oído nada semejante!

TETIS: –Es terrible. No podré salir a pasear en mi caballo marino. ¡Y tenía tantas ganas de hacer ese paseo!

Las conversaciones se prolongan largo tiempo, interrumpidas por la orquesta del palacio. Continuamente se sugieren nuevas ocurrencias. Nos divertimos mucho. (...) En un principio, se condena a todos los candidatos al bautizo a los suplicios de primer grado.

A partir de entonces aumentan los suplicios individuales. El joven oficial recuerda la secuencia que determinó la aplicación de la pena fatal para el médico. Comienza con el castigo a un suboficial.

POLICÍA: –¡Su Majestad quedará horrorizada! ¡Al despuntar el alba vi sobre esa maléfica embarcación a un hombre sobre el puente que llevaba una bufanda roja y manipulaba un extraño instrumento que llaman sextante. Con él bajaba las estrellas del cielo y medía sus alturas. ¡Se comportaba de una manera increíble en estas regiones sagradas! ¡Sin el menor respeto! Se llama suboficial... ¡Propongo condenarlo a la pena de segundo grado!

NEPTUNO: –Por cierto que la merece.

TETIS: –Si ha bajado las estrellas, ya no podré ver de noche. El mundo se vuelve cada vez peor y tengo mucho miedo. Ese hombre perverso debe ser castigado con más severidad. De lo contrario podría seguir con sus funestas actividades.

NEPTUNO: –Tienes razón, hija. ¡Pena de tercer grado!

POLICÍA: –Hay casos peores. Desde hace días vengo observando a una persona que lleva una larga barba. ¡Una barba roja! ¡Increíble es tamaña desfachatez! Si yo tuviera una barba roja, le pediría a Su Majestad una nueva cabeza. Ese color revela sus maléficas actividades. ¡Está teñida con sangre!

NEPTUNO: –¿Le parece?

POLICÍA: –Sin duda, Majestad.

NEPTUNO: –Entonces... ¡Informe!

El choque

Aunque se refiere extensamente a su primera Fiesta de Neptuno, Schäffer soslaya la que debía celebrarse por todo lo alto en la cubierta del U-977. Navegaban en superficie, creyéndose a salvo de todo peligro gracias al camuflaje, y hacía mucho que venían preparándola; brindando con los jarros en alto por la nueva y excitante vida que les esperaba en la Argentina, acaso en Chile.

"Mañana cruzaremos el Ecuador. El acontecimiento será celebrado en la misma forma que durante el viaje a Freetown, con la sola diferencia de que esta vez la fiesta deberá tener lugar en la superficie", distinción a la que debería sumarse la abundancia de comida, bebidas alcohólicas, cigarrillos..., y el relajamiento de la disciplina.

Un "pesquero" surca las cálidas aguas ecuatoriales atiborrado de cajas de champagne francés, de cerveza y del traicionero *groc*. Sus

POLICÍA: –Es una persona temida por sus compañeros que, sin embargo, diariamente van a verlo. Se encuentran evidentemente bajo su dominio diabólico, pues están pálidos y parecen enfermos. Él les ordena abrir la boca, los examina con anhelo y hace lo mismo con sus cuerpos, empleando instrumentos peligrosos... Tal vez los quiera asar y devorar. A pesar del calor, les aplica alrededor del cuello vendajes torturantes y les hace tragar píldoras blancas. Y a otros les da un líquido amarillo que debe tener un gusto horrible, porque al tomarlo las víctimas hacen muecas como si las estuvieran envenenando...

TETIS (Grita asustada): –¡Padre, ordénale que deje de contar cosas espantosas! ¡No puedo más!

NEPTUNO: –Tranquilízate, hija. ¡Pena de tercer grado para ese malvado!

El médico, al que Schäffer describe como un hombre asustado que no quería embarcarse, y que estaba convencido de que jamás volvería a ver a los suyos, evidentemente era objeto del escarnio general. El cordero destinado al sacrificio. "Al día siguiente, poco antes de cruzar el Ecuador, el reportaje tocó a su fin", continúa.

NEPTUNO: –¿Dónde está el policía de palacio? ¿Ha sido capturado por los bandidos? ¡Que lo busquen de inmediato!

MÉDICO DE CÁMARA: –Al caer la tarde lo vi alejarse apurado. Tanto, que era imposible seguirlo. Y más tarde vi su pantalón colgando en el larguero...

TETIS: –¡Ahí viene! Oh... qué mala cara tiene.

POLICÍA: –Perdón, Majestad. He probado el líquido amarillo que dan en esa embarcación diabólica...

NEPTUNO: –¿Se lo dio ese individuo que se oculta tras el título de médico de a bordo?

MÉDICO DE CÁMARA: –¡¿Cómo?! ¿Hay otro médico en esta región? Debemos impedir que siga ejerciendo su profesión. Propongo para ese monstruo la pena de cuarto grado...

NEPTUNO: –De buena gana le impediría cruzar el Ecuador. Por lo pronto, aplíquenle la pena de cuarto grado... ¡Y en forma!

tripulantes, asomados a la incertidumbre de un futuro en tierras desconocidas, no tienen otro norte que preparar –y festejar por anticipado– la Fiesta de Neptuno.

Pero la fiesta resultó abortada a poco de iniciarse. Schäffer dice que había llegado "a su punto culminante" cuando fue interrumpida por razones de fuerza mayor. Escribe entonces un iluminador párrafo que no tiene desperdicio:

"Yo represento el papel de Neptuno. La espada del policía de la corte cae incesantemente sobre las pobres víctimas, y en forma especialmente cruenta sobre alguna de éstas. La fiesta ha alcanzado su punto culminante. ¡Ruidos de avión! Enseguida se conecta la antena antirradar. ¿Habremos sido descubiertos? Los vigías apostados no estaban muy alertas durante la ceremonia (...) prefirieron divertirse a expensas de sus compañeros, que estaban pasando las torturas del bautismo. No hay nada a la vista, sólo se oye constantemente el ruido de los motores. ¿Deberemos sumergirnos? Los cañones antiaéreos tienen sus sirvientes respectivos y están cargados. Tetis, la hija de Neptuno, está junto al cañón de 37 milímetros. El médico de la corte y el barbero sostienen cada uno una ametralladora. La comitiva está lista para que, en caso de ser necesario, se pueda efectuar la maniobra de inmersión..." Schäffer recuerda el instante del cruce con los aviones como una fotografía. Era, dice, "un espectáculo cómico en una situación aparentemente tan seria. Hombres de la otrora tan temida arma submarina, ataviados con sus pintorescos disfraces pero decididos a defenderse en caso de ser atacados...".

A bordo del "Velinho"

El miércoles 4 de julio, a las 9 de la mañana, el *Bahía* se mecía suavemente bajo el sol ecuatorial. Desde que Brasil había entrado en guerra, había navegado como escolta de 67 convoyes y en 10 patrullas a lo largo de la extensa costa brasileña. Desde enero su comandante era el capitán de fragata Garcia D'Avila Pires Carvalho e Alburquerque, de 48 años. Jovial, alegre, optimista, era uno de los oficiales brasileños con mejores relaciones en la *US Navy*.[69]

---

69 Pires Carvalho e Alburquerque era bahiano y el segundo hijo de Antonio Joaquim, quien fuera ministro y procurador general de la República. Afincado en Río, estaba casado con Alcira de Campos Salles, nieta del ex presidente Manoel Ferraz de Campos Salles

Era el hombre indicado en el lugar indicado. Se le había encomendado estacionar al *Bahía* en la posición 0° de latitud, 30° de longitud oeste, aproximadamente a 900 kilómetros de Natal y sobre un abismo de 4.000 metros de profundidad. En la nomenclatura de los aliados ese puesto era denominado Estación 13: de las cuatro, la más próxima al continente americano y la única a cargo de la Marina de Brasil. Al parecer, las más cercanas a la costa africana habían sido confiadas a la *Royal Navy*.

Excepto los cuatrimotores, con autonomía suficiente para llegar a los Estados Unidos a través de escalas en Islandia y Groenlandia, los demás bombarderos de la *US Navy* debían volar primero hasta el puerto africano de Dakar –Senegal– y desde allí cruzar el Atlántico por su parte más estrecha hasta la base situada en las afueras de Natal, desde donde la mayoría seguía viaje hacia el teatro de operaciones del Pacífico –donde Japón seguía combatiendo– y unos pocos –pero considerablemente más afortunados– iniciaban el regreso a casa.

En ese itinerario eran asistidos por las naves de guerra apostadas en las estaciones. Antes de hacer contacto visual y radiofónico con los buques de la Estación 13 los pilotos veían con claridad las cercanas rocas de San Pedro y San Pablo emergiendo en medio de la vastedad del océano, por lo cual no tenían modo de perderse.

Aunque la *US Navy* confiaba esa estación al aliado brasileño, había puesto a bordo del *Bahía* a cuatro jóvenes radio-operadores: William Joseph Eustace, Andrew Jackson Pendleton, Emmet Peter Salles y Frank Benjamin Sparks. Con ellos, la tripulación ascendía a 372 hombres.

---

y del gobernador paulista Bernardino de Campos. El matrimonio tenía dos hijos varones, de 15 y 11 años. Apenas egresado de la Escuela Naval, Pires había marchado a los mares europeos a las órdenes del almirante Pedro Max Frontin para combatir en la Primera Guerra Mundial. Condecorado por el gobierno francés, se incorporó a la tripulación del crucero *USS Wyoming*, con base en Norfolk, Virginia. Luego fue asistente del gabinete del ministro de Marina, almirante Alexandrino de Alencar, miembro de la comisión que estableció –en el Río Trombetas, afluente del Amazonas– los límites con la vecina República del Perú. Además fue capitán de los puertos de Itajaí, Aracaju y Salvador de Bahía, y jefe de la Escuela de Aprendices Marineros. Desde el inicio de la guerra asistió a cursos para oficiales del Estado Mayor y se especializó como submarinista en los Estados Unidos. Navegó en todos los sumergibles brasileños y comandó el *Timbira* (T2) por espacio de dos años. En 1942, cuando Brasil comenzó a participar en la contienda, dejó los submarinos para servir como oficial de enlace en la Misión Naval Norteamericana en Río, donde trabó amistad con su jefe, el almirante A. Tountat Bauregard y conoció al almirante Jonas H. Ingram.

El *Bahía* se encontraba en ese punto del océano desde el lunes 2, en reemplazo del destructor *Bauru* con el que se había cruzado en medio del aullido de las sirenas y de un frenético agitar de brazos y pañuelos en ambas cubiertas. Aún se vivía la euforia del triunfo sobre los nazis y era bueno sentirse parte del bando vencedor. El martes los festejos habían continuado con la tradicional fiesta del cruce del Ecuador, aunque en el caso del *Bahía* se trataba más bien de una llegada que de un paso fugaz, pues orbitaba cansino alrededor de aquel punto invisible dibujado sobre la línea que divide el planeta.

Los novatos norteamericanos parecían satisfechos con las módicas humillaciones sufridas en homenaje a la pérdida de su virginidad ecuatorial. Al menos lucían relajados y felices. Tras levantarse y luego del rutinario aseo habían tomado un desayuno de estilo brasileño, con huevos revueltos y escalfados, jamón, panceta, bananas y frutas tropicales que no conocían, todo regado con el excelente café de los anfitriones, de un gusto más intenso que el aguachento al que estaban acostumbrados. Durante ese copioso desayuno recibieron el saludo del comandante y de su segundo, el capitán de corbeta Rubem Saba, que los felicitaron por la magna efeméride, el Día de la Independencia. La llegada de los oficiales brasileños, vestidos de blanco de pies a cabeza, los había sorprendido mientras comentaban qué ridículos se habían visto semidesnudos y untados con el viscoso aceite de las máquinas.

En este punto las versiones se bifurcan. Algunas aseguran que a continuación estaba previsto un ejercicio de puntería en el que las siete ametralladoras antiaéreas *Oerlikon* de 20 milímetros –fabricadas en Detroit con licencia suiza– debían disparar sobre blancos flotantes; que se lanzó uno de estos blancos al mar y que hubo que esperar a que se alejara. Otras dicen que el comandante, tras observar con prismáticos a un raro barco pesquero que navegaba al sur, ordenó intimar la detención, disparando una ráfaga al agua a modo de advertencia. Y esta versión varía a su vez entre quienes sostienen que recibieron respuesta y los que creen lo contrario. Los primeros dicen que, de inmediato, desde una ametralladora cercana a la popa se batió la chimenea-torreta del "pesquero".

En cualquier caso, el seco tartamudeo de la *Oerlikon* habrá sonado durante un breve instante a los oídos de los radio-operadores como un pobre sucedáneo de los fuegos artificiales que caracterizan su fiesta nacional. La mayoría de los oficiales se hallaba en la popa, ya fuera para participar de los ejercicios de tiro o para aguzar la vista y determinar con qué tipo de nave se habían topado. Para algunos sobrevivientes queda claro que reconocieron a un submarino.

Lo indiscutible es que el *Bahía* y el U-977 se encontraban aquel día en el mismo lugar del vasto océano; que el primero se hundió y que el *U-Boote* fugitivo perdió cuando menos dos torpedos T-5 acústicos, que se guiaban por el ruido de las hélices de sus presas. Y, por cierto, cuando el objetivo era un buque grande, era preceptivo disparar dos torpedos.

Explosión en la popa

Eran cerca de las 9.10 cuando una explosión destruyó la popa del viejo crucero, levantó una enorme columna de agua, partió el palo mayor, segó la vida de un centenar de hombres, hirió de gravedad a otros cincuenta y convirtió la existencia de quienes salieron indemnes en un pandemonio.

El capitán, alcanzado por una esquirla en un brazo, resultó con dos fracturas expuestas. Su uniforme comenzaba a teñirse de rojo cuando un suboficial pequeño y moreno, Antonio Luz dos Santos, apodado "Mosquito", lo ayudó a llegar a la enfermería donde lo recibió el sargento primero Joao de Morais Lima, jefe de enfermeros. Pero en ese momento la popa del *Bahía* se hundió y la proa se levantó 20 metros sobre las aguas. El comandante Garcia D'Avila, consciente de que el barco se hundiría en minutos intentó regresar al puente, pero inmovilizado por terribles dolores conminó a "Mosquito": "Déjeme, muchacho, y procure salvarse. Yo soy un hombre muerto".

La situación a bordo era crítica. La explosión había barrido la cubierta y los pasillos, y había inundado la sala de máquinas. El crucero disponía de dos lanchones y una lancha, dos chalupas y veinte balsas de corcho, pero las tres embarcaciones mayores y dos balsas habían sido destruidas por la explosión. Los desesperados tripulantes fueron incapaces –o no tuvieron tiempo– de arriar las chalupas. Lo cierto es que antes de que el crucero se hundiera sólo habían logrado arrojar al mar 17 balsas, algunas desde una altura considerable, lo cual produjo que los compartimientos de agua potable se dañaran.

Cada balsa ofrecía refugio a doce personas. Aunque estaban equipadas con un botiquín de primeros auxilios, algunos medicamentos y una provisión de comida deshidratada, carecían de equipos de radio y de bengalas de señalización. Como fueron abordadas por un promedio de 16 personas, quedaron semisumergidas y sus ocupantes condenados a permanecer con el agua hasta la cintura.

Los náufragos intentaron mantenerlas unidas, pero como no contaban con cabos las ataron con sus cinturones de lona. Pero fue en vano porque los improvisados amarres pronto se rompieron y las balsas se separaron.

Era un día de sol abrasador. Numerosos tiburones se conformaban por el momento con rondar las balsas nadando en círculos, pero compactas formaciones de aguas vivas –medusas– entraban periódicamente, provocándoles dolorosas quemaduras.

Como cada día atravesaban el corredor Dakar-Natal entre veinte y veinticinco aviones de la *US Air Force* –cuyos pilotos estaban obligados a confeccionar un informe al finalizar el vuelo–, los náufragos confiaban en que la desaparición del *Bahía* fuera percibida en pocas horas, y que en un día, o a lo sumo en dos, serían rescatados.

Demora fatal

El crucero *Rio Grande do Sul* llegó a la Estación 13 el sábado 7 a la mañana para reemplazar a su gemelo, el *Bahía*. Como no lo encontró, sus oficiales supusieron que se había desplazado para auxiliar a un avión de la *US Navy*, cuya caída se habría reportado el jueves 5.

El domingo 8, aproximadamente a las 7.30, Raymond Charles Highms, de 17 años, ayudante de cocina del mercante británico *SS Balfe*, encendía las hornallas para preparar el desayuno cuando escuchó débiles gritos que tomó por graznidos de aves marinas. Su regularidad e insistencia hicieron que se asomara, y entonces vio a unos 200 metros una balsa en la que un hombre agitaba una camisa blanca. Highms dio la voz de alarma, y así fue cómo el buque inició el rescate de los náufragos.

Pasadas las 10 el capitán del *Balfe*, Thomas Joseph Sweeney, telegrafió al Comando de la Fuerza Naval del Nordeste solicitando asistencia médica; dicho comando ordenó zarpar de inmediato al torpedero *Greenhalgh*, al mando del capitán de fragata Ary Dos Santos Rangel y conformar el Grupo de Tareas 27.1.1. con los torpederos *Marcilio Dias* y *Mariz e Barros*. A esas naves se unieron después el torpedero *Babitonga* y el crucero *USS Omaha*, la nave más cercana al siniestro, que debía prestar auxilio médico.

El *Balfe* dio por terminada su labor cerca del mediodía. No había sido una tarea sencilla. Las balsas permanecían rodeadas por tiburones de modo que para acercarse hubo que dispararles. Los tiburones heridos eran inmediatamente devorados por sus congéneres, excitados por el olor a sangre. Sólo cuando se saciaban era posible acercarse a las balsas. Los hombres del *Balfe* rescataron siete balsas –una de ellas vacía, y otra con un único ocupante–, con un total de 33 sobrevivientes, cinco de los cuales agonizaban. Cuatro morirían ese mismo día, y el quinto al día siguiente.

El crucero *Rio Grande do Sul* recogió seis náufragos en dos balsas, pero dos murieron enseguida. La Fuerza de Tareas de rescate encontró entre los días 9 y 13 ocho nuevas balsas con nueve cadáveres y cinco supervivientes. El 13, a nueve días del hundimiento hallaron la balsa restante con un solo náufrago, el marinero Eraldo Diógenes Millet, verdadero prodigio de resistencia. Había perdido a su último compañero al sexto día, cuando providencialmente llovió. Bebiendo el agua de lluvia logró mantenerse con vida. Sobrevivieron apenas 36 tripulantes. Menos del 10 por ciento del total.

Excepto un pasajero, Drumond Boyce, los británicos no entendían portugués. Sólo un náufrago hablaba inglés, el teniente primero Lúcio Torres Dias, el único oficial superviviente. Pero por encima de estos percances, los náufragos se hicieron entender con claridad: el *Bahía* había sido atacado.

Así lo revela el libro de navegación del crucero *USS Omaha* –rotulado "Confidencial"– en el que su capitán, W. L. Freseman, detalló que "A las 10.22 fui llamado directamente por el Comando de la Fuerza Atlántico Sur. Fui informado por el almirante de que evidentemente el crucero *Bahía había sido hundido* cerca de la estación de guarda de aviones n° 13, localizada a latitud 0° y 30° Oeste, y que era necesario que el *Omaha* y todos los navíos brasileños disponibles acudieran al área".

Los sobrevivientes coincidieron en que el *Bahía* había tardado entre 5 y 10 minutos en hundirse, pero discrepaban sobre el origen de la explosión que arrasó la popa: el choque contra una mina o un torpedo. Con el paso del tiempo Torres Dias –hoy almirante retirado– admitió que la mayoría de los náufragos atribuía "la causa de la explosión a un torpedo de submarino".[70]

---

70 Almirante Saldanha da Gama, *A tragedia do Bahía*, Historia Naval Brasileira, volume quinto, tomo II, Servicio de Documentaçao Geral da Marinha, Río de Janeiro, 1985, página 412.

Informaciones precarias y enormes mentiras

Quizás porque recibió la terrible noticia a último momento o porque la Marina informaba con mucha reticencia, el lunes 9 O Globo llevó como título "Recibido triunfalmente el comandante de la Fuerza Expedicionaria Brasileña" que había combatido en Montecasino, Italia. "Hundidos más de 16 navíos japoneses", informaba el subtítulo, sin hacer la menor referencia al hundimiento del *Bahía*.

"Todas las clases de Recife prestan excepcional homenaje al general Mascarenhas de Moraes. Invadido por el pueblo el palacio de Gobierno. El combatiente recibió de la mujer brasileña un auxilio estremecedor", comenzaba la nota principal. Sólo en páginas interiores una nota breve decía que el *Bahía* se había hundido, aparentemente tras chocar con una mina.

La noticia recorrió el mundo el 9 de julio: "El Comando Naval del Nordeste informó que el crucero *Bahía*, que se encontraba en servicio en las inmediaciones de las rocas de San Pedro y San Pablo naufragó a consecuencia de una explosión cuyas causas no fueron todavía esclarecidas. Se encuentran abocadas al rescate de los náufragos unidades brasileñas y norteamericanas", había informado un lacónico comunicado del Ministerio de Marina.

Pasadas las 18 el Ministerio distribuyó un nuevo comunicado, todavía más escueto: "Los informes obtenidos hasta el presente indican que el crucero *Bahía* chocó contra una mina a la deriva".

"Admite el Ministerio de Marina que una mina a la deriva fue la causante del hundimiento del *Bahía*", tituló el diario O *Jornal* en la madrugada del martes 10. "Aviones y navíos no locales asisten a otros náufragos", decía por su parte O *Globo*. En la bajada daba cuenta de una "Nueva nota del Ministerio de Marina: Se presume que el comandante Garcia está a salvo".

"Durante todo el día de ayer –decía en letra pequeña–, el servicio de radio del Ministerio de Marina estuvo en conexión directa con el Comando Naval del Nordeste. La orden fue emanada del propio almirante Arístides Ghilhem, interesado en conocer los detalles de la pavorosa tragedia que sufrió el crucero *Bahía*. Así, después de las 18 horas, el gabinete del ministro de Marina, a través del comandante Barreiras, distribuyó a los periodistas el siguiente comunicado, más alentador, de las últimas informaciones recibidas de aquel comando: 'Las informaciones hasta ahora recibidas indican que el crucero *Bahía* fue golpeado por una mina a la deriva. Con relación a los sobrevivientes, fueron recogidos por el paquebote inglés *Balfe* treinta y tres náufragos y llegaron a Fernando Noronha cerca de cien. Entre tanto no hay ninguna información sobre los nombres de los sobrevivientes, los que serán publicados luego de ser recibidos'".

El supuesto arribo a la Isla Fernando Noronha –a mitad de camino entre Recife y las rocas de San Pedro y San Pablo– de cien sobrevivientes era una enorme y cruel falsedad. La inmensa mayoría de los náufragos había padecido una muerte horrenda por sed y deshidratación tras cuatro días de soportar un sol feroz y noches de frío con medio cuerpo sumergido en el agua. A partir del tercer día la mayoría desvariaba y sufría alucinaciones. En ese estado, muchos se habían deslizado al mar, sobre todo por las noches, para dar unas pocas brazadas antes de convertirse en bocado de los escualos.

La mentira alcanzó a la familia del capitán Garcia D'Avila Pires Carvalho e Alburquerque. Bajo el título "Estaría a salvo el comandante", *O Globo* publicó un despacho de su agencia meridional en el que se daba cuenta de que "circulan insistentes rumores según los cuales entre los náufragos (...) recogidos por el navío inglés *Balfe* se encontraba el comandante Garcia D'Avila" y que cuatro de los rescatados habían fallecido. Sólo esta última información era correcta, y se repetía en un segundo despacho. Un tercero, redactado por la tarde, aumentaba el número de sobrevivientes: "hasta ahora fueron salvados cerca de 180 tripulantes", decía el corresponsal. De éstos, puntualizaba, 33 habían sido recogidos por el *Balfe*, cuya entrada al puerto de Río de Janeiro se aguardaba para las 17 horas del 11 de julio. Todos esos datos se originaban en el Comando del Nordeste a cargo del vicealmirante Durval Oliveira Teixeira, y el Ministerio de Marina las difundía de manera irresponsable. Estas versiones, que amortiguaban el impacto de la tragedia, serían el inicio de una vasta operación de encubrimiento.

El *Diario de Noticias* tituló sobriamente "El hundimiento del crucero *Bahía*" y en la bajada explicaba que "Se desconocen los detalles del trágico acontecimiento", si bien agregó las "Causas probables: una explosión en la santabárbara o un choque con una mina suelta". En otros títulos, el diario no se privaba de señalar las "Precarias informaciones ofrecidas por el Ministerio de Marina". Al respecto señaló que aunque era de "esperar que las autoridades navales se mantuvieran en contacto permanente con el Comando Naval del Nordeste" y que hubieran "establecido un servicio informativo a fin de, lo más rápido posible, dar con certeza al público y a las familias interesadas los nombres de aquéllos que murieron en cumplimiento de su deber y de quienes se salvaron", eso no había ocurrido y el Ministerio mantenía en secreto la información sustancial.

El diario señaló finalmente que según un despacho de *Associated Press* fechado en Washington el día 9, "El Departamento de Marina (de los Estados Unidos) declaró que no tiene ninguna información acerca de que haya marineros estadounidenses a bordo del crucero brasileño *Bahía*".[71]

Dos preguntas obligadas

El 9 de julio, Día de la Independencia argentina, se celebró en Buenos Aires con una importante parada militar. Tropas del Ejército desfilaron al mando del general Carlos von der Becke mientras la Flota de Mar al mando del contralmirante Abelardo Pantín se desplegaba en el puerto.

Durante toda la tarde las radios difundieron noticias contradictorias procedentes de Brasil, sobre la suerte del *Bahía*. Los madrugadores las leían en la mañana del 10 de julio junto a las crónicas de aquellos fastos, cuando otra noticia conmocionante empezó a difundirse por las radios: A las 7.30, dos lanchas de pescadores que faenaban a escasos 5 kilómetros de Mar del Plata habían visto surgir a corta distancia la torreta de un submarino. Era un día frío y brumoso, pero los pescadores, casi todos de origen napolitano y familiarizados con los sumergibles de la cercana base naval, intuyeron rápidamente que se trataba de una nave extranjera. Lo confirmaron pronto, cuando el puente comenzó a poblarse de rubios que "hablaban en idioma complicado".

Desde el puente del *U-Boote* un potente reflector comenzó a emitir destellos hacia la costa. El mensaje llegó decodificado al oficial a cargo de la base, el capitán de corbeta Ramón Sayus. Decía lacónicamente: *German submarine*. Tras obtener permiso, el U-530 fondeó a la entrada de la escollera en medio de la expectativa de los marinos argentinos, ansiosos por inspeccionar por primera vez uno de los famosos *U-Bootes*.

---

[71] El ocultamiento persiste hasta la actualidad. Gibson Bedell Smith, del NWCTM –*Modern Military Records*– del NARA informó a los autores que si bien Eustace, Pendleton y Sparks fueron declarados muertos en acción al cumplirse un año y un día de su desaparición, no hay en esos archivos información referida a Salles.

Su aspecto era calamitoso. El casco, despintado y marrón rojizo por el óxido, contrastaba vivamente con el gris acerado de los submarinos argentinos. Carecía de cañón y ametralladoras, y su cubierta, muy corroída, parecía haber sido sometida a la acción del fuego.

Su comandante, un joven alto y rubio que se identificó como teniente de navío Otto Wehrmut, de 25 años, formó en cubierta a los 53 juveniles tripulantes[72], la mayor parte indocumentados, los arengó brevemente y se entregó a las autoridades argentinas. Como único bagaje llevaba un maletín con la bandera de guerra de la nave, que entregó, tan pronto estuvieron frente a frente, al capitán de fragata Julio César Mallea, de 43 años, jefe de la base.

Mallea se empeñó en impedir que el periodismo hablara con los recién llegados. Dijo que tenía precisas instrucciones del Ministerio de Marina.

Acompañaban a Wehrmut el primer oficial Karl Felix Schüller –hermano de Viktor, un oficial del *Graf Spee* internado en la Argentina–, el segundo oficial Karl Heinz Lenz y el primer ingeniero Peter Löffler –los tres de 22 años– y también el segundo ingeniero Gregor Schlüter, de 32. Fueron rodeados por un nutrido grupo de oficiales argentinos que los observaban con curiosidad. Los abrazaron uno a uno. Después comenzaron las inevitables preguntas.

Además de Mallea, uno de los que llevaba la voz cantante era un joven oficial del arma de submarinos y al mismo tiempo del SIN, Francisco Manrique, de 26 años, que reportaba directamente al capitán de navío Isaac Rojas, secretario de Vernengo Lima. Como había cursado la escuela primaria en el Colegio Alemán de su Mendoza natal, "Paco" Manrique chapurreaba el idioma de Goethe.

La primera pregunta que escucharon Wehrmut y sus hombres era inevitable: "¿Estuvo Hitler o algún otro dirigente del *Reich* a bordo?".[73] Y enseguida, con toda lógica: "¿Hundieron ustedes al *Bahía*?".

Encubrimiento

Los oficiales alemanes negaron con vehemencia ambas acusaciones. No hay constancia de que los hayan interrogado por el hundimiento

---

[72] Su promedio de edad era de apenas 23 años. Y sólo el suboficial Paul Hahn superaba los 40.

[73] "Submarinos alemanes en Mar del Plata", nota publicada por *Todo es Historia*, n° 72, abril de 1973, escrita por Miguel Ángel Moyano.

de la corbeta *USS Eagle 56*. No sólo admitieron que el suyo no era el único submarino que navegaba hacia la Argentina, sino que estimaron que en el plazo de una semana otro *U-Boote* se rendiría en esa misma base. Los vespertinos *La Razón* y *Noticias Gráficas* se hicieron eco de estas versiones el 11 de julio. Según el último, "se encontraría cerca un submarino gemelo del U-530", es decir, del tipo IX-C/40.

Wehrmut y sus camaradas declararon que habían zarpado por última vez de tierra firme el 3 de marzo desde el puerto noruego de Horten rumbo al Atlántico Norte, algo imposible de aceptar, pues el *U-Boote* conservaba muchas provisiones a bordo. Aseguraron que habían establecido la última comunicación con Alemania el 24 de abril, antes de hacer silencio de radio por estar operando en aguas norteamericanas. También dijeron que habían navegado frente a Nueva York, y que a través del periscopio habían visto con nitidez sus rascacielos, trenes, automóviles y los dirigibles de su defensa costera.

También –según dijeron *off the record* los interrogadores a la prensa– admitieron el lanzamiento de siete torpedos, aunque juraron haber marrado todos.

¿Podía creerse en tamaña ineficacia? Como se recordará, el 23 de abril la *USS Eagle 56* había sido hundida exactamente en el mismo lugar por donde navegaba el U-530, pero para entonces y contra el testimonio de los sobrevivientes –que denunciaron con claridad el torpedeamiento– los almirantes de la *US Navy* habían achacado el siniestro a la explosión accidental de la caldera de la corbeta.

Según los oficiales alemanes del U-530 el 12 de mayo, cuando todavía se encontraban en aguas estadounidenses y se disponían a iniciar el regreso a Noruega, intentaron comunicarse con el BdU y que fue así que se enteraron de que hacía casi una semana que Alemania se había rendido.

Wehrmut dijo haberle propuesto a la tripulación ir a España o la Argentina y que de común acuerdo se escogió la Argentina en virtud de las "especiales circunstancias diplomáticas" por todos conocidas, un eufemismo para referirse a las buenas relaciones que, a despecho de la formal declaración de guerra, seguían existiendo entre Buenos Aires y Berlín.

Los interrogatorios deben haber sido muy interesantes, entre otras razones porque enseguida resultó evidente que a bordo del U-530 se habían producido varios conatos de motín. Pero la Armada Argentina los rotuló "Secreto" y durante más de medio siglo impidió que nadie –al menos nadie ajeno– metiera sus narices en ellos.

Por lo poco que trascendió, uno de los tripulantes dijo que pusieron proa hacia la Argentina desde la costa de los Estados Unidos atiborrados de paquetes de cigarrillos y de bebidas, declaración que contradecía los dichos de los oficiales, que aseguraban haber zarpado de Noruega casi diez semanas antes.

Más inquietante aún resultó que el mismo marinero comentara que "el bautismo del cruce del Ecuador fue bastante bravo", según dijeron oficiales de la base a los periodistas. Por cierto, a uno de los suboficiales se le secuestró una foto en la que posaba junto a su novia en el puerto de Hamburgo. Tenía una dedicatoria, y estaba fechada en abril, cuando se suponía que el U-530 navegaba en aguas cercanas a Nueva York.[74]

Palabra de caballeros

Los generosos interrogadores argentinos decidieron sumariamente que la fecha de la foto era errónea, y agasajaron a sus prisioneros con un suculento almuerzo a bordo del guardacostas *Belgrano*, su lugar de reclusión. A los postres, más relajado, Wehrmut contó que había ganado su Cruz de Hierro como oficial de la flota de superficie, y que la juventud de su tripulación y la suya se debían tanto a las bajas que había experimentado el arma submarina, como a que los oficiales con mayor experiencia eran preservados para los submarinos de tipo XXIII y XXI.

Después del almuerzo el jefe de la base, Mallea, y su segundo, el capitán de corbeta Héctor Azcueta, inspeccionaron el U-530 junto a Wehrmut, Schubert y los demás oficiales alemanes. A pesar del celo militar para impedir el contacto de sus prisioneros con la prensa, el enviado de *Crítica*, Ladislao Szabó, un escritor de origen húngaro que hablaba alemán, burló la prohibición y logró dialogar con uno de los marinos alemanes que le dijo –o al menos eso es lo que Szabó entendió– que el destino original del U-530 era "la Antártida Alemana".

---

[74] Se trata, según todo indica, del cabo Joachim Krätzig. Durante el complaciente interrogatorio de los marinos argentinos, Wehrmut aclaró –sin que mediara pregunta alguna– que Krätzig se había casado radio-telegráficamente con su novia de Hamburgo desde alta mar, lo que justificaría que hubiese estampado la fecha en una foto anterior.

Szabó sabía que una misión de la *Kriegsmarine* al mando del teniente de navío Ritcher había llegado al continente blanco durante el verano austral de 1938-1939. También que, a bordo de un hidroavión, Ritcher había desembarcado en las tierras occidentales de la Reina Maud y las había rebautizado *Neuschwabeland* o Nueva Suavia. Ató cabos, y comenzó a obsesionarse con la idea de que Hitler se hubiera escondido en ese lugar.

Ante la falta de información oficial, por la tarde las radios de Montevideo responsabilizaron sin circunloquios al U-530 por el hundimiento del *Bahía*. La noticia hizo que los interrogadores argentinos se sintieran obligados a refutar públicamente esa acusación. Argumentaron que era imposible que el submarino hubiera recorrido las 3.000 millas que separan las rocas de San Pedro y San Pablo de Mar del Plata en menos de seis días. Y que aunque Brasil aún no había establecido oficialmente la causa del hundimiento del crucero, había "informado extraoficialmente que no se debió a un torpedeamiento".

Al publicar la noticia de la rendición del U-530, el diario marplatense *La Capital* tituló: "No pudo hundir al *Bahía* por el corto lapso transcurrido desde el hundimiento y el arribo a Mar del Plata". *La Nación* puso entre comillas el título, para no comprometerse: "Ni hundió al *Bahía* ni trajo políticos o militares nazis".

¿Cómo podía asegurarse algo semejante? Una vez más las declaraciones se contradecían porque hasta el momento, según la información oficial del Ministerio de Marina, los oficiales alemanes no habían sido interrogados por falta de intérpretes. *La Capital* explicaba que los oficiales alemanes apenas chapurreaban inglés y francés, y que los únicos argentinos que hablaban alemán, y que habían podido departir brevemente con ellos, eran oficiales de Coordinación Federal.

Un comunicado alucinante

Los agregados navales de los Estados Unidos y Gran Bretaña, capitanes de navío Walter W. Webb –el receptor y difusor del "sabroso bocadillo"– y Valentin Maurice Wyndham Quin, ya estaban en Mar del Plata cuando, esa noche, el ministro de Marina, contralmirante Alberto Teissaire[75] convocó en Buenos Aires a una rueda de prensa en

---

75 Teissaire sería compañero de fórmula de Perón en las elecciones de 1952. Pero tras el derrocamiento declararía contra Perón en el proceso que privó al ex presidente de su grado militar.

la que se disculpó por las "dificultades para interrogar a la tripulación" a causa de "la falta de intérpretes".

"Las primeras informaciones son incompletas, por lo que estamos a la espera, para el mejor conocimiento de los hechos, del informe de la comisión militar en la cual viajan intérpretes que conversarán con los oficiales alemanes", explicó Teissaire, según *La Nación*. El ministro dijo que ese personal tenía "instrucciones precisas de revisar el Diario de Navegación, investigar la ruta efectuada por la nave hasta llegar al puerto argentino y estudiar las operaciones navales realizadas", agregó *La Prensa*.

De acuerdo con las normas, el comandante de una nave de guerra –o el oficial a cargo– debía anotar puntualmente en el diario de navegación las novedades del servicio, ya fueran cambios de derrotero, maniobras o ejercicios de tiro –ilustradas con los respectivos croquis–, enfermedades de los tripulantes o cualquier incidencia mayor. Según *La Prensa*, Teissaire dijo que la difusión del análisis de esos documentos permitiría "dejar perfectamente aclarados los rumores de que a bordo del buque había personalidades políticas germanas o que las mismas hubieran desembarcado con anterioridad en otro lugar de la Argentina". Como puede apreciarse, hasta ese momento nadie daba por perdidos ni el cuaderno de bitácora ni las cartas de navegación.

Hacia la medianoche el Ministerio de Marina dio a conocer un comunicado. Resultaba obvio que su redactor no era el ministro. Consistía en cuatro afirmaciones, cada una más sorprendente que la anterior:

"Primero: que las investigaciones practicadas establecen que el submarino alemán U-530 (...) no fue el que originó el hundimiento del *Bahía* (leído con malicia, permite sospechar que los redactores sabían que el responsable era otro *U-Boote*).

Segundo: que a bordo de la citada nave no llegó ningún político ni militar alemán (una aseveración absurda pues *todos* los tripulantes eran militares alemanes, en su mayoría indocumentados).

Tercero: que antes de entregarse a las autoridades, no llegó a la costa argentina ninguna persona procedente de la embarcación (afirmación temeraria, pues según el ministro Teissaire aún no habían interrogado a la tripulación que, para colmo, encubría la falta de un bote de salvamento).

Cuarto: que las personas desembarcadas pertenecen todas a la tripulación del submarino, cuya nómina se ha dado a conocer."

¿Qué nómina? Como la inmensa mayoría de los prisioneros se había desembarazado de sus documentos de identidad, esa lista era producto de su mera declaración.

Tampoco ese comunicado informaba la falta de los libros de navegación, el cuaderno de bitácora, prácticamente la totalidad del armamento –incluyendo 22 torpedos– y los aparatos de precisión.

Wehrmut sería interrogado oficialmente 56 horas más tarde, el 13 de julio.

Indignación

Periodistas y marinos brasileños reaccionaron indignados ante tantas afirmaciones sin fundamento. Argumentaron con ira apenas disimulada que nada permitía descartar la posible participación del U-530 en el hundimiento del crucero brasileño.

Engañado por el Ministerio de Marina, *O Globo* insistía en que "cerca de 220 tripulantes consiguieron sobrevivir a la explosión", pero advertía que "hay fuertes indicios de que un submarino nazi habría sido el responsable del desastre, al haber alcanzado con un torpedo su pañol de popa. (...) El almirante Jorge Dodsworth Martins, comandante naval del Centro, insistió en la hipótesis de que el *Bahía* fue alcanzado por un submarino alemán que se refugió en la Argentina y que ello coincide con la versión de que chocó con una mina, que bien pudo haber sido lanzada por este corsario".

En cambio *O Globo* destacó que "Junto al comando naval argentino, el Departamento de Marina estadounidense hizo sus investigaciones y concluyó que el submarino alemán U-530, ahora en Mar del Plata, no tiene ninguna responsabilidad en el hundimiento del *Bahía*". Confirmaba así que el fulminante comunicado exculpatorio del Ministerio de Marina argentino no había sido redactado por su titular, Teissaire, sino por manos anónimas, o no tanto –Mallea y Manrique, muy probablemente–, a instancias del Departamento de Marina de Washington: el mismo que negaba que marinos estadounidenses navegaran en el *Bahía*. Una negativa insólita, pues esa presencia ya había sido revelada por los diarios cariocas: uno de los sobrevivientes, el sargento Raimundo Filgueira Nolasco había visto cuando los norteamericanos alcanzaban una balsa. Y otro, apellidado Dos Reis, declaró que había compartido la balsa con tres norteamericanos que luego habían muerto.

Mientras tanto, el vicealmirante Oliveira Teixeira anunciaba la apertura de una investigación para determinar fehacientemente cómo se había producido la voladura de la popa del *Bahía*. *O Jornal* adelantó que "son pocos los sobrevivientes del desastre y serán menos quienes estarán en condiciones de prestar un testimonio esclarecedor, teniendo en cuenta que, según se sabe, el hundimiento se produjo de manera bastante rápida". Los investigadores manejaban tres hipótesis: "una explosión en el pañol de la pólvora, el choque con una mina, o la menos probable del torpedeamiento". Aunque ésta era la hipótesis más plausible, todo indica que Oliveira Teixeira pretendía desecharla.

Para *O Globo* no podía descartarse que el U-530 se hubiera escondido, al acecho, en las rocas de San Pedro y San Pablo. Aunque el diario no lo aclaraba, esa sospecha se fundaba en que el 24 de junio un avión de reconocimiento de la Marina de Brasil había detectado la presencia de un submarino junto a las rocas. Poco después una escuadrilla de cazabombarderos había volado hasta el lugar, sin haber podido divisar submarino alguno. Por su parte, el vespertino *A Noite* destacó que "una alta autoridad naval" había confirmado que el día anterior al hundimiento del *Bahía* –es decir, el 3 de julio– el destructor brasileño *Bocaina* había detectado un submarino no identificado cuando navegaba en la misma zona de la tragedia.

Diarios uruguayos afirmaban que otro submarino merodeaba por la desembocadura del Río de la Plata esperando el momento de entregarse. Y *La Nación* señaló que las autoridades navales argentinas no descartaban "la posibilidad de que *algunos submarinos puedan haberse refugiado en caletas aisladas* (de la costa argentina), donde pueden permanecer tiempo indeterminado".[76]

Wehrmut y sus hombres habían admitido que no navegaban solos. O informaron también que otros *U-Bootes* habían proseguido su marcha hacia el sur, o la Marina Argentina había obtenido ese dato preciso de Washington, de Londres o desde ambas capitales.

El rumor de que pronto llegaría otro *U-Boote* ganó la calle y los argentinos bautizaron al joven comandante alemán "Cinzano", no sólo por el vermut al que aludía su apellido, también porque la aparición del U-530

---

[76] *La Nación* agregó que para las autoridades navales "ninguno de los que faltan es lo suficientemente grande como para que pueda llegar hasta el Japón". Se adelantaban así a un inminente comunicado del Departamento de Marina de los Estados Unidos.

se consideraba un aperitivo previo al plato principal. La expectativa, explica Jorge Camarasa, era enorme, ya que "los cadáveres de Hitler y de su flamante esposa Eva Braun no habían sido hallados, y la historia del suicidio y la posterior cremación de los cuerpos podría haber sido urdida para facilitar su fuga".

Ante la reacción de la prensa y el público, Mallea, acompañado por Azcueta, ofreció una breve rueda de prensa en la base naval. Informó que Wehrmut y los demás oficiales alemanes decían haber zarpado el 19 de febrero de un puerto alemán –Kiel– y permanecido en las costas noruegas –Horten– hasta el 3 de marzo. Y que en esa fecha partieron junto a otras naves hacia el Atlántico Norte, donde habían llegado con muchas provisiones pero con muy poco combustible.

Mallea dijo además que a bordo del *U-Boote* prácticamente no se había encontrado documentación, y que los oficiales alemanes afirmaban haber destruido el cuaderno de bitácora y los libros de navegación antes de entregarse. Agregó que la mayoría de los tripulantes, especialmente los más jóvenes, carecían de documentos que acreditaran su identidad. Sin embargo, dada su juventud, no parecía razonable que entre ellos se hubieran infiltrado jerarcas nazis.

Avistamientos, persecuciones y desembarcos

Minutos después de que terminara la rueda de prensa, se dio la alarma por el avistamiento de un submarino. Había sido observado desde el faro Recalada, situado sobre la playa de Monte Hermoso, en el extremo sur de la provincia de Buenos Aires. Un avión de la base naval de Puerto Belgrano había salido en su búsqueda, pero regresó sin novedad.

Al mismo tiempo, desde Río de Janeiro el almirante Dodsworth Martins insistió en que "según mis cálculos de navegación, el submarino pirata (por el U-530) pudo haber estado en el sitio del desastre del *Bahía* en la mañana del 4 de julio".

Para llegar desde el lugar del hundimiento hasta Mar del Plata antes de que pasaran seis días, el U-530 tenía que navegar a 21 nudos, velocidad ciertamente alta pero no imposible si se tiene en cuenta que –aunque la Armada Argentina siguiera soslayando ese aspecto– se había entregado sin torpedos, cañón, ametralladoras y municiones, un peso de unas 50 toneladas. Así aligerado podía emerger medio metro adicional y ganar un décimo de velocidad. Con ambos motores *diesel* funcionando a la máxima potencia, era posible que hubiera llegado a Mar del Plata en ese plazo.

Dodsworth Martins agregó que aunque el U-530 no hubiera hundido al *Bahía*, era muy probable que "algún otro" *U-Boote* fuera el responsable, ya que el destructor *Bocaina* había detectado la presencia de un submarino en la misma zona la víspera de la tragedia. Y añadió que aunque el U-530 hubiera pasado por las rocas de San Pedro y de San Pablo antes del 4 de julio, tal como alegaban sus oficiales, podía haber sembrado la zona de minas. El almirante fue lapidario al descartar la hipótesis de una explosión espontánea de la santabárbara del *Bahía*, tal como sostenían algunos medios. Y subrayó que "desde el lado moral, el comandante nazi se hallaba en un estado de latente agresividad contra Brasil, ya que pudiendo elegir un puerto brasileño para rendirse, no lo hizo".

Al día siguiente, en Moscú, el diario *Izvestia* insistía en que "sería interesante saber quién viajó oculto y también quién pudo abastecer a esa nave pirata con alimentos y combustibles durante los dos últimos meses".

Durante varios días la prensa brasileña responsabilizó de manera casi unánime al submarino atracado en Mar del Plata. De confirmarse esta presunción, el crucero se agregaría a a la lista de 31 buques mercantes brasileños hundidos por lobos grises.

Sin documentos

La inspección de los marinos argentinos detalló que el U-530 tenía la torreta semidesguazada, la pintura corroída, el interior lleno de moho y el estado de sus motores *diesel* era tan deficiente que parecían objeto de sabotaje. Recién el 12 de junio se informó oficialmente que había llegado sin armamento alguno y que Wehrmut reconocía el lanzamiento de siete torpedos contra un convoy aliado frente a las costas de Nueva York, pero aseguraba que ninguno había dado en el blanco. Mallea informó además que Wehrmut había ordenado arrojar al mar, poco antes de entregarse, "los seis torpedos restantes" (*sic*), el cañón, "que pesaba 5.000 kilos", las ametralladoras y las municiones.

Era una versión tan pueril como inverosímil aun ignorando lo que la Armada Argentina ocultaba: que los submarinos clase IX/40 como el U-530 cargaban veintidós torpedos –sin contar el que se colocaba bajo la cubierta– y además que faltaba un bote de salvamento.

Otras mentiras eran fácilmente apreciables por los expertos, por ejemplo, ¿cómo habían hecho los marinos alemanes para quitar y arrojar al mar un cañón de 5.000 kilos? Pero además la información proporcionada por los aliados indicaba que después de su encuentro con el I-52 el U-530 había sido embestido y averiado en la proa por el buque tanque Esso-Buffalo, por lo que en octubre de 1944 había tenido que ser reparado en astilleros de Hamburgo. Hipotéticamente había zarpado desde Noruega, para su última patrulla, a principios de marzo, por lo cual se pretendía que había pasado más de tres meses sin reabastecerse de combustible. Era técnicamente imposible, excepto que hubiera recalado en algún puerto amigo. Aun en el caso de que hubiera conservado los tanques suplementarios durante su última singladura, hecho que le habría permitido navegar sin reabastecerse de combustible, ¿dónde había permanecido todo ese tiempo y para qué? ¿Y qué había hecho con sus torpedos? Como no hubo respuestas a ningún interrogante, crecían las sospechas de que había pasado parte de aquellos tres meses a buen reparo, probablemente en una isla atlántica.

Ofrecía menos dudas, en cambio, que la Armada Argentina deseaba apropiarse de la nave. El 12 de junio izó en su mástil la bandera nacional, pero la reacción de los Estados Unidos y Gran Bretaña fue fulminante: no sólo exigieron la inmediata entrega del *U-Boote*, sino también de toda su tripulación. Ante el virtual ultimátum, y a fin de guardar las formas, el presidente Farrell dispuso que una comisión –presidida por Perón– resolviera la posición argentina. Horas después, el 13 de julio, tras señalar que el U-530 había "violado voluntaria o involuntariamente (*sic*) los compromisos contraídos en el acta de rendición de Reims" que obligaba a todos los *U-Bootes* a "la entrega incondicional" a los aliados tras "emerger izando una bandera negra", la comisión recomendó poner el submarino "a disposición de los Estados Unidos e Inglaterra juntamente con su tripulación y las actuaciones realizadas por nuestras fuerzas navales".

La persecución del *Babitonga*

Ese mismo 13 de julio, al cumplirse una semana del hundimiento del *Bahía*, el Departamento de Marina de los Estados Unidos difundió un comunicado en el que estimaba que "si bien *se desconoce la suerte de cuatro a seis submarinos alemanes* en el Atlántico, se cree que éstos fueron hundidos. Por otra parte, se tiene la seguridad de que, si hubiera alguno navegando, no estará ya operando en el Atlántico".

A pesar de tantas supuestas certezas, el comunicado agregaba que aun si algún *U-Boote* navegara por el Atlántico, no era "factible" que tuviera "suficiente radio de acción como para llegar al Japón".

La insistente recurrencia a una supuesta intención de los submarinos alemanes fugitivos de llegar al archipiélago japonés olía fuertemente a "cortina de humo": Para entonces las tropas imperiales se batían en retirada de la Isla de Okinawa, dejando en sus playas centenares de miles de cadáveres. Al sudoeste de las principales islas japonesas y más cercana a Filipinas, Okinawa es la mayor de las islas del Archipiélago Riukiu, cuya población fue tributaria de China hasta que la isla fue anexada al imperio japonés en 1879.[77] Tras afirmar su soberanía regando millones de litros de sangre e inmolando a 1.200 kamikazes en una sola jornada, las tropas imperiales se replegaban para defender las islas centrales mientras la aviación aliada descargaba miles de bombas incendiarias sobre Tokio. ¿Quién querría llegar a Japón en esas circunstancias?

También el 13 de julio el *sonar* del *Babitonga*, que había reemplazado al *Rio Grande do Sul* en la Estación 13, detectó dos cuerpos sumergidos a apenas 1.200 yardas. Parecían submarinos, y como no obtuvo respuesta a sus reiterados pedidos de identificación, el comandante del torpedero, capitán de corbeta Daniel Dos Santos Parreira, dio la alarma de auxilio a las naves del Grupo de Tareas 27.1.1 –formado para buscar a los náufragos del *Bahía*– tras lo cual ordenó perseguirlos, acción que ejecutó durante cuatro días.

El *Babitonga* y su comandante eran un orgullo de la Marina de Brasil. Como Pires Carvalho e Alburquerque, Dos Santos Parreira –oficial del Estado Mayor, ingeniero civil e hidrógrafo– se había especializado en la lucha antisubmarina en los Estados Unidos. La nave que comandaba era un torpedero moderno, versátil y con gran poder de fuego que había servido durante los primeros años de la guerra en la *US Navy* con el nombre *DE 101 Alger*. Los Estados Unidos lo habían donado a Brasil para fortalecer la capacidad de su Marina en la lucha contra los lobos grises.

---

77 De allí proviene la inmensa mayoría de inmigrantes –*nikkei*– japoneses a la Argentina.

Alternativamente al mando de Dos Santos Parreira y de su segundo, el capitán Sergio Duarte Nunes, el *Babitonga* perseguía tenazmente a los misteriosos submarinos. Curiosamente, al menos uno de ellos –¿o sería un tercero?– parecía con intenciones de permanecer en la zona, ya que el 18 de julio el *Babitonga* volvió a captar nítidas señales de su presencia. Los técnicos corroboraron con los hidrófonos que definitivamente se trataba de un submarino y que intentaba pasar inadvertido, moviéndose muy lentamente, con sus hélices girando a pocas revoluciones por minuto. Luego de aumentar la velocidad de las propias hélices para descartar que el *sonar* estuviese transmitiendo un eco propio, el capitán ordenó el ataque con cargas de profundidad convencionales y las de nuevo tipo, las letales *Hedge-Hogs*.

En medio de la refriega algunos tripulantes observaron cómo emergía fugazmente "a unas 800 yardas un objeto negro y brillante" con aspecto de "casco acostado". El objeto se sumergió mientras desde el *Babitonga* le disparaban un cañonazo, tras lo cual aparecieron en la superficie grandes bolas de agua, señal de que la inmersión había sido muy rápida.

Tras la lluvia de cargas de profundidad lanzadas a continuación, los tripulantes del *Babitonga* no observaron ninguna señal. Sobrevino una calma tensa y el uso intensivo del *sonar* y los hidrófonos. Horas después el *sonar* detectó nuevamente un submarino en fuga, presumiblemente el mismo. El comandante ordenó perseguirlo y arrojar una nueva serie de cuatro cargas de profundidad. Esta vez, los artilleros tuvieron mejor suerte, pues afloró una mancha de aceite "de 300 yardas de circunferencia", de la que el comandante ordenó tomar rápidamente una muestra efectuando un giro a toda máquina para no perder el rastro de su presa.

La aparición de esa mancha era una señal dudosa: podía indicar que el submarino había sido hundido o al menos dañado, pero un marino con la experiencia de Dos Santos Parreira también sabía que era habitual que los comandantes de los lobos grises acosados ahuecaran el aceite usado de las sentinas para despistar a sus perseguidores.

A pesar del rápido viraje, la pista del submarino se perdió. Para entonces el *Marcilio Dias* se había sumado a la persecución. Ambos torpederos rastrearon en conjunto un área de 140 millas cuadradas. Más tarde se sumó el *Grajau*, pero la búsqueda se dio por terminada a las 18.

El 25 de agosto, tras amarrar al *Babitonga* en Recife, Dos Santos Parreira redactó un pormenorizado informe en el que puntualizó que en su última misión la nave a su mando había ayudado a cruzar el océano a 261 aviones aliados y advirtió a sus superiores que creía "viable la hipótesis de haber sorprendido el pasaje de submarinos enemigos que, habiendo recibido fugitivos del *Reich* en algún punto del largo litoral europeo, pretendían desembarcar en algún punto del litoral sudamericano". Recomendó que se intensificara la investigación sobre la colonia alemana del estado de Santa Catarina, cuyas costas e islas se habían transformado en "un escondrijo" de nazis fugitivos. Y puntualizó que mientras perseguía a uno de los submarinos no identificados, el 17 de julio, una radio había informado que pescadores de un pueblo de Río Grande do Sul habían visto dos submarinos: "Es muy probable que estas naves sean las responsables del hundimiento del crucero *Bahía*, cuando se consideraban al servicio del Japón, potencia en guerra contra el Brasil".

Los análisis de las muestras de aceite y de las grabaciones de *sonar*, ambos practicados en los Estados Unidos, determinaron que las primeras no pertenecían a ninguna nave aliada en servicio, y que las segundas habían sido causadas inequívocamente por un submarino.

Paradero desconocido

El mismo 17 de julio en que los pescadores *gauchos* observaron dos submarinos no identificados cerca de la costa, el oficial de la policía bonaerense Pedro Longhi, a cargo del puesto de Mar de Ajó, informó del avistamiento de un submarino frente a las costas de San Clemente del Tuyú –como se verá, los submarinos divisados por decenas de lugareños fueron dos–.

La noticia pronto llegó a la Armada. El radiograma 1.505, n° 802 de su Estado Mayor, informó al Ministerio de Marina que a las 9 del día 17 de julio, civiles habían avistado a un submarino a unos tres kilómetros de la playa de San Clemente del Tuyú y que el mismo se había sumergido ante la presencia de un avión. "Volvieron a verlo diez horas después más al sur sumergiéndose" añadió, en referencia a otros testigos.

Otro mensaje –carece de fecha, pero fue simultáneo o inmediatamente posterior al 1.505– fue remitido al comandante de la Escuadra de Mar. Una vez descifrado, decía así: "Se espera que antes del 22, otro submarino alemán tome puerto o desembarque personal en nuestra costa. Se supone que operará entre Río de la Plata y Cabo Blanco. Explorar proximidades de la costa y apresarlo. Escuadra de Río extenderá su exploración aérea hasta Necochea y de superficie hasta Querandí".[78]

A las 15, el Ministerio de Marina comunicó a las escuadras de Mar y de Río, y a la Prefectura, que la Secretaría de Guerra le había trasmitido a las 14.10 que la Policía de la Provincia de Buenos Aires tenía informes fidedignos de que en San Clemente se había avistado un submarino. El capitán Isaac Francisco Rojas se había puesto de inmediato en contacto con "el señor Longui (sic), que lo había visto".[79] Un nuevo radiograma de la Armada confirmó que, efectivamente, el oficial Longhi había informado a Rojas del avistaje, aproximadamente a las 9, de "una embarcación hacia el lado del faro de San Antonio, poco identificable debido a la neblina. Que poco después, con sol, pudo constatar que era una embarcación que en nada se parecía a los buques comunes y que, comparándola con las fotografías publicadas del U-530 la encontró parecida a ese submarino. Que estaba como parada a unos 3.000 metros de la costa. Que de la torrecilla salían dos cables, uno hacia la proa y otro hacia popa. Que no tenía chimeneas. Que al aproximarse un avión se sumergió. Que más tarde, a eso de las 1000 horas, lo vio él y otras personas un poco más al sud, como si se dirigiera hacia Mar del Plata. Mar calmo. Que luego se sumergió otra vez, no viéndolo más".

Ese mismo 17 de julio Farrell y Perón firmaron el decreto 16.162 que entregaba a Washington y Londres "el submarino, su tripulación y las actuaciones producidas por el Ministerio de Marina con motivo de las investigaciones practicadas".[80]

---

78 Quien firmó su recepción fue el capitán de navío José J. Almagro.

79 Se refiere a Longhi, el oficial de la policía que había formalizado la denuncia.

80 En sus considerandos el decreto explicó que "producida la rendición incondicional de Alemania, las fuerzas del aire, mar y tierra" de ese país debían "entregarse, en las condiciones establecidas, a las fuerzas aliadas". Como la Argentina había decretado "el estado de guerra" contra el Eje Berlín-Tokio "por propia y espontánea decisión" y se había adherido al "Acta Final de la Conferencia Interamericana sobre problemas de la Guerra y de la Paz, de México", en alusión al Tratado de Chapultepec que unía a la Argentina con las Naciones Unidas en una "identidad de criterio y de acción –con los aliados vencedores– en todos los problemas que se plantearon con motivo del estado de guerra", surgía "como una norma jurídica incuestionable que habiendo sido disuelto el Comando Supremo de la Fuerza Expedicionaria Aliada, ante quien debió rendirse el submarino alemán, corresponde ponerlo (al *U-Boote*) a disposición de los Gobiernos de Estados Unidos y Gran Bretaña que ejercían ese Alto Comando".

Y por fin también ese mismo día se inició en Potsdam –la señorial residencia de los antiguos reyes prusianos– la cumbre de los vencedores, para discutir la posguerra. Tan pronto le presentaron a Truman, Stalin comenzó a tratarlo de la manera desenfadada que usaba con Roosevelt. Sin mayores preámbulos le manifestó su certeza de que Hitler había escapado.

El secretario de Estado norteamericano Jimmy Byrnes participaba del cóctel y recordaría en su libro *Hablando francamente* que se acercó al líder soviético, y luego de brindar entrechocando sus copas, le preguntó si creía que Hitler estaba muerto. Stalin le respondió con seguridad: "No está muerto. Escapó o bien a España, o bien a la Argentina".

Para tranquilizar a la opinión pública, los aliados anglosajones no tuvieron mejor idea que instar a los altos oficiales de la *Kriegsmarine* prisioneros a desmentir la posibilidad de que Hitler estuviera vivo y a salvo. Así fue como el lugarteniente histórico de Dönitz en el BdU, el almirante Godt, declaró que "si se hubieran hecho preparativos para sacar a Hitler de Alemania yo me habría enterado" y que le parecía inverosímil que el *Führer* hubiera huido, pues a su juicio "le resultaría imposible vivir como un señor cualquiera".

Al día siguiente de que Farrell y Perón firmaran el decreto de entrega del U-530 y su tripulación, 18 de julio, una comisión del Senado de los Estados Unidos mantuvo una larga reunión con representantes de la Armada Argentina en el Capitolio. A su término el senador Mendell Rivers declaró a la prensa que "si bien la Marina de los Estados Unidos trata de localizar lo que quede de los submarinos alemanes por medio de aviones y buques de superficie, no es de creer que alguno todavía esté en el mar".

Ese mismo día el Almirantazgo británico admitió a través de un breve comunicado que no podía calcular cuántos submarinos alemanes aún no se habían entregado.

Simultáneamente, el Departamento de Marina de los Estados Unidos consideraba "poco probable que *alguno de los cuatro submarinos* (sic) cuyo paradero se desconoce esté cerca de la costa argentina, siendo indudable que debe haber un error en la noticia de que se han visto submarinos nazis cerca de este país".[81]

---

81 Despacho de la agencia *United Press* fechado en Washington.

¿Un error? A las 23 del 18 de julio todos los buques de la Escuadra de Mar argentina recibieron este escueto mensaje del Estado Mayor del arma: "Hidrófonos vigías denuncian submarino atacado con bombas hasta oscurecer sin novedad punto posición proximidades El Fuerte".

Una farsa

En los escasos cinco días transcurridos desde el inicio de la persecución del *Babitonga* –que no se informó a la opinión pública– hasta la conformación de la comisión gubernamental que rápidamente aceptó las exigencias de entregar el *U-Boote* y su tripulación a los Estados Unidos, pasaron muchas cosas. En ese breve lapso las especulaciones acerca de si el U-530 había traído a Hitler y hundido al *Bahía* habían crecido hasta transformarse en un coro de ranas.

Muchos recordaban la palabra oficial del ministro Teissaire y esperaban que se hiciera público el contenido del libro de bitácora y de los cuadernos de navegación, a despecho de las versiones lanzadas por Mallea, esto es, que los marinos alemanes los habían arrojado al mar.

Durante la madrugada del 15 de julio el grueso de la tripulación del U-530 había sido trasladada a Buenos Aires en dos ómnibus de la empresa *Cóndor* custodiados por efectivos de la infantería de Marina. Llegaron a la Dársena Norte de Puerto Nuevo a mediodía. Allí los embarcaron en el aviso *Cormorán*, que los condujo a la Isla Martín García.

El comandante Wehrmut, sus oficiales y los cuatro suboficiales de mayor rango permanecían en la base de Mar del Plata, donde teóricamente seguían siendo interrogados por una comisión integrada por el capitán de navío José A. Dellepiane, los capitanes de fragata Carlos Ribero y Patricio Conway, y –según se informó oficialmente– otros dos "capitanes de corbeta que hablan alemán", en referencia a Olindo P. Berry y Bernardo Benesch–.

Los diarios de aquel día puntualizaron que los interrogadores habían dicho *off the record* que cuando interrogaban a los marinos alemanes respecto de por qué habían arrojado al mar los cañones, ametralladoras, torpedos y municiones, los teutones se limitaban a encogerse de hombros y responder con un monosílabo: *Kapput*.

Uno de aquellos interrogadores –narró el enviado especial de *La Nación*– se había quejado de las dificultades que afrontaba, pues al hecho de que "poco antes de rendirse, la oficialidad del U-530 haya destruido casi toda la documentación, se le suma el silencio que guarda, o lo poco explícita que es la tripulación cada vez que se pretende obtener de ella algún dato referente al itinerario recorrido; a las operaciones navales en que intervino" y a los otros "tantos interrogantes que se plantean".

De esta manera, el SIN ratificaba ante la prensa que, a pesar de lo afirmado por el ministro Teissaire, Wehrmut se habría desecho del libro de bitácora y las cartas de navegación. En sus "trascendidos" a la prensa, los interrogadores también alegaron que "habría que desterrar" la hipótesis de que el U-530 hubiera hundido al *Bahía* por la imposibilidad de llegar desde las rocas de San Pedro y San Pablo hasta Mar del Plata en seis días. A pesar de adelantar este juicio, los marinos argentinos dijeron que no redactarían ningún comunicado oficial sin antes consultar a los agregados navales de los Estados Unidos y Gran Bretaña.

En rigor, los marinos argentinos no habían permitido que Webb y Wyndham Quin interrogaran a los prisioneros. El informe enviado por Webb a Washington fue lapidario: cada tripulante alemán que salía de la sala donde declaraba, departía brevemente con el que esperaba su turno, momento que aprovechaba para indicarle qué debía y que no debía decir, para unificar versiones. Los interrogatorios eran una farsa.

La confirmación de Londres

Mientras el 15 de julio las radios porteñas difundían la noticia de que las cartas de navegación y cuadernos de bitácora del U-530 se habían evaporado, el corresponsal de la agencia *Associated Press* en Río de Janeiro envió un despacho en el que señalaba que la marina brasileña había "localizado y atacado" a un submarino "cerca del lugar en que se hallaba el *Bahía* horas antes de que ocurriera la explosión", y que este hecho, sumado al "escepticismo de los peritos navales acerca de que la santabárbara del *Bahía* pueda haber volado accidentalmente, y a los cálculos respecto a que el U-530 tuvo tiempo de llegar a Mar del Plata entre el 4 y el 10 de julio, todo se ha unido en los últimos días para provocar que la prensa de esta ciudad exprese abiertamente su insatisfacción por las explicaciones del comandante del U-530".

El 17 de julio al menos dos docenas de vecinos del balneario San Clemente del Tuyú –donde las marrones aguas del Plata se diluyen en el azul del océano, y entre bancos de arena proliferan las medusas– anunciaron a las autoridades que habían divisado dos submarinos de diferente tamaño navegando juntos a unos 5 ó 6 kilómetros de la costa, así como que el ruido de sus motores era perfectamente audible. Por su parte, como ya se ha explicado, el oficial Pedro Longhi, a cargo del puesto policial de Mar de Ajó –balneario situado al sur de San Clemente– también dio fe de haber visto un submarino.

La noticia fue difundida por radio, de manera que los vecinos de Mar de Ajó, "se situaron en el muelle, con sus prismáticos mirando en dirección al norte" y afirmaron que, efectivamente, pudieron ver a los dos submarinos, según publicó *La Nación*.

La crónica aseguraba que no sólo Longhi y un grupo de vecinos anónimos habían observado a los sumergibles; también el enviado del diario *El Tribuno* de la ciudad de Dolores informó telefónicamente a su redacción que uno de los submarinos había encallado a 15 kilómetros al sur de San Clemente y a unos 200 metros de la playa "Las Margaritas", zona de "muchos canales y bancos de arena".

El periodista entrevistó a un testigo del encallamiento que relató cómo, a poca distancia de la costa, el submarino había pugnado ruidosamente por despegarse de un banco de arena por espacio de unos cinco minutos hasta conseguirlo, tras lo cual navegó mar adentro y se sumergió rápidamente. Aunque no publicó su nombre, *El Tribuno* dio fe "de la seriedad de la persona" que había narrado la escena.

Por su parte *Crítica* publicó esa misma tarde que ambos submarinos habían sido ubicados y perseguidos por buques y aviones de la Armada, y recordó que días antes se había encontrado un bote de goma abandonado en una playa cercana a Necochea. El redactor especulaba sobre la posibilidad de que Hitler y Eva Braun lo hubieran utilizado para desembarcar.[82]

---

82 Bajo el influjo del talentoso pero afiebrado Szabó, el vespertino conjeturó que luego de desembarcar Hitler había buscado refugio en "el sexto continente", en obvia alusión a la Antártida. También destacó que los investigadores de Brasil y de los Estados Unidos dudaban acerca de las verdaderas actividades de la tripulación del U-530, y que estaban convencidos de que, al responder a las preguntas de los oficiales argentinos, los oficiales alemanes las habían ocultado cuidadosamente. A tal punto, ejemplificó, que no sabían siquiera con certeza si Wehrmut había sido el verdadero comandante de la nave durante su travesía. Eran dudas muy razonables: hasta fines de enero el comandante del U-530 había sido el curtido Lange y aunque –según Wehrmut– el BdU había reservado el comando de los nuevos *elektrobootes* a los oficiales más experimentados, a Lange, que se supiera, no se le había confiado el mando de ningún otro submarino.

Al U-530 le faltaba un bote de goma, y un bote de goma había sido encontrado en las cercanías de Necochea a fines de junio o a principios de julio, recordó un sustancioso despacho de la agencia *United Press* fechado en Londres el 18 de julio.

Ese detalle no era, en absoluto, lo más importante de su texto. La lectura del cable dejaba sin respiración. Contenía cinco informaciones, a cada cual más resonante, en este orden:

–En las "esferas oficiales de esta capital –Londres– se insiste en que Hitler desembarcó en la Argentina el 30 de junio último, transportado por el U-530".

–Esas mismas fuentes daban "crédito a la versión de que el bote de goma de que se hallaba dotado el submarino rendido en Mar del Plata" se había encontrado "diez días antes de su rendición".

–Interpol había lanzado una orden de captura internacional contra Hitler.

–El U-530 –siempre de acuerdo con fuentes gubernamentales británicas– formaba parte de un convoy de, al menos, seis submarinos.

–Los *U-Bootes* que integraban ese convoy no sólo habían hundido al *Bahía*, sino que también habían desembarcado a un grupo de dirigentes nazis en algún lugar de la costa argentina.

Que fuentes oficiales británicas hubieran dejado trascender estas informaciones fue francamente inusual. Quizás la razón del desliz deba buscarse en la situación política interna de Gran Bretaña durante aquellos días de campaña electoral. El 25 de julio se celebraron elecciones generales y contra todo pronóstico Churchill y el Partido Conservador fueron derrotados por la oposición laborista. Fue un hecho tan conmocionante que durante largos días se mantuvo en secreto el resultado de los comicios pretextando dificultades en el escrutinio, a fin de no debilitar la posición del maltrecho Imperio en la conferencia de Potsdam, en la que el Reino Unido estaba representado por Churchill. Pero al fin fue reemplazado como primer ministro y también en dicha cumbre por Clement Richard Atlee.

El *Mendoza* al ataque

El informe de la CEANA –la historia oficial– sostiene que "el día 17 *un* submarino que viajaba hacia el sur a unos tres mil metros de la costa fue visto en distintas oportunidades al menos por 24 personas". Y agrega que al anochecer de ese mismo día, "el torpedero *Mendoza*, que patrullaba mar afuera, avistó un periscopio y detectó sonidos submarinos en sus hidrófonos" por lo que "persiguió el objetivo por una hora y cuarenta minutos, disparando ocho cargas de profundidad sin resultado aparente, hasta que la oscuridad lo obligó a abandonar las operaciones".

El documento, redactado por Newton, no precisa la ubicación del torpedero, por lo que tácitamente se entiende que debía estar cerca de San Clemente o Mar de Ajó, los lugares desde donde habían sido avistados los *U-Bootes*.

La lectura del diario de navegación del *Mendoza* depara rápidamente dos sorpresas: el avistamiento no se produjo el día 17 sino el 18 por la tarde, y no ocurrió frente a aquellas costas sino mucho más al sur, frente a San Antonio, el mismo lugar en el que, tres décadas atrás, la tripulación del *Seidlyz* había pasado más de un año.

El *Mendoza* zarpó de Puerto Belgrano bien avanzada la noche del 17 rumbo al Golfo de San Matías. A las 10.05 del 18, a la altitud 60° divisó un "avión tipo *Corsario* rumbo oeste cota 300 m. Características 2-0-14" y a las 8.25 "puso proa a la costa para reconocer Caleta de los Loros y playas adyacentes", llegando "hasta dos millas de la costa". Como allí no encontró nada, reanudó la navegación hacia el sur.

Fue bien entrada la tarde, a la altura de San Antonio, cuando la tripulación vio con absoluta claridad el periscopio de un submarino que se desplazaba dejando una gran estela. Dicen textualmente las anotaciones del diario de navegación correspondientes a ese cuarto: "A 17.30 se avistó periscopio submarino al Av 140 del fondeadero exterior San Antonio (especie caño sobresalía del agua color gris claro); rodeaba al mismo una estela grande con intumescencia, rumbo aproximado 160. Se tocó alarma antisubmarina, máxima velocidad (23 nudos) y se puso proa al lugar indicado donde se comenzó a largar bombas de profundidad. Se patrulló toda la zona durante 1 h 40 m (hasta el anochecer), largándose ocho bombas. A 19.10 se puso rumbo 107 rd=14 para alejarse de la zona (...) y patrullar la costa norte abordable del golfo".

A las 21.05 desde el *Mendoza* se observaba el faro Belén, y a partir de entonces patrulló la costa haciendo escucha hidrofónica hasta llegar al faro San Matías, a la medianoche. Desde entonces y hasta el fin de la singladura el *Mendoza* y al menos tres aviones de la Armada buscaron afanosamente durante dos días al submarino, navegando desde el puerto y la Bahía de San Antonio, hasta el Golfo de San Matías y sus inmediaciones.

Cuando el *Mendoza* navegaba cerca del faro San Matías, hacía una hora que todos los buques de la Escuadra de Mar habían recibido el escueto mensaje ya reseñado: "Hidrófonos vigías denuncian submarino atacado con bombas hasta oscurecer sin novedad punto posición proximidades El Fuerte".

Al día siguiente –19 de julio– el Estado Mayor de la Armada recibió un nuevo mensaje, aún más lacónico: "Periscopio-San Antonio Este. He dispuesto reforzar exploraciones allí".[83]

Como describe Camarasa, "la situación iba más allá de una psicosis colectiva" y "determinó que se movilizaran tropas, aviones y lanchas". Agrega el autor de *Odessa al sur* que "En medio de un alerta general se detuvo a dos mujeres jóvenes, de nacionalidad alemana, una de las cuales fue identificada como Maximiliana Oschatz. Al día siguiente de la detención, ocurrida el 19 de julio, la captura fue rotundamente negada por la policía provincial".

Área libre

Insólitamente, el 21 de julio el jefe de la Armada, Vernengo Lima ordenó suspender todos los patrullajes. ¿Por qué? Es la pregunta del millón.

Un interrogante no menor es por qué Vernengo Lima no revisó esa medida cuando recibió nueva y precisa información sobre la presencia de un submarino no identificado a diez millas de las costas del sur bonaerense.

Porque el jueves 24 de julio a las 15.20, el Prefecto General Marítimo, contralmirante Francisco J. Clarizza, comunicó al Ministerio de Marina que a las 14 de ese día, el subprefecto inspector a cargo de la costa marítima, Demetrio Vergara, había recibido a un conocido empresario

---

83 Este mensaje ¿a la Escuadra de Mar? fue desclasificado parcialmente por la Armada Argentina pasado medio siglo, en 1996, y citado en varios artículos publicados ese año por *La Nación*, entre ellos, "Buscan un submarino nazi en Argentina", firmado por Ernesto G. Castrillón, que se refiere a "un avistamiento bien cercano a la zona de Caleta de los Loros, donde la leyenda o la tradición lugareña insisten en ubicar a un submarino alemán hundido desde esa época". Castrillón agrega que otros documentos secretos, correspondientes a los meses de julio y agosto de 1945 y desclasificados por la Armada Argentina, dejan constancia de "la presencia de periscopios o de submarinos en las playas de Necochea y de San Clemente del Tuyú".

pesquero, el señor Alfaro, quien le había informado que en la víspera, a las 18, desde la estación Copetonas del Ferrocarril del Sur –a la altura de los balnearios de Reta y Claromecó, unos cien kilómetros al sur de Necochea– observó "un submarino que se encontraba como a 10 millas de la costa, cuya eslora era de alrededor de 70 metros y cuya torre estaba "pintada de gris".

Tras regresar a su despacho en Ingeniero White –el puerto de la ciudad de Bahía Blanca–, el subprefecto Vergara le ratificó telefónicamente al contralmirante Clarizza, el viernes a las 23, que parecía "cierto lo de la aparición del submarino" en la costa aledaña a la estación Copetonas, pues "tres tripulantes de la lancha Alfaro II" coincidían en aseverar que el miércoles 23 "a la caída del sol, entre las 18 y las 18.30 y a 15 kilómetros de la costa vieron claramente emerger y sumergirse a un submarino con proa al sur".

El contralmirante Clarizza se comunicó a su vez con el secretario de Vernengo Lima el sábado 26 a las 14.20. Tras recibir el mensaje de su superior, el capitán Isaac Rojas redactó el correspondiente informe para su jefe.[84]

Ese mismo sábado Clarizza preparó un informe para el ministro de Marina: "Tres tripulantes del Alfaro II manifestaron que, desde tierra, a unos 15 km. de la costa, el día 23 del corriente, a la caída del sol, de 1800 a 1830 horas, vieron emerger y sumergirse a un submarino, cuya proa estaba orientada hacia el sur, rumbo que presumen habría tomado", decía.

Para entonces otro informe secreto de la Armada había dado aviso –el viernes– del avistamiento de un submarino –acaso el mismo– cerca de Claromecó.[85]

No hay constancia de que al enterarse de estas novedades Vernengo Lima haya ordenado reanudar el patrullaje costero, pero sí de que se enfureció..., porque las noticias del avistamiento del día 23 hubieran sido difundidas –aunque sin mayores precisiones– por radio *Bahía*

---

84 El escrito de Rojas está encabezado con la siguiente leyenda, a todas luces posterior: "Por expediente 6.P.38. 'S' PREFECTO DE ZONA COSTA SUR establece en prevención sumaria que se trata del buque brasileño 'Oesteloides'". Parece una ostensible maniobra para encubrir la presencia de los submarinos alemanes.

85 "Los submarinos alemanes en el sur. Último refugio", publicado por *La Nación* en 1996 y obtenido por los autores de la página web de la Fundación Albenga –*www.fundacionalbenga.org.ar*–, vinculada a la Armada Argentina.

Blanca. Porque ordenó al capitán de navío Ernesto R. Villanueva, jefe de la "División R" –contraespionaje– que investigara cómo se había producido la *filtración*.[86]

Desembarco y expulsión violenta

Hace ya muchos años Ronald Newton escribió *El cuarto lado del triángulo*, libro que cimentó su fama de experto. Refiere allí al avistamiento de un *U-Boote* cerca de Necochea diez días después de los denunciados en San Clemente del Tuyú y en Mar de Ajó, y que habían motivado la infructuosa persecución del torpedero *Mendoza*. Casi un mes antes se había encontrado cerca de Necochea un bote de goma. En esta nueva oportunidad las evidencias de un desembarco eran más importantes, se diría que irrefutables.

La presencia de un submarino sin identificar fue comunicada al destacamento de la policía bonaerense en Piedra Negra. Newton afirma que a las 18 del sábado 27 de julio de 1945, "una comisión policial de la comisaría de Necochea salió a verificar una denuncia: una nave estaba haciendo señales en código morse hacia la costa y el mensaje era contestado desde la playa". Como resulta obvio, el relato se refiere a señales de luces cortas y largas.

"En tres autos particulares los policías recorrieron el sector y tras horas de búsqueda encontraron al hombre que respondía las señales. En la comisaría se lo identificó como ciudadano alemán, de profesión artesano, quien admitió que la nave era un submarino que se disponía a desembarcar. (...) A la madrugada del domingo 28 (*sic*) se inició un rastreo por las playas de los alrededores de la ciudad. Al promediar la mañana, 15 kilómetros al norte, una comisión (...) encontró huellas humanas que iban y venían desde la costa hasta la entrada arbolada de

---

[86] Villanueva informó a Vernengo Lima el 2 de agosto que luego de analizar la cuestión "bajo el doble punto de vista de la seguridad y de la divulgación de noticias", logró establecer que alguien había telefoneado a una agencia noticiosa desde General Lavalle. Villanueva estimó que podía ser mera "coincidencia" que al mismo tiempo que en la base naval de Puerto Belgrano se recibía un mensaje cifrado sobre el avistamiento, la radio de Bahía Blanca difundiera la noticia. No obstante, el capitán de navío dejó abierta la posibilidad de que la filtración pudiera "haberse producido (por) el desencriptamiento de la información del torpedero *Mendoza*" o por "una infidencia en la fuente inicial o receptora". Por lo cual insistió en la necesidad de recordar al personal de la Armada que toda comunicación cifrada debía hacerse indefectiblemente "por cable o por teléfono".

una estancia. Había también huellas de lanchas o botes de goma que habían sido arrastrados, y las marcas de cajas o cajones muy pesados que habían sido llevados hasta un lugar, donde había huellas de ruedas de camión. (...) Ante el hallazgo, el suboficial (a cargo) decidió llamar al comisario, y cuando la comisión se hubo completado, comenzaron a entrar a la estancia. Llevaban recorridos dos kilómetros por el camino de entrada al casco, arbolado y flanqueado por tamarindos, cuando cuatro hombres que hablaban alemán, con ametralladoras en la mano, les impidieron seguir y los echaron violentamente. Como los policías no llevaban orden de allanamiento decidieron regresar a la comisaría y comunicar la novedad a la Jefatura de La Plata. Tras dos horas de espera, el jefe de la policía provincial llamó personalmente a Necochea y le dio al comisario una orden precisa: 'Deje sin efecto la búsqueda de posibles alemanes y retírese de inmediato de la estancia'", escribió Newton.

El artesano detenido fue enviado a La Plata, a pesar de lo cual "a los pocos días estaba en libertad y en Necochea, donde aún sigue viviendo", agregó. Años después, ya contratado por la CEANA, Newton olvidaría completamente su crónica.

Es probable que este desembarco al norte de Necochea no haya alcanzado la resonancia que merecía porque las autoridades argentinas lo ocultaron, y porque ese mismo día un bombardero B-25 se incrustó contra el *Empire State Building*, por entonces el edificio más alto del mundo. El bimotor, que al mando del coronel William F. Smith Jr. se dirigía al aeropuerto de Newark, Nueva Jersey, lo embistió a la altura del piso 79. Uno de los motores del avión atravesó el edificio y cortó los cables de dos ascensores. Como era sábado, además de los tres tripulantes sólo hubo que lamentar la muerte de otras once personas, en su mayoría empleados del *National Catholic Welfare Service*.

Protagonistas

Tres antiguos marineros del *Graf Spee*, particularmente el cabo y aspirante a oficial Alfred Schultz y el radio-telegrafista Walter Dettelman[87], confirmaron el desembarco y la veracidad –en términos generales– de aquella crónica. En 1945 debían estar internados

---

[87] Schultz, que vivió varios años en Bahía Blanca, falleció en Berlín el 18 de febrero de 1987. Dettelman murió el 2 de marzo de 1991 en Nuremberg.

en campos de prisioneros de guerra. Sin embargo ambos se habían fugado de ellos hacía años.[88]

Luego del derrocamiento de Perón, ambos declararon ante una comisión del Congreso que, si bien no estaban en condiciones de precisar la fecha exacta, entre el 23 y el 29 de julio de 1945 los ocupantes de dos submarinos alemanes habían desembarcado en la costa argentina. Podían afirmarlo con absoluta seguridad porque no sólo habían presenciado los desembarcos, sino que habían ayudado a consumarlos.

Por desgracia, parece que los testimonios no fueron registrados taquigráficamente, o que sus registros fueron destruidos. Pero según las crónicas de la época Schultz y Dettelman dijeron haber recibido del capitán Walter Klay –que coordinaba las actividades de los ex tripulantes del *Graf Spee* y sus fugas desde una oficina del *Banco Germánico*[89]– la orden de viajar a la ciudad de Bahía Blanca. Una vez allí, el contacto que les indicó Klay los llevó a un punto no muy lejano del litoral marítimo.

Si bien no recordaban exactamente dónde quedaba ese lugar, coincidieron en que se trataba de una estancia de la *Compañía Lahusen*.[90] Poco después arribaron a la costa "dos submarinos que descargaron muchos cajones pesados que fueron conducidos al casco de la estancia en ocho camiones". Y destacaron que se trataba a todas luces "de una carga valiosa que provenía de Alemania".

Luego desembarcaron en botes de goma unas ochenta personas, "algunas de ellas, por la manera en que daban órdenes, debían ser muy importantes".[91]

---

88 Schultz se había escapado al poco tiempo de que lo internaran, en 1939. Fue recapturado en junio de 1940 y enviado a Martín García, de donde también huyó. Dettelman se había fugado del centro de internación de Sierra de la Ventana –tan al sur de la provincia de Buenos Aires como Necochea, pero tierra adentro– en abril de 1941.

89 Se suponía que Klay estaba internado en la quinta "La Beba" de Florencio Varela, pero en realidad salía de allí a voluntad.

90 Aunque para entonces era uno de los principales conglomerados alemanes de la Argentina, con siete pisos de oficinas en el microcentro de Buenos Aires, cien mil hectáreas de propiedades en la Patagonia y un millar de empleados, había sido insólitamente exceptuada de la lista de firmas investigadas por la Comisión de Vigilancia de la Propiedad Enemiga, creada por el gobierno militar argentino luego de la declaración de guerra a Japón y Alemania.

91 En *Odessa al sur*, Camarasa opina que uno de los desembarcados pudo haber sido Heinrich "Gestapo" Müller.

Las declaraciones de Schultz y Dettelman, como la de un tercer ex tripulante del *Graf Spee,* Willi Brenneke[92] fueron analizadas por Allan Pujol, un antiguo agente del *Deuxième Bureau,* una rama de los servicios secretos franceses. Según Pujol, en la noche del 28 y el 29 de julio de 1945 fueron desembarcados de un *U-Boote* gran número de cajones de madera con la inscripción *Geheime Reichssage* –Secreto de Estado– remitidos por el general Ernst Kaltenbrunner, jefe de la RSHA, que habrían sido depositados en una estancia de la firma *Lahusen.*

Pujol cree que aquellos cajones debían contener "el tesoro de la RSHA": lingotes, monedas y objetos de oro, dólares y francos suizos, diamantes y otras piedras. Una fortuna que valuó en unos 1.000 millones de dólares.[93]

¿Hitler y Müller?

Habría de pasar medio siglo hasta que el 14 de junio de 1996 el diario *La Mañana del Sur* de Neuquén se hiciera eco de un escrito que circulaba de mano en mano entre los miembros de la colonia alemana de Bariloche, cuyo autor, explicó, era un octogenario residente en una colonia de la décima Región de Chile.

Según su testimonio, tras una navegación de 47 días que incluyó una escala en la Isla Ascensión, Hitler había desembarcado de un *U-Boote* en una playa no muy alejada de Mar del Plata.

Desde la primera lectura, y aunque el diario no repare en ese detalle, el escrito es embarazoso. Porque Ascensión, una pequeña isla volcánica de 88 kilómetros cuadrados situada al sur del Ecuador y escala natural entre África y Sudamérica, conocida por sus nutridas colonias de tortugas marinas y de golondrinas, y con una escasísima población,

---

92 Al igual que Dettelman, Brenneke se había fugado de su centro de internación a principios de 1941.

93 En coincidencia con Farago –a quien citó–, Pujol estima que el cargamento consistió en billetes y monedas por 187.692.400 marcos, 17.576.500 dólares estadounidenses, 4.862.500 libras esterlinas, 24.976.500 francos suizos, 8.379 florines holandeses, 54.963.000 francos franceses, 17.280.000 francos belgas, 2.511 kilos de oro y 4.638 quilates de diamantes. Como el vehemente Santander, Pujol cree que todo ese dinero fue depositado por Ludwig Freude en los bancos *Alemán Transatlántico, Germánico, Tornsquist y Strupp,* a nombre de Juan Perón y de su esposa. Sin embargo, y aunque existan pocas dudas de que Ludovico actuó como financista de la campaña previa a las elecciones que Perón ganó en febrero de 1946, no parece razonable que le haya confiado sin más semejante tesoro.

pertenece jurídicamente a la Corona británica –que la llama Wideawake Island–, aunque desde la Segunda Guerra ha sido arrendada a los Estados Unidos, que construyeron allí una base aérea que en 1982 fue de suma utilidad a los militares británicos durante la Guerra de Malvinas. Una escala en esa isla, sin conocimiento y autorización de los servicios secretos de ambos países, hubiera sido imposible.

El escrito sostiene que Hitler llegó en compañía de Heinrich "Gestapo" Müller, quien se había ocupado de estibar en el submarino "el tesoro de la RSHA". Conviene recordar que Müller y su legajo se desvanecieron el 29 de abril luego de recibir, según la versión oficial, la orden de ejecutar a Fegelein, cuñado del *Führer*, en los jardines de la Cancillería.

El tesoro habría sido guardado en "150 cajas de hierro", de las cuales cincuenta contenían "250.000 monedas de oro, libras y marengos"[94] mientras que las demás guardaban, entre otras cosas, "veinte lingotes de oro de (ilegible), dos millones de dólares en billetes, dos millones de marcos suizos en billetes (...), diamantes de Namibia, colecciones de estampillas y colecciones de cuadros importantes", así como "documentación técnico-científica de las armas secretas".

En la playa aguardaban al *U-Boote* tres camiones *Chevrolet* de un alemán que comercializaba papas de la vecina zona de Balcarce. Los desembarcados hundieron el submarino. Uno de los camiones, con todos los tripulantes, viajó directamente a La Plata, y los otros dos, "con Müller, Hitler y la *blitzmadel*[95]", las 150 cajas y "dos de la *Friedenthal*[96] conduciendo", tomaron la ruta a Bahía Blanca, y de allí a Ingeniero Jacobacci, desde donde, viajando de noche, los fugitivos habrían llegado a Bariloche para luego cruzar a Chile.

Aun sin abrir juicio sobre la veracidad del texto, es bueno tener en cuenta que un informante del FBI de origen alemán, John Mattern, sostenía ya en 1945 que Hitler había desembarcado cerca de Mar del

---

94 Moneda de oro acuñada en Italia tras el triunfo de Napoleón Bonaparte sobre los austríacos en el bosque de Marengo –Alessandria–, en 1800. También llamada "Napoleón".

95 Miembro femenino de la rama de Comunicaciones de la *Wehrmacht*. Se las llamaba así a causa de las insignias que las identificaban: un rayo dorado. El término –literalmente chica-rayo o chica-relámpago– también podía utilizarse con doble sentido.

96 Quiere decir, literalmente, "valle de la paz". Se trataría de una expresión en argot o –nunca mejor dicho– germanía.

Plata de uno de dos submarinos que habían llegado juntos. Y que los "47 días de navegación" señalados indican que el desembarco se habría producido durante la segunda mitad de junio.

Tal vez el dato más interesante del escrito –por la posibilidad de ser investigado– es el que sostiene que el *U-Boote* donde habrían viajado Hitler y Müller fue conducido por dos comandantes experimentados, uno de ellos "el *Kapitan Leutnant* Schultze".[97]

Hubo cuatro comandantes de *U-Bootes* con ese apellido: Wolfang y Heinz-Otto murieron en sus naves en 1942 y 1943 respectivamente. Como ya se ha dicho, el teniente de navío Rudolf Schultze tenía asignado un submarino de la clase XXI, el U-2540 –de la 31ª Flotilla de entrenamiento–, hundido por sus oficiales el 4 de mayo de 1945 cerca del faro de Flensburg y exhibido actualmente en el Museo Marítimo de Bremerhaven.

Resta Herbert Schultze, quien ganó la Cruz de Hierro de Primera Clase con las primeras cuatro patrullas de un total de ocho al mando del U-48 durante los primeros meses de la guerra. A fines de 1941 dejó ese submarino y ya no volvió a comandar otro, al menos oficialmente. Durante 1943 –en abril fue ascendido a capitán de corbeta– y hasta marzo de 1944, fue uno de los miembros del *staff* del BdU –el *admiralstabsoffizier* 6– y nexo con la *Abwher*. Murió el 3 de junio de 1987 en Londres.

Con todo, el escrito parece referirse a Rudolf. Si el *U-Boote* que habría transportado a Hitler era del tipo XXI –el mejor de la flota– y llevaba dos comandantes, Rudolf Schultze quizá haya sido uno de ellos, acaso el segundo de Emmermann en el U-3037.

---

97 Burnside conjetura que un probable comandante del traslado de Hitler a la Argentina en un submarino tipo XXI se llamaría Herman Wolf o Wolff. Sus sospechas derivan de la existencia de un anciano alemán residente en la Patagonia que decía llamarse así y que llegó al país en submarino. La lista de comandantes de *U-Bootes* no incluye a nadie con ese nombre, aunque sí a Heinz Wolff quien, por cierto, luce como un comandante de submarinos sumamente gris: capitaneó el U-974, *U-Boote* clase VII-C de la 7ª Flotilla, entre noviembre de 1943 y el 19 de abril de 1944, época en que se supone combatió, aunque jamás haya hundido –al menos oficialmente– un solo buque. En cambio en esa fecha su *U-Boote* figura hundido por el submarino noruego *HnorM Ula* al norte del puerto de Stavanger, con un saldo de 48 muertos y sólo 8 sobrevivientes, entre los cuales estaba Wolff. Desde entonces comandó el U-985, de la misma clase y flotilla, que no combatió pero sí se llevó por delante, el 23 de octubre, una mina propia. Gravemente averiado el U-985 llegó hasta Flensburg, puerto en el que Wolff habría permanecido a disposición del BdU hasta el fin de la guerra.

Atención cinco estrellas

Cuando el U-530 se presentó en Mar del Plata, Brasil carecía transitoriamente de agregado naval y el embajador Joao Baptista Lusardo –canal habitual de las comunicaciones reservadas entre el presidente Vargas y Perón– participaba de la campaña electoral en su estado, Río Grande do Sul. El primer marino brasileño llegó a la base naval de Mar del Plata diez días después, el 20 de julio, junto a los agregados navales de Francia, Chile y Perú. Permanecieron en la base naval unas pocas horas, y regresaron a Buenos Aires al caer la tarde.

Durante 57 años, ningún historiador o investigador independiente tuvo acceso al texto de los interrogatorios de Wehrmut y sus hombres. Ni en Washington, ni en Londres ni en la Argentina. Los originales –según había dispuesto la comisión gubernamental *ad hoc*– debían entregarse a los oficiales de la *US Navy* que llegaran a la Argentina para hacerse cargo del *U-Boote* y su tripulación y que arribaron el 29 de julio, al mando del capitán de corbeta J. L. M. Jacobsen.

Aunque Jacobsen y sus compañeros interrogaron a Wehrmut y otros oficiales del U-530, se estrellaron contra un muro. Todos recitaban la historia que habían terminado de armar con sus interrogadores argentinos. Cuatro días después de su llegada, Jacobsen ordenó que tanto los oficiales como los suboficiales y marineros trasladados a Martín García fueran conducidos al aeropuerto de El Palomar, y de allí a los Estados Unidos.

Los prisioneros alemanes iban a extrañar el trato recibido en la Argentina. Uno de los tripulantes del U-530 narró en una carta escrita en 1947, desde un centro de internación belga, sus peripecias a partir de la entrega del submarino en Mar del Plata. Incluida por Kraft en su libro vale citarla, al menos los fragmentos que recuerdan su estancia en la Argentina.

"Fuimos abordados por aproximadamente treinta marinos. Nos recibieron cálidamente, nos abrazaron y regalaron cigarrillos. Antes de bajar del *U-Boote* dimos un triple hurra y después fuimos en una lancha al acorazado *Belgrano*, donde nos dieron una excelente comida, con abundante fruta. Luego nos trasladaron a la base, donde nos alojaron en unas barracas.

"Nos sentíamos muy bien, teníamos muy buena comida y de vez en cuando la banda de música de la base tocaba para nosotros en el comedor. En la base tomaron nuestros datos personales y entre otras visitas recibimos la de funcionarios de las Embajadas británica y estadounidense, y también de altos oficiales argentinos.

"El tratamiento en la base fue muy bueno: pusieron a nuestra disposición todas las instalaciones e implementos deportivos. Después de dos semanas de cuidados, nos trasladaron a Buenos Aires, y de allí a una isla donde permanecimos durante ocho días. (...) Los argentinos querían que nos quedáramos, pero ante las presiones de los yanquis, tuvieron que deportarnos.

"Nos trasladaron en una barca al Hotel de Inmigrantes en Buenos Aires. Los encargados de nuestra vigilancia hacían compras para nosotros; por la noche bebíamos abundantemente y la comida era también abundante y con toda clase de exquisiteces. Tuvimos que firmar muchos autógrafos e intercambiamos infinidad de recuerdos. Cantábamos casi continuamente, total había suficiente *aceite* para nuestras gargantas. Antes de trasladarnos al aeropuerto nos sirvieron un suculento desayuno. Y al arribar a la base aérea tuvimos que hacer un nuevo sacrificio: otra comida. Nos sacaron innumerables fotos en compañía de los oficiales argentinos.

"Como uno de los pilotos tenía mucho dolor de cabeza, una parte de los tripulantes nos quedamos un día más en la base aérea. Por la noche, nos llevaron al cine, donde nos dieron los lugares de honor en compañía de oficiales argentinos. Luego otra vez a comer, a beber y a cantar. Es una gran lástima que hayamos tenido que dejar ese hermoso país. Hubo una gran despedida. El comodoro de la base dijo en su discurso que no nos consideraban prisioneros de guerra sino simplemente camaradas alemanes. Luego se despidió uno por uno de nosotros, estrechándonos la mano, mientras la banda de música tocaba *Viejos camaradas*..."

Ante el inminente acceso de Perón al poder, Mallea se retiró del servicio activo. Tras su fallecimiento, en 1959, su viuda se dirigiría a la Embajada alemana cumpliendo la última voluntad del marino: devolver a Wehrmut la bandera de combate del U-530, acto que se llevó a cabo tiempo después, cuando los diplomáticos alemanes consiguieron ubicarlo. Kraft destaca que Wehrmut ponderó en varias oportunidades "la caballerosidad, hombría de bien y excelente trato recibido por la oficialidad argentina y en especial por parte del capitán de fragata Mallea, de quien guardo un recuerdo imborrable".

Una memoria delatora

La tripulación completa del U-530 fue transportada en sendos vuelos con escalas hasta Washington, y trasladada después hasta el cercano POW de Fort Hunt, Virginia. Allí Wehrmut y Schubert fueron sometidos a nuevos interrogatorios y procesados como sospechosos de encubrir la huida de Hitler a la Argentina.

La desaparición del libro de bitácora y de las cartas de navegación dejaron en evidencia al gobierno militar argentino. Aunque la historia oficial se empeñe, ¡todavía hoy!, en asegurar que el comandante Wehrmut se desembarazó de esa documentación arrojándola al mar, se generalizó la sospecha de que había sido ocultada por los marinos argentinos.

Todo indica que era una intuición correcta: al abordar la "Rendición de submarinos alemanes a las autoridades navales de Mar del Plata", la Memoria del Ministerio de Relaciones Exteriores y Culto –Cancillería– correspondiente al período 1945-1946 lo dejó claro. Asegura que tras la aparición del U-530, "la primera medida adoptada por el Gobierno argentino fue poner el hecho en conocimiento de las Embajadas de los Estados Unidos y Gran Bretaña, invitándolas a enviar representantes para asistir a los procedimientos que deberían realizar las autoridades competentes". Y agrega que las autoridades argentinas adoptaron las siguientes medidas: "a) apresamiento de la nave; b) inspección prolija de la misma a efectos de prever cualquier acto de sabotaje tendiente a la destrucción total o parcial de la nave; c) *incautamiento de toda la documentación*; d) desembarco de toda la tripulación y su alojamiento en calidad de prisioneros en el guardacostas *Belgrano*, bajo adecuada custodia; e) identificación y fichado de toda la tripulación".

Si la Cancillería reconoce la incautación de documentos, debe descartarse que Wehrmut los hubiera destruido. Restan entonces dos posibilidades: los documentos fueron ocultados por la Armada Argentina, o se los entregaron al capitán Jacobsen, con lo cual compartiría responsabilidades con la *US Navy*.[98]

---

[98] La memoria señala que la Embajada de los Estados Unidos, por nota de fecha 18 de julio, "agradeció profundamente la justa pero generosa decisión (de entregarle el *U-Boote* y todos sus tripulantes) adoptada por el Gobierno argentino, confiando en que ella ha de ser calurosamente acogida por el Gobierno americano", así como que "la Embajada de Su Majestad Británica", en nota de la misma fecha, expresó la seguridad de que Londres habría de "compartir su caluroso agradecimiento por la forma amistosa con que el Gobierno argentino ha resuelto el asunto". Aparentemente, los tres gobiernos habían llegado a un profundo y cálido acuerdo.

A fines de julio la Embajada de los Estados Unidos en Montevideo puso al tanto al Departamento de Estado sobre una carta recibida tiempo atrás por el refugiado antinazi Hans Joachim Bonsack. En ella su ex prometida, la condesa Vicky Stolberg, le informaba desde Alemania que en el castillo de su padre se había organizado un plan para la huida de Hitler. Según lo que había podido averiguar, Hitler viajaría primero a Liechtenstein y luego a España o Portugal, donde abordaría un *U-Boote* hasta la Argentina –donde sería recibido por el conde von Luxburg– para trasladarse luego a los campos del "barón Ketler" en el sur de Chile. La Embajada apuntaba que el submarino podría haber sido el U-530.

Hoover consideró seriamente la posible huida de Hitler a la Argentina. El 4 de agosto remitió al Departamento de Defensa un informe según el cual Hitler habría volado hasta la costa atlántica de África para abordar allí el U-530 y más tarde desembarcar –en un bote de goma y disfrazado de pescador– en una playa ubicada entre Mar del Plata y Necochea alrededor del 20 de junio. De acuerdo con informes de un tal Arturo Meyer, Hitler se habría practicado una cirugía estética y, con ayuda de oficiales pronazis argentinos habría conseguido ocultarse en el Chaco.

Una nueva era

La bella ciudad de Hiroshima, situada en la Isla de Honsu junto a la Bahía Ota, había ido erigiéndose laboriosamente sobre seis islotes desde fines del siglo XVI. Pero fue borrada literalmente de la faz de la tierra en un instante, a las 8.15 del 6 de agosto de 1945.

La decisión unilateral del presidente Truman y del Alto Mando estadounidense provocó la muerte inmediata de 130.000 de los casi 350.000 habitantes de la ciudad. Otros 180.000 quedaron afectados por la radiación, y a la intemperie.

El 9 de agosto la *US Air Force* arrojó una segunda bomba nuclear sobre Nagasaki, uno de los mejores puertos naturales de Japón. Fue, sin lugar a dudas, una impúdica crueldad gratuita cometida con meros fines experimentales: Japón ya estaba virtualmente fuera de combate, y toda la humanidad boquiabierta. Este segundo proyectil, algo menos potente, mató o hirió gravemente a 70.000 personas.[99]

---

[99] El mensaje era claro: la Unión Soviética –que había rehusado declarar la guerra a Japón– sabía a qué se exponía si osaba extender su influencia al Mediterráneo. Los comunistas

Aunque jamás hubieran pretendido, como los nazis, exterminar algún pueblo o etnia, los militares japoneses cometieron crímenes aún más crueles que sus aliados –aunque causaron menos muertes– contra las poblaciones que habían sojuzgado en China, Corea, Filipinas y otros países asiáticos. Habían torturado, asesinado, reducido a la esclavitud y obligado a prostituirse a decenas de miles de mujeres. Diseminaron el cólera y la peste bubónica, y experimentaron sistemáticamente en seres humanos la infección con distintas enfermedades, el congelamiento súbito y la vivisección. Los científicos japoneses deliraron mucho más y más profundamente que los alemanes con la guerra bacteriológica. Llegaron a inocular células de cerebros de ovejas afectados por el virus causante del síndrome de Creutzfeld-Jakob –o "mal de la vaca loca"– a miembros de la tribu Fore de Nueva Guinea.

Por todo eso el 16 de agosto el ministro de Relaciones Exteriores de Australia, Herbert Evatt, advirtió que su país impulsaría el juicio a los criminales de guerra japoneses, del mismo modo que se había decidido juzgar a los criminales nazis en Nuremberg: "Australia se encargará de que los criminales responsables de las atrocidades y del bárbaro tratamiento de que han sido objeto las mujeres y niños en el Pacífico no escapen al castigo", prometió.

El principal responsable, el equivalente al *Führer* entre los nipones era, obviamente, el emperador Hirohito. Más aún, desde el inicio de la guerra y hasta su finalización, la opinión pública norteamericana lo señalaba como único y verdadero "Satán", muy por encima de Hitler. De hecho, casi la totalidad de los historiadores coincide en que Truman jamás habría reunido el mismo consenso tras arrojar bombas atómicas sobre Japón, si lo hubiera hecho sobre ciudades alemanas.

Sin embargo Hirohito jamás fue juzgado. Los vencedores norteamericanos se empeñaron en minimizar su responsabilidad en la guerra, con el pueril argumento de que había sido manipulado y engañado por sus generales. Y además extendieron un *bill* de indemnidad sobre muchos científicos nipones que aceptaron traspasar los conocimientos adquiridos con la experimentación sistemática en seres humanos. Para entonces la

---

griegos, que habían enfrentado valerosamente a los invasores nazis, serían masacrados por los paracaidistas británicos. El mariscal Tito, jefe de la resistencia de los pueblos eslavos del sur –Yugoslavia–, atinó a romper con Stalin e intentó una difícil equidistancia entre ambos bloques de modo de preservar la independencia de la joven federación.

Guerra Fría ya había comenzado, de manera que esos conocimientos permitieron a los Estados Unidos tomar la delantera "experimental" en detrimento de los soviéticos.

Los especialistas consideran a *Hirohito y la construcción del Japón moderno* del historiador Herbert Bix, un texto definitivo respecto de la pretendida inocencia del emperador. Apoyándose en ingente documentación Bix demostró que Hirohito jamás fue un títere de sus generales, sino que participó activamente en la conducción de la guerra, y que el mito del emperador pasivo fue inventado por las autoridades norteamericanas, estrategia que contribuyó en buena medida a fortalecer el tácito "principio" de inmunidad de los jefes de Estado en delitos de lesa humanidad. "Fueron las fuerzas de ocupación estadounidenses las que, al celebrarse los juicios de Tokio, se encargaron de impedir que recayera ningún baldón sobre Hirohito", insistió Bix, afirmación que vuelve pertinente un interrogante: ¿No habrán protegido también a los jerarcas nazis?

Washington busca golpistas

A principios de agosto de 1945 la Marina evaluaba las chances de ejecutar un golpe de Estado, con el apoyo de los Estados Unidos, para derrocar al binomio Farrell-Perón. El embajador argentino en Washington, Oscar Ibarra García, voló precipitadamente a Buenos Aires tras la aparición del U-530, y en cuanto llegó se enfrascó en una larga conversación con Farrell y Perón. El 3 de agosto cenó con el embajador Spruille Braden en la Embajada de los Estados Unidos, y 48 horas más tarde regresó a Washington. Los servicios secretos norteamericanos consideraban a Ibarra García pronazi, y como tal figura en las páginas del *Libro Azul* que Braden auspició en un fallido intento por impedir el ascenso de Perón, acusándolo de complicidad con el nazismo.

El 7 de agosto Braden comunicó a la Secretaría de Estado el contenido de su entrevista con Ibarra García. Además de reclamar "reconocimiento por el envío del U-530 a los Estados Unidos como resultado de sus recomendaciones desde Washington", Ibarra García también le había explicado que la Armada "temía efectuar un bloqueo de Buenos Aires para derrocar al gobierno, ya que sólo tenía reservas de combustible para dos semanas", razón por la cual el embajador se había comprometido personalmente "a conseguirle a la Marina el abastecimiento necesario".

El 17 de agosto, en Manila, el general Douglas Mc Arthur aguardaba a los emisarios japoneses para entregarles un ultimátum. Tokio afirmaba que había ordenado el cese del fuego, pero las tropas japonesas seguían combatiendo agónicamente contra los chinos.

En la Argentina se rendía un sentido homenaje al máximo prócer nacional, el general José de San Martín, al cumplirse 95 años de su muerte. Las radios comentaban el hundimiento de Japón bajo la hecatombe nuclear, y el enfrentamiento de la víspera entre militantes de la pronazi Alianza Libertadora Nacionalista, atrincherados en su sede de Corrientes y Florida, y una columna de manifestantes antifascistas. Éstos habían apedreado el edificio, pero habían sido repelidos desde el interior a tiros, con el saldo de varios heridos de bala. Los manifestantes asaltaron una armería, pero la intervención policial impidió el asalto a balazos de la sede aliancista.

En la edición impresa en caracteres minúsculos e increíblemente apretados –a causa de la restricción de papel que le había impuesto el gobierno– del opositor diario *La Prensa*, un recuadro informaba que la película *Las esclavas de Hitler*, hasta entonces prohibida por el gobierno, se estrenaría próximamente en el cine *París*.

Días previos la Policía Federal había secuestrado correspondencia aparentemente remitida desde el *bunker* de la Cancillería berlinesa, poco antes de que cayera en manos de los rusos. Había llegado a través del correo diplomático español. Los diarios informaron que exhortaba a los nazis locales a "prepararse y permanecer firmes" ante inminentes sucesos de enorme importancia.

Después de la formación de diana, la base naval de Mar del Plata registraba muy poca actividad porque la mayor parte del personal había sido licenciado a causa del fin de semana largo. El rastreador *M-10 Comodoro Py* al mando del capitán de corbeta Armando Muro y el submarino *Salta* regresaban a sus apostaderos luego de una patrulla, y sus tripulantes ansiaban marcharse a casa, o en el peor de los casos, disfrutar el día libre en la cercana Punta Alta donde funcionaban cines y prostíbulos.

Se aproximaban a la base cuando, a las 9.15, advirtieron que un submarino se acercaba desde el sur. Mediante el destellador enviaba el mensaje *German submarine*. Ambas naves escoltaron al *U-Boote*, que se identificó como U-977. Ayudado por el remolcador *Ranquel* llegó hasta el apostadero pasadas las 11 de la mañana. Según puntualizó *La*

Prensa, enarbolaba el pabellón de la *Kriegsmarine* con la svástica, en lugar de la vieja bandera de la Alemania imperial, tal como los marinos de la base dijeron a los periodistas que comenzaron a llegar poco después.

Hacía ya tres meses y una semana que Alemania había capitulado, y 38 días desde la entrega del U-530. En ese breve lapso se había iniciado la era atómica. La aparición de un segundo *U-Boote* en Mar del Plata provocó un enorme revuelo mundial. El U-977 era algo más pequeño que el U-530 y pertenecía a la numerosa clase VII-C. Llegó a la base naval en impecable estado de presentación y con una importante reserva de combustible.

Indestructible

A diferencia del U-530, que había arribado sin ninguno, según la Armada el U-977 cargaba "todos sus diez torpedos de dotación". Esto se informó al público lego, porque la inteligencia naval sabía perfectamente que la versión *standard* de los submarinos de la clase VII-C cargaba catorce torpedos.[100] E incluso, como señalaría el capitán de la Marina de Brasil Roberto Gomes Cándido, gracias a algunas modificaciones recientes, "los aliados, hasta la rendición, no tenían certeza sobre la capacidad de torpedos de los submarinos VII-C y sospechaban que podían transportar hasta 17 unidades, lo que algunos, realmente, conseguían".

---

100 Schäffer describió en Mar del Plata las características de los *U-Bootes* de la clase VII-C y cómo se cargaban sus catorce torpedos; y volvió a explicarlo detalladamente en sus memorias. Para su estiba el *U-Boote* atracaba "en un muelle previsto para tal fin. Primero se cargaban por una escotilla especial" los torpedos de proa, "y luego por otra (escotilla) en popa se cargaban dos más", uno de los cuales se colocaba en el tubo lanzador, y un segundo, "un torpedo de reserva" se ponía debajo de las planchas. Para terminar con el procedimiento, "al final se estibaban dos torpedos en un depósito estanco y resistente a la presión, ubicado en la cubierta". Dicho de otro modo, se cargaban cinco torpedos en los tubos lanzadores –cuatro a proa y uno a popa–; otros cinco, en idéntica proporción, debajo de las planchas, y dos más "sobre ellas, protegidos por un piso de madera". Dejó así expresamente establecido que en el interior del submarino se cargaban doce torpedos, y que usualmente se llevaban otros dos en un compartimiento estanco ubicado en cubierta. Si se querían utilizar estos torpedos de reserva el submarino debía emerger para, con una pequeña grúa, extraerlos e ingresarlos por las escotillas.

Esta información no era ignorada por los submarinistas argentinos. El encubrimiento de la falta de cuatro torpedos fue una maniobra deliberada del SIN para ocultar que el U-977 los había disparado.[101]

La tripulación del submarino era escasa, apenas 32 hombres. Estaba integrada por su comandante, el teniente de fragata Heinz Schäffer, de 24 años; el primer oficial Karl Reiser, de 22, el segundo oficial Albert Kahn, 23 años; el ingeniero Dietrich Wiese –con 30 años, el más veterano a bordo– y 28 suboficiales y marineros.

Schäffer los arengó en cubierta. Según trascendidos, les dijo que jamás lamentarían haber llegado a la Argentina. "Para la mayoría de nosotros constituirá un acontecimiento descollante de nuestras vidas. Ninguno debe olvidar que somos soldados alemanes, sobrevivientes del arma más temida de esta cruenta guerra" y que "el futuro nos exigirá una clara actitud", se supone que les dijo, y que terminó su breve discurso con un triple hurra "por nuestro camarada de acero, el fiel e *indestructible* U-977". El calificativo resultaba absurdo salvo que durante ésa, su única patrulla, el submarino hubiera sido reiteradamente atacado.

El joven comandante dejó constancia de que fue bien recibido pero evitó decir –según revelaron marinos del *Comodoro Py* y del submarino *Salta* a los periodistas– que se presentó ante los oficiales argentinos taconeando y con el brazo derecho en alto: el saludo nazi que el efímero "gobierno" de Dönitz había abolido.

Cuando ascendió a la lancha que lo conduciría con sus oficiales al guardacostas *General Belgrano*, Schäffer llevaba un portafolios negro que contenía el cuaderno de bitácora, las cartas marinas, los libros de cálculos astronómicos y algo verdaderamente insólito en un comandante de *U-Bootes*: un diario personal de su participación en la guerra.

Unas cincuenta millas

Apenas pisó la lancha recibió a boca de jarro una pregunta imperiosa: "Comandante, ¿ha tenido usted a bordo a Hitler, Eva Braun y Bormann? ¿Ha hundido usted al buque brasileño *Bahía*?

---

101 Mallea y Manrique declararon *off the record*, y así lo reflejaron los diarios, que "*de común acuerdo con los aliados*, la Marina argentina se había quedado con dos torpedos en carácter de donación". Si hubiera sido así, podría alegarse que el U-977 zarpó de Noruega con doce torpedos en lugar de catorce, hecho poco probable aunque posible, ya que dos de los catorce torpedos se estibaban en compartimentos externos.

(...) Como yo lo niego decididamente, los argentinos sonríen". Resulta obvio que era lo que querían escuchar.

Aunque la Argentina había declarado formalmente la guerra a Alemania, cuando Schäffer y sus oficiales terminaron de ascender por la planchada encontraron formados sobre la cubierta del *Belgrano* a los submarinistas de la base, que les rindieron honores. Schäffer fue invitado por los jefes de la base a pasar revista a sus hombres, tal como se estila entre países amigos.

Después lo condujeron a la cámara de jefes donde firmó la rendición formal del U-977 y luego lo instaron a relatar su viaje. El capitán Mallea le preguntó si hablaba francés, a lo que Schäffer respondió que creía hacerlo bastante bien, ya que había estudiado el idioma durante ocho años y se había desempeñado como intérprete en la base de La Pallice. También podía hablar inglés, le aclaró, pues había perfeccionado su aprendizaje en los Estados Unidos.

A pesar de que era obvio que los 16 hombres desembarcados cerca de Bergen habían mentido, y también que habían dejado sus cuchetas libres, los interrogadores argentinos descartaron rápidamente la posibilidad de que esas plazas hubieran sido ocupadas por jerarcas nazis fugitivos. ¿Por qué sospechar que las declaraciones unánimemente sostenidas por los tripulantes desembarcados en Noruega fueran falsas, una operación de inteligencia, una cortina de humo para que se perdiera el rastro del U-977? ¿Por qué habrían de ser tan mal pensados?

Como entre los marinos alemanes algunos hablaban castellano, no había motivo para que el interrogatorio tropezara con dificultades insalvables.

En primer lugar –recordó Schäffer–, Mallea quiso saber por qué "no hundí el submarino frente a la costa". Dicho de otra manera, Mallea le preguntó por qué cuernos no había hecho lo que le habían ordenado, y se presentaba frente a testigos –los pescadores– y periodistas, en momentos en que la Argentina era acusada por los Estados Unidos y Gran Bretaña de convertirse en una cueva de nazis. Las presiones por recibir como héroes a los marinos del U-530 habían sido intensas, y los militares argentinos temían que se redoblaran.

"Si hubiéramos obrado así, habríamos eliminado toda posibilidad de exponer la verdad sobre nuestro viaje", dice Schäffer que le respondió; esto es, que de haber hundido al U-977 resultaría obvio para todo el mundo que habían desembarcado en la costa argentina seres y enseres no declarados.

Probablemente la respuesta no tranquilizó a los oficiales argentinos, que le advirtieron: "Comandante, sobre su buque pesa la sospecha de haber hundido hace pocos días al buque brasileño *Bahía*... Además, se supone que usted ha tenido a bordo a Adolf Hitler, Eva Braun y Martin Bormann. Y que los ha dejado en algún lugar del sur de nuestro continente. Debemos aclarar primeramente esos puntos".

Sin embargo las respuestas, que parecían tan acuciantes, se pospusieron como por arte de magia tan pronto Schäffer extrajo su carta náutica. Al menos así es como lo narró: "Si esta carta es exacta, entonces usted se encontraba el día del hundimiento del *Bahía* a más de cincuenta millas marinas del naufragio", dice que le dijeron –suspirando de alivio– sus interrogadores.

Ayuda-memoria, whisky y otras muestras de decoro

"Los señores oficiales no tienen la intención de proseguir por hoy el interrogatorio antes de haber examinado mis documentos y que haya llegado un intérprete de Buenos Aires. (...) Me conducen a una espaciosa cámara de oficiales donde encuentro, sobre la mesa, una botella de buen whisky escocés, (...) estoy por primera vez solo con mis recuerdos y mi responsabilidad", escribe Schäffer.

Y así fue como lo dejaron solo, pero bien acompañado, y no sólo por el whisky. Curiosamente sus inquisidores, ¡insólitos agentes de inteligencia sin la menor curiosidad!, le dejaron también un tesoro para cualquier investigador, su diario íntimo, los "estrujados cuadernos con mis apuntes de guerra (...) que compaginé en los momentos libres", movido por "el deseo de asentar todas las etapas de mi propio desempeño y de los acontecimientos de la cruenta guerra submarina".

Schäffer los hojea. "Mi letra refleja claramente mi estado de ánimo. A veces es tranquila y serena, como en las prolijas páginas escritas con tinta durante mi instrucción preparatoria y en la Escuela de Submarinos, otras veces es irregular, como en las hojas escritas a lápiz que durante mis diversas operaciones de guerra cubrí sólo con frases breves y palabras sueltas", relata.

Frases breves y palabras sueltas. A sus interrogadores, que sospechaban que había desembarcado a Hitler en la Patagonia, ¿no les interesaban? ¿Habían recibido órdenes precisas de permitir que Schäffer preparara un guión, que llenara cómodamente los espacios entre las palabras sueltas, que fraguara el significado de las frases breves?

En las redacciones porteñas, por entonces nimbadas por el humo de decenas de cigarrillos, ajetreados redactores daban forma a las crónicas que sus enviados especiales a Mar del Plata les dictaban por teléfono. "Otro submarino pirata se rindió", expresó el título en tipo catástrofe de *Hoy*, que destacó en su portada que se estaba investigando afanosamente "cómo se aprovisionó de combustible". El vespertino *Crítica* informó que voceros de la Armada habían confirmado el avistaje de otros U-Bootes a la altura de Mar de Ajó; que pescadores de Necochea habían visto luego a dos submarinos que navegaban en superficie, y que era inminente la entrega de un tercer submarino.[102] También expresó dudas sobre las anotaciones del cuaderno de bitácora del U-977 e informó que "faltaban todos los aparatos de precisión". Tras recordar que Schäffer había dejado en tierra a parte de los tripulantes, preguntó: "¿Quiénes los reemplazaron? ¿Civiles? ¿Jerarcas nazis?".

Esa tarde del 17 de agosto la policía disolvió a bastonazos una manifestación reunida en Corrientes y Florida para vivar al vicepresidente Perón, a cargo de la presidencia en reemplazo de Farrell, de visita en Asunción del Paraguay. Siete manifestantes fueron hospitalizados. El fantasma de un enfrentamiento entre facciones militares emponzoñaba el aire.

Mientras libaba whisky Schäffer preparaba el libreto que iba a recitar a la mañana siguiente durante su interrogatorio formal. Esa versión sería la base del libro que comenzaría a escribir en Düsseldorf en 1947, con el explícito propósito de defenderse de la insistente acusación de haber hecho posible la huida de Hitler.

Emocionado por los "gestos caballerescos" de sus amables cancerberos, el prisionero diría que, a diferencia de lo que sucedía "hasta en nuestra propia patria" donde los marinos y soldados alemanes eran "tratados indecorosamente como si fueran perros", en la Argentina "se conservaban evidentemente intactos los conceptos del decoro militar. (...) En Mar del Plata no fuimos tratados como 'bárbaros criminales de

---

[102] Los editoriales de *La Prensa* y *La Nación* recordaron el sábado 18 que según las informaciones recogidas en la costa a fines de julio, los submarinos avistados eran como mínimo tres.

guerra' sino simplemente como patriotas que cumplimos nuestro deber. Así fuimos tratados", recordaría con auténtica emoción.

Érase una vez un lobito bueno...

Después de desayunar y en presencia de un grupo de oficiales, uno de los cuales le formulaba preguntas en inglés, Schäffer se prestó al demorado interrogatorio. Ante las amables sonrisas de sus interrogadores, no presentó un libro de navegación, sino dos.[103]

El interrogatorio se centró en "tres cuestiones fundamentales": el hundimiento del *Bahía*, si habían transportado y desembarcado "personajes políticos" y la muy tardía y harto sospechosa llegada a Mar del Plata, tres meses después de la capitulación de Alemania.

Sobre el primer punto, Schäffer aportó como prueba de inocencia que "a bordo del U-977 no falta un solo torpedo". A la segunda respondió que la tripulación original era de 48 hombres, de los cuales 16 habían desembarcado en Noruega; y a la tercera, que la insólita tardanza se debía a que habían viajado mucho tiempo sumergidos: nada menos que 66 días, casi hasta llegar a las Islas de Cabo Verde.

Seguramente Schäffer quiso decir que se había visto forzado a navegar a profundidad de periscopio *durante el día*, pero sus interrogadores, que dos meses antes se habían resistido a convalidar el récord de velocidad del U-530, esta vez no sólo dieron por buena la declaración en su sentido más literal, sino que lo felicitaron porque se trataba, a todas luces, de un récord mundial. Sólo faltó que le pidieran un autógrafo.

Por increíble que parezca, semejante tontería sigue circulando como moneda buena hasta hoy, santificada por supuestos expertos que creen o dicen creer que el U-977 verdaderamente viajó sumergido 66 días seguidos, proeza que le estaría reservada a los futuros submarinos nucleares.[104]

---

103 El segundo –probablemente rehecho en la víspera– comenzaba el 1 de julio. Y, como ya se verá, entre otras cosas habían sido adulteradas las condiciones climáticas reinantes cuando el U-977 llegó al Ecuador el 4 de julio.

104 En cuanto a los submarinos convencionales, habría que esperar hasta 1950 para que uno estadounidense consiguiera navegar sumergido durante 21 días. Dicho *Uboat* recorrió en ese plazo la distancia entre Hong Kong y Honolulu –8.370 kilómetros–, menos de un tercio de la exaltada por Schäffer y sus amables interrogadores. El propio Schäffer sostiene que cualquier submarino del tipo VII-C que navegara sumergido a la módica velocidad de 9 nudos, se quedaría sin baterías "al cabo de una o dos horas". ¡Qué decir entonces del U-977, cuyas defectuosas baterías –de acuerdo con sus dichos– sólo conservaban el 70 por ciento de su capacidad original!

Por momentos Schäffer describe un viaje bucólico, como cuando narra que "estamos tan quemados por el sol que parecemos negros, dejamos pender las piernas en el agua, comemos, bebemos y fumamos. Queda poco por hacer. (...) Desde hace tiempo no lavamos más la ropa: la atamos a un cabo y la arrastramos a popa, sumergida en la estela del submarino, durante una ola. El agua salada y la corriente lavan más a fondo que la mejor máquina de lavar". Pero también admite que en ocasiones la situación era difícil de controlar. Por ejemplo, "transcurridos varios días" del cruce del Ecuador, los actos de indisciplina habían recrudecido, y en medio de ellos el arrestado Reiser denunció que le habían robado la pistola.

Tras una ardua investigación de cuatro días encontraron el arma escondida en un equipo transmisor. El sospechoso, un suboficial radiotelegrafista, fue interrogado y confesó. Como castigo lo raparon, lo recluyeron en la popa, a pan y agua, con prohibición de salir a cubierta por 15 días y en observación hasta el final del viaje.

Schäffer admitió que sabía que el U-530 se había entregado en Mar del Plata. Se había enterado a través de "una *broadcasting* de Estados Unidos que transmite todas las noches un noticiero en alemán", mientras el U-977 navegaba a la altura de Río de Janeiro. Sabía además que el U-530 y su tripulación habían sido cedidos más tarde a los norteamericanos, esta vez gracias a *Radio Moscú*. Entre una noticia y la otra habían pasado veinte días. Si al enterarse de la primera el U-977 navegaba cerca de Río, ¿dónde estaba al enterarse de la segunda?

El joven oficial alemán obvió este pequeño detalle. Dijo en cambio que al enterarse de la entrega del U-530 y de su tripulación a los norteamericanos pensó que lo mejor sería "destruir el submarino frente a la costa argentina y dejar luego que cada uno resolviera su propia situación", es decir, cumplir lo que se le había ordenado. "La gran mayoría" de los tripulantes se pronunciaba a favor "del hundimiento de nuestro sumergible y por la aventura posterior" y no sólo se preparaban para el desembarco, sino incluso "algunos proyectan llevarse hasta las herramientas para poder trabajar eventualmente como mecánicos".

Schäffer analizaba febrilmente las ventajas e inconvenientes de obrar así con su segundo –es decir Kahn, que había reemplazado a Reiser– hasta que se convenció de que, en caso de ser detenidos, "se supondrá que quién sabe qué personaje" viajaba entre ellos y "se nos hará responsables de todos los buques que se hayan perdido después de la terminación de la guerra". Además todos opinarían que "si hubiésemos tenido la conciencia limpia, habríamos entrado a puerto" en Brasil.

Revirtió entonces su posición inicial, pero cuando comunicó su decisión de rendir el U-977 en Mar del Plata, la mayoría de los tripulantes estuvo en desacuerdo. Ofreció entonces que lo arrestaran y lo reemplazaran, pero que su actitud, dijo, los hizo dudar.

Aun el 17 de agosto por la mañana, cuando ya tenían el faro de Mar del Plata a la vista, se respiraba una enorme tensión, a tal punto que Schäffer y Kahn debían controlar "constantemente el indicador de revoluciones de las máquinas para estar seguros de que se mantenía la velocidad ordenada" porque sabían que algunos tripulantes pensaban arrojarse al agua y ganar la orilla para después evadirse.

"Esto hubiera hecho fracasar la realización de nuestro plan. ¿Cómo podríamos demostrar que, aparte de los miembros de la tripulación, no bajaron también a tierra ciertos personajes buscados?", se justificó.

Falta de curiosidad

Mientras Schäffer era interrogado, algunas emisoras argentinas se hicieron eco de un comentario editorial de *El Diario* de Montevideo, muy crítico del gobierno argentino, al que consideraba pronazi. *El Diario* analizaba por qué los *U-Bootes* fugitivos habían elegido la Argentina como destino: "Sabiendo hasta qué punto estos fanatizados combatientes practican la obediencia, puede pensarse que este coincidente arribo de dos submarinos a un puerto argentino obedezca a algún mandato impartido por quienes puedan tener aún autoridad sobre ellos y no se deba a una simple inspiración de los jefes de las naves".

Cuando los interrogadores le trasladaron la pregunta a Schäffer, les respondió que deseaba que el submarino quedara en poder de la Argentina, "que en todo el asunto del *Graf Spee* se ha conducido tan caballerosamente con la Marina alemana". Por lo demás, añadió que "en ninguna nación adversaria podría esperar recibir un mejor trato que aquí" y que a lo largo del viaje conservaba "la secreta esperanza" de que "tal vez ocurrirían cambios fundamentales en la alta política", una tácita referencia a la frustrada expectativa de que los Estados Unidos y Gran Bretaña declararan la guerra a la Unión Soviética.

Es curioso que ni las crónicas periodísticas ni los documentos oficiales de la Armada mencionaran que Schäffer poseía un diario personal, ni que lo llevaba debajo del brazo al entregarse, y mucho menos que hubiera sido examinado, como lo harían en los Estados Unidos antes de juzgarlo fraguado.

En otras palabras, o bien se trataba de un documento apócrifo preparado por los servicios secretos alemanes para ocultar la auténtica misión del U-977, o bien lo había fraguado poco antes el propio Schäffer para utilizarlo como "prueba" de sus dichos. La más elemental de las lógicas, aplicada por el más incauto de los interrogadores, debía conducir necesariamente a que, falso o auténtico, el diario de Schäffer y sus "frases y palabras sueltas" podrían arrojar luz sobre las órdenes secretas impartidas por Dönitz. Sin embargo los marinos argentinos demostraron padecer una insólita falta de curiosidad.

El capitán Mallea convocó a una rueda de prensa para las 18 horas de ese 18 de agosto. Los periodistas fueron conducidos a bordo del U-977 donde los recibieron Azcueta y el teniente de fragata José Manuel Cabello. Mallea les informó allí que el jefe de la comisión investigadora de la Armada encargada de los interrogatorios era el capitán de navío Ramón Alberto Brunet –a quien algunos de sus compañeros calificaban de pronazi, pero que como Mallea y Manrique se manifestaría activo antiperonista–, de 43 años, primero en orden de mérito de la promoción 47. Los capitanes de fragata Conway y Ribero y el capitán de corbeta Bernardo Benesch -que ya habían participado del interrogatorio a la tripulación del U-530- lo secundaban. Mallea omitió mencionar al oficial de inteligencia Francisco Manrique. En cambio dijo que al día siguiente los agregados navales de Gran Bretaña y los Estados Unidos, capitanes Wyndham Quin y Webb, llegarían desde Buenos Aires para inspeccionar el submarino. Y agregó que los 24 suboficiales y marineros acababan de ser trasladados a Buenos Aires en ómnibus, y que desde allí se los trasladaría en lancha hasta Martín García, mientras Schäffer y los demás oficiales recorrerían más tarde el mismo camino en automóvil.

¡Usted ocultó a Hitler!

El domingo 19 de agosto una enorme multitud ociosa se agolpó en el puerto de Mar del Plata, convencida de que se produciría el arribo de un tercer submarino, tal como indicaban fuertes rumores originados en la propia base naval, hecho que obliga a presumir que Schäffer o algún otro oficial lo había anunciado.

Una nota editorial de *La Prensa*, vocero habitual de los aliados, destacaba que las últimas fuerzas nazis se habían rendido el 8 de mayo, mientras que Schäffer había desembarcado parte de la tripulación del U-977 el 10 de mayo: "No se concibe que por propia voluntad (...) el comandante accediera a dejar en tierra a un grupo de tripulantes sólo porque querían regresar a Alemania". Si ya había recibido orden de rendirse, insistía "¿qué explicación tiene el hecho de que la nave continuase surcando los mares por espacio de tres meses más?". Añadía que "sería ingenuo pensar que lo que se sabe respecto del nuevo submarino sea la verdad. ¿Por qué uno destruyó sus instrumentos y sus armas y el otro no lo hizo? ¿Por qué el primero trató de ocultar su ruta y actividades y el segundo presentó todos los elementos de información aparentemente en perfecto orden? ¿Puede admitirse sin reserva lo que afirman y tratan de probar los tripulantes?".

La hipótesis de que Hitler, Bormann y otros jerarcas nazis hubieran desembarcado en la Argentina fue sostenida en una serie de notas por el diario montevideano *El Día*, cercano al oficialista Partido Colorado. En referencia a esas notas, así como a las de *Crítica*, *La Prensa* y otros diarios, Schäffer puntualizaría en su libro que estaba siendo interrogado por los marinos argentinos cuando se inició "una funesta campaña" que sostenía que Hitler "había huido a la Patagonia y luego a la Antártida a bordo de mi submarino", campaña que tuvo gran repercusión "en todo el mundo, después de que bajo las ruinas de la Cancillería del *Reich* no se encontrara ni un rastro del amo y señor del Tercer *Reich*".

A fines de agosto llegaron a la Argentina miembros del servicio de información de la *US Navy* para conducir a Schäffer y a sus hombres a Washington. Tan pronto lo tuvieron en su poder comenzaron a dispararle "¡Usted ocultó a Hitler! ¡Díganos ya dónde está!", escribirá Schäffer, todavía atribulado.

Poco se sabe sobre los interrogatorios a los oficiales del U-977 en el POW de Fort Hunt. Al parecer los especialistas de la OSS llegaron a creer que Schäffer estaba loco. Según los registros de Kiel, el U-977 había zarpado con su dotación de torpedos completa –es decir con 14 proyectiles– pero el comandante se obstinaba en que sólo llevaba diez. Decía que el U-977 no había cargado combustible en Cabo Verde y que había navegado sumergido prácticamente hasta llegar a las islas. Y era evidente que los 85.000 litros –cantidad notoriamente inferior a su capacidad real– con los que decía haber zarpado de Noruega, apenas habrían sido suficientes para alcanzar el archipiélago.

Además, a veces declaraba que había fondeado en una Isla de Cabo Verde por algunas horas el 14 de julio, y otras que diez días antes se encontraba en las rocas de San Pedro y de San Pablo.

Como no podía responder satisfactoriamente las preguntas, Schäffer fingía demencia. Decía que la radio del U-977 estaba rota cuando los marinos norteamericanos habían comprobado que funcionaba perfectamente; que los motores fallaban, que había desembarcado a los tripulantes con más experiencia y que su nuevo jefe de máquinas no sabía manejar el submarino, pero inmediatamente se proclamaba ganador, por enorme diferencia, de la apuesta pactada con el submarino de la clase XXI, varias veces más rápido que el suyo bajo el agua.

Nada de lo que declaraba tenía sentido. Lo carearon con Wehrmut pero ambos juraron que no se conocían. Sus interrogadores los presionaban una y otra vez para que admitieran que habían transportado a Hitler hasta la Argentina. Como Schäffer y Wehrmut lo negaban, los encerraron juntos y sembraron la celda de micrófonos para registrar eventuales indiscreciones. Así recuerda Schäffer esa etapa: "Un día recibí una sorpresa: fui conducido ante un grupo de altos oficiales anglo-norteamericanos que integraban una comisión investigadora especialmente enviada a la Argentina para poner en claro 'el misterioso caso del U-977'. Estos señores eran obstinados: '¡Usted ha ocultado a Hitler! ¡Díganos ya dónde se encuentra!'. Como yo no podía decirles más que lo que ya había declarado a los argentinos, se pusieron impacientes, pues el viaje de mi submarino seguía suscitando vivos comentarios y grandes títulos en los diarios. (...) Todos los despachos, informaciones, reportajes, especulaciones y cuentos (...) giraban siempre alrededor del mismo tema: 'el encubridor de Hitler, Heinz Schäffer'. (...) Para poder someterme a una mayor presión, me trasladaron a los Estados Unidos. Mi tripulación y el U-977 me siguieron. Me llevaron a un campamento para prisioneros de guerra prominentes en Washington, donde se hallaban altos jefes alemanes. Durante semanas, los norteamericanos insistieron incansablemente: '¡Usted ha escondido a Hitler!' Durante semanas intenté demostrar cuan insensatos eran esos rumores. Yo no podía presentar pruebas concluyentes que atestiguaran la verdad de lo que decía, como tampoco se pudo demostrar lo contrario. La cuestión se fue resolviendo por sí misma. No así el asunto del

Bahía, que fue adoptando formas cada vez más amenazantes, puesto que ni nuestros documentos de navegación ni nuestros diez torpedos eran aceptados como argumento sólido: Hubiéramos podido tener a bordo, como otros submarinos alemanes, la cantidad de 14 torpedos. Además se consideró posible que todas nuestras anotaciones en el diario de navegación fuesen falsificadas".

Schäffer asegura que por entonces le preocupaba más la acusación por el hundimiento del *Bahía* que la cuestión Hitler. Sin embargo ese problema estaba en vías de solución, ya que los resultados del sumario interno perpetrado en las sombras por una comisión que dirigía el almirante Oliveira Teixeira, serían dados a publicidad el 30 de octubre, luego de que se celebrara en Río una reunión plenaria de gabinete en el Ministerio de Marina.[105]

Desde entonces, la historia oficial reza que el *Bahía* se fue a pique por la increíble impericia de un artillero.

Lo más difícil para la Marina de Brasil era justificar su tardanza en acudir al rescate de los náufragos. En este sentido, Oliveira Teixeira reprochó públicamente a la *US Navy* el pretendido mal funcionamiento de los equipos de radio del *Bahía*, instalados apenas un mes antes para servir al puente aéreo. Y ese reproche también fue incorporado a la historia oficial.[106]

Los archivos del FBI

La oficina del FBI en Los Angeles remitió a Hoover el 14 de agosto de 1945 un reporte que incluía la historia narrada por un informante habitual, del que sólo se indica que era argentino e hijo de españoles. El informante sostenía que Hitler y otros jerarcas nazis habían desembarcado de un submarino en el Golfo de San Matías.

---

[105] Los casi tres meses transcurridos entre la finalización del "relatorio final" de la comisión investigadora y su convalidación por el Ministerio de Marina sugieren un sordo pero enconado debate sobre la convalidación de la hipótesis del autohundimiento. En ese largo período el gobierno de los Estados Unidos repuso con creces la pérdida material del crucero.

[106] La comisión investigadora atribuyó el retraso a "fallas en las comunicaciones radio-telegráficas entre los navíos que participaban en el apoyo al puente aéreo Dakar-Natal y las estaciones de radio de la Marina de Brasil de Recife y Natal", según puntualizó el contralmirante Torres Dias en una detallada exposición a requerimiento del Servicio de Documentación de la Marina, quien respondió así al expreso pedido de uno de los autores.

Burnside sostiene que esa fuente habría sido José Savino Rivera, un hombre que se proclamaba comunista, dueño de *El Vasquito*, el único hotel digno de ese nombre en San Antonio. Rivera tenía habituales contactos con el personal de una cercana estancia de la empresa *Lahusen*. Uno de los empleados se habría jactado de ser uno de los cuatro hombres que recibió a Hitler y a su grupo cuando desembarcaron desde dos submarinos: "Un submarino llegó aproximadamente a las 11 de la noche y dos horas después llegó un segundo" *U-Boote* en el que "estaba embarcado Hitler" y del que también desembarcaron "dos mujeres, un médico y muchos hombres más (...) casi cincuenta" habría dicho la fuente.

De acuerdo con ese testimonio Hitler sufría de asma y úlcera, llevaba el bigote afeitado y un feo hueco en su labio superior. En cuanto al desembarco, dijo la fuente, había sido preparado desde 1944 por seis altos oficiales del Ejército Argentino, ex miembros del GOU, quienes procuraron a Hitler refugio "al pie de los Andes".

El informante —a todas luces un residente en la costa argentina— consideraba que era "apenas una cuestión de tiempo que Hitler fuera aprehendido" e incluso se ofrecía a participar en la búsqueda.[107]

Este documento fue desclasificado por el FBI en cumplimiento de la FOIA —*Freedom of Information Act*, Acta de Libertad de Información—[108], junto a otras 745 fojas rotuladas *Top Secret* que integran un

---

[107] Según la fuente el desembarco había tenido lugar "a dos semanas y media" de terminada la guerra en Europa. ¿La traducción del español no le habrá jugado una mala pasada al redactor? ¿No habría dicho la fuente dos meses y medio? En cualquier caso, Schäffer se benefició, porque de otra manera las fechas lo incluían cómodamente como posible responsable de ese desembarco.

[108] Conjunto de leyes sancionadas por el Congreso en 1966, a instancias, sobre todo, del representante John Moss —demócrata por California—, quien 11 años atrás había presentado el primer proyecto de ley. Luego de los atentados del 11 de septiembre, sus disposiciones han sido recortadas por el gobierno del presidente George W. Bush a través de distintas estratagemas relacionadas con la omnipresente "seguridad nacional". En abril de 2002 dijo el periodista estadounidense Bill Moyers en su programa televisivo *Now* (PBS): "Siempre hay que luchar para averiguar lo que el gobierno no quiere que sepamos. Se trata de una lucha que estamos perdiendo una vez más. George W. Bush no sólo ha eviscerado el Acta de los Registros Presidenciales y el Acta de la Libertad de Información; también ha bloqueado toda forma de acceso público. No es que quiera cerrarles la puerta a los historiadores y a los periodistas solamente, sino también al Congreso y a ustedes, el pueblo y sus representantes. Nos dicen que es cuestión de seguridad nacional, pero no es así. Impedirnos que descubramos las posibilidades de accidentes en plantas químicas no es un asunto de seguridad nacional; se trata de encubrir los errores de esa industria. Guardar los secretos de esas

archivo bajo el título "HITLER". La desclasificación de los archivos no significa que su contenido haya saltado la barrera de la censura. Por el contrario, un nuevo informe con fecha 20 de agosto de aquel año, dirigido esta vez al experto D. M. Ladd, fue desclasificado con *todo* su texto íntegramente tachado. El gobierno de los Estados Unidos sigue manteniendo un riguroso secreto sobre sus intentos de establecer el paradero de Hitler, actitud risible y sin el menor sentido si el *Führer* hubiera muerto en Berlín en las circunstancias en que dice, repite y reitera la historia oficial.

Ladd –el hombre que había recopilado la evidencia que sirvió para freír en la silla eléctrica a los infortunados expedicionarios de la Operación Pastorius– recibió al día siguiente un nuevo informe. Le comunicaba que X, un vecino de Winter Park, Florida –que había viajado recientemente a la Argentina–, decía saber que Hitler y un grupo de fieles se habían radicado en una estancia –*ranch*– al pie de los Andes.

El 25 de agosto, el jefe Hoover recibió un memorando interno firmado por Edward A. Tamm. Informaba que dos miembros de la Comisión de Crímenes de Guerra[109] –uno de los cuales era mayor del Ejército– se habían presentado en las oficinas del FBI en Washington para proponer al Buró que participara en una reunión convocada por el Departamento de Guerra para evaluar la creciente información acerca de que "Hitler y muchos de sus asociados estaban refugiados en la Argentina".

Tamm informó que les había respondido que "el agregado militar en Buenos Aires, el general Lang –jefe de la estación de la odiada OSS– se

---

reuniones con los ejecutivos de la industria energética no es un asunto de seguridad nacional, sino que se trata de ocultar los memorandos confidenciales enviados a la Casa Blanca por *Exxon Mobil*, que demuestran la influencia que ejercen las empresas petroleras en la política de este gobierno con respecto al recalentamiento planetario. Y nos enteramos de la existencia de ese memorando, dicho sea de paso, gracias al Acta de Libertad de Información. Que en paz descanse" (texto original en inglés: *www.pbs.org/now/commentary/moyers4.html*).

109 Encargada de sustanciar las acusaciones contra los jefes del bando vencido. El 8 de agosto de 1945, tras arduo debate, los gobiernos de los Estados Unidos, la Unión Soviética, Gran Bretaña y Francia instituyeron el Tribunal Militar Internacional de los grandes criminales de guerra, puntapié inicial –no exento de grandes contradicciones– para la conformación de una Corte Penal Internacional (CPI) permanente, como el que se ha conformado al clarear el siglo XXI con la oposición de los Estados Unidos, Rusia y China.

ha autoerigido en la suprema autoridad en esta materia, no reconoce ningún pacto de delimitación, y en consecuencia el Departamento de Guerra debía pensar en convocarlo para tales evaluaciones".

Pero como los miembros de la Comisión de Crímenes de Guerra insistían en averiguar si el FBI tenía indicios para sospechar que Hitler y sus cómplices estuvieran escondidos en la Argentina, Tamm les dijo que "Lang tenía considerable información que nosotros le habíamos enviado durante un período de más de un año (...) concerniente a una supuesta estancia argentina que había sido preparada como un escondite para subversivos alemanes que se suponía debían llegar a la Argentina por medios clandestinos, particularmente submarinos".

En síntesis, el agente federal Tamm sugería a los incordiantes miembros de la Comisión de Guerra que le preguntaran a Lang, insinuando que el general contaba con información que no había compartido.

Tamm cerró así su informe dirigido a Hoover: "La asociación del nombre del buró con las circulares, da la impresión al público general de que el buró está intentando detener a estos criminales de guerra, pero yo creo que nunca serán atrapados".

En septiembre, Hoover recibió de la oficina del FBI en Los Angeles un documento complementario del enviado el 14 de agosto[110], y el gobierno de los Estados Unidos comunicó a Buenos Aires sus sospechas de que tanto el U-530 como el U-977 se habían comunicado –antes de rendirse en Mar del Plata– con radio-telegrafistas que operaban en territorio argentino.[111]

---

110 Fechado el día 21 y también censurado. De la dificultosa lectura parcial del paquete, sobre todo de doce fojas –son muchos los párrafos tachados, presumiblemente los más importantes– se desprende que el FBI mantuvo movilizados a sus agentes en Buenos Aires y Montevideo durante cuatro años en procura de establecer el paradero de Hitler. Puntualiza Muchnik en *Negocios son Negocios*: "731 documentos del FBI recientemente liberados del secreto prueban que los servicios de investigaciones norteamericanos sospecharon que Hitler había sobrevivido a la caída de Berlín –mayo de 1945– y conseguido huir a la Argentina a bordo de un submarino. Por cuatro años, esa versión fue considerada posible por el FBI y hasta movilizó a sus agentes en Buenos Aires y en Montevideo".

111 El subsecretario de Relaciones Exteriores y Culto argentino, Lucio M. Moreno Quintana, remitió al Ministerio de Marina, el día 20, la copia de un memorando de la Embajada de los Estados Unidos recibido en esa misma fecha. En su nota de presentación Moreno Quintana explica que se refería a "la posibilidad de que se hubiera establecido comunicación entre el territorio argentino y las tripulaciones de los submarinos alemanes U-530 y U-977 con anterioridad a su rendición".

Al mismo tiempo y también en Buenos Aires, un conocido activista nazi, Walter Wilkening, intentó desviar las investigaciones al proclamar que "Hitler está vivo y escondido en un grupo de tres submarinos ubicados en algún punto frente a las costas españolas", de los que, dijo, eran "los últimos submarinos de la flota alemana".

Según los documentos desclasificados, todavía el 17 de febrero de 1955 la CIA solicitó al FBI información relativa a un testigo que decía haber visto a Hitler en Buenos Aires un lustro antes. Lo que revela la absoluta falta de convicción de la OSS y de su sucesora, pasada una década, de que Hitler hubiera muerto en Berlín. Y la persistente sospecha de que se había fugado a la Argentina.

El primer informe del FBI reseñado data de antes de la aparición del U-977 en Mar del Plata. El último es casi una década posterior, cuando el gobierno de Juan Perón estaba jaqueado por su enfrentamiento simultáneo con las jerarquías eclesiales, Gran Bretaña, los Estados Unidos y la mayor parte de la extendida clase media urbana. Para entonces la Armada preparaba el intento de golpe de Estado de junio de 1955, y la edición de *El secreto del U-977*.

Contra la corriente

A mediados de 1945, y por extraño que parezca desde el presente, buena parte de la alta oficialidad de las Fuerzas Armadas se escandalizaba y rechazaba la relación entre Juan Perón y la actriz Eva Duarte, a quien el coronel doblaba en edad. Eva era una mediocre actriz cinematográfica, que sin embargo había logrado éxito radiofónico gracias a su voz vibrante y emotiva. Para la sociedad conservadora, una hija de las clases pobres rurales que había ascendido socialmente de ese modo no podía ser sino una prostituta. Para colmo convivían sin estar casados.

Presionado por los oficiales de la Guarnición de Campo de Mayo, la mayor del país, el general Eduardo Ávalos le pidió a Perón el 6 de julio que se alejara de esa mujer. Pero Perón -quizá en el acto más valiente de su vida- se negó rotundamente.

Esta negativa hizo que la crisis se volviera irresoluble. Baste decir que el mismo 9 de julio en que dio en páginas interiores las primeras noticias sobre el hundimiento del Bahía, la portada de *O Globo* anunció: "Se agrava la crisis argentina". Y que el matutino carioca destacó la supuesta movilización de "la mayoría abrumadora del pueblo" contra "la dictadura militar Perón-Farrell" (sic).

El orden de prelación no era arbitrario: desde la Secretaría de Trabajo y Previsión –cargo que retenía–, Perón se había ganado la voluntad de las masas obreras y de muchos de sus sindicatos, que recibían del Estado, sin demasiadas contrapartidas, lo que siempre habían supuesto que deberían conseguir a fuerza de luchas cruentas.

Bajo el amable arbitraje de Perón los trabajadores no sólo habían conseguido sustanciales aumentos de salarios, sino también la universalización de una decimotercera paga, el aguinaldo, y la implantación de un sistema estatal de jubilaciones y de seguro social. A cambio, Perón exigía sindicatos únicos por actividad y una central obrera única.

Ajeno a las profundas transformaciones sociales que la Argentina experimentaba, el embajador Braden identificaba mecánicamente a Perón como líder de los militares partidarios del Eje Roma-Berlín. Braden convocaba a liberales, comunistas, socialistas, conservadores, radicales, terratenientes y empresarios a oponerse al "nazi-fascismo", epíteto que ofendía los sentimientos de muchos argentinos. Los antiperonistas, que en los hechos lo tenían como líder, se denominaban "aliadófilos" y "democráticos".

Cuando el presidente Farrell levantó el estado de sitio en agosto, la profunda división de la sociedad comenzó a manifestarse. En ese contexto político y social llegó a Mar del Plata el U-977.

El 19 de septiembre Braden encabezó una marcha de centenares de miles de personas que recorrió el centro de Buenos Aires exigiendo el fin del gobierno militar y la convocatoria a elecciones. En respuesta, Farrell volvió a decretar el estado de sitio.

La tensión se hizo insostenible hasta que el 8 de octubre, día en que cumplió 50 años, Perón renunció a todos sus cargos y se despidió de los trabajadores con un emotivo mensaje desde la Secretaría de Trabajo y Previsión. Mientras en las barriadas obreras se extendía la tristeza, Perón y Eva se retiraban a la Isla Ostende del delta del Paraná, cuyo propietario era Ludwig Freude. Antes Perón había rechazado cortésmente el asilo ofrecido por el presidente Vargas a través del embajador Lusardo.

Perón creía en sus posibilidades de volver al gobierno a través de elecciones, pero evidentemente menospreció el odio de sus enemigos. En la noche del jueves 11 de octubre, durante una tumultuosa reunión celebrada en el Círculo Militar, oficiales del Ejército y de la Armada discutieron la posibilidad de deponer al general Farrell y entregar el gobierno a la Corte Suprema de Justicia. En el cónclave, al que entre otros políticos asistió el diputado socialista Alfredo Palacios, el mayor Desiderio Fernández Suárez propuso, directamente, asesinar a Perón.[112]

Los diarios de la mañana reproducían declaraciones del general Eisenhower. Le habían preguntado si creía que Hitler estaba muerto: "Así lo pensaba al principio, pero hay razones para creer que todavía sigue vivo", había respondido.

El viernes 12 de octubre, día festivo por celebrarse el "Día de la Raza", "un público selecto –informó *La Prensa*–, formado por señoras y niñas de nuestra sociedad y caballeros de figuración social, política y universitaria" se congregó frente al Círculo Militar para instar a la acción a los militares allí reunidos. Abundaban las cestas de pic-nic para almorzar sobre el césped de la Plaza San Martín. Utilizando la melodía de *La cucaracha*, los asistentes entonaban: "Perón y Farrell/ Perón y Farrell/ ya no pueden caminar/ porque no tienen/ porque les falta/ el apoyo popular".

Ante el insiste reclamo de los manifestantes, el vicealmirante Vernengo Lima salió a la calle y les habló, pero fue abucheado y silbado cuando no supo dar clara respuesta a sus exigencias. "Yo no soy Perón", dijo, molesto.

Esa noche, Perón fue arrestado y trasladado a la Isla Martín García. Oficialmente se informó que lo detenían para preservar su seguridad ante la posibilidad de un atentado. Tras recibir la noticia, entonar el Himno Nacional y "La Marsellesa" la muchedumbre antiperonista se retiró a la medianoche, satisfecha, de la puerta de Círculo Militar. Medios peronistas dirían, exagerando, que la Plaza San Martín había quedado tapizada de "restos de caviar, pavo y botellas de champagne".

El sábado 13 *Crítica* anunció la detención de Perón con un título rencoroso: "Ya no constituye un peligro para el país".

---

112 Casi 11 años después, el 9 de julio de 1956, Fernández Suárez sería –como jefe de la policía bonaerense y so pretexto de un abortado contragolpe militar– el ejecutor de la aplicación de la "ley de fugas" y del fusilamiento de un grupo de militantes peronistas en los basurales de la localidad bonaerense de José León Suárez. Este hecho convocaría al periodista y escritor Rodolfo Walsh a investigar y publicar en capítulos, en el diario *Mayoría*, su obra maestra, *Operación Masacre*.

El viernes 12 de octubre había sido declarado festivo por Perón, impulsor de la unidad de los pueblos hispanoparlantes. Tras la detención del coronel, prepotentes voceros empresariales adelantaron que no pagarían el feriado: "Que (los trabajadores) se lo reclamen a Perón", chicaneaban. El único diario partidario del caído en desgracia, *La Época*, tituló: "Desde La Quiaca hasta Tierra del Fuego, desde el Atlántico hasta los Andes, se pide, se clama y se exige la libertad del coronel Perón".

La primera reacción se produjo el lunes 15 cuando trabajadores de los frigoríficos de Berisso y Ensenada –suburbios obreros de la ciudad de La Plata–, ganaron las calles clamando por la libertad de Perón. En el norte del país la FOTIA –Federación Obrera Tucumana de la Industria Azucarera– declaró una "huelga general revolucionaria en todos los ingenios" y envió delegados a Buenos Aires, donde un jefe militar, el teniente coronel Fernando Mera, se comprometió a secundarlos con sus tropas si los obreros decidían converger sobre la capital.

En algunas barriadas suburbanas del Gran Buenos Aires se repartieron panfletos que reclamaban la libertad de Perón. "La contrarrevolución mantiene preso al liberador de los obreros argentinos, mientras dispone la libertad de los agitadores vendidos al oro extranjero. Libertad para Perón. Paralizad los Talleres y los Campos", rezaban los volantes distribuidos por la Unión Obrera Metalúrgica.

Por la noche los manifestantes recorrieron las calles del centro de la ciudad al grito de "¡Patria sí, colonia no!". La policía los disolvió a fuerza de gases lacrimógenos, pero insistían en reagruparse. Fueron detenidos 87 trabajadores.

Al atardecer del martes 16, dos médicos, uno civil y otro militar, viajaron a Martín García para revisar a Perón. Debían ser partidarios del detenido, ya que le diagnosticaron una pleuresía, y el médico castrense recomendó su inmediata internación en el Hospital Militar Central. Con la anuencia del Estado Mayor del Ejército Perón llegó a Puerto Nuevo a las 6.30 del 17 de octubre.

El episodio siguiente ilustra la tensión y el grado de enfrentamiento entre Perón y la Armada. En cuanto el detenido ascendió al automóvil que debía conducirlo al hospital, un marino, el capitán Andrés Tropea, desenfundó su pistola *Colt 45*, cargó una bala en la recámara y le apuntó a la cabeza. "Cuidado, no se le vaya a escapar un tiro", dijo Perón. "No se me va a escapar ningún tiro, y de todos modos tengo orden de entregarlo vivo o muerto en el hospital", le contestó Tropea. Al entregar a su prisionero a las autoridades del hospital, Tropea se negó a estrecharle la mano. Ese desplante le costaría la carrera.[113]

Mientras ocurría esa bravuconada, los trabajadores de los frigoríficos de Berisso y Ensenada se reunían en las calles. Habían pasado el martes esperando que la CGT –Confederación General del Trabajo– adoptara medidas de fuerza para que Perón fuera liberado y le restituyeran sus cargos. Tras muchos cabildeos, la CGT dispuso por la noche una huelga general para el jueves 18. Pero los trabajadores no esperaron, y alentados por su líder, Cipriano Reyes, comenzaron a marchar sobre la Capital Federal.

Descamisados

La misma decisión espontánea se repitió entre los obreros de las fábricas de Avellaneda, Lanús y Quilmes. Y como una reacción en cadena, se reprodujo enseguida en otros puntos de la ciudad de Buenos Aires, de la provincia y del país. Enarbolando banderas argentinas y retratos de Perón los trabajadores desbordaron a los delegados sindicales, ignorando olímpicamente las recomendaciones de los líderes socialistas y comunistas que, enajenados por la dicotomía producida tras el fin de la guerra, se codeaban con los directivos del *Jockey Club*, la Unión Industrial Argentina, la Sociedad Rural y la Bolsa de Comercio en las manifestaciones organizadas por Braden contra el "nazi" Perón.

Los obreros que venían marchando desde Berisso y Ensenada y los demás grupos que marchaban desde el sur del conurbano convergieron a las 9 de la mañana en el Riachuelo que separa Avellaneda de la Capital. Se encontraron con que el puente Pueyrredón y las demás vías para atravesarlo habían sido levantadas por la Policía, impidiéndoles el paso. Los más audaces se arrojaron a las aguas contaminadas por los taninos y químicos de las curtiembres de la ribera y atravesaron el Riachuelo a nado.

---

[113] A Isaac Rojas le gustaba narrar esta anécdota. Diez años más tarde, con el grado de almirante, encabezaría el golpe militar que acabó con el gobierno de Perón. Sin embargo, a diferencia de Tropea –y al igual que el general Augusto Pinochet respecto del gobierno del socialista Salvador Allende–, durante casi todo el gobierno de Juan Perón (1946-1955), lejos de manifestarse como un rebelde, Rojas se comportó como un obsecuente.

Sin este obstáculo, las columnas de manifestantes de los barrios populares de la ciudad avanzaban rumbo a la Plaza de Mayo. Las que atravesaron el Barrio Norte de la ciudad, reducto de los adversarios de Perón –recuerda el historiador Fermín Chávez–, entonaban: "Oligarcas a otra parte/ viva el macho de Eva Duarte".

El Ejército esperaba acuartelado en Campo de Mayo y en varios regimientos. Militares y policías dividían sus simpatías y aguardaban tensos la orden de reprimir. A medida que el sol ascendía, pequeños grupos se iban uniendo y formando columnas compactas que marchaban hacia la Casa Rosada.

Finalmente la policía desbordada por la gente y por los hechos, recibió la anhelada orden de bajar el puente Pueyrredón y permitir el paso hacia la Capital. Corría el rumor de que oficiales del Ejército y la Policía simpatizantes de Perón habían amenazado con tomar regimientos y el Departamento Central de Policía si no se daba esa orden. Algunos policías aplaudieron el paso de las columnas.

Lentamente la plaza se fue llenando. Algunos manifestantes coreaban "¡Aquí están, éstos son, los muchachos de Perón!". Otros, agotados por la larga caminata y por el calor, se quitaban los zapatos y refrescaban sus pies en las fuentes.

"El sol caía a plomo sobre la Plaza de Mayo cuando inesperadamente enormes columnas de obreros comenzaron a llegar. Venían con su traje de fajina, porque acudían directamente de sus fábricas y talleres. Frente a mis ojos desfilaban rostros atezados, brazos membrudos, torsos fornidos, con las greñas al aire y las vestiduras escasas cubiertas de pringues, de restos de breas, grasas y aceites", recordaría el ensayista Raúl Scalabrini Ortiz. "Llegaban cantando y vociferando, unidos en una sola fe", continuaba su crónica. "Era la muchedumbre más heteróclita que la imaginación puede concebir. Los rastros de sus orígenes se traslucían en sus fisonomías. Descendiente de meridionales europeos iban junto al rubio de trazos nórdicos y al trigueño de pelo duro en que la sangre de un indio lejano sobrevivía aún. Venían de las usinas de Puerto Nuevo, de los talleres de Chacarita y Villa Crespo, de las manufacturas de San Martín y Vicente López, de las fundiciones y acerías del Riachuelo, de las hilanderías de Barracas. Brotaban de los pantanos de Gerli y Avellaneda o descendían de las Lomas de Zamora. Hermanados en el mismo grito y en la misma fe, iban el peón de campo de Cañuelas y el tornero de precisión, el fundidor, el mecánico de automóviles, la hilandera y el empleado de comercio. Era el subsuelo de la patria sublevado".

Sintetizaría Arturo Jauretche: "Fue un Fuenteovejuna: nadie y todos lo hicieron. Se llenó la plaza, en una especie de fiesta, de columnas que recorrían la ciudad sin romper una vidriera y cuyo pecado más grande fue lavarse 'las patas' en las fuentes porque habían caminado quince, veinte o treinta kilómetros".

Pasadas las 23, después de idas y venidas entre la Casa Rosada y el Hospital Militar, de deliberaciones y discusiones, Perón habló a la multitud que lo aclamaba, desde un balcón de la Casa de Gobierno. Faltaban diez minutos para la medianoche.

El historiador británico Daniel James considera en *Resistencia e integración* que "El hecho de que la manifestación culminara en la Plaza de Mayo fue por sí solo significativo. Hasta 1945 esa plaza, situada frente a la Casa de Gobierno, había sido en gran medida un territorio reservado a la 'gente decente', y los trabajadores que se aventuraban allí sin saco ni corbata fueron más de una vez alejados e incluso detenidos". Para la liturgia peronista, el 17 de octubre fue desde entonces el "Día de la Lealtad".

Aquella manifestación pacífica terminó violentamente. Cuando los manifestantes se desconcentraban, cerca de la 1 de la madrugada del jueves 18, una columna de la ALN –Alianza Libertadora Nacionalista–, de simpatías –además de peronistas– marcadamente nazifascistas, marchó en dirección al edificio de *Crítica*.

Esa misma tarde el diario había asegurado que Perón no era más que un "mito fascista" y que estaba acabado. Una fotografía en primera plana que mostraba a cinco solitarias personas cruzando la anchísima avenida 9 de Julio, iba acompañada del siguiente epígrafe: "Éstas son las huestes del coronel Perón".

Los manifestantes de la ALN rompieron las ventanas a pedradas. Desde el interior se repelió la agresión a tiros. Parapetados detrás de automóviles y de árboles, algunos militantes de la ALN respondieron el fuego. El tiroteo duró hasta las tres de la madrugada. Hubo cincuenta heridos. Con un tiro en la cabeza, Darwin Passaponti, militante de la ALN, de 17 años, murió.

Mientras Passaponti agonizaba, *Crítica* preparaba su versión de los hechos que publicó bajo el título "Los grupos peronianos cometieron sabotaje y desmanes": "El anunciado movimiento popular de los peronistas ha fracasado estrepitosamente en un ridículo de extraordinarias proporciones. Las multitudinarias e imponentes columnas que los adictos al ex vicepresidente prometían reunir para dar la sensación cabal de su poderío, se han trocado en grupos dispersos que recorren las calles con paso cansino, en medio de la indiferencia y el desprecio de la población. No obstante, ante el fracaso, los elementos más recalcitrantes de ese peronismo en veloz menguante, tratan de hallar desquite cometiendo desmanes y recurriendo al sabotaje".

Del mismo modo, otros enconados opositores a Perón sostuvieron que la Plaza se había colmado de maleantes y prostitutas. Un diputado radical, Ernesto Sanmartino, se atrevió a calificar a los manifestantes de "aluvión zoológico". Y *La Prensa* los llamó despectivamente "descamisados", término que Eva Perón reivindicaría como bandera.

Cuatro días después, el 21 de octubre, Perón y Eva se casaron.[114]

La historia oficial brasileña

Como ya se dijo, a fines de octubre el Ministerio de Marina brasileño dio a conocer, con casi tres meses de dilación, los resultados del sumario interno realizado por el Comando Nordeste para determinar las causas de la explosión en la popa del *Bahía* y su rápido hundimiento.

Tras calificar dicho estudio como "riguroso", el *Correo da Manha* lo citó. Afirmaba que "el crucero fue siniestrado por una ráfaga de ametralladora del propio crucero *Bahía*, que durante un ejercicio de rutina impactó accidentalmente en un grupo de bombas de profundidad localizado en la popa del navío". Y recordó que como todos los ametralladoristas habían perecido en el siniestro, nadie podría confirmarlo o desdecirlo.

El comunicado del Ministerio de Marina continuaba así: "En cuanto a la demora en la prestación de socorro a los sobrevivientes fue debida a dificultades en las comunicaciones que se produjeron desde el

---

114 La víspera, un despacho de *United Press* había difundido declaraciones del diputado Raúl Damonte Taborda, ex presidente de la CIAA y furioso antiperonista. Denunciaba que "la revolución militar en la Argentina era un complot nazi para reconquistar la supremacía mundial". Y agregaba: "Además de los submarinos alemanes conocidos como arribados a la Argentina, otros fueron hundidos después de su llegada por su propia tripulación para no ser entregados a los aliados. Esos submarinos, indudablemente, traían políticos nazis, técnicos y posiblemente a Adolf Hitler".

mismo momento de la partida del *Bahía* desde la base de Recife. Estas dificultades o intermitencias se verificaron *en todas las operaciones navales* por causas diversas y comunes en las comunicaciones radio-telegráficas sin constituir grave aprensión".

Era, como ya se verá, una colosal mentira. Pero servía para justificar por qué la pérdida del *Bahía* fue registrada recién al anochecer del 7 de julio, cuando llegó a la Estación 13 su gemelo, el crucero *Rio Grande do Sul*, debía reemplazarlo, pero que no lo encontró.

Los oficiales del *Rio Grande do Sul* conjeturaron que el *Bahía* se habría alejado de la Estación en auxilio de un avión de la *US Air Force*, cuya caída cerca del lugar se había denunciado en la víspera. De manera tal que sólo se conoció la catástrofe al amanecer del día 8, cuando el *Balfe* comunicó el rescate de los náufragos.

El informe concluía que *"fue todo consecuencia de la fatalidad* que consiguió reunir un conjunto de circunstancias apropiadas al desenlace que todos lamentamos y que viene a enlutar a la Marina de Guerra y segar la vida de un puñado de bravos y dedicados servidores cuando ella estaba empeñada en una misión humanitaria de salvamento".

El pronunciamiento oficial fue respaldado por el único oficial sobreviviente, el entonces teniente primero Torres Dias, quien al producirse la explosión se encontraba en la sala de máquinas.

"Poco antes de las 9 recibí la orden de detener brevemente el navío para permitir el lanzamiento al mar de un blanco flotante para ser utilizado en un ejercicio de tiro con ametralladoras antiaéreas *Oerlikon* de 20 mm. (el navío poseía siete unidades). Cerca de las 9.10 recibí la orden de mover el navío en marcha adelante-despacio. Era necesario poner distancia (cerca de 2.000 metros) del blanco flotante. En ese mismo momento la ametralladora nº 7, situada sobre la cubierta bien atrás, comenzó a disparar. Iba por el quinto disparo cuando una terrible explosión sacudió al navío de modo muy violento. Las turbinas se pararon y la sala de máquinas comenzó a inundarse con una velocidad pavorosa. Toda la cubierta estaba envuelta en una densa humareda color chocolate extremadamente agresiva. La parte visible de la destrucción superficial se extendía hasta el castillo de proa. Pasillos, embarcaciones, mástiles y toda otra superestructura se encontraba fuertemente dañada. Pude ver a muchas víctimas mortalmente heridas por las esquirlas y un gran número de muertos acostados sobre el puente, sin heridas visibles pero con las ropas desgarradas y hemorragias nasales y bucales", describió el hoy octogenario contralmirante retirado.[115]

En pleno conocimiento de que la mayoría de los sobrevivientes opinaba que el hundimiento había sido producto de un ataque con torpedos, Torres Dias ya había expresado: "Sé bien que muchos habrían querido atribuir la causa de la explosión a un torpedo de submarino, pero todo indica que fue el resultado de la inadvertida carga de un arma cuyo disparador se encontraba gatillado".[116]

La explicación técnica del informe oficial refrendado por Torres Dias afirma que aunque por norma las ametralladoras antiaéreas debían cargarse apuntando hacia el cielo, y que las cargas de profundidad se encontraban estibadas en el castillo de popa, un disparo accidental de una de aquellas armas había impactado en una carga de profundidad, haciéndola detonar.

Aunque las ametralladoras *Oerlikon* estaban dotadas de "limitadores de costado y de depresión" que les impedían disparar hacia abajo y los costados para evitar que algún proyectil impactara contra la estructura del navío en el calor del combate, la historia oficial asegura que las *Oerlikon* del *Bahía* los tenían anulados.

Quienes coinciden con Torres Dias, por ejemplo el vicealmirante Arthur Oscar Saldanha Da Gama y el almirante Hélio Leoncio Martins, recuerdan que por entonces se consideraba verdad de manual la incapacidad de las pequeñas cargas de trotyl de los proyectiles de 20 milímetros para hacer detonar cargas de profundidad. De otro modo los buques de guerra corrían permanente riesgo de volar por los aires tan pronto fueran ametrallados por algún avión enemigo. Sin embargo, dichos autores apuntan que con posterioridad al hundimiento del *Bahía*, y para disipar toda duda, la Marina brasileña reprodujo el hecho, es decir, disparó con una *Oerlikon* 20 milímetros, desde la misma –escasísima– distancia, contra bombas de

---

115 Satisfaciendo un pedido de Carlos De Nápoli al Servicio de Documentación de la Marina de Brasil, que remitió una copia del manuscrito del hoy contralmirante retirado Torres Dias el 17 de julio de 2002.

116 Ver "A tragedia do *Bahía*", por el vicealmirante Saldanha da Gama, en Historia Naval Brasileira, volume quinto, tomo II, Servicio de Documentaçao Geral da Marinha, Río de Janeiro, 1985, página 412.

profundidad. Y que "ante la sorpresa de los peritos" y "contrariando lo que decían los manuales", las cargas explotaron.[117]

Considerando que la ametralladora distaba apenas tres metros de las cargas, por poca cantidad de explosivo que hubieran utilizado, más que sorprendidos los peritos debieron resultar, cuando menos, chamuscados. Resta además determinar si el daño potencial de una carga de profundidad hubiera sido lo suficientemente grave como para destruir la popa del viejo crucero. Se debe tener en cuenta que la carga no estaba dirigida, y que por su posición, el 90 por ciento de su poder se habría disipado hacia arriba.

Sin evaluar siquiera por un momento que las pericias pudieran ser apócrifas, Saldanha de Gama y Martins escribieron: "Estaba pues comprobada la causa del accidente: un marinero demasiado intrépido, contrariando las reglamentaciones en vigencia, colocó el cargador en el arma sin poner el seguro y estando aquélla montada", es decir, con una bala en la recámara y lista para disparar.

Nótese que no escribieron "hundimiento" sino "accidente", lo que demuestra su voluntad de descartar cualquier otra causa de la explosión.

Montar la ametralladora, reconocieron, "exigía un gran esfuerzo para comprimir el resorte manualmente para el primer tiro" por lo que consideran "lícito suponer que el arma hubiese sido dejada con el resorte comprimido tras el último disparo del ejercicio anterior, lo que constituía una grave irregularidad". De este modo, y a través de un rosario de cinco sucesivos supuestos –que la ametralladora había sido cargada en grave infracción apuntando hacia la popa del buque; que había quedado montada, otra grave infracción, desde el último ejercicio; que se le había anulado el dispositivo que le impedía disparar hacia la propia nave; que contra toda creencia un disparo podía hacer explotar las cargas de profundidad y, por último, que un artillero abombado lo había hecho–, se estableció como hecho irrefutable que el crucero se había hundido por la impericia y negligencia de sus tripulantes.

Torres Dias es, en su calidad de único oficial sobreviviente, el principal sostén de la versión oficial. En una entrevista de Odyr Buarque de Gusmao para la *Revista do Clube Naval* reveló que en el curso de la investigación oficial se relegó a segundo plano la hipótesis de que el

---

117 "O mistério do cruzador *Bahía*", revista *Navigator*, n° 15.

crucero hubiera chocado con una mina, y también la posibilidad de un torpedeamiento. De manera que se intentó probar que el *Bahía* había explotado solo[118]: "La primera sospecha fue la de una (auto) explosión del pañol de munición detrás de los dos cañones de 120 mm., y la segunda, de un ataque con torpedos o un choque con una mina a la deriva". Había sido "por último (que) se sospechó que la violenta explosión hubiera podido producirse en la superficie de la cubierta, donde estaban estibadas cerca de treinta bombas de profundidad de 300 libras".

Torres Dias dio por acreditado que estaba previsto "un ejercicio de artillería con el empleo de las siete ametralladoras antiaéreas" y recordó que "la ametralladora *Oerlikon* de 20 mm. n° 7 se encontraba instalada cerca de la popa, antes y delante de las dos cajas lanzadoras de las bombas de profundidad", cada una de las cuales "estaba cargada con cinco bombas".

"Al ser preparada para un ejercicio –imaginó– la citada ametralladora comenzó a disparar de modo súbito y descontrolado, y ya por el cuarto o quinto disparo *debe haber* (sic) impactado contra las bombas de una de las cajas, provocando una tremenda explosión". Torres Dias aclaró de inmediato que "todos los testigos que podrían confirmarlo murieron".

Como puede apreciarse, el almirante *supone* que así ocurrieron las cosas. No explica por qué la causa de la hecatombe debía ser necesariamente la ametralladora n° 7 y no otra, y por cierto no demuestra experiencia en el disparo de las *Oerlikon* porque añadió que "si se tiene en cuenta los ágiles y fáciles de manejar que eran esas ametralladoras (lo que contradice flagrantemente lo explicado por Saldanha da Gama) y que utilizaban una munición muy sensible (el sorprendente "descubrimiento" de la investigación oficial) debían ser instaladas con limitadores mecánicos de depresión y de costado tal como ocurría con las del tipo *Madsen* que tenía anteriormente el navío. Por razones que hasta hoy ignoro, desde el inicio de la guerra en ninguna de las siete ametralladoras de a bordo se había cumplido con este requisito de seguridad. En lo que hace a la ametralladora n° 7, la necesidad de hacerlo era simplemente clamorosa. Y otra improvisación imprudente fue el estibado a cielo abierto de las bombas (de profundidad) sobre

---

118 Lo mismo se dijo de la corbeta *USS Eagle 56*.

la cubierta. Ésa fue la solución que se encontró para almacenar las bombas a bordo, ya que el navío prácticamente no tenía un pañol adecuado para este tipo de munición".

Son palabras imprecisas, porque el sistema instalado en las *Oerlikon* que impide disparar a los costados y hacia abajo está ubicado en la base del arma, viene de fábrica –las del *Bahía* fueron fabricadas en Detroit bajo patente suiza– y desmontarlo es prácticamente imposible.

Concluye Torres Dias: "El elevado tributo (en vidas) fue consecuencia de diversas causas, pero sobre todo de la inobservancia de las debidas precauciones de seguridad respecto al material, origen de toda la tragedia". En otras palabras, tanto el comandante Pires Carvalho e Alburquerque como quienes lo antecedieron en el comando del crucero eran unos incompetentes. Incluso alguno de ellos habría ordenado anular los limitadores de tiro de las siete ametralladoras.

Sin embargo en la última foto que se conoce del *Bahía*[119], tomada cuando zarpaba hacia la Estación 13, puede verse con claridad que la ametralladora n° 7 había sido anulada. Debió ocurrir cuando el crucero fue reformado para dotarlo de capacidad antisubmarina. Y con toda lógica, porque al almacenarse las cargas de profundidad a tres metros de la ametralladora, su ángulo de tiro se reducía de 270° a 60°.

En esa foto también se observa que el lugar donde debía estar el servidor del arma había sido ocupado por una balsa de salvataje. Por lo tanto, si es verdad que se realizó un ejercicio de tiro con ametralladoras, debió usarse otra arma.

La historia oficial jamás gozó de completa aceptación en las filas de la Marina de Brasil. El propio Saldanha da Gama expresó las extendidas sospechas de que la presión de los Estados Unidos no había sido ajena a aquel dictamen, pretendidamente técnico y aséptico. Mucho más contundente fue el capitán Gomes Cándido: "Las extremas dificultades de los aliados en sus relaciones con los soviéticos luego de la rendición de Alemania pueden haber llevado a los norteamericanos –que perdieron a cuatro marinos en el crucero– a aconsejarle a la Marina brasileña no señalar el torpedeo como causa del naufragio".[120]

---

119 Publicada por la Marina de Brasil en *A Marinha em revista*, n° 26, julio de 1949.

120 "O naufragio do cruzador *Bahía* e a hipótese de seu torpedeamento", en la *Revista Marítima Brasileira*, n° 4-6.

Gomes Cándido fue terminante al señalar que "la participación de Alemania en una futura alianza contra los soviéticos era un factor vital previsto en el complicado escenario de poder del continente europeo, y nuevos problemas internacionales eran indeseables".

Al menos logró alentar en Torres Dias la sombra de la duda. Porque refiriéndose a las diferentes posiciones de Saldanha da Gama y Gomes Cándido, Torres Dias admitió a los autores que juzga "válidas todas las hipótesis y cotejos formulados en base a documentación bastante sólida y fiel".

No obstante, el anciano oficial esgrimió su calidad de supuesto testigo visual para reafirmar su convencimiento de que la catástrofe del *Bahía* fue accidental.[121]

A pesar de estas resistencias a asumir la terrible realidad, hay un hecho incontrovertible, y es que las supuestas dificultades e intermitencias de las comunicaciones radio-telegráficas que se habrían registrado desde la partida del *Bahía* "en todas las operaciones navales" fueron una patraña pergeñada *post facto* por el Comando Naval del Nordeste –todo indica que con la complicidad de la *US Navy*–. Es fácil de comprobar: el diario de navegación del *USS Omaha* no registra ninguna y, por el contrario, anota puntualmente todas las comunicaciones que recibió y cursó en esas fechas sin novedad, tanto con naves brasileñas como con el *Balfe*, los aviones que cruzaban el Atlántico y las naves que integraron el grupo de rescate de los náufragos del *Bahía*.

Sin permitirse dudar públicamente de la palabra de quienes fueron sus superiores y ya han muerto, Torres Dias conserva aún el estupor juvenil por la explicación de la Marina sobre la demora de cuatro días en registrar la desaparición del *Bahía*. "Todavía hasta hoy no consigo comprender por qué la Marina no se valió de los informes de vuelo (entre 20 y 25 por día) de los aviones que obligatoriamente sobrevolaban la Estación 13 sin obtener contacto radial ni visual" con el crucero.

---

121 Porque añadió: "Me reservo todavía, en calidad de testigo visual de la tragedia, apegarme cada vez más a la hipótesis de una explosión accidental. Un ataque con torpedos hubiera tenido consecuencias muy localizadas en el casco del navío, acompañada de una inevitable columna de agua que no se produjo". Pero se trata, precisamente, de que Torres Dias *no* fue testigo visual de la tragedia, ya que se encontraba en la sala de máquinas. Por lo que no pudo saber si hubo o no columna de agua y tampoco si los disparos que escuchó provenían de la ametralladora n° 7 o de otra arma.

Este reconocimiento parece certificar la buena fe de una víctima convencida de su propia responsabilidad, y de los demás oficiales del crucero –todos fallecidos a consecuencia de la tragedia–, en la pérdida del *Bahía*.

Los nazis fundan la proto-SIDE

El general Farrell convocó a elecciones generales para principios de febrero de 1946. Perón se presentó apoyándose en el nuevo Partido Laboralista –fundado a imagen y semejanza del británico por los sindicalistas que habían protagonizado el 17 de octubre– y tránsfugas de las representaciones políticas tradicionales, conservadores, radicales, socialistas y comunistas. El grueso de los partidos se alió contra Perón, bajo la égida de Braden, en la coalición llamada Unión Democrática. "Braden o Perón" fue el lema que partió las aguas y le dio a Perón el triunfo en las primeras elecciones limpias en casi dos décadas.

Días después de recibir la banda presidencial del general Farrell, Perón nombró a Rodolfo "Rudi" Freude –el rubio y alto hijo del multimillonario Ludovico– jefe de la División Informaciones de la Presidencia de la Nación. Según algunas fuentes lo designó también director de una nueva dependencia secreta, la CIDE –Control de Información del Estado–, antecesora del SIDE –Servicio de Informaciones del Estado– actualmente, y tras un cambio de sexo, *la* SIDE –Secretaría de Inteligencia del Estado–.

A instancias de Freude, un ex capitán SS y ex agente de la SD asociado a Juan Duarte –cuñado del presidente–, Horst Alberto Carlos Fuldner, viajó a Europa como enviado del gobierno para organizar el traslado y recepción en la Argentina de una serie de fugitivos, ex funcionarios de los regímenes depuestos.

Fuldner, el hombre que acogería en su empresa *Capri* a Adolf Eichmann –el burócrata que había ejecutado "la solución final" contra los hebreos[122]– había nacido en el porteño barrio de Belgrano en 1910, de padres germanos, y se había radicado en Alemania cuando tenía 12 años. En 1933 ingresó a las SS; y al recibir la citación desde Buenos Aires

---

[122] Eichmann fue secuestrado en Buenos Aires por el *Mossad* en 1960, juzgado en Tel-Aviv, condenado a muerte y ahorcado. El juicio fue objeto de un interesante ensayo de Hanna Arendt, *Eichmann en Jerusalén*, también conocido como *La banalidad del mal*.

para cumplir el servicio militar obligatorio, presentó en la Embajada argentina en Berlín una carta en la que argumentaba que, a pesar de sentirse "argentino en el corazón", desde ese año se consideraba ciudadano alemán, por lo que "los deberes y derechos como argentino no son más los míos". La Embajada le respondió con fría y rutinaria prosa que la nacionalidad argentina era irrenunciable.

Cuatro años más tarde, prófugo tras cometer estafas reiteradas en Hamburgo, fue detenido en el barco que lo transportaba a la Argentina. Devuelto a Alemania lo condenaron a prisión y fue expulsado de las SS mientras su *totenköpfring* era fundido ritualmente. A pesar de esta ignominia, la agonía del Tercer *Reich* sorprendió a Fuldner como alto agente del SD y hombre que gozaba de la confianza de Himmler. Tal es así que en marzo de 1945 sus superiores le confiaron un avión que viajó desde Berlín a Madrid repleto de objetos de arte. Fuldner llevaba además una gruesa suma de dinero en efectivo y dos pasaportes, uno alemán y otro argentino, e instrucciones para reunirse en Madrid con otros fugitivos que pronto se trasladarían en avión y barco a la Argentina.

El primer contingente estuvo conformado por el croata Gino Monti de Valvassina, as de la *Luftwaffe*; el embajador de Croacia en Berlín, Branco Benzon; el criminal de guerra belga Pierre Daye; el colaboracionista francés Georges Guilgaud Degay; el polaco Czeslaw Smolinski y el criminal francoargentino Charles Lescat, íntimo de Cosme Beccar Varela y de Goyeneche. Todos habrían sido recibidos por el presidente Perón en la Casa Rosada a instancias de Freude, ocasión que, se especula, aprovecharon para debatir con el presidente qué otros prófugos viajarían a la Argentina.

Perón aspiraba sobre todo el concurso de la crema y nata de la *Luftwaffe* –ferozmente disputada también por los Estados Unidos y la Unión Soviética– para fortalecer las fábricas de Córdoba y una aeronáutica todavía bisoña. Científicos y técnicos que su entorno llamaba "sabios y pequeños sabios".

Fuldner regresó a Europa el 16 de diciembre de 1947, esta vez no en calidad de agente del disuelto SD, sino como representante del Servicio de Informaciones de la Aeronáutica Argentina. Permaneció exactamente diez meses en el Viejo Continente, asistido por el diplomático argentino Enrique Moss –cónsul en Berlín durante la guerra– y por el polaco Smolinski en Buenos Aires, y siempre en estrecho contacto con Rodolfo Freude. Desde la base de operaciones clandestina en el número 48 de la calle Merktgasse, Berna, abierta por el embajador argentino en Suiza, el mayor retirado Benito Llambí, Fuldner se aplicó a trasladar furtivamente a sus "clientes" hasta Génova, y desde allí, en barcos de la línea *Dodero*, a la capital argentina.

Sobre las relaciones entre Perón y los nazis prófugos se han publicado enorme cantidad de trabajos, entre los que se destaca el ya mencionado de Uki Goñi.[123] Adentrarse en ese capítulo de la historia excede las pretensiones de la presente investigación. Sin embargo, es necesario señalar al menos cuatro hechos. Primero, que el carácter delincuencial y al mismo tiempo de jerarca nazi de Fuldner sería una marca indeleble de la ultraderecha argentina: miríadas de secuestradores extorsivos y asesinos procurarían a lo largo de los años embanderarse bajo la esvástica para cometer sus tropelías, y maquillarlas con barniz ideológico. Segundo, que lejos de complicarse con los nazis vernáculos, Evita se enfrentó ferozmente con Rudi Freude, aunque sólo se trata de una cuestión personal. Porque Freude, inaugurando una larga tradición de los servicios secretos argentinos, exhumó un episodio de la adolescencia de Eva Perón y se ganó su odio eterno.[124] Tercero, que el gobierno peronista –1946-1955– no hizo nada distinto de lo que continuaron realizando quienes lo derrocaron a sangre y fuego. Podrían darse decenas de ejemplos, pero alcance con señalar que si Perón protegió durante su gobierno al as de los espías nazis en la Argentina, "Pepe" Becker, la "Revolución Libertadora" no lo persiguió, aunque conocía perfectamente su lugar de residencia. Y la misma conducta mantuvo el gobierno del presidente Arturo Frondizi, que la sucedió.[125]

---

123   Es inminente además el estreno de un filme ajustado en lo esencial a la verdad histórica, *Sueños atómicos*, de Omar Quiroga.

124   La historia fue narrada por Jorge Camarasa en *La enviada*. Eva Duarte y una amiga, ambas quinceañeras, obtuvieron permiso de sus madres para aceptar la invitación de dos jóvenes ricos para viajar a Mar del Plata –ninguna de las dos conocía el mar– en automóvil. Durante el recorrido los jóvenes pretendieron abusar de ellas, las chicas se resistieron y fueron abandonadas desnudas en la carretera. Evita jamás perdonó que Freude cometiera esa infidencia, verdadera alcahuetería, con su marido. A partir de entonces la estrella del blondo espía comenzó a palidecer. Por lo demás –y contra la opinión de Santander, Burnside y Laurence–, la aparición de *Mi Mensaje*, el testamento político de Eva Perón –que durante 32 años se había dado por perdido– demuestra fehacientemente cuan antagónico era su ideario del de los nazis y fascistas.

125   Cuando en 1960 un comando del *Mossad* israelí secuestró a Adolf Eichmann, los agentes de Coordinación Federal fueron directamente a casa de Becker, ubicada en el Barrio

Tampoco Rudi Freude fue perseguido ni siquiera perturbado por los gobiernos antiperonistas ni por las sucesivas restauraciones peronistas. Un par de años atrás, con cerca de 80 sobre sus espaldas, todavía solía visitar las oficinas desde las que se manejaban sus empresas, en el piso 19 del edificio de la avenida Corrientes, el mismo en cuya planta baja se encuentra el *Instituto Goethe*, justo sobre el *Club Alemán*.[126]

Por último y en cuarto lugar, la relación entre Perón y el nazismo representa un modelo en escala reducida, si se la compara con los vínculos entre altos ex oficiales del Tercer *Reich* y el gobierno de los Estados Unidos. Gracias a esos nexos –como a continuación se verá– Wehrmut y Schäffer lograron zafar de los graves cargos que pendían sobre sus cabezas.

Un parte meteorológico

Schäffer escribió que el trato durante los interrogatorios que debió soportar en el centro de detención cercano a Washington "fue mejor que en aquellos lugares donde el Alto Comando norteamericano no podía vigilar de cerca a los organismos ejecutores", en tácita referencia a los sofocones que había pasado en la Argentina cuando enfrentó las primeras preguntas del capitán Jacobsen y otros oficiales de la OSS.

Una vez que Schäffer llegó a Fort Hunt, fue "sorpresivamente confrontado", es decir, careado con Wehrmut, y luego ambos fueron "encerrados en una misma habitación donde se nos observaba detenidamente". Schäffer asegura que no conocía personalmente a Wehrmut, pero que ambos comprendieron de inmediato que sus interrogadores creían que "en la primera alegría del reencuentro, revelaríamos ante los micrófonos colocados secretamente la verdad sobre el convoy fantasma".

Mientras ambos oficiales eran acosados una y otra vez con preguntas sobre los mismos tópicos, altos funcionarios judiciales estadounidenses que preparaban en Nuremberg el juicio a los jefes nazis, admitieron a la prensa que creían que Hitler había logrado huir; y el propio jefe del

---

Parque, el más caro de la ciudad de Buenos Aires, repleto de embajadas y también conocido como "Palermo Chico". Ese mismo día declaró en la sede la calle Moreno 1417 que Eichmann había llegado a la Argentina el 14 de julio de 1950 a bordo del paquebote *Giovanna C*.

126 Una de las hijas de Rudi Freude se casó con el economista Tomás Liendo, hijo del ministro de Trabajo de la última dictadura militar y secretario de Coordinación Económica del ex ministro Domingo Cavallo.

consejo de los Estados Unidos para el proceso, Thomas J. Dodd, se despachó con un "nadie puede decir que esté muerto".

Sin embargo, el 29 de septiembre el Ejército norteamericano anunció la aparición del testamento de Hitler, junto a un "testamento político", el acta de su casamiento con Eva Braun y una nota póstuma de Goebbels.

Dichos documentos, se supo poco después, habían sido aportados por Heinz Lorenz, quien había reemplazado a Otto Dietrich como último jefe de Prensa de Hitler en marzo último, y afirmaba haber sido testigo de los últimos días de Hitler en el *Führerbunker*. La aparición de esos documentos pretendía probar de modo indirecto que Hitler había muerto.

Para los interrogadores de Wehrmut y Schäffer era primordial establecer el paradero de Hitler, por lo cual no resulta extraño que dichos anuncios hayan atenuado visiblemente su ímpetu. Sin embargo Schäffer estaba preocupado por las acusaciones sobre el hundimiento del *Bahía*, pues no encontraba el modo de refutarlas. Hasta que "se presentó una prueba que aclaró la cuestión a favor nuestro". Créase o no, Schäffer explica que el Ministerio de Marina de Brasil, junto al informe que atribuyó el hundimiento a un accidente provocado por uno de sus ametralladoristas, "había comunicado datos exactos sobre las condiciones del tiempo en el lugar de la catástrofe, los que fueron comparados con las anotaciones referentes a las condiciones meteorológicas correspondientes a ese día efectuadas en el U-977 y no coincidieron. (...) Las anotaciones sobre el tiempo, esto nadie se arriesgaba a afirmarlo, no se podían falsificar".

Schäffer finge demencia, aferrándose al *segundo* diario de navegación que había presentado en Mar del Plata. ¿Un grupo de nubes o algún chaparrón determinaron la inocencia y la libertad de Schäffer? Ni siquiera: el 4 de julio de 1945 había sido un día espléndido en la Estación 13, con una suave brisa. Y sobre ese punto no había controversia.

El buen tiempo se deduce de lo dicho y escrito por el propio Schäffer. Ni en sus declaraciones en Mar del Plata ni en su libro, al referirse al cruce del Ecuador y la correspondiente Fiesta de Neptuno, señaló inconvenientes meteorológicos. Y los náufragos del *Bahía* habían dicho de manera unánime que sus peores enemigos habían sido un cielo despejado y un sol impiadoso. El marinero Millet, el último náufrago recogido, atribuyó su supervivencia al agua de una lluvia que llegó tarde para todos sus compañeros al sexto día de la tragedia –el mismo 10 de julio en que el U-530 llegó a Mar del Plata–.[127]

El capitán Gomes Cándido puntualizó que "la comisión (aliada), cuyos trabajos en la Argentina fueron acompañados por un oficial de la Marina brasileña, recibió del Ministerio de Marina un boletín meteorológico del área del naufragio que mostraba diferencias con los registros del U-977 correspondientes a ese día. Con esta constatación fue cerrada la investigación sobre el *Bahía* no habiendo manifestado el oficial brasileño ninguna sospecha".

Aunque no estuviera en condiciones de afirmar que los datos hubieran sido fraguados, igualmente Gomes Cándido fue lapidario: "Los registros de a bordo no son una prueba irrefutable de la derrota de un navío. El almirante Dönitz admitió ante el tribunal de Nuremberg que los datos de navegación del U-30 fueron adulterados por orden suya para encubrir las mentiras del comandante que torpedeó al *Athenia* el primer día de la guerra, infringiendo las órdenes dadas por Hitler de no torpedear mercantes sin previo aviso. (...) Muchos diarios hechos por comandantes de *U-Bootes* no son fieles a la realidad", destacó.[128]

¡Qué decir del segundo cuaderno de navegación del U-977, presentado por Schäffer tras largas horas de meditación regadas por buen whisky, y con la ayuda de su "diario personal"!

La Telaraña

Casi simultáneamente a la internación de Schäffer en Fort Hunt, también llegó a Washington, pero en calidad de invitado del Ministerio

---

127 Probablemente el informe oficial brasileño sobre las causas del hundimiento del *Bahía* haya resultado indigerible para la inteligencia de la Marina de los Estados Unidos, de manera que tal vez se vieran en la necesidad de inventar un documento pretendidamente incontrastable, y por eso recurrieron al clima. Pero las presuntas diferencias entre los registros oficiales meteorológicos de los aliados correspondientes al 4 de julio de 1945 en 30° de longitud Oeste sobre la línea del Ecuador –la Estación 13–, lo consignado por Schäffer, y las declaraciones de los sobrevivientes del *Bahía* no existían: todos refieren muy buen tiempo.

128 El capitán de la Marina de Brasil aporta como ejemplo: "Un caso notorio es el del famoso comandante Prien, quien después de Scapa Flow describió con detalle las grandes averías que le habría causado al crucero *Norfolk*, alcanzado por uno de sus torpedos en el Mar del Norte. Churchill señala sutilmente esta distorsión en su obra magistral sobre la Segunda Guerra (donde recuerda que) el torpedo explotó en la estela del crucero sin causarle daños".

de Guerra, el general de brigada Reinhard Gehlen, ex jefe del FHO y principal experto de los servicios secretos nazis en asuntos militares soviéticos.[129]

Desde fines de 1943, el menudo Gehlen había colaborado estrechamente con Schellenberg y el SD en la Operación *Zeppelin* –en la cual participó Skorzeny–: el lanzamiento tras las líneas comunistas, desde dirigibles, de comandos SS que hablaban ruso y vestían uniformes soviéticos. El éxito de estas arriesgadas operaciones lo había catapultado como hombre de consulta obligada por el Estado Mayor de la *Wehrmacht*.[130]

Desde principios de 1944, consciente de que a menos que se produjera un milagro Alemania perdería la guerra, Gehlen comenzó a planear la manera de asegurar su supervivencia personal y la de su grupo. Estaba convencido de que los norteamericanos pagarían un alto precio por la información que había recopilado y sistematizado.

A fines de ese año reunió a los jefes del FHO en su cuartel general de Zossen y los lanzó a una actividad febril. Todos los documentos fueron sistemáticamente fotografiados, y las fotos se guardaron en su despacho.[131]

A principios de abril de 1945, Gehlen convocó a sus más estrechos colaboradores, los tenientes coroneles Gehrar Wessel y Hermann Baun. "La guerra está perdida –les dijo con franqueza– pero de nosotros

---

[129] Nacido en 1902, Gehlen había sido uno de los principales lugartenientes de Canaris en la *Abwher* y desde abril de 1942 dirigió el FHO, donde se concentraban los especialistas en el Ejército Rojo y en su servicio secreto, el GRU. Fue uno de los impulsores de la conformación de un "Ejército Blanco" formado por rusos, que combatió efímeramente contra sus compatriotas con uniformes y armas provistas por la *Wehrmacht*. "Los cosacos de Hitler" –como llamaron los alemanes al ejército al mando del general Andrei Andreivich Vlassov–, era una fuerza compuesta por casi 200.000 exiliados rusos y ucranianos ferozmente anticomunistas. El *Führer*, que desconfiaba sistemáticamente de cualquier eslavo, ordenó desmantelarlo apenas dos meses después.

[130] Gran parte de su éxito se debía, al parecer, a que revisaba con avidez las listas de prisioneros de la *Gestapo*, pedía que le enviaran sus interrogatorios y luego de analizarlos seleccionaba a los agentes del GRU y de la KGB que podrían servirle. Les ofrecía una nueva identidad a cambio de colaborar con el FHO y en algunas ocasiones incluso –cuando sus caídas eran muy recientes y no habían sido difundidas– ganar dinero si trabajaban a su servicio como agentes dobles. Los prisioneros no contaban con demasiadas alternativas: Hitler había ordenado que los fusilaran de inmediato.

[131] Ante los omnipresentes espías de las SS justificó su proceder en la necesidad de preservar la documentación de los intensos bombardeos que padecía la ciudad.

depende que la lucha contra el comunismo soviético prosiga. Estoy convencido de que la alianza entre Washington y Moscú se romperá, y que al lado de los norteamericanos podremos proteger lo esencial y salvar a la patria". Desde entonces Baun y Wessel lo secundaron en el embalaje de las copias y fotos de los documentos secretos en cincuenta cajas de acero que Gehlen escondió en una granja perdida de Wendelstein. Esas cajas serían su salvoconducto y su pasaporte al éxito.

Al parecer, Bormann lo había escogido para que preparara "el escape del Estado Mayor alemán en caso de necesidad, mediante un plan secreto" y participaba mediante emisarios en las negociaciones entabladas por Karl Wolff con Allen Dulles, que fructificaron en la Operación *Sunrise*.[132]

Tras ser capturado el 20 de abril, Gehlen logró que lo condujeran ante el general de brigada Edwin L. Sibert, a quien sorprendió citándole detalles inéditos de su vida. Luego le prometió su colaboración y compromiso en la nueva cruzada que, vaticinó, pronto habría de iniciarse contra la Unión Soviética, y lo tentó con permitirle el acceso a los archivos del FHO a cambio de un *bill* de indemnidad para él y los suyos. Sibert, tan visceralmente anticomunista como el espía alemán, se convirtió en virtual abogado de Gehlen ante los jefes de la OSS.

A fines de agosto Gehlen llegó a Washington en compañía de un séquito de ex oficiales alemanes, entre ellos Albert Schöller, Horst Hiemenz y Heinz Herre. El grupo permaneció en los Estados Unidos casi un año, tiempo que ocupó en analizar junto a los jefes de la OSS las debilidades soviéticas, y en negociar su propio futuro. La OSS pretendía que las cajas fueran trasladadas a los Estados Unidos, pero la negativa de Gehlen fue terminante. Contraofertó entregar una copia de los documentos escondidos con la condición de que se creara en Alemania un nuevo servicio de inteligencia que administrara esa información, por supuesto dirigido por el propio Gehlen y conformado por expertos alemanes que él mismo seleccionaría. Si lo autorizaban, juró, toda la información reunida sobre la Unión

---

[132] Díaz Dionis, Gregorio. La cita corresponde a un artículo publicado originalmente en la revista española *Razón y fe* en 1993, y recopilado en *La economía del delito al servicio de la política*. El autor es un extraño argentino residente en España, expulsado de Izquierda Unida, por sabotear los esfuerzos del juez Baltasar Garzón para juzgar a militares argentinos acusados de genocidio.

Soviética, como la que lograran recopilar en el futuro, sería escrupulosamente compartida con los norteamericanos.

Con las debidas reservas Dulles aceptó el acuerdo. "Washington estaba dispuesto a movilizar toda la fuerza política, de inteligencia, económica y si era necesario, militar" contra la Unión Soviética, explica el mítico ex jefe del espionaje de la República Democrática Alemana (comunista) Markus Wolf.

Wolf también describió la habilidad política de su primer contrincante, y los resultados que obtuvo: "Advirtió la oportunidad que el nuevo choque (la Guerra Fría) le ofrecía para ejercer influencia directa sobre la política. Se reunió con (el futuro primer ministro democristiano Konrad) Adenauer antes de que los alemanes occidentales recibieran el servicio de inteligencia de manos de la CIA y consiguió obtener poderes extraordinarios y apoyo, incluyendo el control de los archivos contra los enemigos políticos internos, incluidos los socialdemócratas".

"En las fuerzas armadas de Alemania Occidental y en su burocracia estatal –concluyó Wolf– de nuevo los fieles servidores del Tercer *Reich* ocuparon altos cargos".

Dulles y Gehlen se proponían, de manera excluyente, combatir la expansión comunista. Que se dejara en agua de borrajas el procesamiento de Schäffer y Wehrmut fue efecto del cambio de alianzas: los antiguos nazis eran los nuevos aliados de los Estados Unidos.

Como había sucedido en la última época del Tercer *Reich*, Gehlen –nuevamente secundado por Wessel y Baun– comenzó a organizar un servicio de espionaje y contraespionaje. Aún sin nombre, tuvo su primera base en Taunus, en oficinas contiguas a las de la OSS, y con el tiempo estableció su central en la pequeña aldea bávara de Pullach. El trío se abocó en principio a formar una red de espionaje interno llamada *Die Spinne* –La Araña– que reclutó decenas de ex miembros de la RSHA, el SD y la *Gestapo*, y más tarde, luego de que se creara la CIA y la red asumiera el nombre de BND –*Bundesnachrichtendienst*–, a miles de veteranos nazis, incluidos jefes SS condenados en Nuremberg, como Franz Six.[133]

Uno de los pocos hombres importantes del BND claramente antinazi era el jefe de contrainteligencia Otto John, quien había

---

[133] Según los servicios secretos de la RDA, llegó a contar con 4.000 antiguos miembros de las SS y el SD.

participado en julio de 1944 del *putsch* de von Stauffenberg contra Hitler, y había conseguido escapar a Inglaterra.

Gehlen no confiaba en John, y lo controlaba a través de Olaf Radtke a quien había designado segundo del sector contrainteligencia. Pero Radtke no pudo evitar que John –tras participar del acto recordatorio por el décimo aniversario de aquel golpe fallido y emborracharse– escapara a Berlín Oriental, donde denunció que los nazis dominaban la organización de espionaje de la República Federal, y que Adenauer era un sirviente de los Estados Unidos: "En su necesidad de hacerle la guerra a los alemanes orientales (los norteamericanos) aceptan de buen grado a los que no han aprendido nada de la catástrofe y están esperando el momento de vengarse de la derrota de 1945".

Según Burnside, el año anterior John había investigado a los nazis que operaban en la Argentina porque sospechaba la presencia de Hitler en ese país. Para algunos estudiosos, como Gregorio Díaz Dionis, Gehlen sería el numen de una increíble asociación en la Argentina entre los prófugos nazis, la CIA, la mafia corsa, la logia italiana Propaganda Due y altos oficiales militares para falsificar divisas, traficar drogas y evadir capitales.

El acuerdo entre Gehlen y la OSS-CIA no sería admitido oficialmente hasta 1968, cuando el socialdemócrata Willy Brandt llegó a la Cancillería y nombró jefe del BND a un antifascista, Klaus Kinkel, quien ordenó blanquearlo. Hasta ese momento el BND había funcionado como un coto de ex jerarcas nazis manejado por Gehlen y Wessel, su sucesor al frente del BND.

El mayor secreto

Los espías norteamericanos no comunicaron en tiempo y forma a sus colegas británicos las negociaciones que mantenían con Gehlen, ni tampoco por qué habían puesto en libertad a Schäffer y Wehrmut. Así que cuando los enviaron de regreso a casa en un buque que hizo escala en Amberes, agentes del MI-6 los detuvieron y los condujeron a Londres. "Procedieron como si sus primos norteamericanos no hubiesen sido lo suficientemente profundos. (...) Estaban tan dominados por la leyenda del U-977 que (...) no me alojaron en un campamento común para prisioneros de guerra, sino en uno reservado para casos graves y me trataron como si yo fuese uno de los jerarcas del régimen derrocado", se quejaría Schäffer.

Por expresiones de los suboficiales alemanes de ambos *U-Bootes*, que corrieron idéntica suerte, se sabe que los británicos los trataron muy duramente y una vez más los acusaron de haber transportado a altos jerarcas nazis hasta la Patagonia.[134]

En algún momento la OSS debió presionar o acordar con el *Intelligence Service*, pues a mediados de 1946 Wehrmut y Schäffer quedaron en libertad. Desde entonces, y hasta que al amparo de la FOIA el NARA comenzó a publicar recientemente algunos fragmentos de los interrogatorios hechos en Fort Hunt, se desconocía absolutamente su contenido. Como había sucedido en los Estados Unidos, Gran Bretaña los rotuló *Top Secret* por el plazo máximo, 75 años, por lo cual su desclasificación completa se producirá en 2020.

Como hasta los detalles de la construcción de la bomba atómica y la manera en que se arrojaron sobre Hiroshima y Nagasaki se saben desde hace años, éste es, según el especialista Timothy P. Mulligan, el "mayor secreto de la Segunda Guerra Mundial". Y, al menos que se sepa, el único que todavía subsiste.

Los fragmentos publicados hasta la fecha prueban el encubrimiento de los servicios secretos norteamericanos. La historia oficial estadounidense afirma que el U-977 zarpó de Kristiansand Sur el 2 de mayo a las 22 –omitiendo la posterior escala en Bergen– y que Schäffer decidió ir a la Argentina, entre otros motivos, porque estaba convencido de que si caía en manos de los rusos, lo esterilizarían y esclavizarían. Algún suspicaz diría que declaró asesorado personalmente por Gehlen.

Al parecer, muchas preguntas se centraron en la importante avería que presentaba el casco del U-977. Pero, como ya se explicó, los norteamericanos terminaron por convalidar la inverosímil explicación de Schäffer acerca de que era el recuerdo de un antiguo choque con otro *U-Boote* durante maniobras realizadas en el Báltico. Actitud que demuestra que la versión final del interrogatorio no fue más que un trámite burocrático previo a que lo dejaran en paz y en libertad.

Pero lo central –más allá de esta fábula y la aceptación protectora de sus interrogadores–, es que Schäffer debió admitir que cruzó el Ecuador a la altura 30°. Es decir, exactamente por la Estación 13.

---

134 Particularmente a Martin Bormann, aunque no ya a Hitler, pues el *Intelligence Service* era el autor del libreto que acreditaba la muerte del *Führer* en el *bunker* berlinés.

Rumbo a la Antártida

Quizás no haya sido casual que un oficial del U-530 dijera al periodista Szabó que el destino final de los *U-Bootes* era "la Antártida alemana". No hay mejor mentira que la que contiene parte de verdad. Probablemente el locuaz oficial conociera, al menos de nombre, la Operación *Feuerland*. Tal vez un presunto desembarco en el continente blanco sirviera para ocultar los efectivamente realizados en las costas continentales argentinas.

De hecho la OSS analizaba la posibilidad de que Hitler se escondiera en el continente de hielo. La Casa Blanca concedió el 9 de noviembre de 1946 la Estrella de Oro al almirante Richard Byrd, y el Departamento de Marina informó que el laureado almirante encabezaría pronto una gran expedición a la Antártida. Cinco días más tarde el vicealmirante Forest Sherman, subjefe de Operaciones Navales, dijo que se trataría de una expedición de adiestramiento.

Era una explicación poco convincente pues para tal propósito Groenlandia o Alaska estaban mucho más cerca. Además, una expedición a la Antártida, a 20.000 kilómetros de los Estados Unidos, implicaba una inversión multimillonaria.

Por fin, el 2 de diciembre el Departamento de Marina comunicó que Byrd comandaría la Fuerza de Operaciones 86; que su buque insignia sería el crucero *Mont Olympus*, y que lo acompañarían un portaaviones, dos buques-madres de hidroaviones, dos destructores, dos rompehielos, dos buques-cisterna, dos transportes de tropas y un submarino, con un total de más de 4.000 hombres.

El carácter netamente bélico de la expedición quedó en evidencia cuando, antes de zarpar de la base de Norfolk, Byrd dijo solemnemente que era "la más importante exploración de la historia" y que la misión tenía "propósitos estratégicos de inteligencia al observar las actividades marítimas, aeronáuticas y terrestres de otras naciones en la Antártida, con el fin de determinar sus intenciones exploradoras, científicas y militares", a pesar de que entonces no había ninguna base militar permanente en el continente blanco.

La Antártida recibía en esa época otras dos expediciones. Una, muy misteriosa, era soviética. La otra, anglonoruega, se encontraba en Bahía Margarita. Por lo que se sabía, ambas constaban de unas pocas decenas de científicos.

Para agregar intriga Byrd recurrió al general Douglas Mc Arthur, virtual virrey de Japón, con cuya ayuda movilizó una flota completa de balleneros nipones que patrullaron el perímetro de la Antártida mientras sus hidroaviones fotografiaban vastas áreas antárticas con la ayuda de detectores termo-magnéticos capaces de ubicar cualquier presencia humana aun desde 10.000 metros de altura.[135]

Compartimientos estancos

Schäffer regresó a Alemania a mediados de 1946, cuando los británicos lo liberaron. Poco después viajó a la Argentina donde residiría hasta su muerte. Pero cuando aún se encontraba en Düsseldorf –ciudad donde había pasado la adolescencia y en la que vivía cuando estalló la guerra– y se paseaba por la destruida Königstrasse, escuchó cómo un vendedor de diarios voceaba que Hitler estaba vivo y se había fugado a la Argentina a bordo del U-977.

Compró el diario y leyó con fruición. Informaba de la aparición en Buenos Aires de *Hitler está vivo*, el libro de Ladislas Szabó, cuyo subtítulo aseguraba: "Se fugó a la Argentina a bordo del U-977".

El texto aseguraba que un convoy de submarinos alemanes, entre los que se encontraban el U-530 y el U-977, había transportado a Hitler primero a la Patagonia y luego a un "nuevo Berchtesgaden", construido en 1938 por los tripulantes del portaaviones alemán *Schwabenland*. Según Szabó, el refugio antártico de Hitler había sido construido por indicación de Canaris.

En ese exacto momento Schäffer decidió elaborar su defensa y comenzó a garrapatear los primeros borradores de su escrito. Porque comprendió de inmediato la gravedad que implicaba el recrudecimiento de las dudas que se cernían sobre el último viaje del U-977. "Desde el 17 de agosto de 1945 me persiguen con la afirmación: *Usted, Schäffer, llevó a Hitler a la Argentina*. (...) Siempre debí defenderme contra esta sospecha (...) ante enviados especiales de una comisión aliada que volaron expresamente a Buenos Aires; luego frente a hábiles oficiales del servicio

---

[135] Para semejante despliegue se usó como pretexto la búsqueda de yacimientos de uranio y otros minerales. Según la información oficial sólo desembarcaron 197 hombres que levantaron un minúsculo campamento, llamado "Pequeña América". La expedición regresó rápidamente a los Estados Unidos. Con las manos vacías.

de inteligencia del Pentágono de Washington, que me hicieron trasladar especialmente allí en avión" y por último "ante especialistas del Almirantazgo británico", escribiría, sin mencionar siquiera la parodia de interrogatorio llevada a cabo en Mar del Plata. Se preguntaba en cambio: "¿Significaría para mí el libro de Szabó una nueva serie de interrogatorios, declaraciones, levantamientos de actas, etc.?".

Su ansiedad crecía porque recordaba "claramente la gran resonancia que tuvo mi caso en Washington" donde "los oficiales del servicio de inteligencia del Tío Sam vieron en mi persona la clave de uno de los tantos casos no solucionados de la guerra pasada". A tal punto que uno de aquellos oficiales "se atrevió a decirme: 'Usted es para nosotros, como encubridor de Hitler, mucho más interesante y más peligroso que Skorzeny, el legendario libertador de Mussolini'".[136]

Con amargo sarcasmo, Schäffer aseguró saber "tan poco de la fuga del hombre que rigió los destinos de Alemania, que yo también debo recurrir a la noticia del periodista porteño para enterarme de los pormenores".

Ni siquiera se molestó en negar la fuga, quizás porque, como señala luego, "en cada nivel de la cadena de comandos las cosas se ven de diferente modo: Nosotros, desde nuestra posición, no teníamos un concepto claro de todos los factores implicados. A pesar de nuestras objeciones, teníamos que cumplir las órdenes impartidas. Y suponer que el Alto Mando tenía un conocimiento cabal de la situación".

Sugería así lo que no podía decir claramente: que Ultramar Sur fue una operación compartimentada, que sus participantes tenían conocimientos parciales, y que él no sabía a quiénes habían transportado los otros *U-Bootes* que integraban la manada que puso proa a la Argentina. Si alguien tenía respuestas, ése era Dönitz.

Mil millas y un mes en blanco

Como oficialmente jamás hundieron un buque como comandantes, ni Wehrmut ni Schäffer figuran en la guía *Axis Submarine*

---

[136] La angustia de Schäffer no era exagerada. Cinco años más tarde, en 1952, a poco de asumir la presidencia de los Estados Unidos, Eisenhower se despacharía con un "Nosotros no hemos podido sacar ni siquiera una pizca de evidencia tangible sobre la muerte de Hitler. Mucha gente cree que escapó de Berlín". Y por cierto, el FBI seguiría tratando de establecer su paradero.

Sucess[137]. A pesar de sus baldíos esfuerzos por acrecentar sus pergaminos como comandante de otro submarino antes de tomar el mando del U-977[138], el mismo Schäffer se consideraba "uno de los soldados desconocidos del frente naval". Resulta evidente entonces que fue elegido para participar en la Operación Ultramar Sur por su pertenencia a los servicios secretos. Eso explicaría también por qué, sin mérito alguno, fue ascendido a teniente de corbeta antes que cualquier otro oficial de su misma promoción.[139]

No hay otra explicación para que en abril de 1945, cuando todavía no había cumplido los 24 años, Schäffer se presentara con su nave en Kiel ante el gran almirante Dönitz, quien le encomendó una misión tan especial que requería un traslado previo a los cuarteles berlineses de las *Waffen SS*, la élite militar del régimen.

Schäffer incluyó en sus memorias un mapa de su puño y letra al que tituló, en español, "La travesía oceánica del U-977 desde Europa a la Argentina".[140] En la información adjunta afirmaba haber

---

137 Guía elaborada para la Librería de Historia Moderna –el registro de la Gran Guerra europea creado en 1915 por industriales alemanes– por Jürgen Rohwer y editada en inglés por el *Naval Institute Press*. Recoge todas las incidencias de la guerra submarina a partir del cotejo de los archivos alemanes con los de Gran Bretaña, los Estados Unidos y Canadá, datos que son supervisados por ex jefes de las flotas submarinas de esos países, Italia y Japón.

138 El primer submarino que Schäffer comandó, por espacio de casi todo un año –hasta mediados de diciembre de 1944– fue el U-148, del tipo II-D, como el U-977 perteneciente a la 21ª Flotilla. Se trataba de un submarino sólo apto para el combate costero. Hasta el perfeccionamiento del radar, los *U-Bootes* del tipo II-D operaban cerca de las costas de las Islas Británicas, pero a partir de entonces carecían en la práctica de más utilidad que la de servir para entrenamiento de tripulaciones. La 21ª Flotilla, al mando del capitán Hans Leilich, estaba dedicada exclusivamente a la instrucción de futuros tripulantes. Curiosamente, el U-148 fue el primer submarino en ser hundido por su tripulación el 2 de abril de 1945, cuando Dönitz ordenó ejecutar la Operación *Regenbogen*.

139 Eso es lo que él dice: por razones obvias no podía referirse a su condición de oficial del U-172 en su accidentada excursión a aguas brasileñas.

140 Según el mapa, el U-977 partió de Kiel a fines de abril, y luego, en fecha indeterminada, de un puerto noruego cercano a Oslo rumbo a la zona de la base británica de Scapa Flow. Tras una breve travesía en dirección al norte de Irlanda, y de recibir sucesivamente la orden de Dönitz de rendirse y del Almirantazgo de navegar en superficie con una bandera negra, el 8 de mayo, finalizada la guerra a todos los efectos, habría regresado a Noruega para desembarcar parte de la tripulación en una isla cercana al puerto de Bergen. Luego habría desandado el camino, siempre sumergido, hasta superar las Islas Británicas y navegar paralelo a la costa de Portugal rumbo al sur hasta las Islas de Cabo Verde.

arribado a las Islas de Cabo Verde a mediados de julio, en lugar de a fines de mayo, como hubiera sido lógico.

Incongruencias como ésta hacían que sus interrogadores le preguntaran una y otra vez: "Comandante, sobre su buque pesa la sospecha de haber hundido al buque brasileño *Bahía*. Además se supone que usted ha tenido a bordo a Adolfo Hitler, Eva Braun y Martin Bormann y que los ha dejado en algún lugar del sur de nuestro continente. ¿Qué tiene qué decir al respecto?".

Schäffer recuerda esas preguntas como una pesadilla, y argumenta de manera pueril que la carta náutica era una especie de talismán que disipaba todas las dudas sobre la responsabilidad del U-977 en el hundimiento del crucero brasileño: "Si esta carta es exacta, entonces usted se encontraba el día del hundimiento del *Bahía* a más de 50 millas marinas del lugar del naufragio", dice, con perceptible alivio, que reconocieron sus interrogadores argentinos.

De ese modo elíptico admitió que el U-977 –al igual que el U-530– se encontraba en las inmediaciones de las rocas de San Pedro y de San Pablo cuando sucedió la tragedia.[141] Pero ese dato evidenciaba una contradicción insalvable: por un lado declaraba que había llegado a las Islas de Cabo Verde a mediados de julio, pero luego aseguraba que el 4 de ese mes se encontraba mil millas más al sur.

Schäffer se jactaba de haber ido desde las Islas de Cabo Verde a las rocas en menos de una semana, por lo que admitía tácitamente haber zarpado, como muy tarde, el 28 de junio. Sin embargo insistía en que había llegado a Cabo Verde ¡el 13 de julio!

Si el U-530 y el U-977 estaban en las inmediaciones de las rocas el 4 de julio, y el U-530 había tardado menos de una semana en llegar a Mar del Plata, era inexplicable que el U-977 hubiera tardado en hacer lo mismo 44 días, es decir no 7 sino 37 días más. Schäffer dijo haberse enterado de la entrega del U-530 (10 de julio) a la altura de Río de Janeiro... pero había tardado un mes y una semana en llegar a Mar del Plata. ¿Dónde había permanecido durante todo el mes faltante?

---

141 Se debe recordar que durante la travesía Schäffer percibió con nitidez "la detonación de cargas de profundidad o de minas" –que atribuyó a que "se estaba persiguiendo a otros submarinos"–. Es probable que tras el hundimiento del *Bahía* Schäffer haya buscado refugio entre las rocas, y que en esas circunstancias haya sido uno de los dos submarinos detectados por el torpedero *Babitonga*, cuando el U-977 intentaba atravesar subrepticiamente la línea ecuatorial en compañía de otro u otros *U-Bootes*.

Vista gorda

Desde que el U-977 se entregó, la prensa mundial comenzó a especular sobre la existencia de un tercer submarino cuya entrega se suponía inminente. Aunque aquella rendición no se concretó, Schäffer había confirmado que al iniciarse el viaje ese tercer submarino existía, que pertenecía al tipo XXI e incluso que era "el primero que se enviaba al frente".

Se recordará que Schäffer desafió a su comandante –el U-977 cruzaría más rápidamente el Estrecho de Skagerrak–, y que una caja de champagne estaba en juego. Aunque se trata de un trecho corto que en tiempos de paz se recorre en pocas horas, era entonces un viaje muy peligroso en inmersión, y francamente suicida en superficie, pues los británicos ejercían una severa vigilancia sobre el estrecho, y sus aguas estaban plagadas de minas. Sin embargo, Schäffer afirma que ganó la apuesta a la joya de la *Kriegsmarine* por casi un día de ventaja, con el simple expediente de navegar en superficie...

Tan pronto el convoy abandonó Frederikshaven, recuerda Schäffer, una docena de aviones obligó a los *U-Bootes* a sumergirse. Pero luego agregó que, como aún no sabía navegar con *schnorkel* y a punto de asfixiarse, realizó casi todo el trayecto en superficie. Si esto es verdad –y no hay por qué pensar que no lo sea– o bien Schäffer era un irresponsable absoluto, o bien sabía que los británicos no lo atacarían.

Sostiene que zarpó de Noruega concentrado en cumplir "una misión clara y precisa" –que lo eximía de "órdenes contradictorias" o contraórdenes–, lo que vuelve absurda su pretensión de haber sometido a comicio si debían regresar a las bases noruegas o seguir viaje, y a dónde. La Argentina como destino final era, resulta evidente, parte de aquella "misión clara y precisa".

El pretexto de que zarpó con la orden y el propósito íntimo de combatir en la zona del puerto de Southampton, y que antes había viajado a Berlín para invitar a su madre a acompañarlo, es tan pueril que no merece mayores comentarios.

Refiere también la "exaltación contenida" que, bebiendo junto al fuego en su última noche en Noruega, le causaba la misión que se disponía a cumplir cuando ya el Tercer *Reich* estaba "vencido y ocupado por tropas enemigas". Por ninguna causa quería verse obligado a entrar a algún puerto, y ordenó navegar en inmersión porque sabía que los ingleses tenían la orden de "impedir por todos los medios que lograse evadirse algún dirigente del Tercer *Reich*" y muy probablemente supusieran que "alguna personalidad destacada se encontrase a bordo". Pero no se entregaría y combatiría "hasta el último hombre" en caso de que el U-977 fuera interceptado.

También relata que la tripulación advirtió tempranamente que el U-977 carecía de combustible para llegar a la Argentina. Pero omitió explicitar que las órdenes secretas incluían el reaprovisionamiento en las Islas de Cabo Verde. Ya sin "vacas lecheras" en actividad, es probable que –si no había allí un depósito clandestino– el U-530, un sumergible destinado a operaciones especiales y modificado a ese efecto, le haya servido de nodriza.

Hipotéticamente el U-530 zarpó desde Noruega a principios de marzo hacia las costas de los Estados Unidos, desde donde viajó primero al Caribe y luego hasta la Argentina en una navegación ininterrumpida de más de tres meses.

Pero la foto de uno de los marineros acompañado por su novia fechada en Hamburgo a principios de abril, indica que quizá haya regresado a Hamburgo, un misterio que no altera lo esencial: si en lugar de zarpar hacia las costas norteamericanas a principios de marzo el U-530 lo hubiera hecho desde Hamburgo a principios de abril con tanques suplementarios, habría tenido tiempo de integrarse a la manada que hundió a la corbeta *USS Eagle 56* y navegar luego hasta Cabo Verde para reaprovisionar al U-977.[142]

Un diploma delator

El negado encuentro fatal con el *Bahía* fue finalmente admitido por Schäffer, a pesar de sí mismo, al narrar cómo un ensordecedor ruido de aviones interrumpió bruscamente el inicio de la Fiesta de Neptuno. Claro que de inmediato agregó, para ampararse, que "los ruidos

---

142 Las reformas del U-530 para transportar una enorme cantidad de combustible –función que ya había cumplido en el pasado– podría explicar por qué –como insistió Wehrmut– habría zarpado con 13 torpedos, cuando los submarinos de la clase IX-C/40 como el suyo cargaban habitualmente 22. Otra posibilidad inquietante, y que no puede descartarse, es que el U-530 hubiera sido modificado para disparar "bombas voladoras" V-1 sobre Nueva York u otra ciudad de la costa atlántica. En cualquier caso estaba a la vista que había disparado todos o la mayoría de sus torpedos en aguas norteamericanas –7 de los 13, había declarado Wehrmut a los marinos argentinos–, aunque jamás, increíblemente, hubiera acertado.

se hicieron más y más débiles" y que "quizás fueran aviones de pasajeros". Pero, ¿por qué rutas aéreas comerciales, en 1945, transitaban varios aviones a la vez? Por ninguna, y menos sobre el Ecuador y en longitud 30° Oeste, lo que revela que el U-977 se topó de improviso con las inconfundibles siluetas de los bombarderos de la *US Air Force* guiados por el *Bahía*.

El capitán Gomes Cándido intuyó lo sucedido: "Cuando celebraban el pasaje del Ecuador, oyeron ruido de aviones sin detectarlos visualmente. En puesto de combate sobre superficie, concluyeron que debían ser transportes. Ciertamente oyeron a los aviones norteamericanos del puente aéreo que el *Bahía* apoyaba. Así, el submarino U-977 llegó al área de la Estación n° 13 donde se encontraba el *Bahía*. Sus datos de navegación lo sitúan a 50 millas de distancia, y Schäffer no hace mención alguna a un contacto con el crucero. Es una omisión intrigante, ya que los equipos *Metox* y de radio podían perfectamente, en la superficie y a esa distancia, detectar su proximidad".

El dúctil militar brasileño esbozó luego un "perfil psicológico de Schäffer" con "el propósito de identificar la razón de una posible decisión suya de torpedear al crucero". Recordó que según su dudoso relato, cuando actuaba como oficial subalterno de *U-Bootes* Schäffer sólo habría participado "en el hundimiento de un único navío de guerra"; que como comandante del U-148 y del U-977 "no habría torpedeado a ningún buque"; que había dejado Alemania con "la imagen de su patria arrasada y ocupada por el enemigo", que sabía que muchos de sus amigos y camaradas estaban muertos y que la *Kriegsmarine* sería desmantelada.[143]

Schäffer "describe una extrema tensión a bordo, con muchos tripulantes al borde de un colapso nervioso" y da cuenta de "un casi motín" y la insubordinación de su segundo y otros tripulantes, entre otros muchos problemas. "Así su salud mental en el momento en que detectó la presencia del crucero podía estar peligrosamente al borde de la extenuación", y "en estas condiciones, la incidencia de los errores aumenta y algunas decisiones pueden ser tomadas con poca racionalidad. Una de ellas sería torpedear a un crucero enemigo después del cese de hostilidades".

---

[143] La intuición del capitán Gomes Cándido fue asombrosa, toda vez que carecía de un dato clave: que Schäffer ya había navegado en aguas brasileñas, y que tenía sobrados motivos para desear vengarse de la impiadosa persecución que él y sus camaradas habían sufrido por parte de la Marina de Brasil en general, y del *Bahía* en particular.

Gomes Cándido recuerda que "desde Kiel hasta el paralelo de Gibraltar, torpedear a cualquier navío hubiera equivalido a un suicidio por el gran número de unidades de guerra y aviones aliados que había en el trayecto. Pero aquel crucero, solitario en medio del océano, sin escolta ni protección aérea, era la oportunidad de dar un sentido mayor a su participación en la guerra y de vengar a su pueblo sojuzgado".

Aunque no menciona la pérdida de un avión del grupo que volaba hacia Natal, citada por los comunicados oficiales del Ministerio de Marina de su país, avión que con toda lógica también pudo haber sido derribado por el U-977, Gomes Cándido considera "posible que Schäffer, habiendo detectado al crucero y evaluando que era una presa fácil, haya decidido conducir sumergido al U-977 a una posición favorable y le haya disparado dos torpedos acústicos, uno de ellos dirigido a las hélices del *Bahía*. Con tan buena estrella que dio la coincidencia de que en ese momento se estuviera iniciando en el crucero un ejercicio de tiro al que le sería imputada la causa de la explosión".

Tal vez haya ocurrido de ese modo o quizás que –entusiasmada por la Fiesta de Neptuno, confiando en su disfraz de pequeño mercante y alcoholizada–, la escasa y poco disciplinada tripulación del U-977 se haya desentendido del *Metox* y de la radio y que, tal como narra Schäffer, vieran recortarse inesperadamente en el cielo las odiadas siluetas de los aviones enemigos. Y que cuando ya Tetis estaba al pie del cañón[144] y el médico de la Corte y el barbero empuñaban las ametralladoras, hayan divisado en el horizonte la inconfundible silueta de un barco. Si una de las ametralladoras del crucero comenzaba a disparar, ¿no pensarían Schäffer y los demás disfrazados fugitivos que estaban siendo atacados? En circunstancias semejantes, disparar dos torpedos acústicos y sumergirse rápidamente -o viceversa- era lo que indicaban los manuales de la *Kriegsmarine*.

El cruce del Ecuador solía terminar en una ducha colectiva con mangueras. Luego, ya limpia, la tripulación brindaba porque el futuro resultara venturoso, y se entregaban actas o diplomas recordatorios que formaban parte del folclore de la Marina alemana.

---

144 Se trata de una "licencia poética" de la traducción, pues los *U-Bootes* no llevaban cañones desde fines de 1944, cuando al BdU le resultó evidente que los lobos grises ya no podrían atacar a sus presas desde la superficie. Se refiere a una ametralladora antiaérea de 37 milímetros.

Se conserva uno de la fiesta celebrada en la cubierta del U-977. Perteneció al ingeniero Dietrich Wiese y demuestra que el submarino se encontraba muy cerca de la línea del Ecuador aquel infausto 4 de julio. Una de las firmas pertenece al propio Wiese. El otro firmante del diploma, en calidad de Neptuno, es Schäffer.

Una copia del diploma[145] confirma que el U-977 cruzó el Ecuador a las ocho de la mañana. Y aunque los minutos sean ilegibles en la reproducción, se lee con claridad la ubicación: 30° Oeste. Exactamente en esa longitud y sobre la línea del Ecuador se encontraba el *Bahía*.

La fecha del diploma fue burdamente alterada.[146] A simple vista se percibe que donde originalmente decía "3 de julio", una mano tan torpe como aviesa colocó delante un 2, de modo que se lea "23 de julio". Esta fecha es, además, absurda. Y no sólo porque Schäffer ya había reconocido que el 4 de julio se encontraba a unas 50 millas de las rocas de San Pedro y de San Pablo, sino porque de haber zarpado de Noruega el 2 de mayo habría tardado más de 80 días en recorrer 3.700 millas, a un promedio de navegación de 2 nudos, velocidad lenta hasta para un besugo.

Resta aclarar una única duda: si la fiesta se celebró el 4 de julio, como relata Schäffer, o el día anterior, como surge del diploma. En el primer caso, el ruido de los aviones de la *US Air Force* interrumpió la celebración. En el segundo, habrá sacado a la tripulación de la resaca de una "noche blanca". En definitiva el resultado es el mismo, pero Schäffer "aclaró" el punto cuando fue interrogado por los amables oficiales argentinos: dijo que navegaba arrastrando "un error sistemático de un día, originado por una equivocación en las fechas durante la navegación astronómica". De manera que el día 3 para los registros del submarino, era en realidad 4 de julio.[147]

---

145 Publicada por Kraft en *Submarinos alemanes en Argentina*.

146 Es posible que la adulteración se haya cometido en la base de Mar del Plata. Wiese, el más veterano a bordo, era uno de los contactos naturales con la Armada. Admitiría que ya tenía buenas relaciones con marinos argentinos desde antes de la guerra, en ocasión de que el buque *ARA Moreno* visitara Alemania. Como Schäffer, una vez terminado el calvario de interrogatorios, Wiese se estableció en la Argentina.

147 Claro que Schäffer no lo dijo tan llanamente. Quería despegarse del hundimiento del *Bahía* y argumentó que el error se había originado mientras navegaba en inmersión cerca de Islandia, como consecuencia de que las pocas veces que emergió de noche, el cielo estaba nublado.

Cambio de planes

Después de perder de dos a cuatro torpedos en la faena de hundir al *Bahía*, deben haberse suscitado a bordo feroces discusiones acerca de qué hacer con los restantes. El mismo Schäffer las narra, pero con la precaución de fecharlas antes de la llegada a Cabo Verde, aunque contradictoriamente más tarde admite que ocurrieron cuando ya navegaban por el hemisferio sur.

Schäffer se enteró de la entrega del U-530 a través de una emisora comercial. Del mismo modo debió escuchar noticias sobre el estupor y las lógicas sospechas que habían provocado la falta de torpedos, cañón, ametralladoras, documentos de navegación e incluso de las cartillas de identificación personal de los tripulantes del submarino.

En cambio no había noticias que confirmaran las esperanzas de Dönitz, es decir, que los aliados anglosajones fueran a lanzarse sobre la Unión Soviética. En palabras de Schäffer: "En la coalición vencedora no se ha producido ningún cambio fundamental, como una escisión".

Tomando debida nota de aquellas novedades, considerando "las condiciones miserables" que deberían soportar los jefes nazis en fuga, Schäffer decidió imitar a Wehrmut y entregarse, aunque procurando ofrecer una imagen completamente distinta. Una vez que llegó a su refugio costero, con la tranquilidad de comprobar que el patrullaje por el litoral había sido suspendido, ordenó pintar y limpiar la nave, decisión que le valió el enfrentamiento con los partidarios de cumplir a rajatabla las órdenes recibidas, esto es, desembarcar, hundir la nave e intentar confundirse entre los residentes alemanes.

Este enfrentamiento debió suceder no ya al sur del Ecuador sino al sur de Mar del Plata, en puerto seguro y durante el largo mes en blanco –el segundo– que Schäffer se vería en apuros para justificar.

Cuando por fin el U-977 llegó a Mar del Plata, lo único que le reprocharon a Schäffer los marinos argentinos –escaldados por los problemas que les había ocasionado la entrega del U-530– fue que no hubiera hundido la nave y se hubiera hecho perdiz en la inmensidad pampeana donde nadie lo hubiera perseguido. Y ni siquiera buscado.

Búsquedas, revelaciones y ocultamientos

Los vencedores escriben la primera versión de la historia. Al dictar sus frondosas memorias a Jorge González Crespo, el almirante Isaac

Rojas, principal líder del golpe militar que derrocó a Juan Perón en septiembre de 1955, se limitó a decir, respecto de los *U-Bootes* que huyeron a la Argentina, que su llegada a Mar del Plata produjo "toda suerte de versiones que implicaban la especie de que en ellos venían importantes jerarcas nazis y grandes tesoros del Tercer *Reich*" y agregar que "Todos estos comentarios fueron elaborados mediante sectarios intereses políticos y económicos que a la luz de los años nunca pudieron ser corroborados".

Era un comentario poco previsible en quien se proclamaba enemigo de los totalitarismos, y estuvo siempre dispuesto a acusar a Perón de complicidad con el nazismo, pero lógico en quien había intervenido en el levantamiento del patrullaje, decisión que permitió al U-977 permanecer escondido todo un mes, a salvo, en un escondite costero.[148]

Otro protagonista de aquel levantamiento, precisamente quien era entonces su mano derecha, "Paco" Manrique, quedó marcado por el papel que jugó en el interrogatorio a los oficiales del U-530 y del U-977. Manrique parecía convencido de que, además de aquellos dos, otros *U-Bootes* habían alcanzado el litoral argentino. En 1947 viajó a Gran Bretaña con el pretexto de especializarse en la guerra antisubmarina, y según su currículum, participó "en el rastreo del estuario del Támesis embarcado en el buque antimagnético *Skomer*". No sólo es probable sino también lógico que durante su estancia en Londres haya departido largamente con los oficiales británicos que acababan de interrogar a Wehrmut, Schäffer y demás tripulantes de los submarinos entregados en Mar del Plata. Lo cierto es que a su regreso tomó el mando del submarino *ARA Santa Fe*, y que a principios de 1955, mientras integraba el grupo de conspiradores que preparaba el golpe de Estado, Manrique se hizo tiempo para relevar con radar la costa patagónica al mando de la fragata *ARA Hércules*.

Poco después, el 16 de junio, una escuadrilla de aviones *Gloster Meteor* de la Aviación Naval bombardeó la Plaza de Mayo con el propósito de aniquilar a Perón en la Casa Rosada. Pero en cambio los proyectiles asesinaron alrededor de 300 personas desprevenidas, incluyendo

---

[148] Durante el golpe de septiembre de 1955 el almirante Rojas estableció su comando en el crucero *17 de Octubre*, antes llamado *Phoenix*. Pertenecía a la *US Navy*, y había estado en Pearl Harbor, donde no fue alcanzado por las bombas. El crucero después fue rebautizado como *General Belgrano*.

sesenta niños pobres del interior que visitaban la Capital, cuyo autobús fue alcanzado de lleno por una de las bombas.

Los aviadores huyeron a Uruguay, pero Manrique fue detenido y condenado a prisión perpetua por un tribunal militar. Recluido en el penal pampeano de Santa Rosa, recobró la libertad días después de que el 16 de septiembre un segundo levantamiento militar derrocara a Perón.

Pasó entonces a desempeñarse como jefe de la Casa Militar –de la Casa Rosada– pero renunció poco después por la tensa relación entre el presidente provisional, el general Eduardo Lonardi, y el ala "dura" del antiperonismo encarnada por el general Pedro Eugenio Aramburu y el almirante Rojas, en la que él se inscribía.

Tan pronto un golpe palaciego destituyó a Lonardi y nombró presidente y vicepresidente del régimen de facto a Aramburu y a Rojas, Manrique retomó aquel cargo desde el que se convirtió, según la extendida acusación de los resistentes peronistas, en un "monje negro". Habría participado en la decisión de fusilar, al margen de las leyes, a militares y civiles peronistas en junio de 1956; y en el secuestro del cadáver de Eva Perón que fue trasladado más tarde, en una operación secreta, a un cementerio de Milán bajo identidad falsa.

A mediados de ese año Manrique viajó a Panamá para participar de una cumbre de presidentes americanos. Allí se entrevistó a solas con Dwight Eisenhower. Desde entonces, y mientras desarrollaba una relevante carrera como periodista, disfrutó de una extendida reputación de agente de la CIA.[149]

---

149 Cuando el radical desarrollista Arturo Frondizi accedió a la presidencia de la Nación en 1958 gracias a los votos peronistas, Manrique pasó a desempeñarse como director del Liceo Naval. Antes de que pasaran dos meses arremetió contra el nuevo presidente, al que tachó de marxista, desplante que provocó su pase a retiro. Fundó entonces un diario, *El Correo de la Tarde*, que se dedicó a demoler las bases de sustentación de Frondizi. En su rol de director del vespertino se hizo tiempo para participar en los Estados Unidos de conspiraciones contra el dictador dominicano Leónidas Trujillo y el gobierno revolucionario de Cuba. Trujillo gobernaba con mano de hierro el país con apoyo norteamericano, hasta que su furor homicida y el hecho de que se apropiara de más del 70 por ciento del territorio dominicano y del 80 por ciento de la raquítica industria nacional, le hicieron perder el favor del presidente John Kennedy. Manrique se jactaba de haber redactado el documento de la Organización de Estados Americanos que condenó su tiranía, poco antes de que, con el auspicio de la CIA, un grupo de conjurados asesinara a Trujillo en mayo de 1961. El ubicuo Manrique se encontraba en Miami poco antes de que ese año la CIA lanzara el fallido intento de invasión a Cuba, episodio que los norteamericanos llaman Bahía de los Cochinos y los cubanos Playa Girón. Al año siguiente, convertido en abanderado

Fue candidato a presidente en las elecciones de 1973[150], pero aquella fama sólo comenzó a difuminarse cuando a mediados de los '80 fue admitido como aliado por el presidente constitucional Raúl Alfonsín, a quien sirvió con lealtad.[151]

de la Alianza para el Progreso –la iniciativa de Kennedy para contener la expansión de la revolución cubana en el continente–, Manrique participó en el golpe militar incruento que derrocó al presidente Arturo Frondizi y designó en su lugar al maleable presidente de la Corte Suprema, José María Guido, quien le encomendó una misión secreta en Washington: convencer a la Casa Blanca de que reconociera su gobierno. Tras abandonar la dirección de *El Correo de la Tarde* en medio de acusaciones de turbios negocios –armas– con el Estado de Israel, Manrique se encontraba en la República Dominicana cuando estalló en 1965 una rebelión cívico-militar que repuso en su cargo al presidente constitucional, Juan Bosch, derrocado por un golpe militar. Tras calificar al movimiento como "castrista", los Estados Unidos invadieron el país con 35.000 marines que aplastaron la insurrección, allanando el ascenso al poder en elecciones amañadas a un antiguo partidario de Trujillo, Joaquín Balaguer, a quien Manrique consideraba su amigo. En 1968 visitó Yugoslavia, donde se entrevistó con el presidente comunista disidente y cofundador del Movimiento de los No Alineados, Josep Broz, "Tito", y luego marchó a Praga para encontrarse con el presidente y líder reformista Alexander Dubcek en vísperas de que los tanques soviéticos invadieran Praga. Manrique, que se jactaba de su "olfato de periodista" llegó a Chile antes de las elecciones presidenciales de 1969, que ganó el socialista Salvador Allende mientras la CIA, impulsada por el presidente Richard Nixon y el secretario de Estado Henry Kissinger, hacía lo imposible –incluso auspiciar el asesinato del jefe del Ejército, general René Schneider– para evitar que el nuevo gobierno asumiera. En 1970 el general Aramburu fue asesinado por guerrilleros peronistas. Manrique, uno de sus herederos políticos, fue reclutado como ministro de Bienestar Social por el general Roberto Marcelo Levingston, que reemplazó como dictador al general Juan Carlos Onganía. Renunció poco después, pero retomó el cargo tan pronto el general Alejandro Agustín Lanusse reemplazó a Levingston. Durante esa gestión desplegó una intensa campaña basada en la legalización y estatización de las apuestas, con el proclamado objetivo de favorecer a los jubilados, actividad que lo convirtió en figura pública. Durante esa etapa participó en la operación secreta encargada de restituir a Juan Perón los restos de Evita, y se presentó como uno de los dos candidatos oficialistas a las elecciones presidenciales de marzo de 1973. Fue sometido entonces a un intenso escrutinio periodístico. En un tórrido debate televisivo le preguntaron por sus vínculos con la CIA: "¿Por qué no me preguntan si soy maricón?", respondió.

150 En aquellos comicios, que ganó con casi el 50 por ciento de los votos el justicialista Héctor Cámpora –lo que supuso el fin de 18 años de exilio y proscripción para Juan Perón–, Manrique obtuvo dos millones de votos, muy lejos del segundo, el líder radical Ricardo Balbín.

151 Luego de apoyar los cruentos comienzos de la dictadura militar instaurada en 1976, Manrique tomó distancia. En 1983, después de la estrepitosa derrota en Malvinas, los militares argentinos autorizaron elecciones y se retiraron a los cuarteles. Manrique se presentó como candidato por el pequeño Partido Federal que había fundado en 1975. Aunque fracasó en su propósito, se acercó paulatinamente a Alfonsín, a cuyo servicio puso su banca de diputado. Alfonsín lo nombró luego secretario de Turismo, cargo en el que se distinguió por fomentar el conocimiento de las bellezas naturales de la Patagonia.

Manrique murió a mediados de febrero de 1988, cuando había sido reelecto diputado oficialista y convalecía de una neurocirugía. Muy poco antes, en diciembre de 1987, se había mudado con su segunda esposa, Cristina Ruiz, al primer piso del edificio ubicado en Riobamba 986, en el Barrio Norte de la ciudad, un amplio departamento dotado de una sólida caja fuerte empotrada. Cierto domingo de principios de mayo de 1988, aprovechando que la viuda pasaba un fin de semana campestre, un grupo comando entró al piso, arrancó de cuajo la caja fuerte y se la llevó. Cristina Ruiz declaró que "entre lo robado no había nada de valor, sólo documentos".

Así se perdieron los secretos de un hombre –frontal, polémico e incluso simpático al gusto de algunos– que supo guardar muchos.[152]

Pulverizados

Varios testigos de los últimos días de Hitler en el *bunker*, como Günsche, Rattenhuber, Baur y Harry Mengerhausen –un oficial SS que presuntamente formó parte del grupo que enterró el cadáver del *Führer*– fueron liberados por los soviéticos a mediados de los '50, tras lo cual el mayor Trevor-Roper y otros investigadores occidentales –que se habían atrevido a adjudicarles palabras que jamás habían pronunciado– pudieron entrevistarlos por primera vez.

"Por desgracia los prisioneros recién liberados no pudieron confirmar en términos concretos la muerte de Hitler. Trevor-Roper dijo que sus revelaciones no chocaban con sus conclusiones de 1945, pero aquellas conclusiones se habían basado en evidencias circunstanciales y las nuevas informaciones no resultaron mucho más valiosas", comentó Infield. En efecto, Mengerhausen terminó por admitir que si declaró a los rusos que había enterrado el cadáver de Hitler fue para satisfacerlos después de que otro prisionero lo señalara como uno de los que había realizado esa tarea. Además, destacó Infield, el cadáver que desenterraron los soviéticos estaba tan quemado que resultaba irreconocible. De manera que aunque Mengerhausen hubiera enterrado un cuerpo, no podría saber que pertenecía a Hitler, salvo que así se lo hubieran dicho.

---

[152] Para siempre quedará flotando la duda de si entre los papeles de Manrique no se encontraban, por ejemplo, el cuaderno de bitácora y los libros de navegación del U-530.

Conforme al procedimiento que establece el derecho alemán –que, como otros, cuando no se encuentra el cadáver de una persona desaparecida ordena en primer término proceder a una declaración de ausencia, y sólo diez años después oficializa su presunción de muerte a los efectos legales, principalmente testamentarios– la República Federal consideró oficialmente muerto a Hitler en 1956.[153]

Para entonces la teoría del suicidio de Hitler se había afianzado en la opinión pública a fuerza de repeticiones, ya que tras el libro de Trevor-Roper se publicaron otros como *Auge y caída del Tercer Reich*, del corresponsal de la CBS en Europa, William Shirer, y *Un estudio sobre la tiranía* del inglés Allan Bullock, quienes aceptaron acríticamente las hipótesis del precursor. Shirer creyó en el testimonio de Kempka, esgrimiendo el peregrino argumento de que el chofer del *Führer* había ofrecido "una explicación muy plausible" de la desaparición de los restos del *Führer*, esto es, que "el fuego ininterrumpido de la artillería (soviética) hizo desaparecer todo rastro".

Casi medio siglo después de aquella pretendida pulverización, un trozo de occipucio perforado de bala, supuestamente de Hitler, sería presentado con bombos y platillos en la Moscú post-Unión Soviética, dominada por la mafia.

La historia oficial soviética

La Unión Soviética esperó hasta 1968 para dar su versión final sobre la muerte de Hitler. Si antes se tejían múltiples conjeturas, el informe de la autopsia contenido en el documento soviético entraba en colisión con la historia instituida a partir del libro de Trevor-Roper.

En el conjetural cadáver de Hitler, "considerablemente dañado por el fuego, no pudieron encontrarse señales visibles de heridas o de enfermedades mortales", afirma el informe soviético. Y continúa: "La presencia en la cavidad bucal de restos triturados de una ampolla de vidrio similares a los encontrados en las cavidades bucales de otros cadáveres, y el pronunciado olor a almendras amargas que de todos ellos emanaba, así como el análisis químico forense de los órganos internos,

---

153 Las actas de fallecimiento de Hitler y de Eva Braun no se privaron de precisiones muy caras a la idiosincrasia germana: según la Resolución 2/48/52 del 25 de octubre de 1956, fechada en Berchtesgaden, Hitler expiró el 30 de abril de 1945 a las 15.30 y Eva Braun 2 minutos antes, a las 15.28.

que estableció la presencia de compuestos de cianuro, permitieron a la comisión concluir que la muerte fue causada por envenenamiento por compuestos de cianuro".

"¡No había orificios de bala!", se escandaliza Infield. El escritor recordó que la mayoría de los testigos afirmaron que habían escuchado un disparo e incluso haber visto el agujero en la sien. "Mengerhausen declaró que había un orificio en la cabeza" del cadáver que enterró; "Linge juró que había un agujero de bala en la sien derecha y que la sangre corría por la cara del cadáver; Kempka, que creía que Hitler se había disparado en la boca..., pero el informe soviético dijo que no había agujeros de bala en el cadáver que sus expertos identificaron como el de Hitler".

Los soviéticos habían pasado más de dos décadas enzarzados en una aguda polémica, y sin acuerdo sobre si había o no evidencias de peso sobre la muerte de Hitler. Quienes sostenían la primera posición se apoyaban en que Käte Hausemann –ayudante del fallecido dentista del *Führer* y de Bormann, Hugo Blaschke– había indicado que una prótesis de oro que le mostraron en una fotografía pertenecía a Hitler, al igual que una cantidad de piezas dentales obturadas que los rusos guardaban en una caja de cigarros, explica Infield.

"Normalmente, ningún tribunal del mundo habría aceptado esas evidencias como prueba de una muerte", señaló el británico, para quien la mujer –que estaba presa en una cárcel rusa y de la que nunca más se tuvo noticias– "hizo lo que sabía que los rusos querían que hiciera".

Después de un exhaustivo interrogatorio al mecánico dental que hizo aquella prótesis, el investigador alemán Werner Maser publicó en 1971 *Apellido Hitler, nombre Adolf*, en el que sostiene que las radiografías tomadas a Hitler en octubre de 1944 no eran las que mostraron los soviéticos a Hausemann. Para Maser es obvio que Hitler y Eva Braun desaparecieron sin dejar rastros. Claro que de inmediato, y sobre la base de esas mismas radiografías, un experto de la Universidad de Los Angeles, Reidar Sognnaes, sostuvo lo contrario. "Cualquier dentista o técnico dental pudo hacer con suma facilidad piezas postizas coincidentes con los dibujos (de Blaschke) y muchos creen que es eso precisamente lo que hicieron los rusos en algún momento entre 1945 y 1968", se indignó Infield.

El ex piloto de la RAF puntualizó que según la autopsia practicada por los rusos, al cuerpo le faltaba el testículo izquierdo. Pero ni los informes reunidos en el NARA de seis médicos que atendieron al *Führer*, ni varios testimonios de amigas íntimas de Hitler mencionan esa anomalía.

Operación Mitos

El propio poder soviético desacreditó las presuntas certezas y pruebas sobre el suicidio de Hitler en el *bunker* berlinés. En verdad terminó de destruirlas, evidenciando que desconfiaba de ellas. Según un documento secreto que obtuvo y publicó el semanario alemán *Der Spiegel* el 13 de marzo de 1970, el entonces jefe de la KGB Iuri Andropov –un brillante espía que once años más tarde sería primer ministro de la Unión Soviética– había ordenado ejecutar cinco semanas antes la Operación Mitos. Según el informe, se había realizado en el mayor secreto la noche del 4 de abril, cuando tropas soviéticas de la KGB desenterraron del frente de una finca de la calle Klausener, en la ciudad de Magdenburgo, diez cadáveres. Ocho habrían sido los de Goebbels, su mujer e hijos, y los otros dos los de la pareja hallada en los jardines de la Cancillería por los hombres del teniente Klimenko. Es decir, los hipotéticos Hitler y Eva Braun.

Los documentos señalan que los hombres de la KGB llevaron los ataúdes podridos a toda marcha hasta la cima del monte Biederitz, sede del cuartel de Magdenburgo-Herrenkrug, donde los incineraron. Al cremar dos cadáveres que se suponía incinerados desde hacía un cuarto de siglo, la Operación Mitos demostró las enormes y persistentes sospechas, por no decir la simple y llana incredulidad de la KGB sobre la versión de Besymenski.

No hay duda de que el operativo permitió cremar los restos de diez cuerpos descompuestos –se dice que las cenizas fueron arrojadas al río Elba–. Pero, ¿estaban los de Hitler y Eva Braun entre ellos? Nada permite asegurarlo.

Por cierto, Besymenski publicó años después un nuevo libro, *Los últimos días del Tercer Reich,* en el que admite que "hasta el 28 de abril, Hitler estuvo en condiciones de haber podido salir de Berlín por vía aérea"; que más de cien personas huyeron del *bunker* antes de que llegara el Ejército Rojo y que "los que verdaderamente sabían lo ocurrido, no querían recordarlo". Comenta con velado rencor que era obvio que Günsche y Linge "sabían o debían saber más que los demás" pero a la hora de la verdad no ayudaron porque, como otros colaboradores de Hitler que lograron escapar del *bunker*, "tenían interés en ocultar la verdad".

El relato colectivo recuerda la cinta de Moebius pues siempre regresa al punto de partida: pasado más de un mes desde el hallazgo de los cadáveres de un hombre y una mujer, el mariscal Zucov declaró a la prensa que no pertenecían a Hitler y a su mujer; y que por lo que él sabía, el ex *Führer* había huido de Berlín en avión. Y añadió que según informaciones fehacientes, el 30 de abril una mujer se había embarcado en un *U-Boote* que zarpó de Hamburgo.

El hombre de la calle Larsen

Contaba historias de indios que vivían de la caza y de la pesca en islas solitarias, de barcos y submarinos, historias de guerra. Enseñaba arcos y flechas con puntas extrañas, fotos y planos. Las paredes del living estaban decoradas con minúsculas cabezas de indios que, juraba, habían sido reducidas por sus asesinos.

Mostraba cajas de madera con raras inscripciones y se jactaba de que ellas habían guardado lingotes de oro y cuadros valiosos. Una vez sacó de una caja el plano de un submarino, y contó que en un submarino como ése había participado de una fiesta, y que de pronto fueron atacados por un barco enorme, al que lograron hundir. Y juró que antes de eso habían hundido otros tres barcos, uno de ellos de guerra. Incluso mostraba la foto de una nave en llamas, con la popa en alto, hundiéndose en las aguas en medio de una nube de humo.

Decía que las cajas llenas de oro pesaban tanto que se necesitaban cuatro hombres para bajarlas y que los hombres se enterraban en la arena por el peso. Decía que habían esperado una noche sin luna, que los camiones esperaban en la playa y que desde la costa, cuando anocheció, apuntaron hacia el mar con sus luces, para guiarlos. Decía que los submarinos se acercaron a la playa y desembarcaron las cajas en botes neumáticos, y que a una señal convenida se sumergieron y alejaron. Cuando terminaron el trabajo, sus tripulantes los hundieron.

Fue cuando comenzaban los años '60, y quienes escuchaban fascinados sus relatos en aquella casa de Villa Pueyrredón, en la ciudad de Buenos Aires, tenían entre diez y once años. Uno de los chicos comentó la historia a sus padres, que hablaron con otros padres, y de común acuerdo prohibieron a sus hijos no sólo juntarse, sino tan siquiera hablar con el misterioso alemán que alquilaba la casa de la calle Larsen 2524 y decía llamarse Karl Wolf.

Decían que estaba loco, que era un mentiroso o ambas cosas a la vez. Desde entonces los chicos lo miraron de soslayo. A hurtadillas. Intrigados. Llevaba siempre su pipa. En invierno vestía un sobretodo largo, verde grisáceo y en verano calzaba sandalias. Un día se fue y ya nunca supieron de él.

Habían pasado diez años cuando uno de esos chicos, ya muchacho, viajó con un grupo de amigos a Bariloche. Antes de entrar a aquella cervecería una muchacha, a la que apodaban cariñosamente Pompi, advirtió que se trataba de un antro de nazis. El muchacho se sorprendió al comprobar que todos hablaban en alemán. Pompi, que estudiaba ciencias políticas y era hija de un militar, le contó en voz baja que algunos submarinos alemanes habían llegado a la Argentina al término de la guerra repletos de jerarcas nazis y de lingotes de oro. El muchacho le habló en medio de aquel bullicio del alemán de la calle Larsen y de sus relatos, de las cajas, del oro, de la playa. Pompi decía que esas historias eran ciertas.

Al año siguiente los amigos repitieron el viaje. Cuando Pompi llegó a la cita le entregó al muchacho un sobre de papel madera. Dentro había un largo artículo publicado por la revista *Todo es historia* de abril de 1973, sobre los dos submarinos que meses después de la rendición de Alemania se habían entregado en la base naval de Mar del Plata. Además recortes de diarios, una fotocopia y una hoja de apuntes manuscritos de puño y letra por su padre.

Los apuntes decían: "No es cierto que la documentación del U-530 fuera arrojada por la borda. Los libros estuvieron en poder de Manrique y de Mallea, que interrogaron a oficiales y tripulantes, que les dijeron a quiénes habían traído. De todas maneras, puedo asegurarte que los jefes nazis, muy desconfiados, estuvieron poco tiempo en la Argentina. Ellos creían que a corto plazo regresarían a Alemania y combatirían a los rusos. Estaban convencidos de que serían recibidos como héroes y que Hirohito y Hitler serían perdonados y se convertirían en los caudillos de una inminente lucha contra el comunismo".

La fotocopia reproducía un certificado –con membrete del Ministerio de Relaciones Exteriores argentino– de la incautación de toda la documentación del U-530. Los artículos de prensa hacían mención a dicho secuestro. Al muchacho el largo artículo de *Todo es historia* le resultó apasionante.[154]

Años más tarde, cuando buscó documentación sobre aquellas raras apariciones de sumergibles alemanes en Mar del Plata, descubrió que era inaccesible. Y se encontró con que los Estados Unidos habían clasificado como máximo secreto las declaraciones de sus tripulantes. Que se supiera, ya no quedaban secretos de la Segunda Guerra Mundial. Excepto éste.

El alemán de la calle Larsen fue a ese muchacho, lo que a Burnside su padre piloto.

Un rosario de testimonios coincidentes

Abundantes indicios señalan que al menos un *U-Boote* fue hundido en la Caleta de los Loros, una gran depresión que quiebra los acantilados entre Viedma y San Antonio Oeste, al noreste de la provincia de Río Negro. Muy cerca de donde el *Dresden* recaló efímeramente en 1914 y de donde el *Seydliz* permaneció una larga temporada a partir del año siguiente. Y a poco más de cien kilómetros de San Antonio, donde Canaris llegó en su fuga hacia Alemania.

El enorme plato hondo que forma la Caleta de los Loros es navegable durante la pleamar. A su lado, un paraje de dunas sirve de escala a las aves migratorias y en su costa abundan los lobos marinos, los flamencos y los mejillones.

La presunta existencia de submarinos hundidos fue materia de una larga serie de notas publicadas por *La Mañana del Sur*, la mayoría con la firma de su corresponsal en Bariloche, Abel Basti.

El aviador Mario Chironi, que trabajaba entonces para la provincia de Río Negro, declaró que en 1957, durante una pronunciada bajamar, cuando sobrevolaba la Caleta de los Loros con su avioneta *Piper PA 11*, alcanzó "a avistar algo ahí, hundido, que apenas emergía sobre el agua. Me pareció un barco. Después se empezó a hablar del submarino alemán. Por aquellos años yo era instructor de vuelo y atendía la zona de San Antonio Oeste. Recuerdo que la marea estaba baja y vi un barco

---

[154] "Submarinos alemanes en Mar del Plata", por Miguel Ángel Moyano, publicado en el nº 72 de abril de 1973. Si bien el artículo contiene numerosos errores, cabe reconocer a Moyano su carácter de precursor como investigador de un asunto silenciado durante años.

semihundido, que apenas asomaba la proa, en la desembocadura del canal. Lo curioso es que hace más de 10 años había un juez en Viedma, Cándido Campano, que siempre me decía: 'Mario, tenemos que volar a Caleta a ver el submarino'. ¡Y yo nunca había comentado a nadie lo que había visto!".

Gisella Bochi de Paesani, una anciana italiana que vivía en un promontorio sobre la Bahía Creek desde 1937, dijo que vio navegar en superficie un submarino "poco después de que terminara la Segunda Guerra Mundial". Desde la cocina de su casa gozaba de una vista panorámica de casi todo el Golfo de San Matías y en especial de la Caleta de los Loros, uno de cuyos extremos se encuentra a 10 kilómetros del lugar. La viuda de Paesani divisó el submarino "a media mañana, entre las 9 y las 10. Estaba tejiendo y me acerqué a la ventana para mirar para afuera ya que cuando la vista está mucho tiempo sobre un punto fijo se cansa. Fue ahí cuando vi el submarino en la Caleta de los Loros. Rápidamente lo relacioné con los alemanes porque algo había escuchado por la radio", dijo en inequívoca referencia a LU2 *Radio Bahía Blanca*, la única emisora que podía sintonizar desde allí.

Muchos años después, un técnico que se desempeñaba en una estancia de la empresa *Lahusen* cercana a Viedma, Vidal Pereyra, señaló que la presencia de un submarino hundido era *vox populi*, y que en marzo de 1980 unos amigos lo invitaron a verlo, aprovechando el viento norte: "Por entonces no era tan fácil llegar hasta la playa porque no había buenos caminos. Cuando llegamos se veía perfectamente la proa: estaría varado a unos doscientos metros de donde llegaba el agua en esos momentos. Mucha gente sabe lo de los submarinos, y creo que hasta hay fotografías", relató Vidal, que trabajaba en Viedma desde hacía poco tiempo, por lo cual no recordaba con exactitud el lugar preciso donde vio la proa del submarino, aunque aclaró que era "para el lado de Bahía Creek".

Antonio Rivera, hijo de José Savino, el supuesto confidente izquierdista del FBI, vecino como su padre de San Antonio, reconoció saber de buena fuente la existencia de un submarino hundido en la Caleta de los Loros, e incluso que sus tripulantes tenían órdenes de hundirlo en mar abierto, pero que "quedó varado porque los agarró por sorpresa el mar de fondo" en alusión a una bajamar extraordinaria que se produjo a fines de julio de 1945. "Debe estar tapado por la arena", opinó.

El buzo Luis Artigas "Tony" Brochado no estuvo de acuerdo. El submarino "no tiene por qué estar tapado", dijo. Y agregó: "Está hundido y habrá que encontrarlo".

Según las historias que Brochado dijo haber escuchado, al Mar Argentino "entraron cuatro submarinos, dos se rindieron pero a los otros dos la Marina –que los venía siguiendo– los perdió".

Admisión tácita

Otro buzo, Carlos Massey, que prestó servicios en la Prefectura Naval Argentina hasta 1979, año en que se retiró como oficial, asegura que "los submarinos alemanes están en la costa patagónica". Le dijo además a Abel Basti, el corresponsal de *La Mañana del Sur*, que había visto "la documentación que prueba su existencia" en agosto de 1978, en plena dictadura y durante la euforia por el primer campeonato mundial de fútbol que la selección argentina había conseguido poco antes en Buenos Aires. Massey dijo haber sido convocado por altos jefes de la Marina a la Base Naval de Puerto Belgrano con el objeto de "diseñar un plan para recuperar" dos submarinos alemanes hundidos en el Golfo de San Matías con la misma técnica que se utilizaría un mes después para reflotar un buque pesquero hundido en Puerto Madryn.[155]

La Armada había consultado previamente a la Embajada de la República Federal Alemana, legación que le habría advertido la posibilidad de que antes de hundir la nave sus tripulantes hubieran colocado explosivos en la torreta para impedir que el enemigo accediera a su interior. Los oficiales con los que se reunió en Puerto Belgrano le mostraron un informe que indicaba la latitud y longitud exactas en las que se habían detectado los *U-Bootes*, "expresados con precisión de grados, minutos y segundos", y le informaron que habían sido localizados "a comienzos del año 1970 cuando un avión de patrullaje *Neptuno* los registró en sobrevuelo próximo a la costa" y fotografió tras un alerta por la presunta presencia de submarinos soviéticos.[156]

---

[155] Ese método, que luego fue abandonado por su alto costo –explicó Massey–, consistía básicamente en inyectar en las naves hundidas un material más liviano que el agua, el *styropol*, similar al *telgopor*.

[156] Desde mediados de los años '50 y hasta la implosión de la Unión Soviética, sucesivos gobiernos utilizaron la real o supuesta presencia de submarinos rusos en aguas argentinas como recurso para desviar la atención sobre noticias embarazosas y hechos políticos más tangibles.

Massey dijo que según los datos que los marinos le mencionaron en aquella oportunidad, ambos submarinos yacían a no más de un kilómetro de la costa y "a unos 15 metros de profundidad, próximos en sus proas y enfrentados a una distancia de 50 metros".

La documentación con los datos precisos sobre la ubicación de los submarinos, precisó Massey, se encontraba en una carpeta azul rotulada "Estrictamente secreto y confidencial" y constaba de un centenar de fojas que incluían fotografías, croquis, dibujos y copias de cartas náuticas de la zona, además de "informes firmados por un alto jefe de la Armada" que registraban la fecha y la hora exactas del avistaje, y en qué condiciones meteorológicas se había producido.

Según Massey, los oficiales le confiaron que ya habían enviado una embarcación de salvamento con buzos, pero que no habían logrado encontrar nada. Lo citaban precisamente porque pensaban hacer un nuevo intento.

Si bien le confirmaron a Basti "la existencia de un expediente que se confeccionó en la Base Naval de Puerto Belgrano en el cual se certifica el hallazgo de submarinos alemanes hundidos en aguas del Golfo de San Matías", voceros de la Armada precisaron que el citado avistamiento se había producido en 1962 y no en 1970 como había dicho Massey.

En cuanto al expediente, declararon que formaba parte del "Archivo secreto de la Marina" y que ni el buzo ni la Prefectura Naval tenían información alguna porque "de ese caso se ocupó exclusivamente la Armada". Poco después se supo por agencias noticiosas que la Armada estudiaba si Massey había violado secretos de Estado, y que por lo pronto había pedido sus antecedentes a la Prefectura.

Consultado por los autores, un vocero del Estado Mayor de la Armada confirmó que desde un avión de la fuerza se divisaron sombras que podrían corresponder a submarinos alemanes hundidos, y también que la Armada detectó, persiguió y atacó en esa zona a un submarino no identificado, pero dijo que eso había sucedido en 1958.

"El 21 de mayo de ese año el destructor *ARA Buenos Aires* detectó en el Golfo Nuevo un submarino de nacionalidad desconocida y su persecución y ataque se extendió hasta el día 23. Se efectuó un ataque coordinado con bombas de profundidad desde el destructor y desde aviones *Catalina* y *Martin Mariner*", dijo el marino. "También es cierto que Massey fue buzo de la Prefectura, pero el resto no es verdad. Es una invención de este señor. ¿Para qué la Armada iba a recurrir a él?

Por entonces los buzos de la Prefectura se formaban en la Escuela de Buceo que tiene la Armada en Mar del Plata, y la Armada tiene su propio Servicio de Salvamento y Buceo, y éste tiene mayores capacidades que el de Prefectura. Todavía hoy, los únicos buzos que pueden descender hasta 100 metros de profundidad con tanques de oxihelio son los de la Armada. Y si se trata de rescate de submarinos hundidos, es obvio que los especialistas están en la Armada...

"Además –remató–, Massey dice que vio una carpeta azul con documentos rotulados 'Estrictamente secreto y confidencial'. Y las carpetas que contienen estos documentos no son azules: son marrones."

El fantasma del *Conqueror*

Sucedió durante los últimos días de la breve Guerra de Malvinas, en mayo de 1982, poco después de que el submarino nuclear británico *Conqueror* enviara al fondo del mar al vetusto crucero *General Belgrano* cuando navegaba cansino fuera de la "zona de exclusión" delimitada unilateralmente por la *Royal Navy*. El hundimiento fue ordenado por Margaret Thatcher para impedir que los militares argentinos pudieran escapar de una derrota inapelable gracias a una mediación de la OEA y las Naciones Unidas y, sobre todo, para revalidar su fama de "Dama de Hierro" y remontar su imagen en las encuestas, derrotar a la estupefacta oposición laborista y prolongar su gobierno.[157]

Aquélla fue la mayor tragedia de la Marina Argentina, con 323 muertos, apenas un puñado menos que los del *Bahía*. En ambos casos la labor de rescate fue deficiente, lo cual aumentó la lista luctuosa. Sin embargo los marinos argentinos cayeron inequívocamente en una guerra y fueron honrados como tales. Sus nombres figuran en las placas de mármol de la Plaza San Martín y son objeto de periódicos homenajes. En cambio los muertos del *Bahía* son considerados hasta hoy víctimas de la incompetencia.

Desde el hundimiento del *General Belgrano*, los buques de la flota argentina recibieron la prohibición de reaprovisionarse de combustible en mar abierto.

El único buque-tanque que cumplía esa misión era el *Campo Durán*, de la petrolera estatal YPF –Yacimientos Petrolíferos Fiscales–, que se

---

157 Logró permanecer en el cargo de primer ministro ocho años más.

encontraba aprovisionando de *fuel* a la fragata misilística *ARA Santísima Trinidad*, de patente alemana.[158] Ambas naves, como amantes clandestinos, se habían apareado al reparo del Golfo de San Matías. Un helicóptero de la Marina vigilaba la escena. El comandante del *Campo Durán*, Diego Ginaca, recibió desde el helicóptero un mensaje que le heló la sangre: "Tiene compañía a popa".

Ginaca recuerda que después de una hora que le pareció un siglo se determinó que el piloto del helicóptero había confundido "dos cascos de submarinos que se encuentran hundidos en la zona, con sumergibles ingleses, generándose así un confuso episodio que recién ahora doy a conocer".

Aquellos recuerdos que compartió con Basti fueron publicados por *La Mañana del Sur* el 6 de enero de 1997: "Ellos, desde el helicóptero, vieron dos siluetas, y de inmediato se generalizó la alarma en toda la zona. Se interrumpió la maniobra, se cortaron las mangueras y recién después de pasar miedo durante una hora nos avisaron que no había peligro", relató Ginaca, que no tiene la menor duda de que lo que observaron los tripulantes del helicóptero son submarinos hundidos.

Sin embargo, Ginaca admitió que no está en condiciones de precisar el lugar. Sólo pudo decir que el *Campo Durán* se encontraba entre las puntas Rasa y Bermeja. "Yo estaba atento a la maniobra y no a la ubicación exacta. Y además no tenía la menor intención de volver a pasar por un sitio donde habíamos vivido tanta incertidumbre", explicó.

Fuentes oficiales de la Armada adelantaron su escepticismo sobre los hechos relatados por Ginaca: "Si el helicóptero, que era un *Sea King*, hubiera detectado un submarino, lo hubiera torpedeado. Lo más probable es que haya visto una ballena". Creen que Ginaca, de buena fe, armó una fábula a partir de un episodio cierto, ocurrido el 5 de mayo, tal como narra la *Historia de la Aviación Naval*.[159]

Durante las primeras horas de ese día, detalla el texto, el aviso *ARA Sobral* acudió en auxilio de los tres tripulantes de un bombardero

---

[158] Esta fragata fue objeto de un atentado con explosivos cometido por buzos de la guerrilla peronista Montoneros el 27 de agosto de 1975. Había sido botada poco tiempo atrás y aún se encontraba en los astilleros de Río Santiago.

[159] Compilada por el contralmirante (RS) Héctor A. Martín, Tomo III, Departamento de Estudios Históricos Navales, impreso en 1992 por el Departamento de Artes Gráficas del Servicio de Hidrografía Naval.

Canberra de la Fuerza Aérea que había sido abatido por los británicos. Cuando realizaba esa tarea, entre las 3 y las 4, el aviso fue alcanzado por uno de los dos misiles *Sea Scua* que le lanzó un helicóptero *Sea Lynx* que había despegado de la fragata *HMS Coventry*, acción en la que murieron el comandante, capitán de corbeta Sergio Raúl Gómez Roca y tres tripulantes.[160]

A las 7, un avión antisubmarino *Grumann Tracker* de la Marina (2AS-23) piloteado por el teniente de navío Carlos Ernesto Cal[161] que procuraba encontrar al *Sobral* reportó "un contacto chico" en la latitud 44° 20' S, longitud 64° 40' O, y 3 minutos después "una estela de submarino yendo a inmersión con rumbo Sur, a la vez que desaparecía el contacto de radar", por lo que lanzó un "torpedo buscador".

A las 8.05 despegó un *Sea Harrier* (SH 3, 2H-231) para continuar la búsqueda. Guiado por la Prefectura Naval, el *Grumann Tracker* llegó hasta el lugar donde un helicóptero de la Fuerza Aérea rescataba a los heridos. Pasadas las 9.10 el *Sea Harrier* "obtuvo rumor hidrofónico" y a las 10.16 "un contacto *sonar*", por lo que guió al *Grumann Tracker*, que lanzó un nuevo "torpedo buscador antisubmarino MK-44-MOD 1" que produjo "la duplicación de su emisión *sonar* (señal de haber impactado) pero sin ningún resultado aparente".

La *Historia de la Aviación Naval* puntualiza que aunque no lograron confirmar si el ataque había sido efectivo, años después oficiales de la aviación naval comisionados en Brasil recibieron la información de que el submarino *HMS Onix* había sido "visto en dique seco en un astillero local con la proa averiada y un torpedo –que evidentemente no había explotado– alojado en su casco". Y añade que, sugestivamente, dicho submarino no volvió a navegar.

En lo que a nuestra historia importa, la Armada admitió que en la mañana del 5 de mayo el helicóptero *Sea King* que vigilaba el trasvase de combustible del *Campo Durán* a la *Santísima Trinidad* fue puesto en alerta, pero sostiene que fue debido a los hechos ya mencionados, que se desarrollaban relativamente lejos del lugar donde se apareaban el *Campo Durán* y la *Santísima Trinidad*.

---

160 Cuando supo que sería atacado, Gómez Roca ordenó despejar el puente –permaneció allí junto al timonel– y abrir fuego con los cañones de 40 milímetros, informó la Armada. El puente del *Sobral*, "inflado" por los misiles, se exhibe en el Museo Naval de Tigre.

161 Cal es en la actualidad, con el grado de contralmirante, jefe de la Aviación Naval.

Por la transparencia

El presidente Carlos Menem creó por decreto, en mayo de 1997, la CEANA –Comisión para el Esclarecimiento de las Actividades Nazis en la Argentina– con el explícito propósito de "aclarar episodios controvertidos de la historia argentina durante el período comprendido entre los años de 1933 y 1955", de modo de "contribuir a una mayor transparencia" de la "historia reciente del país" y colaborar así con "la nueva imagen de la Argentina", país cuyo ministro de Relaciones Exteriores, Guido Di Tella, propiciaba intensificar las "relaciones carnales" con los Estados Unidos.

Como objetivo no declarado, la Comisión buscaba dar alguna satisfacción a la colectividad judía de la Argentina, golpeada recientemente por dos atentados: el cometido contra la Embajada de Israel en marzo de 1992, y el perpetrado en julio de 1994 contra la AMIA, la principal mutual judía de Sudamérica, con un saldo conjunto de más de cien muertos. Todo indica que por inescrutables razones de Estado, los gobiernos de Israel y la Argentina acordaron que no se expondría a los autores, y por lo tanto tampoco se sabrían las causas y objetivos de los ataques. Algo tenía que ofrecer a cambio el gobierno a una opinión pública indignada.[162]

La CEANA debía cumplir dos objetivos principales: determinar la cantidad de bienes de víctimas del nazismo trasladada a la Argentina, y el número e identidad de criminales de guerra ingresados al país.

Entre las personas "de reconocido prestigio, trayectoria y calidades éticas y morales del país y del extranjero" que conformaron la CEANA se encontraban los historiadores Robert Potash y Ronald Newton; el presidente de *Seagram* y del Consejo Judío Mundial, Edgard Bronffman; el sociólogo Torcuato Di Tella, el constitucionalista Héctor Masnatta y el economista que mejor representa los intereses de los acreedores externos de la Argentina, Roberto Alemann.

Las actividades mundanas y políticas de la comisión fueron decididas por el gobierno argentino a través de un comité asesor coordinado

---

[162] La idea de crear una comisión semejante había comenzado a pergeñarse luego de que en 1992 el entonces ministro del Interior José Luis Manzano dispuso la apertura de los expurgados "archivos nazis" de la Policía Federal. Un año después Di Tella hizo lo propio con los de la Cancillería, y en 1996 se volvieron públicos los libros de asientos contables del Banco Central.

por el operador presidencial Emilio Perina e integrado por personalidades tan disímiles como Jacobo Kovadloff, representante del Comité Judío Norteamericano; Rubén Beraja, presidente de la DAIA –Delegación de Asociaciones Israelitas Argentinas– y del *Banco Mayo*, y Pedro Pou, presidente del Banco Central.[163]

El comité académico reunía entre otros a Newton, Potash y Pierre Vidal Naquet, y entre los investigadores más serios revistaron Beatriz Gurevich, Carlota Jackish, Mónica Quijada y Mario Rapoport.

Una de las diez unidades de investigación se abocó a las "Actividades clandestinas de la Marina alemana en aguas argentinas". De ella se encargó exclusivamente Newton, quien presentó su informe final sobre aquel tema, "con referencia especial a la rendición de dos submarinos alemanes en Mar del Plata en 1945", en febrero de 1988.

Explicó allí que subsistían preguntas sin respuesta como, "¿estaba integrada (la tripulación de los submarinos U-530 y U-977) simplemente por miembros del personal naval tal como aparentaban?; sus armas, carga y pertenencias personales, ¿eran los elementos habituales del arma?; alguno de los submarinos, ¿descargó personas o carga en las costas argentinas antes de la rendición? ¿Hubo más de dos submarinos?" y "durante los últimos días del Tercer *Reich*, los jerarcas nazis, Bormann o Hitler mismo, ¿huyeron hacia la Argentina en submarino trayendo con ellos parte del botín de Europa?".

Por si las moscas

"La respuesta simple es no. A la fecha, no existen evidencias sustanciales: ningún naufragio (cuya fecha se remonte a 1945) de un submarino, ningún legajo policial con fotos y huellas digitales, ningún testimonio de lecho de muerte por parte de algún participante alemán o germano argentino, ningún descubrimiento de restos humanos identificables que respalde una respuesta afirmativa a estos interrogantes".

Estas lagunas –agrega, se diría que divertido– "no han sido un obstáculo –tal vez hasta hayan sido un estímulo– para que florezcan febriles especulaciones".

---

[163] Beraja invitó a Pou a integrar la CEANA mientras su banco experimentaba un formidable proceso de expansión. Pero poco después ambos se insultarían y amenazarían cuando el Banco Central asistió impávido a la quiebra del *Banco Mayo*, la financiera que más había crecido durante el gobierno de Menem.

El historiador canadiense dijo que basó su trabajo en "la abundante bibliografía secundaria sobre la guerra submarina en general, así como la breve lista de escritos secundarios serios sobre sus aspectos argentinos, (...) los vastos depósitos de materiales navales alemanes y estadounidenses de los Archivos Nacionales de los EE.UU." y "los Archivos Generales de la Armada". Pero –y a pesar de que refiere su existencia–, pronto resultaría evidente que no había leído el libro de Schäffer con la debida atención.

Newton se protegió de la aparición de potenciales contradictores descalificándolos de antemano como técnicos que se basan en "datoides..., totalmente desprovistos de contexto". Como hasta la década del '70 fue imposible acceder a documentos oficiales –se cubrió– apenas podía agregar una cantidad "insignificante de evidencia adicional, más allá de lo que se conocía (o especulaba) en 1945".

En suma, admitió que no aportaría datos nuevos a la historia oficial cristalizada aquel año. Para semejante candil, mejor vivir a oscuras.

Newton fue precavido ante la posibilidad de que alguien se lo reprochara. Advirtió que, si bien era lícito esperar que un historiador basara sus argumentos en "paredes de documentos gubernamentales que se respaldan mutuamente", nadie podía exigirle que probase "absolutamente que algo no sucedió" ya que "es imposible probar lo negativo en términos absolutos". Si no aparecían nuevas pruebas, "uno debe evaluar la posibilidad de que la respuesta sea negativa".

"Hasta donde se sabe, ningún submarino transportó agentes alemanes a la Argentina", añadió sin sonrojarse, luego de haber dado por acreditada "la renuencia de la marina alemana a transportar agentes secretos en submarinos clase U".[164]

Recordó, entre otras falsas alarmas, que "el 12 de agosto de 1943 los agregados militar y naval de los Estados Unidos fueron a Cabo San Antonio, provincia de Buenos Aires, a esperar el arribo de un submarino

---

[164] Huelgan los comentarios sobre el transporte de espías y comandos en *U-Bootes*. En apoyo a su tesis de que jamás llegaron a la Argentina, señaló que "por lo menos hasta agosto de 1944 estaba prohibida toda la actividad de submarinos clase U al sur del paralelo 28° aproximadamente en el nivel de los estados brasileños de Santa Catarina y Río Grande do Sul" y también que a partir de ese mes habían cesado los "radiomensajes alemanes clandestinos (probablemente leídos en su totalidad por los criptógrafos aliados)" enviados desde la Argentina.

clase U frente a las costas de Mar de Ajó que retiraría a marinos fugitivos del *Graf Spee* y un cargamento de contrabando" y que se quedaron esperando infructuosamente. Obvió recordar que cinco días más tarde el U-977 se había presentado sorpresivamente en Mar del Plata.

Recordó en cambio que a partir de agosto de 1944, cuando "se produjo el inesperado colapso alemán en Francia", no sólo menudearon "informes detallados con respecto a (...) desembarcos a medianoche en remotas playas patagónicas" sino que también "llegaron a la inteligencia aliada y comenzaron a aparecer en la prensa proaliada de todo el mundo".[165]

Papelones

A pesar de todo –dijo Newton, revelando sus fuentes– el MI-6 británico jamás encontró "evidencias sólidas de que la Gran Huida se estuviera llevando a cabo" mientras que "los estadounidenses estaban cada vez más furiosos ante su imposibilidad de echarle el guante a ninguna de las dudosas figuras sobre quienes estaban recibiendo tanta información".

Su informe no admite siquiera como hipótesis que Churchill y la cúpula de los servicios secretos británicos hayan encubierto el escape de jerarcas nazis a la Argentina. En cambio supone una "operación psicológica británica destinada a socavar la moral de los militares y civiles alemanes persuadiéndolos de que sus líderes estaban desertando del *Reich*", ejecutada desde una radio "secreta ubicada cerca de Londres".

Obviamente sólo la inteligencia británica pudo proporcionarle los datos de esa operación. Pero, ¿qué necesidad tenía Londres de "engañar" al pueblo alemán a partir de marzo de 1945 revelando que sus líderes estaban desertando a Occidente? Era la pura verdad.

"Lamentablemente, del lado británico, a nadie se le había ocurrido informar a los estadounidenses", argumenta. "Después de un intercambio airado, ambos aliados llegaron a la conclusión de que resultaría demasiado embarazoso para cualquiera de ellos admitir este desatino ante el mundo; de modo que se permitió que la Gran Patraña del Cuarto

---

[165] Recordó que ello ocurrió mientras "alemanes bien conocidos que habían desaparecido de la Argentina desde 1939, salieron a la luz repentinamente" en Córdoba, la Patagonia y Buenos Aires, y también que en marzo de 1945 el FBI buscaba afanosamente en la Argentina a Alfred Rosenberg, teórico del antisemitismo del partido nazi.

Reich pasara a la historia popular y periodística, donde ha permanecido desde entonces. Debido a la astucia de sus creadores británicos muchas de las historias fueron plausibles, pero ninguna de ellas fue cierta", concluyó enfáticamente.[166]

El informe aborda más adelante lo que Newton llamó su "descubrimiento clave"..., que no es otro que su "sabroso bocadillo": habría sido el agregado naval de la Embajada de los Estados Unidos, "el general Lang" quien originó, en mayo de 1945 y sin fundamento alguno, el "rumor" que decía que "uno o más" submarinos alemanes se acercaban a la costa argentina.[167]

Según el historiador canadiense la emisora controlada por los servicios británicos había echado a rodar el bulo de la fuga de jefes nazis a la Argentina —en la jerga de los servicios secretos las mentiras aviesas se denominan "propaganda negra"–, y añade que el incauto Lang lo creyó y lo difundió.

El jefe de la OSS en Londres, William Casey —futuro director general de la CIA–, estaba perfectamente al tanto de esa campaña —dice Newton–, y del error que había inducido en el afiebrado general Lang, pero se había cuidado de no informárselo a Washington para evitar que la verdad llegase a oídos de Hoover.

Hoover acariciaba la idea de, terminada la guerra, disolver la OSS, "su odiada rival", explica Newton, que se permitió opinar que Casey no debía haberse disgustado "al ver que los 'agregados legales' del FBI en América Latina hacían un papelón".

Sin embargo, el papelón lo hizo Newton. Porque resulta evidente que confundió a Ladd —el mayor experto del FBI en submarinos alemanes, que a la sazón buscaba afanosamente a Hitler en la Argentina– con el agregado militar Lang, que no representaba en Buenos Aires al FBI sino a la OSS, y era por añadidura detestado por los jefes del FBI,

---

166 Un agente del MI-6 negó al corresponsal en Londres de un diario argentino que se hubieran desarrollado operaciones secretas tendientes a evitar que los primos yanquis se retiraran de Europa dejándolos solos frente al oso soviético y, por el contrario, conseguir que se involucraran en la lucha contra el nuevo enemigo.

167 Newton se congratuló de que Lang hubiera sido expuesto por sus rivales dentro de los servicios secretos de inteligencia norteamericanos. Vale decir, concedió absoluta credibilidad a las marrulleras explicaciones que le había dado la *US Navy* a través del ex agregado naval Webb.

tal como demuestra el ya reseñado memorando interno que Edward A. Tamm le envió al gran jefe Hoover el 25 de agosto de 1945.

Con lo que su "descubrimiento clave" se derrumba como un castillo de naipes y queda en pie la evidencia: cuando Lang dijo que había submarinos alemanes navegando hacia la Argentina, los había.

Cuando el rumor difundido por Lang –infundado, según Newton– se tradujo en la aparición del U-530, funcionarios de las Embajadas de los Estados Unidos y Gran Bretaña viajaron rápidamente a Mar del Plata, donde se les impidió participar en "el interrogatorio de dos días realizado por el personal naval argentino". A pesar de cobrar sus honorarios del Estado argentino, Newton se mostró decidido a salvar la responsabilidad de los británicos en un eventual encubrimiento, del que descargó el peso exclusivamente sobre los hombros de los marinos argentinos. Porque sostiene que luego de los interrogatorios en los Estados Unidos[168], los tripulantes del U-530 y del U-977 fueron "devueltos a la Argentina" (*sic*) y desde allí "repatriados a Alemania en febrero de 1946", sin mencionar que Wehrmut y Schäffer fueron detenidos en Bélgica y exhaustivamente interrogados por el MI-6 británico.

Si estos "errores" deben atribuirse a un consciente o inconsciente resguardo de las razones de Estado esgrimidas por el Reino Unido y los *halcones* estadounidenses empeñados en la lucha contra El Mal que encarnó la hace tiempo disuelta Unión Soviética, otros parecen efecto de la pereza o la negligencia.

Porque en su informe Newton asegura que si bien los almirantes norteamericanos se apropiaron del submarino porque no estaban dispuestos a dejarlo en manos de un gobierno al que consideraban indecente, "cedieron dos torpedos del U-977 a la Armada Argentina".

Que la pretendida donación no era más que una cortina de humo era fácil de comprobar: los diez torpedos que cargaba el U-977 cuando se entregó –cuatro de ellos del tipo T-5, acústicos– nunca se retiraron de la nave y fueron trasladados en el submarino hasta los Estados Unidos por una tripulación de la *US Navy*. Restaba la ínfima posibilidad de que, a pesar del ocultamiento de la falta de torpedos, la Armada Argentina efectivamente se hubiera quedado con los dos que habitualmente se estibaban en compartimientos externos. Pero

---

168 Los interrogatorios, afirmó, duraron exactamente 86 días.

si había sido así: ¿dónde estaban? Una alta fuente oficial de la Armada Argentina confirmó a los autores que la fuerza jamás tuvo en su poder torpedos de ninguno de los dos submarinos alemanes entregados en Mar del Plata.[169]

La historia oficial argentina

El informe de la CEANA considera probado que:

–"Ninguno" de los tripulantes de ambos submarinos "había estado en la Argentina antes, ni tenía, con excepción de uno, familiares o amigos en este país".

–Si ambos *U-Bootes* escaparon de Europa fue únicamente porque "temían ser maltratados" o que los juzgaran como "criminales de guerra".

–Escogieron la Argentina por el buen concepto que tenían de esa nación y porque ignoraban completamente que la Argentina hubiera declarado la guerra a Alemania en marzo de 1944. ¿Cómo lo sabe, cómo puede demostrarlo?

–El *Bahía* se hundió "frente a las costas de Pernambuco" (sic) con un saldo de "367" muertos (sic).

–"Wehrmut se metió en problemas al arrojar al mar el diario de navegación, 53 libros de códigos, mapas, torpedos restantes, ametralladoras y municiones, y al sabotear (sin éxito) los motores de la nave".

–El U-530 llegó a Mar del Plata con "un solo torpedo defectuoso de los 14 con los que estaba equipado al partir de Kiel" –con lo que revela que no distingue los submarinos de la clase IX-C, como el U-530, de los más pequeños de la clase VII-C, que son los que cargaban habitualmente 14 torpedos.

–Aunque Wehrmut había ordenado disparar "siete torpedos al encontrarse rodeado frente a las costas de Nueva York" no "había registrado ningún acierto"; más tarde arrojó al mar otros "seis torpedos en condiciones de explotar". Este punto no puede considerarse probado, bajo ningún concepto, más allá de las declaraciones del joven comandante o los trascendidos emanados del SIN.

---

[169] En cuanto al destino de ambos *U-Bootes*, Newton señaló que el "U-530, que había sido parcialmente saboteado antes de la rendición, debió ser sometido a reparación en Río Santiago antes de partir hacia el norte. A fines de 1945 o principios de 1946, el U-530 y el U-977 fueron hundidos, entre otros cien submarinos clase U en el Atlántico Norte, según lo acordado por los gobiernos británico y soviético".

–El U-530 no pudo haber navegado las "1.700 millas marinas o más (*sic*) desde el lugar del hundimiento del *Bahía* hasta Mar del Plata en seis días" a una velocidad promedio de "6,5 nudos", la supuesta máxima que era capaz de desarrollar.[170]

–Wehrmut y Schäffer no realizaron "otras escalas (a excepción de la del U-977 en la Isla de Hellesoy para desembarcar a 16 tripulantes) en el resto del itinerario de las naves", con lo que descartó sumariamente que los tripulantes del U-977 hubieran hollado tierra firme en las Islas de Cabo Verde, las rocas de San Pedro y San Pablo o las costas bonaerenses y patagónicas.

Además, relativiza el avistaje del 17 de julio de 1945 de un (*sic*) submarino "que viajaba hacia el sur a unos 3.000 metros (*sic*) de la costa" por parte, reconoce, de "por lo menos dos docenas de personas", con el peregrino argumento de que en ese momento "había neblina" (*sic*) y que la existencia del submarino no fue certificada "por los observadores entrenados del faro cercano de Cabo San Antonio, ni por un avión no identificado que volaba en círculos sobre la zona". ¿Cómo sabe que los tripulantes de un avión *no* identificado *no* vieron un *U-Boote*? Y, por cierto, ¿el avión no se encontraría allí precisamente para guiar la navegación y desembarco del submarino?

–Admite que "al anochecer del 17, el torpedero *Mendoza*, que patrullaba mar afuera, avistó un periscopio y detectó sonidos de submarinos en sus hidrófonos", que "persiguió el objetivo por una hora y cuarenta minutos" y que le disparó "ocho cargas de profundidad, hasta que la oscuridad lo obligó a abandonar las operaciones", pero relativiza el hecho al agregar que "durante los días posteriores se hicieron avistajes aislados en la zona", uno de ellos por una persona que confundió "la mesana de un pesquero con la torreta de un submarino clase U". Se trata de un prejuicioso comentario, que descalifica el testimonio de decenas de subdesarrollados argentinos porque uno de ellos habría sido miope.

---

170 Es imposible no comentar este exabrupto. La distancia entre ambos puntos es de casi 3.000 millas náuticas, y la velocidad máxima de un submarino del tipo IX-C/40 era de 20 nudos. En el caso del U-530, que había disparado o se había deshecho de todos sus torpedos y carecía de cañón, podía alcanzar los 22 nudos. Una sencilla división entre aquella distancia, por las 144 horas con las que contó el U-530 para recorrerla, da como resultado un promedio de 20,7 nudos, velocidad a todas luces accesible. Los convoyes, obligados a navegar al ritmo de los buques más lentos, superaban por lo general los 12 nudos. Cabe preguntarse cómo se las ingeniarían los *U-Bootes* para atacarlos, si su velocidad máxima fuera de 6,5 nudos.

Explosiones en la cara

Como puede apreciarse, la sustancia del "Informe Newton" es falsa, equívoca, apresurada o carece de cualquier relación causal con los hechos que se propone menoscabar o refutar. Un festival de inexactitudes y mentiras. Lo más grave es que se trata de un informe oficial del Estado argentino, que se convierte así en cómplice de un encubrimiento que podría derivar eventualmente en embargos y demandas multimillonarias.

Para aventar las sospechas de incrédulos y hombres de poca fe sobre la seriedad y rigor de su tarea, Newton alega que ya para "mayo de 1945, la X Flota de los Estados Unidos afirmó tener la capacidad de rastrear la posición de todos los submarinos clase U que se encontraban en el Atlántico por medios electrónicos, a menos que mantuvieran un silencio de radio absoluto". Ese dato técnico le sirve para afirmar que, terminada la guerra, los *U-Bootes* ya no recorrían los mares. Olvidó que el 13 de julio de ese año la *US Navy* admitió que faltaban entregarse "entre cuatro y seis" *U-Bootes*, y que 18 de julio *United Press* informó desde Londres que el gobierno británico consideraba que el U-530 había integrado un convoy de seis submarinos, y que los servicios secretos norteamericanos habían detectado comunicaciones entre un *U-Boote* y el territorio argentino, antes de su rendición en Mar del Plata.

A renglón seguido el informe de la CEANA da por sentado que "los servicios de inteligencia de las marinas británica y estadounidense estaban muy motivados por conocer el destino de todos y cada uno de los submarinos clase U que hubieran entrado en servicio activo". Y aunque reconoce que esa tarea todavía proseguía, zanjó la cuestión diciendo que "se cree (*sic*) que el destino del total de los 1.171 submarinos clase U puestos en servicio antes de 1945 es conocido".

En realidad, todavía se desconoce el destino final de más de medio centenar de *U-Bootes*, lo que exime de mayores comentarios.[171]

---

[171] A nuestro leal saber y entender, a la fecha de edición de este libro se desconoce el destino de 55 *U-Bootes*: U-1, U-22, U-47, U-54, U-86, U-104, U-116, U-122, U-180, U-184, U-193, U-196, U-206, U-209, U-240, U-246, U-296, U-325, U-337, U-338, U-355, U-364, U-376, U-381, U-398, U-396, U-420, U-455, U-479, U-482, U-519, U-529, U-553, U-578, U-602, U-647, U-650, U-666, U-669, U-683, U-702, U-703, U-740, U-745, U-851, U-855, U-857, U-865, U-921, U-925, U-1020, U-1021, U-1055, U-1191 y U-1226.

El "Informe Newton" afirma –una vez más ligeramente y sin el más mínimo apoyo documental– que "el formidable brazo de los submarinos alemanes" no "tenía mucho margen de acción en aguas argentinas"; que los espías alemanes desplegados en el país se caracterizaban por "una ineptitud y una falta de seguridad casi épicas" y que carecían por lo general de la "valentía, competencia y dedicación de los prusianos" (*sic*).

Si los desembarcos se hubieran producido, añade, carecería de toda lógica que "un jefe nazi de mediano nivel como Walter Wilkening hubiera hecho alarde en el entorno notoriamente chismoso del Buenos Aires alemán, de la inminente llegada de Hitler. (...) Los nazis locales eran estúpidos, pero no tan estúpidos. Habrían tenido motivos más que suficientes para mantenerse callados", remató, prejuicioso esta vez sobre la supuesta franqueza del nazi Wilkening –¿sería prusiano?– como si desconociera las operaciones de enmascaramiento y distracción.

Newton advirtió que las "patrañas" sobre los desembarcos de submarinos en la Argentina sobreviven "a medias en la ficción de la prensa sensacionalista, el folklore popular y la mitología". Sin embargo añade, previsor, que si bien "aún es posible que algunas historias aceptadas hoy en día nos exploten en la cara", el "público argentino se ha acostumbrado a esperar explicaciones sensacionalistas. *Se non vero, è ben trovato. Ma infine non è la storia*", remató el racista Newton, admirador de la rigurosidad sajona y prusiana, y desconfiado del temperamento latino, tan propenso a echar a volar la fantasía.

Investido de etnólogo formuló sus dos principales conclusiones con talante jocoso:

–"Probablemente nunca se encuentre la explicación de los avistajes inexplicados de submarinos en 1945".

–"La probabilidad de que alguna vez se haya producido" un desembarco de submarinos alemanes en las costas argentinas es "del mismo orden de magnitud que la probabilidad de que seres extraterrestres hayan aterrizado con éxito en la Tierra y se hayan ido de nuevo sin morirse de risa".

Antes de marcharse de la Argentina, muerto de risa y con los bolsillos llenos de dinero del erario público, Newton recordó el primer mandamiento de la Historia Oficial: "Dos y solamente dos (*U-Bootes*) se dirigieron a la Argentina".

La orden de Menem

Un equipo de buzos expertos en la recolección de cholgas, vieiras y mejillones del Instituto de Biología Marina Almirante Storni, encabezado por "Tony" Brochado, realizó entre el 23 y 24 de noviembre de 1996 una expedición que intentó ubicar los restos de uno o más *U-Bootes* presumiblemente hundidos en Caleta de los Loros. Aunque contaron con un mínimo apoyo de la Prefectura, del municipio de San Antonio Oeste y de personas convencidas de la existencia de los restos, como Chironi, Pereyra y Rivera, no consiguieron apoyo de la Armada y carecían de instrumentos tan elementales como un *sonar* lateral.

"El submarino puede estar en una zona más profunda, ya que Chironi (el piloto que lo divisó desde el aire en 1957) dice que lo vio durante una bajante extraordinaria. Para seguir la búsqueda debemos introducirnos más adentro y contar con un magnetómetro proctónico", dijo Brochado al finalizar la exploración de algo más de dos horas de buceo. "Nuestra búsqueda fue sólo a pulmón. Cuando se nos terminaron el combustible de los gomones y los tanques de oxígeno, tuvimos que parar y dar por terminada la misión. El instituto nos ayudó con la nafta, y un propietario de la zona, Luis Echávez, con los vehículos de enganche para traer los gomones al mar. Eso fue todo", explicó. E insistió: "Que no hayamos podido encontrar el submarino no quiere decir que no esté hundido allí".

El uruguayo Brochado vive en San Antonio Oeste y su casa está atiborrada de platos, botellas y otros enseres hallados en el mar. El arquitecto Patrizio Scaramucci –es decir Burnside– y el ingeniero Marcos Novak viajaron desde Bariloche hasta su casa interesados por su colección de botellas, ya que varias habrían pertenecido al *Dresden*. Fueron esos visitantes quienes lo impulsaron a buscar "el submarino alemán cuando me mandaron un fax con un mapa de la zona en la que podría estar la nave".

Algunos hechos son más elocuentes que las palabras. Furtivamente el aviso *ARA Gurruchaga*, de la flota de barreminas, al mando del capitán Diego Milles, exploró la zona próxima a la costa de la Caleta de los Loros los últimos días de noviembre y los primeros de diciembre de 1997. Llevaba, junto a su tripulación habitual, un equipo de buzos tácticos y un robot dotado de una cámara de video capaz de desplazarse por el lecho marino, manejada desde la superficie. También participaron del silencioso operativo aviones *Grumann Tracker* de la escuadrilla de lucha antisubmarina y científicos del Instituto de Biología Marina y Pesquera. La Armada Argentina guardó prudente silencio, incluso cuando el diario *Noticias de la Costa* informó tardíamente la búsqueda.

El 21 de enero de 1998 *La Mañana del Sur* sostuvo que la Armada había buscado restos de submarinos alemanes en la Caleta de los Loros. Por periodistas de *Ámbito Financiero* –diario de Buenos Aires que controla *La Mañana del Sur*–, pudo confirmarse que efectivamente la expedición había sido ordenada por el presidente Menem. "Los testimonios en base a los cuales se hizo la serie de notas publicadas por *La Mañana del Sur* fueron filmados. El Pelado (Julio) Ramos (dueño de ambos diarios) se los pasó a Menem. Un periodista de *La Mañana del Sur* le preguntó a Menem en El Bolsón qué iba a hacer el gobierno al respecto, y Menem dijo que iba a apoyar la investigación. *La Mañana* publicó un artículo con esas declaraciones, y las agencias internacionales las reprodujeron. Y eso, suponemos, fue lo que impulsó la última expedición de la Armada", explicó *off the record* uno de los periodistas más calificados de *Ámbito Financiero*.

El aviso *ARA Gurruchaga* permaneció veinte días revisando la Caleta de los Loros. Oficiales de marina retirados consultados por los autores mostraron estupor porque no se hubieran utilizado "aviones *Neptune* de la Armada, equipados con magnetómetros especiales para detectar submarinos". Fuentes oficiales de la Armada confirmaron que, "ante las denuncias de Tony Brochado, la Armada envió al aviso *Gurruchaga* y también aviones *Tracker* antisubmarinos dotados de MAD (detector de anomalías magnéticas) que confeccionaron una carta magnética. Y posteriormente, utilizando los puntos de esa carta en los que había mayor concentración de hierro, se buscó con buzos equipados con instrumental electrónico y se rastrilló el fondo con trineos".

El vocero comentó extraoficialmente que, a su juicio, el resultado negativo de la búsqueda se debió a que "esa zona se encuentra cerca de la Sierra Grande, y en ella hay diseminado mucho mineral de hierro en forma de pepitas".

La expedición noruega

A fines de 1998 una expedición liderada por Frederik Soreide y Marek Jasinsky, e integrada por científicos del Instituto Noruego de Arqueología Submarina, de la Facultad de Tecnología Marina de Oslo y del Museo de Hidrología Marítima de Trondheim, recorrieron la costa de la Caleta de los Loros con un *sonar* de barrido lateral de alta definición. Encontraron las mismas anomalías magnéticas detectadas por expediciones precedentes. Tras analizar fotografías digitales identificaron los objetos que las causaban. Eran "dos formas paralelas y sobresalientes del fondo" y "su tamaño, si estuvieran unidas, sería de aproximadamente 60 metros de largo, 5 metros de ancho y de un alto de 6 metros, las mismas medidas del casco interno de un *U-Boote* XXI", describió Burnside.

El investigador italiano sostuvo que esos grandes pedazos de metal "se encuentran en el área batimétrica de los 25 metros" de profundidad, y "entre los 800 y los 900 metros mar afuera del punto en el cual yacerían otros enterrados completamente".

Buzos argentinos de la *Fundación Albenga* que trabajaron con los noruegos, agregó Burnside, volvieron al lugar en abril de 1999, donde permanecieron hasta fin de mes. Pero la búsqueda resultó infructuosa, "por falta de una ubicación precisa y también por el hecho de que el fondo marino, en la Bahía de los Loros, cambia prácticamente de un día para otro, no sólo por las fuertes mareas, sino por los repentinos cambios meteorológicos y el oleaje que obstaculiza las tareas náuticas y submarinas".

Burnside destacó sin embargo que "la evidencia técnica de la expedición confirma los memorandos del FBI del 14 de agosto y del 21 de septiembre de 1945", ambos fechados en Los Angeles y referidos al supuesto desembarco de Hiltler y otros cincuenta jerarcas nazis desde dos submarinos "en el Golfo de San Matías, cerca de San Antonio", cuya fuente, cree, fue Rivera padre. Esa cifra, señala, coincide con la de "dos tripulaciones optimizadas para navegar absteniéndose de desempeñar ataques", esto es, despojados de todos o la mayor parte de los torpedos.

Al estudiar la imagen *sonar* lograda por el equipo noruego, Burnside deduce que "tras un detenido análisis de los planos de un (submarino tipo) XXI, las ocho secciones pre-armadas, corroídas por la herrumbre de más de medio siglo, se separaron. Como se evidencia también en la foto aérea tomada en 1991" aunque durante esos siete años "dos de ellas se deslizaron unas decenas de metros".

Para Abel Basti, los testimonios sobre la presencia de *U-Bootes* en el sur argentino a tres meses de terminada la guerra son lapidarios. A ellos se suma el material secreto de la Armada que ya fue desclasificado y que certifica que los lobos grises navegaron en aguas jurisdiccionales argentinas en 1945. Pero los interrogatorios norteamericanos a los tripulantes que se entregaron "se desclasificarán totalmente recién dentro de 18 años, y los hechos antes por los marinos argentinos tienen —estimó— la protección perpetua que les impuso el SIN".

"En la zona del Golfo de San Matías los testimonios cruzados de viejos pobladores que vieron *U-Bootes* son apabullantes. Las historias y los indicios se suceden invariablemente a pesar de las distancias. Y al navegar por la zona que esos testimonios indican —a 2 kilómetros de la costa y a unos 30 metros de profundidad— el magnetómetro salta: o hay un submarino, o hay una mina de hierro", insiste Basti.

El inquieto periodista cree que "pasado más de medio siglo, bien puede haber una importante acumulación de arena encima del submarino. Me parece lógico que sea así. Y me parece obvio que todo o casi todo lo que se ha escrito hasta ahora de los submarinos es verso, incluyendo a los genios de la CEANA: escriben cualquier cosa porque jamás han pisado el litoral atlántico".

La "revelación" de Owen

Después de desembarcar personas y cajas en un campo costero de la firma *Lahusen* cercano a Necochea, una cantidad aún no precisada de *U-Bootes* habría sido hundida por sus tripulantes en la Caleta de los Loros, o con mayor amplitud, en el Golfo de San Matías.

Cuesta trabajo comprender hoy la enorme conmoción, incluso la psicosis que los avistamientos de San Clemente y Necochea produjeron en el Cono Sur. Como sucede con los ovnis, pronto infinidad de personas juraron haber visto *U-Bootes* en las costas de Brasil y de Uruguay.

Ya no cabe duda sobre los desembarcos, aunque se discuta la cantidad: fueron al menos cuatro, aunque probablemente hayan sido más; ya Londres afirmaba que el convoy que navegó a la Argentina estaba compuesto por seis *U-Bootes*, y efectivamente ése es el número que parece haber atravesado el Ecuador.[172]

---

172 No puede descartarse, sin embargo, que el *Babitonga* haya hundido alguno, ni tampoco que uno de los submarinos haya retrocedido y desembarcado clandestinamente en las costas colombianas —para luego ser desguazado o vendido por contrabandistas—, como aseguran algunas versiones.

Que llegaron hasta las costas patagónicas al menos tres, se lo confesó a Burnside el antiguo jefe de prensa de Joseph Goebbels, Wilfred von Owen, hijo del general que derrotó a las tropas insurgentes de la liga espartaquista –comunistas– exactamente 26 años antes de la caída del Tercer *Reich*.

Cuando se entrevistó con Burnside en Buenos Aires, Owen era un anciano de 86 años, elegante y bien plantado, orgulloso de haber sido el biógrafo de Goebbels y autor de casi medio centenar de libros. Owen había sido buen amigo de Hanna Reitsch. Burnside le mostró una foto tomada en Buenos Aires –probablemente en la base aérea de El Palomar– y le preguntó si la mujer que se veía conversando con el embajador Thermann y un general argentino era la famosa piloto alemana. Owen lo confirmó y entonces Burnside, disimulando su entusiasmo, comenzó a mencionarle, con cautela, "la llegada de los submarinos a las costas patagónicas".

Burnside recuerda que le mencionó la hipótesis de Gerald I. Postner, autor de *Los hijos de Hitler*, según la cual un convoy de cinco submarinos había traído a Hitler a la Argentina.

–¿Qué plantea? –le preguntó Owen.

–Era un convoy de cinco submarinos... –repitió Burnside.

–No. Eran tres –respondió Owen.

Como Burnside no reaccionaba, Owen, "con una sonrisa estampada en la cara" se puso de pie y le dijo:

–No le cuente esto a nadie.

Con gran apuro, Owen se despidió repitiendo:

–No se lo diga a nadie.

El 10 de julio se había entregado el U-530, el 13 el *Babitonga* atacó en el Ecuador a un *U-Boote* que marchaba con rumbo sur, y el 16 los vecinos de San Clemente vieron dos submarinos de diferente tamaño, por lo cual, al menos, deben contarse cuatro submarinos, o cinco si el avistaje denunciado en Monte Hermoso fue correcto.

Pero para aclarar la controversial cuestión lo mejor será pensar en voz alta: el 3 de julio el *Bocaina* detectó un submarino cerca del Ecuador. Quizá fuera el U-530, que en su huida llegó a Mar del Plata una semana más tarde. El 4 de julio el U-977 atacó al *Bahía*. A pesar del refrán que asegura que el asesino siempre vuelve al lugar del crimen, no tenía sentido –aun en el hipotético caso de que se hubiera escondido en las rocas de San Pedro y San Pablo– que transcurridos nueve días del hundimiento del crucero brasileño volviera a pasar –y menos que se detuviera– por el lugar exacto del torpedeamiento, la Estación 13, donde lo detectó el *Babitonga* el 13 de julio. De modo que se trataría de otro submarino.

En cualquier caso, el U-530 se unió al convoy –de por lo menos tres *U-Bootes*– que había zarpado de Noruega, en las Islas de Cabo Verde. Venía de las costas de los Estados Unidos, y lo más probable es que no navegara solo.

De una u otra manera se alcanza siempre una cifra nunca inferior a cinco submarinos, como había postulado Postner y como le preguntó Burnside a Owen. Al confesar que los submarinos eran tres, lejos de revelar un secreto Owen habría admitido una obviedad para continuar encubriendo la cifra real.

Fantasmas

Burnside sostiene que Hitler se refugió en la extensa Patagonia y que vivió en distintas localidades del sur hasta su muerte, en 1959. Afirma que una mujer polaca, Brunilsva Kitajgrodsky, lo vio en julio de 1945 dentro de uno de los automóviles de un convoy que se dirigía hacia Los Andes y que se detuvo a cargar combustible en un caserío llamado Alto Las Plumas –entonces Punta de Rieles– en medio de la desolada provincia de Chubut; que fue también reconocido en 1948 en el pueblo chubuteño de Cholila –famoso porque allí vivieron los bandoleros Butch Cassidy y Sundance Kid–; que visitó a un paciente internado en el hospital de Comodoro Rivadavia donde María Mafalda Falcón, una de las enfermeras –que lo había visto durante la guerra cuando trabajaba para la Cruz Roja– lo reconoció a pesar de que no llevaba bigotes y tenía el pelo blanco. Añade que esa descripción concuerda con la que le dio Hernán Ancín, quien contó que en 1953, mientras trabajaba como carpintero para Ante Pavelic –el caudillo fascista de Croacia y jefe máximo de la organización terrorista *Ustasha*– en Mar del Plata, en 1953, vio en varias oportunidades a Hitler, quien visitaba a Pavelic acompañado por una mujer unos 25 años menor, regordeta y de cabello claro.

Cuatro años después, insiste Burnside, Hitler fue identificado en Cervantes, un pueblo del Valle del Río Negro, por Felisa Alsina, empleada doméstica y concubina del alemán Albrecht Boehme, quien durante la guerra había sido piloto de los bombarderos cuatrimotores *Cóndor* del I/KG 200, y que estaba relacionado con Josef Mengele, el médico de Auschwitz, por entonces escondido en la Argentina bajo la protección del gobierno de Perón.

Sobre la base de éstos y otros testimonios Burnside cree que Adolf Hitler murió en una estancia de la llanura próxima al Lago Argentino y al Glaciar Perito Moreno, donde lo habría cuidado un matrimonio de croatas.

La segunda muerte de Bormann

Desde el fin de la guerra y hasta 1973 se denunció la presencia de Martin Bormann en Sudamérica medio centenar de veces: 17 en la Argentina, 15 en Brasil, 8 en Paraguay, 4 en Chile, 3 en Bolivia, 2 en Uruguay y una en Perú. Más allá de esos testimonios, al publicar sus memorias en 1971, Reinhardt Gehlen aseguró sospechosamente que Bormann había sido espía soviético durante toda la guerra, y que en la noche del 1 de mayo de 1945 se había entregado al Ejército Rojo, que lo había llevado a Moscú "donde aún vive o estará enterrado".

En 1992 el abogado paraguayo Martín Almada descubrió en un cobertizo de la comisaría de Lambaré, en las afueras de Asunción, alrededor de 20 toneladas de expedientes con información confidencial sobre la represión política ejercida a lo largo de 35 años (1954-1989) por la dictadura del general Alfredo Stroessner.[173]

Entre otros muchos documentos, vio la luz un informe que el entonces jefe de la División Asuntos Extranjeros del Ministerio del Interior, el polaco Pedro Prokopchuk, le había enviado el 24 de agosto de 1961 al director nacional de Asuntos Técnicos de la policía paraguaya, Antonio Campos Alum. El informe decía que Martin Bormann había muerto en Paraguay el 15 de febrero de 1959 a causa de un cáncer de estómago: "De acuerdo a un contacto confidencial con el Servicio de Inteligencia de Alemania Occidental en América Latina", Bormann había llegado a Paraguay en 1956 y se había radicado en la casa del alemán Alban Krug en Hohenau, un pueblo de la región del

---

[173] Los archivos descubiertos por Almada –que había sido ferozmente torturado por la policía de Stroessner– permitieron reconstruir la historia de la Operación Cóndor de coordinación de secuestros, torturas, asesinatos y desapariciones de opositores por parte de las dictaduras militares que gobernaron los países del Cono Sur latinoamericano durante los años '70.

Alto Paraná. En la misma época otro famoso prófugo nazi, el médico Mengele, habría llegado a Paraguay para atender a Bormann, que convalecía en la casa del cónsul general de Paraguay en Alemania, Werner Jung.

Prokopchuk también informaba que en casa de Jung estaba viviendo el doctor Peter Bensch, agregado cultural de la Embajada de la República Federal Alemana; que allí había habitado hasta poco antes Mengele, y que en el entierro de Bormann, realizado dos días después del deceso en el cementerio de Ité, habían estado presentes –además del chofer del camión que transportó el ataúd y el sepulturero– el cónsul Jung y Anatolio von Eckstein, un comerciante estonio de origen alemán.

Prokopchuk aclaraba que la información que estaba transmitiendo provenía del Servicio de Inteligencia alemán federal –es decir, el BND– cuyo jefe regional le había propuesto trabajar de forma "exclusivamente confidencial" con vistas a establecer "una relación oficial (...) en la que se llegara al (inter)cambio total de todas las informaciones de nuestro ambo interés".

"Frente a ese Servicio de Inteligencia de Alemania Occidental está el general Gehlen, que a su vez es el Jefe de Inteligencia de la OTAN, dirigiendo esas dos instituciones en una organización más poderosa en la lucha contra el espionaje comunista", explicó el jefe de la División Asuntos Extranjeros del Ministerio del Interior paraguayo.

En un castellano macarrónico Prokopchuk le aclaró al jefe de "la (siniestra policía) Técnica" que "en el futuro solicitaré el permiso correspondiente sobre cada informe procedente de nuestro trabajo, una vez solicitada por esa Argentura (*sic*, por 'agencia') en cuanto no estaré en claro sobre la posibilidad de intercambio de una tal información solicitada".

Tres semanas después de que Prokopchuk despachara aquel informe, el 15 de septiembre, un alemán de apellido Wolf murió de un tiro en la cabeza en el interior de un autobús en las cercanías del pueblo paraguayo de San José. Una semana más tarde, el 23 de septiembre a la noche, Prokopchuk fue asesinado mientras asistía a una proyección en el cine *Splendid*, en pleno centro de Asunción. Antes de ser rematado en el suelo, Prokopchuk logró desenfundar su pistola y abatir a uno de los agresores. Hirió también a algunos espectadores, mientras los demás huían de la sala en estampida, destrozando los vidrios de los accesos. Una vez en la calle una decena de ellos reconoció al asesino, quien fue rápidamente subido a un automóvil de la Policía de Investigaciones.

El hombre al que Prokopchuk había logrado matar antes de morir era oficial de la policía paraguaya. En cuanto a su asesino, fue identificado como Batric Kontic, un pistolero de la *Ustasha*. Víctima y victimarios eran parte del temible aparato represivo de la dictadura de Stroessner, que silenció la publicación por la prensa de cualquier detalle del hecho que, a todas luces, era un ajuste de cuentas.

Un sumario interno de la policía exhumado de los "Archivos del terror" señala que Prokopchuk y Kontic estaban enfrentados porque el primero acusaba al segundo de haber asesinado a Wolf –al parecer agente de un servicio secreto extranjero, posiblemente de la República Democrática Alemana– para robarle 30.000 dólares.

Al narrar esta intrincada historia, Rogelio García Lupo, autor de *El Paraguay de Stroessner*, puntualizó sus discrepancias con la hipótesis mayoritaria: que Prokopchuk había sido asesinado "porque sabía demasiado sobre los nazis de Paraguay y éstos, en previsión de otros descubrimientos, decidieron quitarlo de en medio con la colaboración de la propia policía de Stroessner".

Señaló al respecto que Prokopchuk jamás había investigado ni a Bormann ni a Mengele, y que había dejado claro que todas sus informaciones sobre nazis residentes en Paraguay provenían del BND: "Parece evidente que su *culpa* no ha sido seguir de cerca de los nazis sino haber aceptado 'un contacto confidencial'" con el BND.

En cuanto al asesinato de Wolf –o suicidio, tal como se lo consideró oficialmente– García Lupo considera "extraordinario que se haya atrevido a adentrarse en el interior de Paraguay con 30.000 dólares en billetes, aproximadamente 100.000 dólares de ahora", pero añade: "Es extraordinario aunque no inverosímil si Wolf había emprendido ese viaje con el propósito de comprar información sobre Josef Mengele...".

El informe del BND transcripto por Prokopchuk decía que Bormann había ingresado a Paraguay en 1956. García Lupo destacó que esa fecha deja "un período de más de diez años en la sombra: si Bormann no murió en Berlín en 1945 y entró en Paraguay en 1956 ¿Dónde pasó ese prolongado período de su existencia?".

Farago y los esqueletos

Ladislas Farago murió convencido de que Bormann había encontrado refugio en la Argentina. Durante la Segunda Guerra Mundial, su profundo conocimiento de la *Wehrmacht* lo llevó a Washington, donde trabajó para la OSS. Investigador tozudo e inteligente, en los años '60 publicó el *best-seller Patton, el juicio de Dios*, sobre el cual Francis Ford Coppola escribió el guión de la película en la que George Scott interpretó al general. Al comenzar los '70 Farago revalidó laureles con *El sello roto* (sobre el cual se filmó *Tora, tora, tora*) y en 1972 publicó un nuevo libro de investigación, que despertó una gran polémica, *Aftermath, Martin Bormann y el Cuarto Reich*, donde narra las supuestas aventuras de posguerra del delfín del nazismo.

Cuando presentó su libro en Buenos Aires, Farago afirmó que Bormann todavía vivía en la Argentina. Para apoyar su explosiva investigación exhibió una serie de documentos, pero resultó que algunos habían sido falsificados por la SIDE. Esas inexactitudes permitieron que sus detractores invalidaran todo su trabajo. Tras estudiar atentamente el caso y comprobar su rigor, Camarasa concluyó en 1995 que "no parece serio invalidar un trabajo de años sólo porque tiene algunos datos falsos y ciertas fuentes desaparecieron bajo las propias barbas policiales".

Para entonces Bormann había sido declarado oficialmente muerto. En diciembre de aquel 1972 en el que Farago defendió a capa y espada la investigación plasmada en *Aftermath...*, durante la construcción de la estación Lehrter del subte berlinés se encontraron dos esqueletos. Cerca de allí se había encontrado, al término de la guerra y en el bolsillo de una chaqueta de cuero, el diario personal de Bormann.

El examen forense cotejó los restos con los archivos del dentista Hugo Blaschke, quien había atendido tanto a Hitler como a Bormann. Los médicos dictaminaron que el esqueleto más pequeño pertenecía al segundo del *Führer*: "Aun cuando la naturaleza ha puesto límites al poder de reconocer exactamente el origen de los restos óseos, existe certeza de que los dos esqueletos hallados en el terreno de Ulap en Berlín el 7 y 8 de diciembre de 1972 son idénticos a los del acusado Martin Bormann y el Dr. Ludwig Stumpfegger", aseguraron.

El dictamen forense fue convalidado en 1977 por el experto norteamericano Reidar Sognnaes. Desde el fallecimiento de Blaschke, se lo consideraba su sucesor. Sognnaes había dictaminado también, valiéndose de la ficha odontológica, que una prótesis de oro y otras piezas dentales con emplomaduras que le mostraron los soviéticos habían pertenecido a Hitler.

Camarasa y muchos otros estudiosos relativizaron la confiabilidad de dicha identificación y, por cierto, tanto en la Argentina como en

Chile siguieron publicándose testimonios de personas que aseguraron haber tratado a Bormann en la posguerra.

Pero un veterano perseguidor de Bormann o de su fantasma, Simon Wiesenthal, lo dio por muerto: "Me había equivocado tanto con el caso Bormann (que ahora no) me cabían más dudas: la fiscalía de Francfort tenía razón al pensar que Bormann se había suicidado en la noche del 2 al 3 de mayo de 1945 en Berlín, cuando comprendió que no existía posibilidad alguna de escapar. (...) Indudablemente, después de la guerra los nazis necesitaban un Bormann para fundamentar su lema 'volveremos'. Así se creó la leyenda de que Bormann se había fugado a bordo de un submarino a Sudamérica, donde lo veían constantemente, hasta que su espejismo se trasladó a Medio Oriente", escribió. "Hoy sabemos que Bormann se suicidó la noche del 2 de mayo de 1945. No hay ninguna duda."

En cambio otro investigador del paradero de Bormann, el estadounidense Paul Manning, menospreció tan lapidaria conclusión con un comentario malévolo: "Wiesenthal dejó desde hace tiempo, por presión de los dirigentes judíos, de ocuparse del caso Bormann. La organización de Bormann no es meramente una organización de ex nazis: es un grupo poderosísimo cuyos intereses están hoy por encima de las ideologías".

"El manantial de rumores no se ha agotado –continuaba Wiesenthal–. Estos rumores se basan en un radiograma del Servicio de Informaciones Navales de la *Kriegsmarine* encontrado después de la guerra, que Bormann había enviado a su ayudante Hummel el 22 de abril 1945: 'Estoy de acuerdo con el propuesto traslado a *Übersse Süd* (literalmente, Ultramar Sur) que nada tenía que ver con Sudamérica sino que se trata del nombre de una estación de ferrocarril situada al sur de Munich".

Wiesenthal no reparó en que dicha estación se llama Ultramar a secas. No Ultramar Sur.

Labios sellados

En 1993 se conoció la transcripción del informe del BND que Prokopchuk había hecho para Campos Alum. El documento, recordó García Lupo, fue "simultáneamente rechazado por el gobierno de Alemania y por el más famoso investigador de nazis del mundo. El gobierno alemán declaró que 'Alemania considera que el trabajo de Simon Wiesenthal, quien determinó que el cadáver hallado en 1945 en

Berlín era el de Bormann, es el que merece credibilidad'. Más exactamente dijo: 'El documento encontrado en Paraguay no hará variar la postura del gobierno alemán sobre el tema'".

Como puede apreciarse, la posición oficial alemana era un disparate. Por varias razones. Primero, porque el único que sostuvo haber visto el 2 de mayo por la noche el cuerpo sin vida de Bormann, era el nazi fundamentalista Axmann, y desde entonces el cadáver había permanecido desaparecido durante 32 años. Segundo, porque Gehlen, ex jefe del BND, había dicho que Bormann había encontrado refugio en Moscú. Y tercero y fundamental porque había sido la justicia federal alemana la que había dictaminado que uno de los esqueletos desenterrados a fines de 1972 era el de Bormann, dictamen que había sido aceptado por Wiesenthal, y no al revés.

"No fue Pedro Prokopchuk ni el olvidado agente Wolf quienes tuvieron en su poder el secreto de Martin Bormann y Josef Mengele, aunque a ellos les costó la vida. La respuesta –concluyó García Lupo– estaba entonces en el general Reinhard Gehlen y hoy está en el gobierno alemán. Pero allí el silencio ha sellado todos los labios."

Operación James Bond

A pesar de que se declaró formalmente su deceso, tanto en la Argentina como en Chile, Brasil y Paraguay siguieron citándose testimonios de personas que aseguran haber tratado a Bormann en la posguerra.

A principios de septiembre de 1996 y en Berlín, un aristócrata, ex atleta y ex oficial de la *Royal Navy* y del *Intelligence Service*, John Aunsworth-Davis, verdadero nombre de quien como espía y escritor utiliza el seudónimo "Christopher Creighton", adelantaba algunos aspectos resonantes de su próximo libro *OpJB. El último gran secreto de la Segunda Guerra Mundial*. Dijo que, lejos de morir en Berlín, Bormann había sido rescatado del cerco soviético a principios de mayo de 1945, en una compleja acción comando de agentes de los servicios secretos británico y estadounidense, especialmente designados para la tarea por Winston Churchill.

Bormann, explicó Aunsworth-Davis, fue trasladado vía fluvial hasta Francia y luego en avión hasta Londres, en cumplimiento de otra operación secreta dirigida por un oficial de la *Royal Navy*. La operación se llamó James Bond, y el oficial, Ian Fleming, el mismo que años más tarde se haría mundialmente famoso como escritor gracias a su personaje, el agente 007 al servicio de Su Majestad.

La noticia fue destacada por *La Mañana del Sur*. "A Bormann lo rescató James Bond", sintetizó el título de su contratapa el 4 de septiembre. El diario publicó además una interesante serie de notas firmadas por Abel Basti, quien reprodujo incluso un pasaporte uruguayo que habría utilizado el prófugo para sus desplazamientos.

Siempre de acuerdo con la versión de Aunsworth-Davis, Bormann permaneció "en Inglaterra entre 1945 y 1956, custodiado por el servicio secreto británico y la CIA". Luego fue sometido a una operación de cirugía estética para alterar sus facciones, antes de viajar a "Brasil, Argentina y otros países sudamericanos, hasta que se instaló en Paraguay, donde falleció en 1989 tras una larga enfermedad". El ex espía también precisó que "los restos mortales de Bormann, enterrados en un principio en un cementerio paraguayo, fueron exhumados como resultado de un acuerdo secreto entre Washington, Bonn y Asunción, y trasladados a Berlín".

El libro de "Christopher Creighton" provocó considerable revuelo en Londres, pero ni un solo comentario del gobierno británico. Una elogiosa reseña publicada por *New York Times* el 22 de marzo de 1997, fue en cambio insólitamente respondida por el canciller argentino, Guido Di Tella, que le reprochó al director del diario: "Si Simón Wiesenthal estaba en lo cierto cuando aseveró que Martin Bormann murió en Berlín en 1945 –una afirmación compartida por autoridades alemanas e israelíes–, Bormann nunca pudo haber estado en la Argentina luego de la guerra como sugiere (la autora de la reseña, Ann Louise) Bardach".

Terció en la polémica el periodista Nicholas Tozer, ex editor del matutino argentino en lengua inglesa *Buenos Aires Herald* y miembro de la Fundación Internacional Raoul Wallenberg, de la Casa Argentina en Jerusalén.[174] En un artículo titulado "James Bond atrapó a Martin

---

174 De la Fundación Internacional Raoul Wallenberg son miembros honorarios –entre una larga lista de primeros mandatarios, ex primeros mandatarios y premios Nobel de la Paz– el ex presidente de los Estados Unidos Gerald Ford, los ex primeros ministros de Israel, Shimon Peres y Ehud Barak y el cardenal primado de la Argentina, Jorge Bergoglio. Revistan como miembros efectivos, entre otros, el escritor Marcos Aguinis, el banquero y ex embajador argentino ante las Naciones Unidas Emilio Cárdenas, el científico político Carlos Escudé, la historiadora Beatriz Gurevich, el embajador Juan Archibaldo Lanús, el dirigente socialista Norberto Laporta, el periodista Julio Saguier, el empresario Alejandro Romay y Manuel Tenembaum. En su consejo de dirección se encuentran, entre otros, el historiador José Ignacio García Hamilton y los periodistas Gustavo Jalife y Nicholas Tozer.

Bormann", Tozer comentó el texto de Creighton: "Es muy probable que luego de transcurridas las primeras páginas los lectores se sientan inclinados a sospechar acerca de la veracidad de este libro y a considerarlo un fraude. Sin embargo, es recomendable sugerir que se resista esa comprensible tentación y se siga adelante con la lectura, ya que Creighton puede resultar un personaje extraño, pero también ostenta títulos y relaciones incuestionables, por ejemplo: ex oficial de operaciones especiales de la Armada Real Británica y amigo de personalidades del calibre de Ian Fleming, Churchill, lord Mountbatten, Joachim von Ribbentrop y el Rey George VI, entre otros. (...) Debe tomarse en cuenta también el conocimiento preciso y de primera mano que el autor posee de detalles concernientes a las internas de diferentes operaciones; no sólo de OpJB sino también de otras que tuvieron lugar en la misma época, muchas de las cuales están avaladas por cartas de algunos de los peso pesados citados, como Churchill, Mountbatten y Fleming".

El ex editor del *Buenos Aires Herald* concluyó que "Más allá de la evidencia presentada, por momentos abrumadora, (...) lo que el autor nos cuenta es estremecedor. En suma: Churchill ordenó a comienzos de 1945 una operación ultrasecreta para sacar a Bormann de Berlín. (...) Este grupo comando altamente calificado pudo penetrar las filas enemigas, llegar a la capital del *Reich* y llevarse a Bormann pasándolo secretamente entre las fuerzas alemanas y soviéticas hasta la zona de control británico dentro de Alemania desde donde fue trasladado a Inglaterra. En Londres fue interrogado y se le dio una nueva identidad. Finalmente, y como broche de oro a la maniobra de encubrimiento, se plantó junto al *Bunker* de Berlín el cuerpo de un doble de Bormann debidamente acondicionado en orden y con arreglo al registro médico del jerarca. (...) Este libro ofrece una lectura fascinante pues revela hasta qué extremo el trabajo encubierto de inteligencia debe ser mantenido en secreto, aun para aquellos considerados 'en una posición de saber', incluyendo en este caso a indiscutibles autoridades en este período de tiempo tales como Hugh Trevor-Roper (ahora lord Dacre) o Hugh Thomas, quienes han escrito extensamente acerca de la era Nazi y que han sido –en la opinión de Creighton– engañados con la artimaña. (...) En lo que quizás sea la más increíble vuelta de tuerca de la historia, Creighton dice que el entonces jefe de la ultra secreta Sección M de Inteligencia Naval, el Mayor Desmond Morton, otro actor protagónico en esta historia, viajó junto a Bormann hasta Alemania, para que el ex-jefe nazi presenciara el momento en que era sentenciado *in absentia* en el famoso Juicio de Nuremberg".

Tozer admitió impresionarse por "el grado al cual pueden llegar los gobiernos en el manejo y manipulación de la información, al punto de adulterar todo tipo de documentos para que los mismos den apoyo a hechos que han sido específicamente armados por razones de Estado". Y concluyó: "Es de esperar que esta obra estimule algún tipo de respuesta desde los círculos oficiales de Inglaterra, los Estados Unidos, Alemania e Israel de modo que podamos saber finalmente qué fue lo que verdaderamente pasó cuando se derrumbaba el Tercer *Reich* en 1945 y cuál fue el paradero de Martin Bormann".[175]

El marco político

Durante los últimos días de la guerra los aliados no sabían dónde se refugiaba Hitler. Sólo después de la rendición comenzaron a rodar las versiones de que habría permanecido hasta último momento en el *bunker* de la Cancillería.

A pesar de que Burnside considera probado que Hitler huyó a la Argentina en submarino, no puede descartarse la alternativa de que se haya ocultado en un refugio alpino. Cuando los soviéticos ingresaron al *bunker* no encontraron al *Führer* ni, tampoco, la antena principal del radio-transmisor del *Führerbunker*. Esa antena, que estuvo en funcionamiento al menos hasta el 28 de abril, sería encontrada en el Berghof. Estos indicios señalan la posibilidad de al menos dos planes de fuga, o que la Operación Ultramar Sur haya servido de cortina de humo para un escape de Hitler a los Alpes. De ser así, tal vez ese refugio estuviera en la pequeña población llamada Übersee, situada a unos 40 kilómetros de Berchtesgaden y cerca de la frontera con Austria.

Pero, más allá de la suerte de Hitler, la existencia de la Operación Ultramar Sur no admite dudas. Tampoco que las cúpulas de los servicios

---

[175] Pasados más de cinco años desde la aparición del libro, Tozer tiene un nuevo motivo de estupor. "No sólo ningún funcionario gubernamental hizo el menor comentario sobre lo narrado por Aunsworth-Davis/Creighton, sino que incluso se hicieron muy pocas reseñas del mismo. Que yo sepa, y pese a su evidente interés, el libro no fue reeditado ni traducido. Todo lo que sucedió en torno a él es muy, muy raro", comentó a uno de los autores.

secretos de Gran Bretaña y los Estados Unidos la encubrieron: permitieron que el convoy clandestino cruzara en superficie el Estrecho de Skagerrak; minimizaron los hundimientos del *Sneland I* y del *Avondale Park*; mintieron sobre la causa del hundimiento de la corbeta *USS Eagle 56*; presionaron a Brasil para que declarara accidental la pérdida del crucero *Bahía*; ocultaron el derribo de un bombardero en las cercanías de las rocas de San Pedro y San Pablo y la muerte de cuatro marinos norteamericanos en aquella tragedia; y por último felicitaron "calurosamente" a la Argentina por su complicidad en la maniobra.

Hasta último momento Hitler y la cúpula del nazismo albergaron la esperanza de que la formidable pero heterogénea coalición que había acorralado al Tercer *Reich* se rompiera, y que los aliados anglosajones pactasen con Alemania una paz por separado, para iniciar con su auxilio una lucha a muerte contra la Unión Soviética y el comunismo.

Las esperanzas de Hitler tenían fundamento, ya que mientras Churchill ansiaba obtener territorios en el continente europeo –ambición que le reprochó Roosevelt–, con Truman en la presidencia los Estados Unidos y Gran Bretaña coincidieron en que el objetivo prioritario era frenar la expansión del comunismo, y particularmente, impedir que la Unión Soviética obtuviera puertos en el Atlántico y el Mediterráneo.

El *Führer* sabía que el gran obstáculo para una nueva coalición era su propia existencia física, por lo que dispuso –junto a su desaparición– que lo reemplazara el gran almirante Karl Dönitz.

Cuando Stalin advirtió que aliados anglosajones y alemanes negociaban a sus espaldas, protestó con vehemencia. Pero la jugada ya estaba hecha. Para abril las hostilidades en el Frente Oeste prácticamente habían cesado, mientras en el Este los alemanes presentaban a los soviéticos una resistencia encarnizada. Al tomar Berlín, una gran victoria simbólica, el Ejército Rojo se encontró encerrado en una llanura rodeada por tropas aliadas y alemanas, desplegadas en la Península de Jutlandia y en el norte de Italia.

Para colmo los soviéticos no hallaron en Berlín ni a Hitler ni algún cadáver que pudieran atribuir al *Führer*. En la cima del poder mundial se extendía la convicción de que había huido, aunque sólo Stalin se atrevió a hacer públicas sus sospechas e incluso afirmar que se había refugiado en España o la Argentina.

Stalin hablaba con conocimiento de causa. Sus hombres obtuvieron, bajo tortura, las declaraciones de los oficiales SS que permanecieron en el *Führerbunker* hasta los últimos días, hasta las últimas horas incluso. Quebrados, algunos confesaron que Hitler había huido en avión y luego en submarino, aunque no pudieron aportar más datos.

Dönitz recibió órdenes directas de Hitler para que intentara retrasar todo lo posible el desmoronamiento del Frente Oriental y la definitiva capitulación, en aras de lograr un acuerdo antibolchevique con las potencias occidentales, instrucciones que cumplió con su acostumbrada eficacia. Subsidiariamente garantizó que culminara sin contratiempos la primera y más riesgosa fase de la ultrasecreta Operación Ultramar Sur.

Gracias a su solvencia, y a la ostensible protección que recibió la Operación Ultramar Sur de Londres y Washington, no se sabe aún quiénes integraron la tripulación –y el pasaje– de al menos dos submarinos que integraban el convoy, entre ellos el de la clase XXI. Y resulta obvio que el desembarco de 16 tripulantes del U-977 en las cercanías de Bergen dejaba espacio libre para transportar a la Argentina un número no menor de desconocidos, o cajas, o baúles.

A último momento

Holger M. Meding, autor de *La ruta de los nazis*, consultó en la caja 64 del Archivo General de la Armada el informe de Mallea sobre los interrogatorios a Wehrmut y Schäffer fechado el 17 de agosto de 1945, así como el decreto 19.160, cinco días posterior, que transfirió el U-977 a los Estados Unidos. Tras comprobar, perplejos, que esa caja guarda en la actualidad documentos sobre la tripulación del *Graf Spee*, habíamos perdido toda esperanza de acceder a nueva documentación, y reafirmado también la sospecha de que la Armada no aportaría datos hasta que lo hiciera la *US Navy* o el gobierno federal de los Estados Unidos.

A mediados de junio de 2002, cuando este libro estaba prácticamente terminado, accedimos sin grandes expectativas –a través del presidente de la Comisión de Defensa de la Cámara de Diputados, Miguel Ángel Toma–, al jefe del Estado Mayor de la Armada, almirante Joaquín Stella, quien a su vez nos derivó a un oficial superior. Sin demasiados trámites y en medio de instructivas conversaciones, nos permitió en poco tiempo consultar valiosos archivos y nos entregó copias de las traducciones al español de los interrogatorios marplatenses a los comandantes de los submarinos, celosamente vedados durante 57 años.[176]

Se percibe rápidamente que las respuestas de Wehrmut y Schäffer han sido resultado de una cuidada manipulación, cabildeos y consultas; y que su versión final –que oculta la verdadera misión secreta de los *U-Bootes*– responde tanto a la voluntad de aquéllos como a una decisión política de la cúpula de la fuerza.

Aunque el contenido de los interrogatorios no modifica sustancialmente lo que ya sabíamos, vale la pena recorrerlos brevemente por algunas precisiones, contradicciones y silencios.

Más allá de que los jóvenes comandantes debieron contestar un largo cuestionario, y que no todos los interrogadores fueron complacientes por igual, baste decir que las cruciales preguntas sobre Hitler y Bormann, y sobre si habían hundido al *Bahía*, fueron exquisitamente soslayadas. Estos temas ni siquiera se mencionan en la versión traducida, a pesar de la pública admisión de Schäffer, que escribió que aquéllas fueron las primeras, acuciantes preguntas que le hicieron.

El interrogatorio de Wehrmut comenzó el 13 de julio, tres días después de rendir su nave, y continuó al día siguiente a cargo de Dellepiane, Ribero, Berry, Conway y Benesch.

Cuando le preguntaron por qué le habían concedido sendas Cruces de Hierro de Primera y Segunda Clase, sólo declaró que se debían a "misiones de información y de ataque" en el Atlántico Norte. "Lamento no poder dar mayores datos", se justificó, negándose a revelar más sobre su participación en misiones secretas en aguas estadounidenses, Wehrmut incluso se abstuvo de precisar en qué lugar operaba al finalizar la guerra: "En una zona que no deseo declarar", dijo, para que no constara que en abril había navegado en aguas norteamericanas. Cuando lo conminaron a especificar a qué buques había atacado –independientemente de la región– y con qué resultado, se limitó a decir: "No deseo responder a esa pregunta".

Tampoco contestó a qué flotilla pertenecía el U-530, si bien afirmó que recibía órdenes directas de Berlín. Era una respuesta insólita, que lo ponía al filo de la sospecha de responder directamente a Hitler. Es

---

[176] Los autores suponen que la Armada tomó la decisión de despegarse definitivamente del pésimo informe de la CEANA redactado por Newton en el que, insólitamente, no tuvo participación.

probable que haya sido el precio a pagar para no admitir que el U-530 había sido traspasado a último momento a las flotillas de Noruega. La 11ª o acaso la 14ª, conformada en diciembre de 1994.

El U-530 había llegado sin más torpedos que uno eléctrico cuya batería no funcionaba, y sin más armas que algunas pistolas. Cuando le pidieron que detallara el armamento del submarino al zarpar, Wehrmut respondió que "llevaba la dotación reglamentaria" y que no deseaba "entrar en detalles". Más adelante, sin embargo, aclaró que había partido sin el cañón de 105 milímetros –arma inútil desde que los *U-Bootes* no estuvieron en condiciones de atacar a sus presas desde la superficie– y con dos ametralladoras antiaéreas de 37 y 20 milímetros. Estas respuestas desnudan que las "filtraciones" de Mallea y Manrique a la prensa, acerca de que la tripulación había arrojado el cañón al mar, y que pesaba 50 toneladas, no eran más que distracciones, cortinas de humo para ocultar y soslayar la esencia de la operación.

Wehrmut debía decir entonces en qué circunstancias había empleado sus –al menos 20– torpedos. "Me agradaría no contestar esa pregunta". Una respuesta más que sugestiva si se tiene en cuenta que poco después, reconvenido por los interrogadores, retrocedió sobre su negativa para jurar que durante toda su larga patrulla no había atacado a ningún enemigo, si bien se había visto obligado a emprender "operaciones defensivas contra aviación y buques de superficie".

Es importante destacar que de acuerdo con la transcripción de sus dichos, Wehrmut nunca declaró –como se dejó trascender a la prensa– que había disparado siete torpedos sin acertar, ni que arrojó el resto al mar. Al contrario, resultaba evidente que no había desechado un solo torpedo. En caso contrario, el primero en descartarse habría sido el defectuoso, con el que entró a puerto. Era fácil deducir, a la inversa, que había disparado todos sus torpedos a excepción de ése, pero Wehrmut se negó a continuar hablando del tema.

Del mismo modo omitió toda referencia a su presunto paso por Cabo Verde. Dijo en cambio que puso proa hacia la Argentina en fecha indeterminada, cuando se encontraba a "1.000 millas al NE de Puerto Rico" y que alcanzó la línea del Ecuador tras navegar entre las rocas de San Pedro y San Pablo, y la Isla Fernando Noronha. Agregó que navegaba en superficie durante el día a un promedio de 7 nudos –siempre a más de 200 millas de la costa para evitar el patrullaje de la aviación– y de noche en inmersión a un promedio de

2 nudos, hasta llegar al paralelo 20°, desde donde aceleró la marcha, navegando en superficie a 9 nudos.

Para evitar inculpaciones por el hundimiento del *Bahía*, aseguró que había alcanzado la zona cercana a Mar del Plata un día completo antes de entregarse. Dijo que avistó el faro de Punta Mogotes a las 3 del 9 de julio, desde 18 millas de distancia, y que rebasó Mar del Plata porque su intención original era "recalar en Miramar", donde llegó a las 6.

De ser cierto, podía suponerse que había desembarcado allí personas o bultos. Wehrmut lo negó con vehemencia. Dijo que había navegado primero hasta Miramar, porque pretendía "esperar a la noche siguiente para reconocer la entrada al puerto" de Mar del Plata.

"Al anochecer del 9 de julio salí a la superficie y comencé a recorrer la costa", observándola desde unas 3 millas de distancia, hasta llegar "al través de la boca de entrada (a la base naval) donde me quedé al garete hasta la madrugada", cuando encendió las luces del submarino y se entregó. Sin embargo se vio obligado a reconocer que el U-530 contaba originalmente con seis balsas de goma, y no logró explicar satisfactoriamente por qué faltaba una.

Otro de los asuntos debatidos fue por qué no había hundido la nave como había hecho la mayoría de los comandantes. Wehrmut incurrió en gruesas contradicciones al contar que había recibido de Dönitz la contraorden de rendirse y que esa misma contraorden había sido luego radiada durante varios días por los aliados. Supuso entonces "y sigue suponiendo que se trataba de un engaño del enemigo". Entonces... ¿Por qué la cumplió?

El teniente de fragata dijo que resolvió poner rumbo a la Argentina luego de celebrar un consejo de oficiales en el que se analizó también la posibilidad de entregarse en Portugal o España. Pero que habían elegido la Argentina por unanimidad por su lejanía del teatro de operaciones, y por presumir que en este país recibirían mejor trato.

Al parecer reconoció además que el U-530 había sido destinado a operaciones secretas, pues en el acta declara que su *U-Boote* "nunca perteneció operativamente a ninguna agrupación".

Los submarinos de la clase IX-C/40 como el U-530 cargaban hasta 245 toneladas métricas de combustible, pero Wehrmut asegura que zarpó de Kiel con sólo 225 a instancias de su jefe de máquinas y para mejorar la estabilidad de la nave. Dijo también que partieron con víveres suficientes para 17 semanas en el mar.

Según el acta del interrogatorio, Wehrmut se hizo cargo no sólo de haber arrojado al mar todo el armamento, sino también el equipo de radar, el detector *Metox* y los manómetros. Y admite que destruyó los libros de navegación –tal vez una mentira consensuada con sus interrogadores– además de "otros libros de carácter secreto que no quiero mencionar" y que posiblemente también haya quedado en manos de ellos.

Dibujados

Schäffer fue interrogado a partir del 19 de agosto y durante dos días más. Se preparó concienzudamente para la oportunidad durante dos jornadas de soledad y reflexión. El equipo interrogador estaba encabezado por el capitán de navío Brunet, a quien acompañó, como secretario, Ribero, y como traductor el capitán de corbeta –e ingeniero maquinista– Federico Müller Wurth. Conway y Benesh se dedicaron –como en el caso del U-577– a investigar la nave y su documentación, y a proponer las preguntas a partir de sus observaciones. Le preguntaron si conocía personas en la Argentina, y contestó que recordaba a un ex socio comercial de su padre de apellido Kruse –fonético– y a la mujer e hijos de un tal Schmidt, ex funcionario de la Embajada Argentina en Berlín.

Cuando lo interrogaron sobre su partida y la misión asignada, reconoció que el U-977 pertenecía a la 11ª Flotilla de combate con base en Bergen. Ese dato fue ocultado, en complicidad con los interrogadores estadounidenses y británicos, que públicamente dieron por bueno que había zarpado de Kristiansand Sur, y no desde Bergen.

Al zarpar, aseguró Schäffer en Mar del Plata, le dieron una "orden escrita del Ministerio de Marina" –que se ofreció a aportar– para operar en el canal de Plymouth, contradiciendo lo que escribiría más tarde, es decir, que tenía instrucciones de operar cerca del puerto Southampton, a más de 300 kilómetros de Plymouth.

Como ya se ha dicho, Schäffer explicó que durante su travesía a Cabo Verde el cielo permaneció nublado. El mal tiempo impidió realizar cálculos astronómicos, origen del "error sistemático" de un día..., que lo llevaría a creer que había cruzado la línea del Ecuador –donde se topó con la aviación aliada y el crucero *Bahía*– el 3 de julio en lugar del 4, tal como en realidad ocurrió.

Si por escrito aseguraría más tarde que la resolución de navegar hacia la Argentina fue producto de una votación, en aquel primer interrogatorio declaró en cambio que el 4 de julio –fecha en que hundió el *Bahía*, hecho que interrumpió la Fiesta de Neptuno– comunicó a los tripulantes su decisión personal en tanto comandante de la nave. En cualquier caso, a esa altura de los acontecimientos quedaban pocas alternativas, excepto Brasil y Uruguay.

La complicidad de los interrogadores se reveló claramente cuando Schäffer presentó dos cartas de navegación. El acta aclara que "en ambas cartas procede en este acto a repasar las derrotas en tinta sobre las trazadas en lápiz". ¡Las dibujó allí mismo!

El hallazgo de Conway

Lápiz en mano, Schäffer dijo que navegó primero hasta pasar Islandia, y después hacia el sur hasta llegar a Cabo Verde el 13 de julio, donde dijo haber permanecido apenas cuatro horas y media, lo imprescindible para que sus hombres se bañaran en aguas tropicales.

El interrogatorio continuó el 20 de agosto, y desde el principio Schäffer reconoció que durante su largo periplo habían avistado buques y aviones –más tarde admitiría que eran británicos y norteamericanos–, según constaba en los dos libros de navegación que presentó. Al igual que las cartas de navegación, estos documentos debían contener anotaciones en lápiz luego repasadas o enmendadas con tinta, pues sus interrogadores norteamericanos iban a considerarlos una grosera falsificación.

Los marinos argentinos repreguntaron sobre la decisión de dirigirse a la Argentina, permitiendo que Schäffer se rectificara. Concretamente le preguntaron si después de la rendición de Alemania había celebrado un consejo de oficiales. Contestó que, efectivamente, entre el 8 y el 9 de mayo había convocado no sólo un consejo de oficiales, sino una asamblea general de tripulantes, y que fue ella la que resolvió desembarcar a quienes deseaban regresar a Alemania y "continuar la navegación hasta salir de la zona peligrosa para entonces tomar una decisión definitiva, aunque ya se pensó como posible destino la Argentina", y que por último "el 4 de julio le hice conocer al personal la decisión de continuar viaje a la Argentina".

Para justificar por qué determinó desoír la orden de hundimiento de la nave o rendirla más tarde, en cumplimiento de la última orden abierta emanada de Dönitz, se justificó diciendo que no había renovado "su juramento de fidelidad al almirante Dönitz como sucesor del *Führer*", y agregó que de todos modos los mensajes recibidos en el último sentido no llevaban la firma de Dönitz, sino que eran suscriptos por un comité aliado.

Conway perdió en ese momento la paciencia y le enrostró un mensaje encontrado a bordo y que el propio Schäffer había descifrado. Estaba fechado el 7 de mayo a la 01.22 y decía: "Gran Almirante ha ordenado no hundir ni (...) a los submarinos pues únicamente así pueden salvarse las vidas de cientos de miles de alemanes. Firmado: Jefe de la Flotilla Oeste".

Era, según todo indicaba, la sumatoria de la 11ª y 14ª, una task force creada para una última operación secreta. Schäffer negó haber recibido órdenes directas de Dönitz en alta mar y dijo de esa que la creía "fraguada por el enemigo".

Además de confirmar las febriles negociaciones entabladas por Dönitz a través de emisarios para rendir ante los aliados occidentales todos los hombres y equipos del Frente Este posibles, el mensaje demostró que desde que se había instalado en Flensburg, Dönitz –que sabía perfectamente que era interceptado y grabado– no emitía sus órdenes personalmente sino a través del jefe de la Flotilla Oeste, Lehmann-Willenbrock, que irradiaba sus mensajes desde Bergen.

A partir de entonces Schäffer se desmoronó. Después de puntualizar que el U-977 llevaba una ametralladora antiaérea de 37 milímetros y dos ametralladoras dobles de 20, debió reconocer que a las tres les faltaba munición. Lo atribuyó a que se había usado "en pruebas de artillería antes del fin de la guerra y otra (fue) arrojada al agua por haberse mojado", es decir, comenzó a decir tonterías.

No logró aclarar tampoco la cuestión de los víveres. Dijo que había zarpado con provisiones para 10 semanas, pero se entregó 19 semanas y media después de partir, con suficientes víveres como para otros 15 días de navegación. Cuando se lo señalaron, Schäffer apenas pudo improvisar que "muy posiblemente" hubiera embarcado "algo más" de comida que la que en principio había estimado.

El U-977 llegó a Mar del Plata con una sola balsa de goma de las cuatro que tenía al zarpar. Respondió que los 16 desembarcados habían utilizado las otras tres. Estaba K.O. pero lo salvó la campana, porque Brunet suspendió el interrogatorio hasta el día siguiente.

Averías y consumo hipereconómico

Los submarinos de la clase VII-C como el U-977 podían cargar hasta 130 toneladas de combustible, pero Schäffer había declarado durante la primera jornada que zarpó de Noruega con sólo 80 toneladas. Lo primero que le preguntaron entonces al reiniciarse el interrogatorio fue cómo había navegado tantos días con tan poco combustible.

Era un jaque mate. Y Schäffer no dijo entonces que hubiera navegado 66 días seguidos sumergido, lo que fue por lo visto un invento puramente argentino, al parecer para rescatarlo del berenjenal en el que se había metido en su intento por explicar lo inexplicable.

Dijo que el U-977 navegaba cuatro horas en superficie por las noches para recargar los motores eléctricos, lo que representaba un gasto de 1.000 litros, a razón de 250 por hora. Las restantes 20 horas en inmersión consumían un promedio de 120 litros por hora: un total de 3.400 litros por día. Como –según su versión– navegó 107 días ininterrumpidamente –excepto las presuntas pocas horas en Cabo Verde–, el cálculo arrojaba un total de 363.800 litros. ¡Según su propia estimación el U-977 había consumido cuatro veces el combustible cargado!

Era ostensible que el U-977 había sido atacado. Presentaba visibles averías en la proa y el periscopio inutilizado. Schäffer atribuyó la primera a la explosión de una mina cuando el U-977 navegaba entre Horten y Kristiansand Sud poco antes de salir a mar abierto. Y reconoció que la rotura del periscopio había sido consecuencia de una acción bélica a poco de zarpar de Noruega "durante una inmersión de alarma efectuada cuando navegaba con *schnorkel*" cuando, al descender "a más de 100 metros de profundidad, el periscopio fue proyectado hacia adentro, golpeando fuertemente y produciéndose así una ruptura parcial del sistema óptico y mecanismos internos".

Schäffer también se vio en la penosa obligación de reconocer que la dotación habitual de los submarinos de la clase VII-C era de catorce torpedos e incluso detalló cómo se cargaban, a pesar de lo cual siguió insistiendo en que se había hecho a la mar con diez..., lo que obligaría a los interrogadores a inventar la presunta donación de dos torpedos, para achicar la brecha.[177]

Epílogo

El alemán de la calle Larsen se jactaba de haber participado en una operación de huida de varios submarinos hacia la Argentina en el curso

---

[177] A la hora de citar a las personas que había conocido en los Estados Unidos, Schäffer –por lo visto un galán– nombró ocho, casi todas mujeres y de Cleveland.

de la cual habían hundido cuatro barcos, origen remoto de este trabajo, que permitió comprobar que, al menos en lo esencial, no mentía.

Los sucesivos arribos del U-530 y del U-977 a Mar del Plata fueron considerados públicamente un hecho aislado. Como si los submarinos apenas hubieran sido el vehículo para que jóvenes patriotas alemanes, que no habían cometido crimen alguno y admiraban las bellezas naturales de la Argentina, recalaran en estas playas con la intención de rehacer sus vidas.

Cualquier análisis desprejuiciado de los tiempos finales de la Segunda Guerra demuestra que la prioridad de los aliados occidentales no eran los nazis fugitivos sino la Unión Soviética. El nazismo residual representaba para ellos un pequeño problema en comparación con la pujanza de la Rusia comunista, un grave problema mundial. Por eso, aunque habían pertrechado a los rusos, habían apostado hasta último momento a que éstos y los alemanes se desangraran mutuamente.

Los aliados anglosajones jamás intentaron asesinar a Mussolini, ni a Hitler ni a Hirohito. Si hubieran querido deshacerse del emperador japonés habrían arrojado una bomba atómica sobre Tokio y no sobre dos ciudades menores. A pesar de las abrumadoras pruebas que demuestran que conocía en detalle y aprobaba los masivos crímenes de guerra que ordenaban sus generales, Hirohito fue protegido de toda acusación. Teniendo en cuenta que hasta último momento Stalin se había negado a combatir contra los japoneses, el emperador era imprescindible como prenda de unidad del pueblo nipón y a la vez de sumisión a los Estados Unidos en la frontera suroriental soviética.

El *Duce* buscaba refugio en Suiza –donde esperaba recibir protección de los aliados– cuando fue capturado por partisanos que, intuyendo lo que sucedía, lo fusilaron. Al enterarse, Churchill montó en cólera y ordenó que los verdugos fueran a su vez fusilados.

Nada cierto se sabe sobre el destino de Hitler. Nunca se encontraron rastros de su cadáver ni del cuerpo de Eva Braun. Y es probable que, tal como sospechaba Stalin, haya huido con la ayuda británica. La increíble historia que Himmler y Schellenberg le contaron al conde Bernadotte el 23 de abril de 1945 acerca de que Hitler había sufrido un derrame cerebral y estaba al borde de la muerte, sugiere que su fuga fue larga y cuidadosamente preparada.

Las operaciones de la inteligencia aliada para evitar que la Unión Soviética alcanzara el Atlántico y el Mediterráneo pueden considerarse las primeras acciones de la proto-OTAN. La mayor de ellas, *Sunrise*, fue un éxito militar rotundo: el Ejército Rojo quedó encajonado entre formidables fuerzas aliadas y alemanas. En el plano político llegaron aún más lejos. Los anglosajones aceptaron la decisión de Hitler de nombrar a Dönitz como sucesor. El gobierno nazi sobrevivió en Flensburg hasta el 23 de mayo de 1945, de manera que la colaboración entre Dönitz y aquéllos engrosó notoriamente los logros de la Operación *Paperclip*, a través de la cual los cerebros y las armas más modernas del Tercer *Reich* pasaron de manos. Símbolo de este trasiego fue von Braun, padre de la NASA y de la conquista simbólica de la Luna, cuyo pasado fue encubierto por sus nuevos empleadores.

Resta la relativamente pequeña Operación Ultramar Sur, hasta hoy la menos conocida, destinada a poner a salvo –para ser eventualmente utilizada contra los soviéticos– parte de la cúpula nazi– junto a los restos del oro y los bienes rapiñado.

Más de una decena de *U-Bootes* zarpó de Bergen y acaso también de Narvik en momentos en que Alemania capitulaba, todo indica que con la anuencia del Almirantazgo británico. Aunque hundieron al *Avondale Park*, al *Sneland I* y un pequeño barreminas, estos "accidentes" no pusieron en riesgo la operación, y hasta una docena de *U-Bootes* fue convergiendo sobre una isla deshabitada del Archipiélago de Cabo Verde donde la *E-Dienst* había almacenado provisiones y combustible.

Sobrevino allí la primera desilusión, es decir, la caída del gobierno residual de Flensburg, y la consecuente postergación *sine die* de la posibilidad de que los Estados Unidos, y Gran Bretaña se lanzaran contra la Unión Soviética con ayuda de los restos de la *Wehrmacht*.

Los submarinos participantes en la operación –más del doble que los citados en Cabo Verde– se dividieron en dos grupos. Muchos emprendieron paulatinamente el regreso hacia puertos europeos –de España, Portugal, Noruega e Inglaterra–. Pero algunos, los que debían continuar navegando hacia el sur de Sudamérica, organizaron la próxima etapa del viaje.

Zarparon aproximadamente un mes después de la caída del efímero "gobierno" de Flensburg, con la consigna de reunirse una semana más tarde en una escala más inhóspita, las rocas de San Pedro y de San Pablo.

A partir de entonces, las cosas comenzaron a complicarse. Al menos un submarino fue localizado a fines de junio por un avión perteneciente al Comando Nordeste, y pocos días después, en las cercanías de la línea del Ecuador, se inició una seguidilla de choques: con el destructor *Bocaina*[178] y una serie de aviones de la *US Navy* que cubrían el trayecto Dakar-Natal –uno de los cuales parece haber sido derribado– hasta el torpedeamiento del crucero *Bahía* por el U-977, hecho que por su envergadura y trascendencia obligó a los fugitivos –ya carentes de jefatura externa– a modificar los planes sobre la marcha.

Es probable que para entonces el veloz submarino de la clase XXI se hubiera adelantado y desembarcado en el Golfo de San Matías. Es también posible que los submarinos hayan viajado de manera escalonada y que otro –o el mismo– submarino haya desembarcado a fines de junio cerca de Necochea. Está prácticamente probado que al menos dos submarinos desanduvieron sus pasos y volvieron a refugiarse en las rocas de San Pedro y San Pablo. Es seguro que aquellos hechos motivaron que el U-530 se adelantara a la máxima velocidad que era capaz de desarrollar, y se entregara en Mar del Plata.

Su comandante tenía justificado temor de que, además del hundimiento de la corbeta *USS Eagle 56*, le endilgaran el del *Bahía*. Después de disparar todos sus torpedos –menos uno, inútil–, sin cañón y tras arrojar al agua armas y municiones, muy aligerado y con suficiente combustible, podía superar cómodamente los 20 nudos sin otra pérdida que el acortamiento de la vida útil de motores que ya no volverían a surcar el océano.[179]

A los tres día de que el U-530 se hubiera entregado, el torpedero *Babitonga* comenzó a perseguir a otro u otros *U-Bootes*, y logró cuando menos averiar a uno casi cuatro días después.

---

178 Es probable que el *U-Boote* atacado por el *Bocaina* haya sido el U-530, ya que uno de sus tripulantes diría en Mar del Plata –según la traducción de los marinos argentinos– que el cruce del Ecuador había sido "bastante bravo".

179 Nuevamente el testimonio de Schäffer es definitorio. Refiriéndose al U-977, un submarino de concepción más antigua que el U-530 y con sus motores descangallados, despeja cualquier duda acerca de qué velocidad podían alcanzar los *U-Bootes* en superficie: "¡Ambas máquinas dos veces con toda fuerza adelante! Casi 17 nudos. Las máquinas se han calentado, sus gases de descarga son apenas visibles... ¡Ambas máquinas a máxima fuerza adelante! Quedan aún tres escalas de máxima potencia y luego el acoplamiento de los motores eléctricos. Solamente en casos de emergencia se recurre a la potencia adicional de estos últimos". Schäffer ilustra a legos y neófitos: "Hace dos horas que corremos a la

El U-530 llegó a la Argentina cuando el gobierno ejercido en nombre de las Fuerzas Armadas por Farrell y Perón sufría una aguda crisis. Una importante facción de las Fuerzas Armadas que incluía al sector mayoritario de la Armada buscaba, con el aliento de los Estados Unidos, la manera de desalojarlos del poder.

Detrás del U-530 navegaba el U-977 a velocidad crucero, propia de un *U-Boote* con poco combustible y los motores en malas condiciones. Era lógico que llegara una semana más tarde.[180]

La taciturna admisión de Wehrmut, de que –si antes no era hundido por sus perseguidores– estaba previsto que en una semana se entregara otro submarino, se basaba en ese cálculo. Y aunque el arribo no se verificó, en la fecha señalada muchos vecinos de San Clemente del Tuyú divisaron y escucharon el ruido de los motores de dos sumergibles de distinto tamaño. Y vecinos de localidades costeras de Río Grande do Sul vieron otros dos. Dos más dos son cuatro. Y sumado el U-530, cinco.

Uno de los divisados en San Clemente debió ser el U-977, que sobrepasó Mar del Plata rumbo al sur, junto a un compañero. La costa argentina es difícil de navegar a la altura de San Clemente. Probablemente los numerosos bancos de arena los obligaron a desplazarse en superficie, a la vista de decenas de testigos. Al atardecer del día siguiente, en efecto, el torpedero *Mendoza* detectó claramente la presencia de uno de estos *U-Bootes*, al que persiguió y atacó con ocho cargas de profundidad.

La inutilización del periscopio y otras averías del U-977, entre ellas las que presentaba en el casco externo –objeto del interés de los interrogadores norteamericanos– pueden haber sido consecuencia tanto de este ataque como del anterior, ejecutado por el *Babitonga*.

Insólitamente, el vicealmirante Vernengo Lima ordenó suspender todos los patrullajes el 21 de julio. Como puede apreciarse, Ultramar Sur se desarrolló con la expresa vista gorda de Churchill y el Almiran-

---

máxima potencia. Si no fuera por la limitación impuesta por el consumo de combustible, podríamos continuar a esta velocidad durante toda una semana". ¡Eso es precisamente lo que hizo Wehrmut! Reformado como buque-nodriza el U-530 no tenía las limitaciones de combustible del U-977. Navegó cinco o seis días a toda máquina, y por esa razón los motores estuvieron a punto de fundirse. El informe técnico de la Marina Argentina sostiene que habían sufrido "un intento de sabotaje", pero si en verdad hubo tal intento, debió hacerse para encubrir que habían sido forzados.

180 La inspección de los mecánicos argentinos comprobó que los compresores funcionaban mal.

tazgo británico, complicidad que evidentemente se extendió a sus partidarios en la Armada Argentina, entre los cuales Vernengo Lima y su secretario, el capitán de navío Rojas eran claros exponentes.

Gracias a la protección que le extendieron sucesivamente las marinas de Gran Bretaña, los Estados Unidos -la declaración de que la USS Eagle 56 se había autohundido fue crucial- y Argentina, los oficiales del U-530 no fueron inculpados, por lo que la Operación Ultramar Sur hubiera podido ser ignorada para siempre. Sin embargo, Schäffer decidió entregar al U-977 en Mar del Plata, lo que puso en descubierto su existencia, ya que los tripulantes desembarcados en las cercanías de Bergen habían mentido al declararlo hundido en las adyacencias.

Seis días después de la suspensión del patrullaje costero —según informó la Policía de la Provincia de Buenos Aires y confirmaron después en el Congreso Schultz y Dettelman— dos submarinos desembarcaron en las cercanías de Necochea un importante cargamento y un contingente de aproximadamente ochenta personas.

El número parece excesivo —según Burnside los pasajeros debieron ser cincuenta— salvo que se incluya en él a parte de las tripulaciónes. Uno o ambos *U-Bootes* habrían sido hundidos cerca de allí.

Luego, el U-977 se refugió en alguna caleta del litoral marítimo argentino, no lejos de Necochea, al menos durante dos semanas. Allí sus tripulantes lo pintaron y repararon, tratando de borrar las huellas de los ataques sufridos durante la travesía. Sin embargo no lograron componer el periscopio ni disimular una importante avería del casco, cerca de la proa.

Es posible que Schäffer tuviera contactos entre los militares argentinos que le permitieran evaluar la situación. Seguramente desde su refugio costero siguió las transmisiones de radio-emisoras de onda larga y corta. En esos días desaparecieron Hiroshima y Nagasaki, Churchill perdió inesperadamente las elecciones y Schäffer decidió rendir la nave.

A diferencia del torpedeamiento de la corbeta *USS Eagle 56*, el del *Bahía* se había producido casi dos meses después de finalizada la guerra. Se trataba de un crimen sin atenuantes, imprescriptible. Pero los Estados Unidos presionaron al gobierno brasileño para que actuara como lo había hecho la *US Navy* en el caso de la corbeta y tuvieron éxito cuando voceros del Comando del Nordeste comenzaron tempranamente a descartar la mera posibilidad de un ataque como causa del siniestro.

En este contexto, y a pesar de que para la prensa mundial el U-530 había transportado a Hitler y a Bormann, ninguno de todos estos "detalles" escabrosos fueron abordados, siquiera tangencialmente, en los interrogatorios formales.

Finalmente Schäffer se entregó. El paso del tiempo demostraría que hizo lo mejor para sus intereses. Debió concluir que después de todo la situación de sus camaradas del U-530, a pesar del traslado a los Estados Unidos, no era tan mala. Parte de la tripulación, liderada por Reiser, se opuso. Los disidentes querían cumplir el plan original de la Operación Ultramar Sur, es decir, hundir la nave mar adentro y diseminarse entre la población. No sin dificultades, Schäffer se impuso.

El U-977 llevaba cuatro torpedos menos respecto de su dotación normal. Gran cantidad de munición de 20 y 37 milímetros había sido evidentemente disparada. Las averías de la popa y el periscopio delataban el resultado de ataques con cargas de profundidad. Todas las señales lo volvían sospechoso del hundimiento del *Bahía* y del previo derribo de un avión estadounidense.

Pero para entonces la Marina Brasileña había descartado oficiosamente la hipótesis del torpedeamiento, y los Estados Unidos obviaron la posibilidad de que aquel avión hubiera caído por algún otro impulso que no fuera la fuerza de la gravedad.

Del mismo modo la *US Navy*, en otra escandalosa decisión, fingía no saber que en el *Bahía* navegaban cuatro radio-operadores de la *US Navy*, los últimos norteamericanos ultimados por los nazis.

Tras su entrega en Mar del Plata, y tal como había sucedido con la del U-530, toda la tripulación del U-977 fue conducida al PWO de Fort Hunt, Virginia, muy cerca de Washington DC. Los oficiales fueron acusados una y otra vez de colaborar en la fuga de Hitler y Eva Braun. Sin embargo lo poco que se conoce de esos interrogatorios permite inferir que, lejos de denunciar el encubrimiento de los interrogadores argentinos, terminaron por perfeccionarlo. En el marco del acuerdo entre la OSS y el pequeño y astuto general Gehlen, los tripulantes del U-530 y U-977 fueron liberados en noviembre de 1945.

Fueron detenidos nuevamente en Bélgica y conducidos a Londres donde el *Intelligence Service* volvió a repetir las mismas imputaciones sobre la huida de Hitler, Bormann y otros jerarcas nazis a la Argentina. En 1947 los liberaron, en tanto el contenido y las respuestas a los interrogatorios fue declarado secreto.

Hasta la fecha sólo se conoce la amañada versión castellana del interrogatorio de Mar del Plata, y lo poco que el NARA ha publicado sobre el que se efectuó en Fort Hunt.

La documentación que se conserva lejos del alcance de los investigadores es copiosa, y presumiblemente muy interesante: ¿Qué habrá declarado Reiser, el díscolo subalterno de Schäffer? ¿Qué podrá leerse en los "diarios" hipotéticamente autógrafos, sobre los que Schäffer preparó su declaración ante los marinos argentinos? ¿Qué dirían los radio-telegramas que el U-977 recibió durante su largo periplo? ¿Qué "dibujos", borratinas y enmiendas presentarán los diarios de navegación del submarino?

A la espera de nuevas revelaciones, todo indica que fueron alrededor de seis los submarinos que atravesaron el Ecuador en su travesía hacia el sur, y no menos de cuatro llegaron a las costas argentinas. Al menos dos, luego de desembarcar una importante cantidad de pesadas cajas y pasajeros, fueron abandonados y hundidos cerca de la costa. Allí deben yacer aún.

La Operación Ultramar Sur desplegó suboperaciones destinadas tanto a desbrozar el camino de los fugitivos como a extender cortinas de humo sobre su rastro. Si bien algunos de los fugados, buscaron refugio en Portugal, España, Noruega, y tal vez en Estados Unidos y Gran Bretaña, el destino principal fue la Argentina.

Nada nuevo se sabe sobre la identidad de los jerarcas nazis desembarcados en costas patagónicas durante la fase final de la operación. Obvios sospechosos son, además de Hitler y Eva Braun, Martin Bormann, "Gestapo" Müller y un conjunto de jefes nazis de segunda línea de las SS y *Waffen SS*, en particular los que protagonizaron la Operación *Sunrise*, como Walter Rauff, que aún vive en el sur de Chile, país que probablemente albergó un porcentaje importante de aquellos fugitivos.

En cuanto a Bormann, no hay pruebas de que haya muerto en Berlín, y menos aún, de que se haya suicidado. Por el contrario, parece acreditada su muerte en Paraguay. Posiblemente sus restos hayan sido llevados a Berlín para su "aparición".

De todos modos, determinar la identidad de los viajeros o el lugar donde yacen los *U-Bootes* nunca fue el propósito de esta investigación.

A esta última tarea se dedica un investigador británico, Terry Neilson que, en junio último esperaba en su yate amarrado en el Club Náutico de Buenos Aires, mientras negociaba con la Armada –que aquejada por fuertes restricciones presupuestarias le pedía mayores precisiones– apoyo para la búsqueda de un *U-Boote* hundido en las afueras del Golfo de San Matías.

A pesar de la contundente negativa del informe final de la CEANA redactado por Ronald Newton –un bochorno nacional en éste y en los demás aspectos reseñados–, ha sido probado que submarinos alemanes transportaban oro, dinero, materiales estratégicos y personal técnico.[181]

Los responsables de esta investigación se sienten satisfechos por haber demolido un informe tan falaz; por creer que han aportado una pista sólida para establecer qué submarino alemán hundió a la corbeta *USS Eagle 56* y, sobre todo, por haber abierto el camino de una tardía justicia para los infortunados marinos brasileños y norteamericanos del *Bahía*.

Se trata de un crimen imprescriptible cometido por piratas. Y en ambos, los infortunados marinos fueron asesinados simbólicamente por segunda vez a manos de sus propios superiores que, por inconfesables motivos políticos, se prestaron a enmascarar sus muertes como insólitos accidentes, producto de su propia incompetencia.

El reciente reconocimiento oficial de que la corbeta norteamericana fue hundida por un submarino alemán –aunque achacarle las culpas al U-853 sea completamente arbitrario– permite abrigar esperanzas de que suceda lo mismo, pronto, con el *Bahía*.

Los Estados Unidos deben reconocer que los cuatro radio-telegrafistas del crucero brasileño –uno de los cuales ni siquiera figura en sus registros como desaparecido– fueron los últimos norteamericanos ultimados por los nazis.

Ha pasado largamente medio siglo desde aquellos sucesos. Ha pasado bastante más de una década desde la desaparición de la Unión Soviética. Hace tiempo comenzó el tercer milenio de nuestra era. Es hora de dejar de tapar el sol con un harnero. Es tiempo de admitir que los terroristas y asesinos no son extraños, y menos, alienígenas. Que el Mal –es decir, la mentira– subsiste cómodamente instalado en nuestra casa.

---

181 En fecha reciente la denominada "Comisión Bergier", organizada por el gobierno suizo para aclarar la actuación de ese país durante la guerra, determinó que en la Confederación Helvética se fundía el oro proveniente del saqueo y que luego se lo "lavaba", cambiándolo por divisas tanto en España como en Portugal y la Argentina.

Apéndice

Una fiesta bárbara. Una de las fiestas de Neptuno a las que se entregaban las tripulaciones de los *U-Bootes* al cruzar el ecuador.

Una explosión a popa. Una carga de profundidad explota a popa del crucero *Bahía* en el curso de maniobras realizadas antes de su envío al frente de combate.

República Argentina
Ministerio de Marina

PARA CIFRAR

COMANDANTE EN JEFE DE ESCURIOS Y ESCUMAR:

LEVANTAR PATRULLADO DE LA COSTA.

MARINA.

ES COPIA

21 de Julio de 1945.

HECTOR VERNENGO LIMA
VICEALMIRANTE
JEFE DEL ESTADO MAYOR GENERAL

JOSE J. ALMARIN
CAPITÁN DE NAVÍO
JEFE DIVISIÓN D

ES COPIA FIEL DEL ORIGINAL

Área libre. El vicealmirante Vernengo Lima suspende intempestivamente los patrullajes costeros el 21 de julio de 1945.

A toda máquina. El teniente de navío Otto Wehrmut al desembarcar del *U-530* en la base naval de Mar del Plata.

57 años de ocultamiento. Primera página de la transcripción al español de los interrogatorios efectuados a Wehrmut en Mar del Plata.

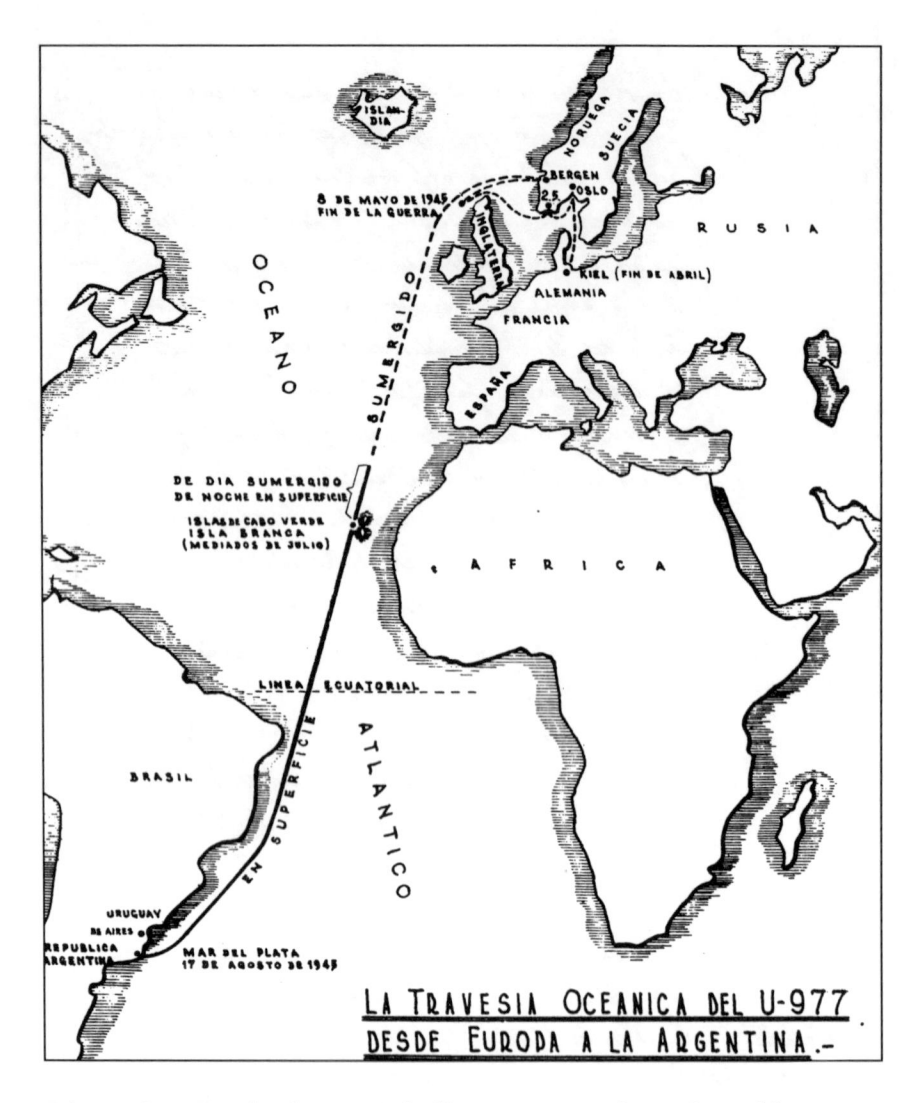

Itinerario. Mapa hecho por Schäffer para apuntalar su increíble historia –66 días de navegación submarina a velocidad de cangrejo– ante los cómplices marinos argentinos.

> En Mar del Plata, a los diez y nueve días del mes de Agosto y año de 1945, yo el Capitán de Navío Ramón A. Brunet, oficial comisionado, procedo a dar cumplimiento a lo dispuesto por el señor Ministro de Marina por orden general número 217, resolución 1022, a cuyo efecto procedo a designar como Secretario al Capitán de Fragata Carlos O. Ríboro y como intérprete al Capitán de Corbeta Ingeniero Maquinista Federico Müller Würth para interrogar a los prisioneros alemanes ex-tripulantes del submarino U.977.— En el mismo acto procedo a designar al Capitán de Fragata Patricio J. Conway para examinar la documentación e inspeccionar el material de dicho buque y al Capitán de Corbeta Bernardo Benesch para que actúe como secretario e intérprete en esa tarea y para que así conste lo firmo con el presente secretario que certifico.
>
> Carlos O. Ríboro — Ramón A. Brunet
> Secretario — Oficial Comisionado
>
> En Mar del Plata, a los diez y nueve días del mes de Agosto y año de 1945, yo el Capitán de Navío Ramón A. Brunet, oficial comisionado, hice comparecer al Capitán de Corbeta Ingeniero Maquinista

Ocultamiento. Primera página de la transcripción al español del amañado interrogatorio a Schäffer en Mar del Plata. Con su libro, Schäffer procuraría difuminar algunas revelaciones que había hecho entonces.

Bibliografía

75 Jahre, Photo-und Kinotechnik (1862-1937), Zeiss-Ikon, 1937.
Luftbild Topographie, Hansa Luftbild G.M.B.H., Berlin, 1936.
Alemania Central, Reichsbahnzentrale für den Deutschen eiseverkehr, Berlin, 1936.
Abshagen, Karl Heinz, *El almirante Canaris*, Espasa-Calpe, Buenos Aires, 1952.
Alemann, E. F., *Reise durch Deutschland*, Verlag Alemann y Cía. S.A.G.I. y F., Buenos Aires, 1947.
Allen, Martin, *El rey traidor*, Tusquets, Barcelona, 2001.
Así fue la Segunda Guerra Mundial, Directores: Basil Liddell Hart y Barrie Pitt, América Norildis Editores S.A. y Anesa, Noguer, Rizzoli, Buenos Aires, 1972.
Aziz, Philippe, *Los criminales de guerra*, DOPESA, Barcelona, 1975.
Barker, A. J., *Armas suicidas*, San Martín, Madrid, 1975.
Becke, Carlos van der, *Destrucción de una infamia*, edición del autor, Buenos Aires, 1956.
Bertelsmann Weltatlas, Druck der Karten y K.G. Lohse, Frankfurt; *Gesamtherstellung*, Fritzsche-Ludwig, C. Bertelsmann in Gütersloh, Berlin, 1954.
Besymenski, Lew, *La muerte de Hitler*, Luis de Caralt, España, 1970.
Bix, Herbert, *Hirohito and the Making of Modern Japan*, Harper Collins, New York, 2001.
Blair, Clay y Joan, *Guerra de submarinos*, Javier Vergara Editor, Buenos Aires, 1982.
Bonnín, Peré, *Los últimos días de Hitler*, Planeta, Barcelona, 1995.
Braun, Gustav, *Meine Reise nach Südamerika (Hindenburg LZ 129)*, J.Hus, Köln, 1937.
Brickhill, Paul, *Los destructores de diques*, Emecé, Buenos Aires, 1960.
Bullock, Allan, *Un estudio sobre la tiranía*, Mondadori, 1965.
Burnside, Patrick, *El escape de Hitler*, Planeta, Buenos Aires, 2000.
Byrnes, James F., *Speaking Frankly*, Harper and Brothers, New York, 1947.
Camarasa, Jorge, *Los nazis en la Argentina*, Editorial Legasa, Buenos Aires, 1992.
——— *Odessa al sur*, Planeta, Buenos Aires, 1995.
——— *La enviada*, Planeta, Buenos Aires, 1998.

Cardoso, Oscar; Kirschbaum, Ricardo y Van der Kooy, Eduardo, *Malvinas. La Trama Secreta*, Sudamericana-Planeta, Buenos Aires, 1984.

Churchill, Winston S., *La Segunda Guerra Mundial*, Ediciones Peuser, Buenos Aires, 1953.

Corbière, Emilio J., *Estaban entre nosotros*, Ediciones Letra Buena, Buenos Aires, 1992.

Creighton, Christopher (John Aunsworth-Davis), *OpJB. The Last Great Secret of the Second World War*, Pocket Books, Londres, 1997.

Damonte Taborda, Raúl, *Ayer fue San Perón*, Ediciones Gure, Buenos Aires, 1955.

Díaz Dionis, Gregorio, *La economía del delito al servicio de la política*, Díaz Donis coordinador, España, Ko'aga Roñe'eta, 1999.

Diccionario enciclopédico de la guerra, general López Muñiz, Gesta, Madrid, 1958.

Eichengreen, Barry, *La globalización del capital. Historia del sistema monetario internacional*, Bosch, Barcelona, 2000.

Elting, John y Mulligan, Timothy, *Wolf Packs*, Time-Life y Ediciones Folio, Barcelona, 1965.

Farago, Ladislao, *Aftermath, Martin Bormann and the Fourth Reich*, Simon & Schuster, 1974.

Frankland, Noble, *Bombardeo de Europa. Su devastación*, Editorial San Martín, Madrid, 1979.

García Lupo, Rogelio, *El Paraguay de Stroessner*, Planeta, Buenos Aires, 1990.

——— "La segunda muerte de Martin Bormann", *Co&Co*, N° 4, Barcelona, junio de 1993.

Gellately, Robert, *No sólo Hitler*, Crítica, Barcelona, 2002.

Glatzer, Ruth, *Berliner Leben 1648-1805*, Rütten & Loening, Berlin, 1956.

Goñi, Uki, *Perón y los alemanes*, Sudamericana, Buenos Aires, 2001.

Helfritz, Hans, *Im Land der Weissen Cordillere*, Deutsche Buch-Gemeinschaft, Berlin und Darmstadt, 1952.

Infield, Gleen B., *La vida secreta de Hitler*, CREA, Buenos Aires, 1981.

——— *Skorzeny: Hitler's commando*, St. Martin Press, New York, 1981.

Jackson, Robert, *Submarines of the world*, Amber Books Ltd., Singapore, 2001.

James, Daniel, *Resistencia e integración. El peronismo y la clase trabajadora argentina 1946-1976*, Sudamericana, Buenos Aires, 1990.

Joelson, F. S., *Germany's claims to colonies*, Hurst & Blackett, Ltd., London, 1939.

Johnson, Paul, *Tiempos modernos*, Javier Vergara Editor, Buenos Aires, 1988.

Karr, Jane van der, *Perón y los Estados Unidos*, Editorial Vinciguerra, Buenos Aires, 1990.

Keller, Werner, *Und die Bibel hat doch recht*, Econ-Verlag G.M.B.H., Düsseldorf, 1961.

Kershaw, Ian, *Hitler (1936-1945)*, Editorial Península, Barcelona, 2000.

Korn, Guillermo, *La resistencia civil*, Editorial Ceibo, Montevideo, 1945.

Kraft, Helmut J., *Submarinos alemanes en Argentina*, Editorial Puma, Buenos Aires, 1998.

——— *La infiltración nacifascista en Argentina*, Editorial Sociales Arg., Buenos Aires, 1939.

La Segunda Guerra Mundial, Time-life Books Inc., y Ediciones Folio S.A., Barcelona, 1995.

Laurence, Ricardo E., *Tripulantes del Graf Spee en tres atrapantes historias*, edición del autor, Rosario, 1999.

Luna, Félix, *Perón y su tiempo*, Sudamericana, Buenos Aires, 1992.

Maser, Werner, *Hitler: Legend, Myth & Reality*, Harper & Row, New York, 1974.

Meding Holger, M., *La ruta de los nazis en tiempos de Perón*, Emecé, Buenos Aires, 1999.

Muchnik, Daniel, *Negocios son negocios*, Grupo Editorial Norma, Buenos Aires, 2000.

Newton, Ronald, *El cuarto lado del triángulo*, Sudamericana, Buenos Aires, 1996.

Orona, Juan V., *Escritos políticos y militares*, Edición del autor, Buenos Aires, 1966.

Santander, Silvano, *Técnica de una traición*, Antygua, Buenos Aires, 1955.

Schäffer, Heinz, *El secreto del "U-977"*, edición para el personal de la Marina de Guerra Argentina, Buenos Aires, 1955.

Shirer, William, *The Rise and Fall of The Third Reich*, Bison Group, London, 1987.

Schmid, Karl, *Eisgipfel Unter Tropensonne*, Deutsche Buch-Gemeinschaft, Berlin, 1951.

Sellers, Charles; May, Henry y McMillen, Neil, *Sinopsis de la historia de los Estados Unidos*, Fraterna, Buenos Aires, 1992.

Sversky, Alejandro P. de, *El poder aéreo: clave de la supervivencia*, Editorial Guillermo Kraft Ltda., Buenos Aires, 1945.

Shelton, William R., *Man's conquest of space*, National Geographic Society, Washington D.C., 1967.

Smith, Howard K. (sucesor en Berlín de William L. Shirer), *Último tren de Berlín*, Editorial Nuevo Mundo, México, 1942.

Steinert, Marlis, *Hitler*, Javier Vergara Editores, Buenos Aires, 1999.
Tarpley, Webster G. y Chaitkin, Anton, *George Bush. The Unauthorized Biography*, Executive Intelligence Review, Washington, 1992.
Temin, Peter, *Lecciones de la Gran Depresión*, Alianza, Madrid, 1995.
Thyssen, Fritz, *I paid Hitler,* New York, 1941.
Trevor-Roper, Hugh R., *Hitlers Letzte Tage*, Verlag Amstutz, Herdeg & Co., Zurich, 1948.
Vidal, Gore, *La edad de oro*, Grijalbo, 2002.
Wiesenthal, Simon, *Justicia, no venganza*, Ediciones B, Buenos Aires, 1989.
Wilmot, Chester, *La lucha por Europa*, Círculo Militar Argentino, Buenos Aires, 1959.
Zoller, Albert, *Douze ans après d' Hitler*, Fayard, Francia, 1952.

Fuentes

Embajada de los Estados Unidos de América.
Embajada del Reino de Noruega.
Embajada del Reino de Dinamarca.
United States National Archives & Record Administration.
Agregaduría Naval de la República de Brasil en la Argentina.
Estado Mayor de la Armada Argentina.
www.uboat.net

Este libro se terminó de imprimir
en noviembre de 2002 en Primera Clase Impresores